全独立国から代表的な女性を一人ずつ紹介

世界各国女傑列伝

Biographies of Heroic Women From Every Independent Countries

Masahiro Yamada
山田昌弘

社会評論社

まえがき

　人間が興味を持つものといえば、何より具体的個人としての人間である。例えば人間は現実世界で人の噂や人物評に熱中し、架空の世界でキャラクターに熱を上げるが、これらの事実からもどれだけ人間が人間に興味を向けているか明らかであると言えよう。

　そしてそれはまた歴史という趣味のジャンルでも同じこと。学者・研究者であれば具体的個人を差し置いて社会制度等の人間集団の全体的抽象的な問題に関心を向けることもあろうが、学者ならざる素人の歴史趣味においては、具体的個人のエピソードをかじることほど面白いものはないのである。中でも、傑出した個性や才能を持った英傑のエピソードは、人を魅了する。

　しかし歴史における醍醐味といえる英雄伝というテーマ、意外なことに、未だ十分に開拓されていないと言ってよい。いつも取り上げられる定番の国の定番の時代の見慣れたあの人物やこの人物の陰には、ほとんど顧みられることなく埋もれている英傑が、歴史上には山のように存在しているのである。そしてその埋もれ方の程度は、女性において特に甚だしい。

　華のみあって実のない女が脚光を浴びている一方で、真に実力を備えた英雄的な女性たちが十分な注目を受けぬまま放置されているというのが現状なのである。もちろん優れた実績を残して名を広く知られるに至った女性も少なくはないが、しかしそういった英雄的な女性と同等かそれ以上に、英雄のオマケの飾り物に過ぎないクレオパトラや、良きにせよ悪しきにせよ何ら為すところのない凡婦の楊貴妃が、美女だの悪女だのと言って、脚光を浴びもてはやされているのは厳然たる事実である。見ることの絶対叶わぬ見た目の美しさや、悪しき浮き名の方が、傑出した能力実績よりも注目される、なんとも理不尽な話ではないか。

　本書はそのように理不尽に注目をかすめ取られてきた数多の女性の英傑、世界史上の女傑たちを掘り起こすことを目的に作成された。その対象は世界の国々の全てに及び、世界の全ての国から一人ずつ女傑の話を集めてある。もちろん全ての人選が、万人にとって異論のない完璧なものだと胸を張って言うまではできない。また歴史を区切る基準として必ずしも適切ではない「国」を単位として人物を集めたせいで、一部ではあるが、無理をした強引な人選があることも否定できない。さらに今更何の目新しさもない日本で既に十分著名な人物が、一部では取り上げられている。しかしそれでもなお本書は、不当に軽視されてきた女性の英傑に脚光を浴びせるという役目を十二分に果たしたと自負している。本書の切り開いた英雄伝の新地平を存分に巡り楽しんでいただきたい。

　以下では本文に入るに先立って一言触れておいた方が良いと思われる事項について言及しておく。

本書で取り上げる「国」について
　言うまでもないことだが現在我々の見ている「国」という枠組みは、社会の自然な発展経過や、歴史の流れと区切りを、必ずしも適切な形で反映しているわけではない。したがって絶対的な基準でもって測るならば、「国」という基準で歴史を切り分けることは、あまり好ましいとはいえない。ある国は歴史を区切る単位としては小さすぎ、ある国は大きすぎるのである。しかし現実問題としては、国と同等以上に適切な歴史区分の単位はそうは多くなく、しかも国を単位とすることで扱う対象を増やし、より多くの人物を発掘できるという利点まで考慮すれば、本書において、国に勝る単位は存在しないと言える。国という単位が本来的には不適切で、本書の目的によって、ごく限定的に正当性を与えられているに過ぎないということを、ご理解の上で本書を読んでいただきたい。
　また「国」に関しては何をもって国とその他の地域を区別するのかという問題がある。これについては本書では日本社会の慣習に従うこととし、総務省が『世界の統計』で国としているものを国と扱い、さらにそこに南スーダンを加えた。

人選について
　人選の基準は政治・軍事の実績を最も重んじ、それに次ぐものとして学問研究や商業活動、社会事業における実績を評価、芸術的業績はそれより下に位置づけた。そしてそのような基本線の上で、当該国における名声、日本における知名度なども加味して判断、日本人として知る価値のある人物を選び出している。当該国の国民的英雄も多いが、必ずしも全員が当該国で英雄視されている人物とは限らない。また国への割り当てについては、出身地、民族、居住地、活動場所等を元に決定した。
　なお先に一部に強引な人選があると述べたが、あくまで少数、正確に数えたわけではないが著者の実感としては数カ国である。本書の人選につき、確かに女傑ではあろうが、これを歴史的な女傑とまで言って良いのか等と読者が疑問に思われることも少なくないであろう。だがそのように思われる人物も、ほとんどは確かに歴史的な重要人物であり、歴史上の「key people」として扱われていたり、歴史事典に項目があったりする人物なのである。現代の女性政治家の経歴が卒業した小学校のような些細な情報まで歴史事典に記載されているような国も存在するのである。

目次

2　まえがき

11　アジア

12	アゼルバイジャン	■ハミデ・ジャヴァンシル
13	アフガニスタン	■ガウハル・シャード
13	アラブ首長国連邦	■ルブナ・アル・カシミ
14	アルメニア	■ファランゼム
15	イエメン	■アルワー
16	イスラエル	■デボラ
17	イラク	■サムラマト
18	イラン	■ロドグネ
19	インド	■ラクシュミー・バーイー
21	📖インドの戦場の女傑達	
22	インドネシア	■チュッ・ニャ・ディン
24	ウズベキスタン	■ナーディラ
25	オマーン	■ティバ・アル・マオーリー
25	カザフスタン	■マンシュク・マメトヴァ
27	📖中央ユーラシアのアマゾン達	
27	カタール	■モザ・アル・マルキ
28	韓国	■善徳女王
28	カンボジア	■インドラデーヴィー
29	北朝鮮	■鹿足夫人
30	キプロス	■ヘレン・パレオロギナ
31	キルギス	■クルマンジャン・ダトカ
32	クウェート	■ナビーラ・アルムラ
33	グルジア	■タマラ
34	サウジアラビア	■アーイシャ
36	📖イスラム教の一夫多妻制	
37	シリア	■ゼノビア
38	シンガポール	■チャン・ヘン・チー
39	スリランカ	■シリマヴォ・バンダラナイケ
40	タイ	■スリヨータイ
41	📖タイの四大女傑	
42	タジキスタン	■サーディニッソ・ハキモヴァ
42	中国	■呂后

44	📖巾幗英雄（きんかくえいゆう）	
45	📖守城の戦の女傑達　【中国編】	
45	📖太平天国の女性達	
46	トルクメニスタン	■グルジャマル・カン
46	トルコ	■ロクゼラナ
48	日本	■北条政子
50	📖守城の戦の女傑達　【日本編】	
51	📖神功皇后（じんぐうこうごう）	
52	📖巴御前（ともえごぜん）	
52	ネパール	■デーヴァラデーヴィー
53	バーレーン	■シェイカ・ハヤ・ラシェド・アル・ハリファ
53	パキスタン	■ファーティマ・ジンナー
55	バングラデシュ	■スフィア・カマル
56	東ティモール	■ロサ・ムキ・ボナパルテ
56	フィリピン	■ガブリエラ・シラング
58	ブータン	■ソナム・ペルデン
59	ブルネイ	■ラジャ・ドゥング
60	ベトナム	■チュン・チャク（徴側）
62	📖ベトナム女傑史	
62	📖ベトナム戦争の女傑達	
63	マレーシア	■シティ・ワン・ケンバング
63	ミャンマー	■シンソーブ
64	モルディブ	■ハディージャ
66	モンゴル	■マンドハイ
67	ヨルダン	■マヴィア
67	ラオス	■ケオ・ロット・ファー
68	レバノン	■イゼベル

71	**北中アメリカ**	
72	アメリカ合衆国	■ヘティ・グリーン
74	📖北米平原の女傑達	
74	アンティグア・バーブーダ	■ルイーズ・レイク=タック
75	エルサルバドル	■アナ・ガステアソロ
77	カナダ	■ローラ・セコード
79	キューバ	■セリア・サンチェス
80	グアテマラ	■ドロレス・ベドヤ
82	グレナダ	■ヒルダ・ビュノエ
82	コスタリカ	■パンチャ・カラスコ
83	ジャマイカ	■ナニー

85	📖世界の女海賊たち	
85	セントクリストファー・ネービス	■コンスタンス・ミッチャム
86	セントビンセント・グレナディーン諸島	■モニカ・ダコン
86	セントルシア	■パーレッテ・ルイジー
87	ドミニカ	■ユージェニア・チャールズ
88	ドミニカ共和国	■ミネルバ・ミラバル
89	トリニダード・トバゴ	■エルマ・フランソワ
90	ニカラグア	■ラファエラ・エレラ
91	📖サンディニスタ革命の女性達	
92	ハイチ	■アナカオーナ
93	パナマ	■ミレヤ・モスコソ
93	バハマ	■アイビー・ダモント
94	バルバドス	■ニータ・バロウ
95	ベリーズ	■エルミラ・ミニタ・ゴードン
95	ホンジュラス	■ビシタシオン・パディラ
96	メキシコ	■ヘルトゥルディス・ボカネグラ
96	📖女性が戦士となる理由	

97　南アメリカ

98	アルゼンチン	■エバ・ペロン
100	ウルグアイ	■アナ・モンテロソ
101	エクアドル	■マヌエラ・サエンス
104	ガイアナ	■ジャネット・ジェーガン
105	コロンビア	■ポーラ・サラバリエータ
106	スリナム	■ヤヤ
107	チリ	■イネス・デ・スアレス
109	パラグアイ	■エリサ・アリシア・リンチ
111	ブラジル	■マリア・ボニータ
113	📖アマゾン川	
114	ベネズエラ	■ルイサ・カセレス
114	ペルー	■ミカエラ・バスティダス
116	ボリビア	■フアナ・アズルドゥイ
117	📖女性と戦争と平和	

119　オセアニア

120	オーストラリア	■トルガニーニ
122	キリバス	■テカレイ・ラッセル
123	サモア独立国	■ラウル・フェタウイマレマウ・マタアファ

123	ソロモン諸島	■ジュリー・マキニ・シポロ
124	ツバル	■ナアマ・ラタシ
124	トンガ	■サローテ
125	ナウル	■エイガモイヤ
126	ニュージーランド	■テ・プエア
128	バヌアツ	■ヒルダ・リニ
129	パプアニューギニア	■ジョゼフィン・アバイヤー
129	パラオ	■ガブリエラ・ガーマング
130	フィジー	■スリナ・シワティボー
131	マーシャル諸島	■カルメン・ビグラー
131	ミクロネシア	■キミコ・アンソン・エランゾ

133　ヨーロッパ

134	アイスランド	■フレイディス
135	アイルランド	■グレイス・オマリー
137	アルバニア	■リリ・ベリショヴァ
138	アンドラ	■メリセル・マテウ・ピ
139	イギリス	■エリザベス1世
141	**📖イギリスの戦の女王達**	
142	イタリア	■アニータ・ガリバルディ
144	ウクライナ	■オリガ
146	エストニア	■ラグレ・パレク
147	オーストリア	■マリア・テレジア
149	**📖フランツ1世の憂鬱**	
150	オランダ	■ヤコバ・ファン・ベイエレン
151	**📖女の従軍　～女性兵士マリア・ファン・アントウェルペン伝～**	
152	ギリシャ	■マント・マヴロゲヌース
153	クロアチア	■ミルカ・クフリン
153	コソボ	■ショテ・ガリカ
154	サンマリノ	■レナータ・テバルディ
155	スイス	■マルタ・グラー
156	スウェーデン	■クリスティーナ・ユレンシュルナ
159	**📖守城の戦の女傑達　【西洋編】**	
162	スロバキア	■ハヴィヴァ・レイク
163	スロベニア	■ヴィダ・トムシチ
164	セルビア	■リュビツァ・マリッチ
165	チェコ	■リブサ
165	デンマーク	■マルグレーテ1世
167	ドイツ	■アーデルハイト
169	ノルウェー	■ルシラ

170	📖**北欧の女バイキング**	
170	バチカン	■マティルダ・ディ・カノッサ
173	ハンガリー	■ズリーニ・イロナ
174	フィンランド	■ミーナ・シランパー
175	フランス	■ジャンヌ・ダルク
177	ブルガリア	■ツオラ・ドラゴイチェヴァ
179	📖**ジャンヌ・ダルクと呼ばれた女達　【ヨーロッパ編】**	
179	ベラルーシ	■ヴェーラ・ホルジャヤ
180	ベルギー	■マルガレーテ・フォン・エスターライヒ
183	ポーランド	■ヤドヴィガ
185	ボスニア・ヘルツェゴビナ	■カタリナ・コサチャ
186	ポルトガル	■ブリテス・デ・アルメイダ
186	マケドニア	■オリュンピアス
189	マルタ	■メイベル・ストリックランド
191	モナコ	■グレース・ケリー
193	モルドバ	■レオニダ・ラリ
193	モンテネグロ	■テウタ
194	ラトビア	■ヴァイラ・ヴィチェ＝フレイベルガ
195	リトアニア	■エミリヤ・プラテル
197	📖**ジャンヌ・ダルクになりたがった女達**	
197	リヒテンシュタイン	■テオダ
198	ルーマニア	■マリー
200	ルクセンブルク	■シャルロッテ
201	ロシア	■エカチェリーナ2世
204	📖**ソ連の女性兵**	
205	📖**ソ連女性兵士英雄伝**	

207　アフリカ

208	アルジェリア	■ララ・ファティマ
209	アンゴラ	■ンジンガ
211	ウガンダ	■ニャカイマ
211	エジプト	■ハトシェプスト
213	📖**アフリカの戦の女王達**	
214	エチオピア	■タイトゥ
216	エリトリア	■イレニ・ハゴス
217	ガーナ	■ヤー・アサンテワー
219	カーボベルデ	■エルネスティナ・シラ
219	ガボン	■イヤサント・アンティニ
220	カメルーン	■デルフィーヌ・ツァンガ
220	ガンビア	■ママ・アダメ

221	ギニア	■ムバリア・カマラ
222	ギニアビサウ	■ビビアナ・ヴァズ
223	ケニア	■ムトニ・キリマ
225	📖**マウマウの反乱の女性達**	
226	コートジボワール	■アウラ・ポコウ
227	コモロ	■ジョウムベ・ファティマ
228	コンゴ共和国	■ンガリフォウロウ
229	コンゴ民主共和国	■キムパ・ヴィタ
230	サントメ・プリンシペ	■マリア・ダス・ネヴェス
231	ザンビア	■アリス・ムレンガ
232	シエラレオネ	■マダム・ヨコ
234	ジブチ	■ハワ・アフメド・ユースフ
234	📖**女子割礼**	
235	ジンバブエ	■チャルウェ
235	スーダン	■アマニレナス
236	スワジランド	■ラボツィベニ・ムドルリ
238	セーシェル	■ダニエル・デ・セント・ジョレ
238	赤道ギニア	■プリフィカシオン・アングエ・オンド
239	セネガル	■アリンシトウェ
241	ソマリア	■ハウォ・タコ
241	タンザニア	■ファトゥマ
242	チャド	■アイサ・コリ
242	中央アフリカ	■ジャンヌ・マリー・ルース=ロラン
243	チュニジア	■カーヒナ
244	トーゴ	■マリー・シヴォメー
244	ナイジェリア	■アミナ
245	ナミビア	■オティリー・グレテ・エイブラハムズ
246	ニジェール	■サラオウニア
248	ブルキナファソ	■イェネンガ
249	ブルンジ	■ンディリクムティマ
249	ベナン	■タタ・アジャチェ
251	📖**ダオメー王国の女性部隊**	
251	📖**ダオメー王国の女戦士**	
252	ボツワナ	■ガオシトウェ・ケアガクワ・ティベ・チエペ
252	マダガスカル	■ラナヴァロナ1世
255	マラウイ	■ヴェラ・チルワ
255	マリ	■カシ
256	南アフリカ	■ナンディ
258	📖**ジャンヌ・ダルクと呼ばれた女達**　【アジア・アフリカ・新大陸編】	
258	南スーダン	■エイガー・ガム
259	モーリシャス	■シェイラバイ・バブー
260	モーリタニア	■アイザタ・コヌ

260	モザンビーク	■グラサ・マシェル
261	モロッコ	■ザイナブ・アル=ナフザウィヤ
262	リビア	■ファリダ・アラギー
262	リベリア	■マティルダ・ニューポート
263	ルワンダ	■ムフムザ
264	レソト	■マンタティシ
265	📖宗教反乱の女性頭目	
266	参考文献	
273	あとがき	

アゼルバイジャン

ハミデ・ジャヴァンシル

Hamideh Javanshir
1873～1955

　ハミデ・ジャヴァンシルは20世紀初めのアゼルバイジャンの女性知識人で、アゼルバイジャンおよびイスラム世界に広い影響力を持った20世紀初めの雑誌編集者マメドグリザデの妻である。

　彼女の夫マメドグリザデは女性の権利の強力な擁護者であり、彼の雑誌は女性のベール着用や一夫多妻といった、女性を抑圧する不合理な慣習がイスラム社会に蔓延っていることをしばしば風刺攻撃していたが、妻であるハミデ・ジャヴァンシルも傑出した女性知識人、女性の権利の擁護者として熱心に行動、女性の地位の向上のための社会活動等を行うなどして、アゼルバイジャンの女性の教育や福祉に大いに貢献した。

　ハミデ・ジャヴァンシルは1905年、亡夫との娘を全寮制学校に入れるためにトビリシ（グルジアの都市）へと旅行した際にマメドグリザデと出会い、翌1906年、マメドグリザデと結婚することとなった。この第二の結婚の後、彼女は1920年まで、父から相続した土地のあるカラバフ（アゼルバイジャンの西南地方）および夫が拠点とするトビリシの両方を生活の場としていたが、彼女はこの間に女性の地位向上のために様々な貢献をすることになる。まず彼女は少女達のために学校を組織している。また彼女は女性の雇用のため、繰綿プレス工場を設立しているが、さらに彼女は1912年には第13回ザカフカス地方綿業者会議で論文を発表、当時としては女性の学問研究や女性の公的な場における演説は異常事態以外の何物でもなかったが、男性聴衆はこれを好評をもって迎えた。彼女は聴衆の温かな反応を後に回想録に書き残している。とはいえ彼女の公共の場での活動が社会から全面的に支持歓迎されたわけではなく、彼女は地方領主や僧侶の中の守旧派から反発を受けたことについても述べている。

　彼女のこの他の業績としては、1906年にカフカス・イスラム女性福祉協会の設立者の一人となったことがある。この協会は困窮する女性に対する経済的支援と法的助言を行うことを規約する非宗教的非党派的な団体で、トビリシ在住のアゼルバイジャン女性知識人45名を会員として結成されたものである。

　なお1919年に彼女を目にしたイギリスの将軍は、彼女をイギリスの婦人参政権運動の女性に似ている評している。

アフガニスタン

ガウハル・シャード

Gauhar Shad（Gawhar Shad）
1378頃〜1459

　ガウハル・シャードはティムール朝第三代君主シャー・ルフ（在位1409〜47年）の王妃である。
　中央アジアから勃興した巨大帝国ティムール朝は建国者ティムールの死後、後継者争いによって内乱に陥るが、これを鎮めたのがヘラート（アフガニスタン西部の都市）を勢力基盤とするティムールの第四子シャー・ルフであった。彼はティムール朝の領土の大半を再統一し、約40年という長きに亘って、帝国に安定と繁栄をもたらした。彼は優れた軍事的才能に加えて豊かな文化的素養を有したことで知られ、彼の治世下で帝国は学問・芸術を復興させ、文化的黄金時代を迎えた。そして彼の后ガウハル・シャードも、聡明かつ豊かな教養を誇った人物として著名であり、彼女はよく夫を助けて学問・芸術の復興に尽力、帝国の文化的繁栄に大いに貢献したのであった。
　ガウハル・シャードは、礼拝所（モスク）や神学校（マドラサ）、霊廟を中心とする複合建築物であるムサラをヘラートに建設させるなど、アフガニスタンとイランの各地に美しい建築物を残したことで知られている。
　ところでガウハル・シャードは賢明さに加えて寛容な人柄でも名を残している。彼女の賢明さと寛容さを物語る逸話としては、彼女が建設中のマドラサを美しい侍女200人を従え、視察したときの話がある。この視察の間、学生達は退去を命じられていたのだが、自室で眠り込んで退去し損ねた学生がいた。この学生は王妃の美しい侍女に起こされ、その場で二人は熱烈な情事に及んでしまったのだが、侍女が王妃の元に戻った際に息づかいと髪を乱していたため、王妃は事の次第を察してしまう。ところが王妃は侍女と学生を罰するのではなく、彼等を祝福し、自分の侍女達と学生達の間を取り持って集団結婚させてやることを決め、また学生達に衣服と給料を支給してやることを決めた。学生達が勉学に励めるようにとの配慮であった。神学校を闊歩して識見と寛容さを示したガウハル・シャードのこの逸話は、アフガニスタン社会の自由で人間的な歴史的伝統を示すものとされている。そして近年、イスラム過激派集団タリバンがアフガニスタンを支配して女性を抑圧し、女子教育を破壊した時期にはヘラートの人々は古き良き伝統の象徴として、ガウハル・シャードのことを思い起こしていたという。
　ガウハル・シャードは夫の死後、宮廷の陰謀に巻き込まれて反対派によって処刑されている。
　なお、ガウハル・シャードの二人の息子も文化的素養に恵まれ、天文学者と書家になった。

アラブ首長国連邦

ルブナ・アル・カシミ

Lubna Al Qasimi
1958〜

　ルブナ・アル・カシミはアラブ首長国連邦を構成するシャルジャー首長国の王族女性で、同国の傑出した企業経営者、政治家である。
　彼女はカリフォルニア州立大学チコ校で理学士、シャルジャアメリカン大学で経営学修士を取得した人物で、アラブ首長国連邦の電子商取引市

場「Tejari.com」のCEOとして辣腕を振るった。彼女の傑出した経営手腕は、2000〜2004年の間に「Tejari.com」の規模を二倍に拡大するほどでその業績は、2003年の世界情報社会サミットにおいて「電子商取引における最高の電子コンテンツ提供者」として表彰されることになった。彼女の優れた能力は世界の経済界の尊敬を集めており、全世界のsenior executiveは彼女を「発電所（powerhouse）」の異名で呼び、アラビア湾岸のビジネスエリートは彼女を傑出したブランド創造者（preeminent brand builder）と呼ぶことになった。

2004年、ルブナ・アル・カシミは経済企画大臣となるが、これはアラブ首長国連邦の女性として初めての大臣就任であった。そして2008年からは彼女は通商大臣を務めている。大臣としての彼女は、石油輸出に依存する不安定な自国経済を運営するため、貿易体制の舵取りに力を注いでおり、一ヵ月当たり四ヵ国を訪問して貿易関係の維持促進を図るなど大いに活躍しているが、これにつき彼女は「私たちは我々のブランド名を確立しているところなのです」と語っている。

なおルブナ・アル・カシミは、世界平和のために闘う姿勢も打ち出しており、国内外に緊密に保った人脈を活かして、世界各地の大学で講義を行っているが、その講義のための大学訪問をビジネスに繋げるという、精力的な活動ぶりである。

ルブナ・アル・カシミの活躍は、アラブ首長国連邦の若い女性達の手本とされている。

アルメニア

ファランゼム

Pharandzem（P'arandzem）
320頃〜364

ファランゼムは古代のアルメニア王国の王妃である。

アルメニア王国は地中海のローマ帝国とイラン高原のパルティアという二大国の緩衝国として両国の和約下に、パルティア王族を王に据えつつローマに従属するという形で存続していた。ところが3世紀、ササン朝ペルシアが勃興してパルティアを亡ぼすと、アルメニアはササン朝の侵略に苦しむようになる。そして4世紀、アルメニア王アルシャク二世（在位350〜368）は、国軍司令官ヴァサク・マミコニアンの活躍もあり、ペルシア王シャープール二世の侵略を数度に亘って退けることに成功したが、このアルシャク二世の妃がファランゼムである。

ファランゼムはアルシャク2世の妃であるが、彼女がその地位に収まるまでに、そしてその地位に就いてからも相当の波乱を乗り越えている。そもそも彼女は、初めはアルシャク2世の甥であるグネル王子に嫁いだのであった。ところがグネルの兄弟であるティリトがファランゼムの美しさに心奪われ、グネルを謀略によって陥れる。ティリトは国王アルシャク2世に、グネルに王位簒奪の陰謀ありと吹き込むがその結果、グネルは新年祭を執り行うための王の野営地に共に祭りを祝うよう呼び寄せられ、野営地に入るや馬から引きずり下ろされ、拘束されてしまう。この時ファランゼムは、乗っていた輿からネルセス大司教のテントへと走り逃れ、取り成しを乞い、大司教は王のテントへと出向いて慈悲を説いたが、王が寝たふりをしている間にグネルは処

刑されてしまった。

ところがその数時間後、ティリトは夫を失ったファランゼムに愛を語りかけ、軽率にも事の真相を告白、これをファランゼムが急報して、真実を知った王にティリトは処刑されてしまう。こうしてファランゼムの夫とこれに横恋慕した兄弟は共に亡き者となったのであるが、グネルの処刑直後に打ちひしがれるファランゼムを見て以来、その美しさに熱情をかき立てられていたアルシャク2世がファランゼムを娶り、ファランゼムはアルメニア王妃となったのである。

とはいえファランゼムは、グネルを処刑したアルシャクのことを許さず、二人の結婚生活は王子こそ得たものの、不幸な物であった。そのため358年、アルシャクはローマ帝国から新たな花嫁オリュンピアスを娶ることとなる。これに対しファランゼムは、自らと息子の地位を護るため、司祭を手駒に聖体拝領で口にするパンに毒を混入、オリュンピアスを聖餐式で毒殺することに成功したのである。

ところがこうして望まぬうちに手に入れ、それを失わぬ為に暗闘を繰り広げた王妃の座は、なお脅かされることになる。361年、これまで何度も侵略を阻止されていたペルシア王シャープール2世が、アルシャク2世を和議と称しておびき寄せ、そこへ送られた者はその名を忘れ去られるしかないという「忘却の城」へと幽閉してしまったのである。シャープールは幽閉したアルシャクに、ファランゼムおよびアルメニア高官を呼び寄せる手紙を書かせるが、ファランゼムは真相を見抜いてその手紙を黙殺、王不在の状況下、ササン朝に対する抵抗の指揮を執ることになる。この時、王子はローマに人質として送られており、王に変わって国を率いる人間は彼女をおいて他になかったのである。

ファランゼムはアルタゲルス要塞に籠城、秘密通路でローマと連絡を取って息子とローマ軍の救援を待ちつつ、ペルシア軍相手に防戦を続けた。ところが救援軍がいつまで経っても辿り着かぬ中、不幸にも要塞内に流行病が発生、多数の守備兵がこれに倒れる。このような事態に至ってはもはや抵抗は叶わず、364年、ファランゼムは勇敢かつ見事な14ヶ月の防戦の後、ササン朝ペルシア軍に降伏したのである。

ファランゼムら捕虜は戦利品と共にササン朝の首都クテシフォンに送られ、その地でファランゼムは、彼女を死ぬまで犯すようにとペルシア軍に投げ与えられた。

イエメン

アルワー

Arwa
1052～1137

アルワーは中世イエメンに割拠した諸王朝の一つスライフ朝の女王である。

彼女は1065年にスライフ朝のアル・ムカラム・アフマド王子と結婚、夫との間には四人の子をもうけることになる。

父王がメッカ巡礼の途上で敵対国であるナジャフ朝によって殺害され、アル・ムカラムが王となると（在位1067～1084）、アルワーは夫アル・ムカラムと権力を分かち合った。彼女はイスラーム諸国における王の権力の証である説経を自らの名で行う権利を有しており、「アル・サイダ・アル・フッラ（自由かつ独立した高貴な女性、服すべき上級の権威を持たぬ女性君主）」の称号を帯びていた。国王アル・ムカラムは健康面に問題を抱えており、次第にアルワーに権力を完全に委譲するようになっていった。

当時スライフ朝は内憂外患に苦しんでいたがアルワーは有能な政治家として、様々な問題によく対処した。彼女は国内で頻発する部族間対立を鎮めたし、ナジャフ朝の王サイードを殺して先王の殺害の報復を達成した。

それに加えて彼女は農業や通商を推進し、物価を抑制し、徴税を監督して公正な統治を実現した。また学者や建築家を保護して教育や学問を栄えさせたし、公共事業を行い、首都であった要塞都市サヌアに替えて、今に壮麗な遺跡を残す新都ドゥ・ジブラを沃野に建設した。彼女が残した記念碑や寺院、その他の建造物は、16世紀の末から20世紀の初めまでに歴代の支配者がサヌアに残したものよりも多いと言われる。

1091年に夫が死ぬと、彼女の地位は脅かされたが、彼女は激しい権力闘争の末、王位を継いだサバと再婚して権力を掌握、ただし彼女が新たな夫と同居することはなかった。彼女は1137年に死ぬまで統治を続けた。名目上スライフ朝を服従させていたエジプトのファーティマ朝は、彼女が死ぬまでの間、彼女をイエメン諸国の王の宗主と見なしていた。

アルワーは同時代においても近現代においてもイエメン人に大変敬慕されている。イスラーム世界の学者が女性の支配者を恥ずべきものであるかのように扱う中、イエメン人歴史家は彼女のことをずっと誇りを持って語ってきた。またイエメン人は彼女のことを最も偉大なイエメン女性と認識しており、それどころか最も偉大なイエメン人とさえ認識している。

イスラエル

デボラ

Deborah
統治　紀元前1224頃〜1184

デボラは聖書に描かれた古代イスラエル女性で、移動神殿の松明の管理者、予言者、軍事指導者だった人物である。彼女は聖書に言う士師（裁き司、judge）の一人であるが、士師とは神の恩寵として特別な力を与えられたと信じられているカリスマ的民族指導者で、紀元前13世から11世紀頃の時期に活躍し、軍事や裁判など、イスラエル共同体に生じた幅広い問題に裁きを下して解決した。士師は12人いて、敵から民を救った英雄的指導者である6人の大士師と裁判人としての性格が強い6人の小士師に区分されるが、デボラは大士師であり、すなわち、彼女は古代イスラエルの英雄的指導者ということになる。なおデボラは士師となった唯一の女性であるとともに、聖書に描かれた女性の中で、国民大衆の賛同によって政治権力を握った唯一の人物である。

デボラが士師となり、エフライムの山地のラマとベテルの間にあるなつめやしの木の下に座を定めてイスラエルの人々に裁きを下し、助言を与えるようになった頃、イスラエルは徒歩の軍しか持たないため、カナンの王ヤビンの900両に上る大戦車部隊の前に圧倒され、二十年に亘って抑圧を受けていた。そのような民族的苦境にあってデボラは、カナンの打倒を決意し、立ち上がるのであるが、それについてはデボラ自身が以下のように歌っている。

　　アナトの子シャムガルの時代
　　ヤエルの時代に

隊商は絶え
旅する者は脇道を行き
村々は絶えた。
イスラエルにこれらは絶えた。
わたしデボラはついに立ち上がった。
イスラエルの母なるわたしは
　　　ついに立ち上がった。
（「デボラの歌」『聖書　新共同訳』日本聖書協会、旧387頁）

　そしてデボラは、軍事的才能に恵まれたアビノアム子のバラクを呼び寄せて、カナンの将軍シセラをキション川に誘い出すので側に聳えるタボル山に布陣してこれを破るよう命じた。バラクはデボラが共に来てくれなければ出撃しないと宣言し、デボラも「わたしも一緒に行きます。ただし今回の出陣で、あなたは栄誉を自分のものとすることはできません。主は女の手にシセラを売り渡されるからです」（同書、旧385頁）と答えて、出陣していった。
　デボラとバラクはタボル山に布陣して山地によって戦車に対する防御を固めつつ、敵を待ち、さらに敵を攻撃する時機を測った。そして雨が土砂降った時を選び、溢れる河水で泥濘と化した岸辺に戦車の脚を止められたカナンの軍勢を襲撃した。戦車が動かず混乱に陥ったカナン軍は、イスラエルの軍に打ち破られ、将軍のシセラまで戦車を捨てて徒歩で逃げ去った。シセラは逃亡中に友好部族のテントに逃げ込んでかくまってもらおうとしたが、テントに招き入れられ休んでいるうちに、その家の妻ヤエルにテントの杭をこめかみに打ち込まれ死亡した。
　この戦いに勝利したイスラエルはカナン王ヤビンを圧倒するようになり、やがてヤビンを滅ぼすことになる。
　この戦いが終わって、デボラはバラクと共に勝利を讃えて歌を歌った。これが聖書に収められた「デボラの歌」で、この歌は聖書の記事の中で最も古い部位であり、さらに歴史上で最古の軍歌の一つである。

奮い立て、奮い立て、デボラよ
奮い立て、奮い立て、ほめ歌をうたえ。
立ち上がれ、バラクよ
敵をとりこにせよ、アビノアムの子よ。
そのとき、残った者は堂々と下って行く
主の民は勇ましくわたしと共に下って行く。
（同書、旧387頁）

　なお、デボラにはラピドトという夫がいたようであるが、この夫については何も知ることが出来ない。

イラク

サムラマト

Sammuramat
紀元前800年頃

　サムラマトはイラク北部のアッシュールから興った古代中東の大帝国アッシリアの王妃である。
　古代ギリシア人はサムラマトをモデルに、優れた軍事的才能で古代中近東を統一した史上最大の女傑、女王セミラミスの著名な伝説を創り出している。セミラミスの伝説について少し触れておこう。
　美貌によりアッシリア王ニノスの臣下オンネスの妻となっていたセミラミスは、その才知で夫を助けたが、ところが彼女の美貌と彼女の示した軍略の才にニノス王が惚れ込んでしまい、ニノスは彼女をオンネスから奪い取り、自分の妻とした。ニノス王の死後セミラミスは王位を継ぎ、四周を征服してアッシリアの領土を陸地の果てまで拡大、古代中近東世界を統一した。彼女の時代に初めてアッ

シリア人は海というものに接することになった。さらに彼女はインドにさえも遠征を行った。彼女は歩兵30万、騎兵5千、ラクダ兵、戦車隊を率いていた。彼女はバビロンに空中庭園を始め、様々な建築物を築いた。

ところで、以上のような史上最大の女征服者、女傑セミラミスの物語は西洋人の心を強く捉え続けてきたが、伝説の元となった歴史上の人物サムラマトの実像については分かることは実は、ほとんどない。

歴史上の人物であるサムラマトはアッシリア王シャムシ・アダド5世（在位紀元前823～811）の王妃であり、アダド・ニラリ3世（在位紀元前810～783）の母であったが、歴史資料上に彼女の名前が登場する例としては、アダド・ニラリ3世時代のいくつかの神殿への奉納文に彼女の名前が記されているのを見ることができる程度である。例えばナブー神殿に奉納された神像の碑文に「神ナブーに（中略）、アッシリア王アダド・ニラリと王母サムラマトの長寿を願って、カルフの代官ベール・タルツィ・イルマが、彼自身の長寿をも願ってこの像を奉納した。今後はだれであれ、ナブーに依り頼み、他の神を頼むことのないように」（渡辺和子ほか『世界の歴史1 人類の起源と古代オリエント』中央公論社、331、332頁）とサムラマトに言及したものが存在しているなどである。

とはいえ、サムラマトの実像は不明ではあるものの、歴史記述に女性が登場することが稀な時代でありながら名が今に残っていることから、それには相応の理由があったのだろうと考えられている。彼女はアダド・ニラリ3世時代に王母として権勢を振るったのではないかと見られており、当時のナブー信仰の拡大には、彼女が大きな影響を及ぼしたと推測されている。

なおシャムシ・アダド5世とアダド・ニラリ3世の治世は、内政が混乱してアッシリアの勢力が一時的に弱まった時期で、地方支配が緩んで地方代官が独立の王であるかのように振る舞い、属国からの貢納は途絶えがちであった。この時代のアッシリアはセミラミス伝説で語られる中近東制覇など望むべくもない状況であったといえる。サムラマトはおそらくは、このような帝国の危機に幼い息子の摂政となり、今にも崩れそうな帝国を護らんと獅子奮迅して、女傑と呼ぶほかない苦闘、活躍を示したのではないだろうか。

イラン

ロドグネ

Rhodogune（Rodogune）
紀元前2世紀後半頃

ロドグネはイラン高原を支配した大国パルティアの王女である。

またロドグネは、セレウコス朝シリアの王デメトリオス2世の妻でもあった。西のシリアと東の遊牧民サカ族という東西両面の脅威を抱えていた彼女の父パルティア王ミトリダテス1世（在位紀元前171～138年頃）が、紀元前140年にデメトリオスを捕虜とした際、デメトリオスを手駒にして対シリア情勢を好転させ、東西二面での戦争を避けようと考え、彼をロドグネと結婚させて厚遇したのである。ロドグネと彼の結婚は一応は上手く行っていたと見え、名前等は伝わらないものの、二人の間には数人の子供を残している。

とはいえ、恩義や家族の情愛によっても、デメトリオスにパルティアに対する真の忠誠を誓わせることはできなかった

ようで、デメトリオスは二度パルティアからの脱走を企てている。そのため、紀元前131年には、ロドグネの兄弟でミトリダテス1世の後を継いだフラーテス2世が、せめてもの活用法として、デメトリオスの弟が王位に就いたシリアに内紛を起こさせようと、デメトリオスを解放している。

ところで以上からすると、ロドグネは政略結婚に振り回された哀れな女性のようにも見える。ところが彼女については、哀れなどと言う形容の似つかわしくない逸話、彼女が意志の強さと優れた才能を備えた女傑であったことを伝える逸話が残されている。それによると彼女は自ら軍を率いて反乱鎮圧に当たっており、パルティア国民にその功績を讃えられていたというのである。

すなわち、ある日ロドグネは風呂で洗髪していた時、支配下部族の反乱の伝令を受けたことがあったが、彼女はそれを聞くと洗髪中の髪を乾かすこともなく、馬を駆り、軍を指揮して反乱の鎮圧に向かった。出陣に際して彼女は反乱制圧より帰ってから洗髪の続きをすると言って、反乱が続く間は髪を洗いも梳（と）かしもしない事を誓い、誓い通り、長年の戦いを終えて後、ようやく風呂に入り髪を洗った。このロドグネの功績を受けて、パルティアの王の印章の絵柄には、髪を振り乱したロドグネが使われるようになったという。

ちなみに浴場から戦場へ直行したという逸話については、類似の話が伝説上の女傑セミラミス女王にも存在しており、髪を整えずに振り乱して戦場に乗り込んでいくというのは、女性戦士を語る際の典型的な描写となっている。

ところで女傑ロドグネは文学作品の題材に使われることもあり、フランスの偉大な古典劇作家コルネイユの『ロドギューヌ』などはその例である。

インド

ラクシュミー・バーイー

Lakshmi Bai（Laksmi Bai）
1830頃〜1858

ラクシュミー・バーイーは北インドのジャーンシー王国の王妃で、イギリスの侵略に抵抗した人物。インド独立運動史上最も著名なインドの民族的英雄である。

ラクシュミー・バーイーは、イスラームやイギリスのインド侵入に抵抗したかつての大国マラータ王国の末裔に生まれた。この時彼女に付けられた名はマニカルニカであり、後に結婚に際して、彼女は富と幸運の女神ラクシュミー（吉祥天）の名に、敬称であるバーイーを付けたラクシュミー・バーイーと改名することになる。彼女は4歳の時に母親を亡くし、そのため父によって育てられることになったか、あるいは放任されて成長することになった。結果、彼女は少年に混

じって教育を受け、当時の女性としては異例の教育を身に付けて成長する。彼女は読み書きを習得し、それどころか騎乗や、剣や銃といった武器の操縦までも体得していった。彼女の活発な個性を物語る有名な逸話として、この時期の彼女が、男友達ナーナ・サーヒブとの間に交わした口論の話がある。ある日、ナーナ・サーヒブは彼女を象乗りに連れて行くことを拒絶したのだが、これに腹を立てたラクシュミー・バーイーは「見てなさい！いつかあんたの十倍、十頭の象を手に入れてやる」と怒りをぶつけたのである。なおやがて王妃となった彼女はこの幼い日の誓いを覚えていて、ナーナ・サーヒブに十頭の象を贈ったという。彼女の気丈活発な気性がよく現れた逸話と言えるだろう。

1842年にラクシュミー・バーイーは、ジャーンシー王ガンガハール・ラーオと結婚する。とはいえ彼女の活発気丈な気性は結婚を経ても変わるはずもなく、乗馬と軍事訓練の継続を主張して夫に拒否され、やむを得ず侍女を集めて不正規の女性戦士部隊を作るようなことまでやってのけている。この破天荒な行動は大衆に支持されるとともに、夫の驚愕を誘ったようである。

ガンガハール・ラーオはラクシュミー・バーイーよりも40歳以上年長であったが、かなりの高齢にも拘わらず世継ぎがおらず、若き妃ラクシュミー・バーイーとの間に世継ぎが誕生することが強く期待されていた。しかし二人の間に誕生したただ一人の子供は生後3ヶ月で死亡、やがて病に陥ったガンガハール・ラーオは1853年、インドの慣習に従って親類の男児を養子を迎え、ラクシュミー・バーイーを摂政に指名して、まもなく死亡した。ところが、ここでこの王位継承に異を唱えた者がいた。それはインド征服を着々とすすめていた侵略者イギリスで、イギリスはイギリスの法であるコモン・ローの下ではそのような養子縁組は違法であるとし、実子の嫡子なき国はイギリスに併合されるという「消滅の原則」を掲げて、1854年、ジャーンシーの併合を主張してきたのである。

実のところ、消滅の原則の宣言に先んじて、ラクシュミー・バーイーは1853年、イギリスのインド総督に対し、養子の承認を求める手紙を出していたのであるが、しかしイギリス側はこの手紙を黙殺、その後もラクシュミーは手紙を出し続けていたが、イギリスがこれを相手にすることはなかった。さらにラクシュミー・バーイーは、ジャーンシーに対する措置をインド諸王国は明日は我が身と注視しており、近視眼的な併合政策を遂行すればただでは済まないということを告げ、イギリスの企てを阻止しようとした。しかし、それでもイギリスの野心を阻止することは叶わず、彼女はいくらかの年金を与えられ、王城を去ることになる。

やがて1857年、インドではイギリスに対する大反乱が勃発し、各地でイギリス人が殺害される。たちまち兵火はジャーンシーにも拡大し、虐殺を恐れたイギリス人はラクシュミー・バーイーに保護を求め、誇り高く虐殺を好まない彼女は、彼女の住む宮殿にイギリス人を匿う旨を返答する。しかしイギリス人が彼女の申し出に応じる前に反乱軍兵士はイギリス人のところに到達、イギリス人は虐殺された。

反乱軍兵士がジャーンシーから去ると、イギリスはラクシュミー・バーイーに新任のイギリス官吏が到達するまでの間、統治を行ってくれるよう要請、彼女はこれを奪われた支配権を回復する好機ととらえる。彼女は倉庫を開いて貧民に衣食を配給し、軍隊を集め、武器を製造し、大砲を鋳造した。彼女の女性部隊にも馬術と武術をたたき込んだ。こうして

1858年には彼女は自国の強さを確信するに至り、イギリスに対し公然たる反乱に打って出たのである。

　ラクシュミー・バーイーは手綱を口にくわえ、二刀流で陣頭に立ったとの伝説を残す優れた戦士であり、戦術にも長け、有能かつ強硬な反乱指導者としてジャーンシーで、そしてジャーンシー陥落後も、イギリス軍相手に頑強な戦いを続けた。彼女はやがてグワーリヤルの砦を奪取し、その地で最後の抵抗戦を続ける。彼女は軍の先頭に立ってイギリスの大軍相手に右に左に果敢に突撃し、彼女の研ぎ澄まされた軍事的洞察力・戦術指揮能力は、イギリス軍に多大な損害を与えた。彼女は連日、イギリス軍をはるか彼方へと駆逐したが、その限られた戦力は減少の一途をたどり、一方イギリス軍は続々増援されていく。そしてラクシュミー・バーイーは、グワーリヤル城外に駆け出て、イギリス軍の軽騎兵相手に致命傷を負い、戦死することとなったのである。

　ラクシュミー・バーイーは死後たちまち伝説となり、多くの詩や歌、絵画や彫刻の題材となった。彼女の伝説は後々までインドの愛国者の心を鼓舞し続け、彼女はインドの愛国心の象徴となった。第二次世界大戦中、日本の後押しで結成され、イギリス支配と戦ったインド国民軍は、女性部隊を持っていたが、この部隊はラクシュミー・バーイーに因んで「ジャーンシー王妃連隊」と名付けられている。

　彼女はインドの人々の心になお生き続けており、現代にあってもインドの人々は、彼女のことを目を輝かせて語ってくれるという。

📖インドの戦場の女傑達

　本書では侵略と戦い、国民的英雄となったラクシュミー・バーイーを大きく取り上げたが、インドの戦う女傑は彼女だけではない。他の多くの戦う女傑達から、特に興味深い人物を選んで紹介する。

ドゥルガワティ：デカン高原のゴンドワナの王妃。息子の摂政として王国を治め、1564年には18歳になった息子の助けを借りつつムガル帝国の侵略を迎撃、戦象1千5百・騎兵6千の軍を指揮して敵軍1万8千を撃破した。しかし砲兵を増強してムガル軍は再侵略してきた。彼女は息子の戦死で崩れた軍を立て直し、片目を矢で射られるもその矢柄を折り、勇敢に戦いを続けたが敗北した。第二の矢を受け、短刀で自決した。

ターラー・バーイー：デカン高原のマラータ王国の王妃。1700年に夫ラージャラームが戦死すると、息子の摂政としてムガル帝国との戦争を引き継いだ。猛攻をかけるムガル軍の前にマラータの城の多くが1704年頃までに包囲攻略されてしまった。彼女はここで軍を直接城の奪回には向けずムガル領奥深くを襲撃、ムガル帝国を混乱疲弊させるとともに、厭戦気分の広がったムガル軍指揮官達に賄賂を送り、城の奪回を進めた。1706年頃からムガル帝国は撤退を始めた。

ファルザナ・ソムル：アラビア貴族の娘。インドで踊り子をしていたところ、ドイツ人傭兵ヴァルター・ラインハルトに見初められ、同行してムガル皇帝のためイギリスと戦った。やがて二人は結婚した。夫妻は功績により所領を与えられ私兵を持った。1778年の夫の死後、彼女は単独の指揮官となり、1780年に皇帝のため反乱と戦った。1787年には攻囲を受けた皇帝を救援した。彼女は超自然の力を持ち、スカーフを広げるだけで敵軍を撃破できると恐れられた。

スルタナ・ラズィーヤ

ラズィーヤはインドの奴隷王朝の第二代スルタン（王）、イレトゥミシュの娘である。息子にしかるべき才覚の持ち主が無く後継者に頭を悩ませた晩年のイレトゥミシュは、彼女を後継者に指名した（在位 1236～39）。

幼い息子の代理となるなど、応急措置として夫から権力を受け継ぐ女性は歴史上に多々あれど、男兄弟を差し置いて父から権力を受け継いだ女性というのは、珍しい存在であろう。しかも奴隷王朝の信奉するイスラム教が一般的に女王を好まないことを考えれば、この後継者指名は実に驚嘆すべきものである。

ラズィーヤは彼女を傀儡王に仕立てようと目論む傲慢な貴族達の期待に反し、有能な支配者として強力に統治した。女の服装を捨て、顔の覆いをせずに宮中会議を取り仕切り、狩りを楽しみ、軍の指揮さえ行った。彼女は反乱軍を破り、外敵に遠征軍を差し向け、王国全域に秩序を確立した。しかしその後、遠征中に軍中に起きた反乱によって捕らえられた。彼女はそこから味方を作って挙兵、権力奪回を図るも結局、敗死した。同時代の歴史家シラージは彼女をこう評している。

スルターナ＝ラズィーヤは偉大な君主であった。彼女は賢明・公正・寛大であり、その王国に多くの恩恵を与え、正義を行い、臣民を保護し、軍を統率した。彼女は王にふさわしいすべての資質を兼ね備えていたが、男性として生まれてこなかったが故に、男性の評価するところでは、それら全ての徳は価値のないものとされた。（ロミラ・ターパル『インド史 2』みすず書房、107頁）

ラズィーヤは能力という点ではインド史上随一の女傑ではないだろうか。

インドネシア

チュッ・ニャ・ディン

Tjoet Njak Dien（Cut Nyak Dhien）
1848～1908

チュッ・ニャ・ディンは、インドネシアのスマトラ島北西端のアチェ地方で長年に亘って、ゲリラ戦によりオランダの侵略への抵抗を続けたインドネシアの国民的英雄である。

チュッ・ニャ・ディンはアチェ王国の軍事貴族ナンタ・セティアの娘に生まれ、1862年にはこれも軍事貴族であるテウク・イブラヒム・ラムンガと結婚した。ところが、1873年オランダによるアチェ王国侵略戦争（アチェ戦争）が始まり、彼女は軍人の娘そして軍人の妻として、愛する父と夫の死を覚悟しなくてはならなくなった。

彼女の父と夫は彼女を残してオランダに対する戦いへと出征していったが、間もなくアチェ王国軍はオランダ軍司令官を討つ勝利を収め、首都コタ・ラジャの

防衛に成功する。しかし復讐の念に燃えるオランダ軍はその年のうちに、万全の準備を整えて再度の侵攻を開始した。これによりアチェ王国は首都コタ・ラジャを制圧され、アチェ軍はゲリラ戦による抵抗を開始、チュッ・ニャ・ディンの父、および夫もジャングルに入り、チュッ・ニャ・ディンも身を飾る宝物や快適な生活を打ち捨て、これに従うことになった。

ところがゲリラ戦を続ける中、セラ・グリー・タルンでの戦いでアチェ軍は裏切りのために壊滅、チュッ・ニャ・ディンの父および夫も包囲下での激しい戦闘の後、戦死してしまった。ここで彼女はゲリラ戦に身を投じ、以後、父と夫の死に対する悲嘆を表すこともなく、戦い続けていくのである。彼女は自分の愛した二人は貴族の最高の地位に達し、聖戦の殉教者として死んだのだから自分は幸せであると語っている。

ゲリラ戦に身を投じたチュッ・ニャ・ディンは、父と夫の部隊指揮権を継承して部隊を再建、これを巧みに指揮してみせる。そして戦いの日々を過ごす中、テウク・ウマルと出会う。テウク・ウマルは彼女の親類であり、ゲリラ隊の指揮官の一人である男であった。彼は悲しみも表さず戦い続けるチュッ・ニャ・ディンの姿に惹き付けられ、まもなく二人は結婚、二人の間には娘チュッ・ガムガングが生まれたが、やがてはこの娘も成長、この両親の娘にふさわしいゲリラ戦の戦士として、オランダへの抵抗戦に身を投じることになる。

チュッ・ニャ・ディンと夫テウク・ウマルはゲリラ部隊を率いて続々と作戦を成功させていったが1875年頃、オランダに対して一つの策略を実行することとする。これは本心を隠してオランダ軍に降伏するというもので、強敵の降伏にオランダ軍は歓喜、テウク・ウマルを最も偉大な英雄と呼んで歓待し、彼をオランダ軍の総司令官に任ずるまでした。チュッ・ニャ・ディンとテウク・ウマルは、アチェの人々から裏切り者と後ろ指を指されながら、オランダに仕え続け、そうするうちにオランダの戦略を学び、またオランダ軍の人員を入れ替えてアチェ人を採用していった。こうするうちに、オランダ軍の中にはオランダの戦略を熟知し、オランダ式の良好な装備と豊富な弾薬を手に入れたアチェ人部隊が創り出され、ある日、このアチェ人部隊およびこれを率いるテウク・ウマルとチュッ・ニャ・ディンの夫妻はオランダ軍を去る。彼女たちは優れた装備の部隊を率いる以前にもまして恐るべき指揮官として、対オランダのゲリラ戦へと再登場したのである。そしてこの強力な敵の前に、オランダ軍は初めてアチェ軍相手に潰走を経験することになったのである。

その後、オランダ軍は強大化する敵に対処するために、無辜の村々への大量虐殺によって恐怖を煽るとともに、アチェ人への買収を仕掛け、ゲリラ部隊に対するスパイを集めた。やがて1899年、密告を得たオランダ兵がテウク・ウマルを殺害、チュッ・ニャ・ディンはまたも夫を失ったのである。なお、この報せを受けても彼女は悲嘆を表すことはなく、父の死を悲しんで泣き出した娘チュッ・ガムガングを平手打ちして泣きやませたという。彼女は平手打ちに続いて娘を抱きしめ、「アチェの女として、私たちは殉教者となった者に向けて涙をこぼしてはいけません」と言った。

夫を失ったチュッ・ニャ・ディンは、それでも戦い続けたが、長年の苦闘は彼女の体を蝕んでいった。そのため1901年、彼女は遂にオランダ軍に捕らえられてしまう。これは彼女の体を気遣った部下の一人が、彼女がオランダ軍によって治療をしてもらえるようにと、オランダ軍へと脱走、その情報で彼女の軍が奇襲

を受けてしまったからだという。この時、部隊の戦士であった男女はチュッ・ニャ・ディン母娘を守り、一人残らず討ち死にしていった。そしてチュッ・ニャ・ディン自身は既に盲目となっていた身にも拘わらず、アチェの伝統的な短刀であるレンコングを持ち、敵と戦おうとしていたという。なお、娘のチュッ・ガムガングは脱出に成功し、対オランダ戦を続けることになる。

チュッ・ニャ・ディンは、学問にも優れており、ジャワ西部のスメダンに流刑となると、1908年の死去まで、同地でイスラームの教えを教授して過ごした。スメダンの人々は彼女が何者であるかは知らなかったが、彼女のことを「イブ・ペルブ（女王）」と呼んで敬愛した。

やがて1960年、その頃までにスメダンに彼女のことを知るものはいなくなっていたが、オランダの公文書の情報が彼女がスメダンに流刑となっていたことを明らかにし、彼女すなわちオランダの侵略に抗した「聖戦の女王」チュッ・ニャ・ディンは功績を再評価され、国家的英雄女性と認められることになった。彼女の埋葬されたスメダンの貴族共同墓地には彼女を追悼して小さな礼拝所が建てられている。

ウズベキスタン

ナーディラ

Nadira（Nodira）
1792～1842

ナーディラ、本名マフラムアイムは18～19世紀の中央アジアに存在したウズベク族の国家コーカンド・ハン国の王妃で、詩人として名高い人物である。

ナーディラはコーカンド・ハン国の王ウマル・ハン（在位1810頃～22）の母方の伯父の娘で、幼い頃より高水準の教育を受けて成長、1807年にウマルハンの妻となった。

彼女はナーディラ、カーミラ、マクヌーナの筆名を使い、チャガタイ語とペルシア語で詩を詠んだが、彼女の詩は愛や女性としての苦悩、日々の喜びなどを題材にして民衆に親しまれた。ナーディラの夫もアミーリーの筆名で詩作する文人王であったが、彼女はこの夫と協力し

て詩人達を宮廷において保護し、コーカンド・ハン国の文芸発展に尽力した。

ナーディラは夫ウマル・ハンの死後、14歳で王位に就いた息子ムハンマドアリー・ハンを補佐して国政に関与、一時は息子に代わって国を治めるなどもした。国政に携わった彼女は、礼拝所（モスク）、神学校（マドラサ）、図書館の建設や文芸の保護を行い、文化の発展に貢献した。

やがてコーカンド・ハン国はブハラ・ハン国の君主であるアミール（首長）、ナスルッラーの侵略を受け、ナスルッラーがコーカンドを攻撃・占領。その際、ナーディラは一族と共に虐殺された。

ナーディラは現在、ウズベク古典詩人の1人として高く評価されている。

オマーン

ティバ・アル・マオーリー

Tiba Al Maoli
1963〜

ティバ・アル・マオーリーはオマーンのジャーナリストにして文学者である人物。

ティバ・アル・マオーリーは1963年にオマーンのマスカットで生まれた。彼女は1983年に中学教員として働き始めたが、その後1986年にはアナウンサー兼番組プロデューサーとなった。

その後、ティバ・アル・マオーリーは、1992年に、ベイルート大学でアラビア語および文学学士号を取得。

ティバ・アル・マオーリーは、1994年にはオマーン諮問議会の議員となったが、オマーン諮問議会議員となった女性は彼女が初めてである。彼女はこの諮問議会議員を二期務め、普通自由選挙を擁護した。また彼女は訴訟手続法と個人状況法という二つの重要な法律の起草に参加した。

この他、ティバ・アル・マオーリーは、1996年にマスカット保育および知的障碍児協会の理事会のメンバーとなり、また同年オマーン女性連合代表に任命されるなどしている。

2005年にはティバ・アル・マオーリーは政府批判を行ったとして、マスカット地方裁判所に、18ヶ月の投獄を命じられている。

文学者としての彼女の仕事としては、短編集や詩集が出版されている。

カザフスタン

マンシュク・マメトヴァ

Manshuk Mametova
（Mansiya Mametova）
1922〜1943

マンシュク・マメトヴァは第二次世界大戦で活躍したカザフスタン出身の機関銃手である。

マンシュク・マメトヴァはカザフスタンのウラル地方にある草原の村に靴屋の娘として生まれ、6歳の時まではユルト（遊牧民のテント）で生活していた。彼女は3歳の時には騎乗していたという。彼女は幼い頃は祖母の語るカザフの英雄の物語を熱心に聞いて育った。

マンシュク・マメトヴァは6歳の時に子供のいなかったおじ夫婦の元へ養子に出された。彼女のおじは内科医、詩人、ジャーナリストであったが、彼女はこのおじの影響を強く受け、内科医を志望するようになり、やがて彼女はカザフスタンの当時の首都アルマ・アタ（現アルマトイ）にあるアルマ・アタ医科大学で医学を学ぶこととなった。彼女は医学を学

ぶ傍ら、人民委員部（省に相当）や人民委員会議（内閣に相当）などに勤務して事務仕事を行っていた。

カザフスタンが属するソ連とドイツの間で戦争が勃発すると、マンシュク・マメトヴァは射撃練習を行い、従軍を熱望したが1942年、彼女はついに前線に送られることになった。前線で彼女は最初、事務官として働いたが、やがて司令官を説得して機関銃手としての訓練を許され、以後、彼女は群を抜いた射撃の正確さを誇る機関銃手として才能を現して行く。

彼女は競争試験で活躍して軍曹に任命され、機関銃クルーのリーダーを務めることになった。そして初めての戦いで、彼女は実戦における才能をも遺憾なく発揮、敵を間近まで引き寄せた上でこれを掃射して、部隊の尊敬を集めることになった。また彼女は技量に加えて、勇気、忍耐を備えており、さらに冗談を絶やさない快活陽気さや優しさによって、常に部隊の仲間を励まし勇気づけていた。

マンシュク・マメトヴァは1943年に戦死するが、その際の活躍は人間離れしたものであった。彼女はネヴェルの町の攻防に参加して、波状攻撃をかけてくるドイツ軍と戦ったが、彼女は弾幕の中、部下が二人とも戦死したにもかかわらず、単身で機関銃を操作し続け、この間、彼女の属する部隊は敵を何度か撃退することに成功した。ところが彼女が周りを見ると、いつしか直近の二台の機関銃が使い手を失い、沈黙するに至っていた。そこで彼女は自分の機関銃に加えて、さらに二台の機関銃の間をはしごして周り、合計三台の機関銃の射撃を維持し続け、これによってさらにもう一度、敵の攻撃は撃退されることになった。

この度重なる失敗に怒り猛ったドイツ軍は、迫撃砲の砲撃を恐るべき敵として立ちふさがる彼女に集中させ、彼女は頭部を負傷して気絶した。しかし彼女は意識を取り戻すと、痛みをねじ伏せて機関銃を移動させ、正確な直射を行って、さらに数度の敵の撃退に大いに貢献した。彼女はやがて弾薬が尽きると地面に倒れ、命を失った。

マンシュク・マメトヴァの功績は讃えられ、多くの詩や歌、映画の題材となり、各地の街路に彼女の名が付けられもした。また、カザフスタンでは、今に至るまで戦勝記念日の祭典において、彼女の名が言及されている。

なお、彼女はソ連英雄に認定されたが、これはアジア系ソ連女性としては初めてのことであった。

> ### 📖 中央ユーラシアのアマゾン達
>
> 　古代ギリシアの伝説中にアマゾン族という女性戦士のみで構成された部族が存在する。黒海の彼方、中央ユーラシアの遊牧地帯に存在するとされたが、中央ユーラシアで1950～60年代にかけてソ連の学者達により興味深い考古学的発見が次々と為された。例えば考古学者達はアゾフ海北西岸、モロチナヤ川付近に残存する古代の墓地を発掘。そこで女性の遺体を発見したが、その女性の遺体は弓矢や槍、鎧とともに埋葬されていたという。そして同様の発見がこの他にも各地で相次いだ。女性戦士のみの部族であるかはともかく中央ユーラシアの女性戦士は現実に広く存在していたのである。
>
> 　ところでそうであるならば古代伝説中の中央ユーラシアの女性戦士を、何らかの歴史的事実を核に持つものとして、以下で紹介することも許されよう。
>
> **ザリナ**：前7世紀の遊牧民スキタイ人の女王。美貌の持ち主で好戦的であった。数々の戦いに勝利し、イラン高原の国メディアを征服したと言われる。彼女を敬愛する臣民たちは彼女の死後、黄金像を冠した巨大な墓を築いたと言う。
>
> **トミュリス**：前6世紀の遊牧民マッサゲタイ人の女王。ペルシア帝国のキュロス大王の攻勢を前に、彼女の息子の死亡を含む甚大な被害を出しつつ抗戦を継続、会戦でキュロスを戦死させた。キュロスの遺体を辱めながら、結局戦争は息子を殺したキュロスの勝ちだと言った。
>
> **アマゲ**：前4世紀の遊牧民サルマタイ人の王妃。酒浸りの王に代り、裁判を行い、敵を退け国防を固め、近隣国との同盟にも成功、名声を得た。120人の精鋭に馬を次々乗り継がせて一日で200キロを強行軍、スキタイ王都を奇襲して、敵が混乱に陥る中、諸国の脅威となっていたスキタイ王を殺害したこともある。

カタール

モザ・アル・マルキ

Moza AL-Malki
1957～

　モザ・アル・マルキはカタールで活躍する教育者、研究者、文筆家である。彼女は1957年にカタールの首都ドーハで生まれた。彼女は1978年にベイルート大学で心理学文学士、1986年にアメリカのラヴァーン大学で修士号、2000年にスコットランドのアバティー大学で臨床心理学の博士号を取得している。

　モザ・アル・マルキは1974年から1982年まで学校教員を務め、1986年には小学校長に就任するなど、教育者としてキャリアを重ねた。1987年からはカタール大学心理学部助教授として教鞭を執っている。

　また、モザ・アル・マルキは1992年にカタール赤新月社（イスラム国における赤十字社のこと。イスラム諸国では十字を嫌い、赤十字の替わりに赤新月を記章に用いている）の事業部長に任命され、1995年には国際精神保健連盟（WFMH）中東湾岸地区副理事長に任命されている。

　モザ・アル・マルキは国立学校における講義やセミナー開催、諸国の新聞への寄稿などでも活躍している。

　モザ・アル・マルキの研究論文と著書は出版されている。

　モザ・アル・マルキはカタールにおける女性の社会進出のパイオニア的存在の一人で、彼女たちの切り開いた道には多くの女性達が続き、今日カタールでは女性達が官僚や大学長、地方議員など、権威ある地位で活躍するようになっている。

韓国

善徳女王

在位632～647

　善徳女王は古代朝鮮の女王である。名を徳曼という。
　朝鮮史において女王はほとんど存在しない。太后が摂政として幼い王に代わって政治を見たり、王妃が政治に関与することはあれど、女王を戴いた国は朝鮮史において唯一、古代の新羅のみであり、新羅史に登場する3人の女王だけが朝鮮史における女王なのである。
　そして善徳女王はこの3人の新羅女王の内で最初に登場する女王である。彼女は真平王の長女で、真平王に男子がなかったため王位に就くことになった。性格は寛容で人徳があり、明敏な知性の聡明な人物であった。彼女の聡明さについては、彼女が将来をよく予見し、しばしば周囲の人々を驚かしたことが伝わっている。三つある彼女の予見は彼女の小器用な才女ぶりを誇示し、あるいは彼女に超常的な神秘性を付与しようとするものであるので、基本的には歴史上の女傑としての彼女を語る際に見るべき価値のあるものではない。しかし予見の中の一つ、彼女が敵襲を予見した話については、解釈次第では彼女の女傑ぶりの証拠と捉えられなくもないので、取り上げておくことにしよう。
　それは636年5月のこと、宮殿の西にある玉門池に多くの蛙が集まったが、これを見た女王は、武将二人に各々千の兵士を率いさせ、女根谷にいる敵国百済の軍を見つけ出して討つように命じた。武将たちは女根谷を捜索して百済兵500を殲滅し、さらに後続部隊1千300も全滅させた。善徳女王はこの判断の理由を、蛙の形は兵士の像となっており、玉門とは女根のことであるなどと語った。
　この逸話をオカルト的な色彩を剥ぎ取って理解するならば、善徳女王が敵国に対する警戒と情報収集を怠らず、適切に軍事に関する指示を下していたことの証拠と言えるだろう。なお、『三国史記』によると、645年に中国の唐帝国の太宗が朝鮮北部の高句麗を攻撃した際に、「王は兵三万を率いて、これを助けた」（『三国史記1』平凡社東洋文庫、143頁）とのことである。ここでどの程度実務に携わったかはっきりはしないものの、それでも彼女が戦に臨んだ女傑であることは確かである。
　このように、善徳女王は一個の女傑ではあったけれども、女性と言うことで軽く見られることもあり、百済や高句麗の侵略に苦しんで643年に唐へ助力を要請する使者を派遣した際には、婦人を王にするから周囲に侮られるので、女王を廃位して唐の王族を王位に迎えてはどうかなどと言われている。なお、この提案を受けて、647年、新羅では貴族会議が女王の廃位を決めるに至っているが、下級貴族や地方豪族は女王を支持して戦った。善徳女王は陣没するが、女王支持派は、真徳女王を立て、女王反対派に勝利した。
　なお、善徳女王の時代は仏教を興隆させ天文台を建設するなど、内治・文化振興にも力が尽くされた。

カンボジア

インドラデーヴィー

Indradevi
12～13世紀

　インドラデーヴィーは優れた軍事的政治的手腕でアンコール王朝の全盛期を築いてカンボジアに空前の繁栄をもたらし

た王ジャヤヴァルマン7世（在位1181～1218頃）の王妃で、聡明さと学識で名高く、カンボジアで女性の国民的英雄と見なされている人物である。

ジャヤヴァルマン7世はおそらくは1191年以降のこと、ジャヤラージャデーヴィー王妃が逝去するとその姉、聡明で非の打ち所のない女性であったインドラデーヴィーを王妃に迎えた。

インドラデーヴィーは優れた学者、当代の論客であったことが知られている。彼女はサンスクリット語の詩に長け、文学の研究に携わったほか、仏教哲学について哲学者達を凌駕する知識を有していた。彼女は妹の死に際しては格調高い長文の追悼文をしたためている。またジャヤヴァルマン7世は、学識に優れる彼女を仏教寺院の院長に任命したほどである。彼女は寺院で学者として教鞭を執っているし、アンコールの王宮内ピミヤナカス寺院に存在するジャヤヴァルマン7世の伝記を含むサンスクリット語碑文は彼女の書いた文章であると言われている。

なおインドラデーヴィーは、一個の学識者として、学術の世界で個人的に活躍したのみならず、その聡明博識さによって社会的にも影響力ある仕事を為している。彼女は女子教育に熱心で、王族の女子教育を行ったほか、巷の女達の再教育、更正にも力を尽くしたことが知られている。

人格面でもインドラデーヴィーは完璧な人物であったと伝えられ、彼女は王のお気に入りの他の女性たちに対しても情けが深く、あたかも女神の化身であるかのようであったと伝えられる。

ジャヤヴァルマン7世は熱心な仏教徒であったことで知られるが、それにはインドラデーヴィーおよびジャヤラージャデーヴィーの熱烈な仏教信仰の影響もあると考えられている。

近代カンボジアは、インドラデーヴィーを国民的英雄として理想化崇拝し、王妃の名を冠した学校や研究機関や文学賞を設置している。

北朝鮮

鹿足夫人
ろくそく

7世紀初め頃

鹿足夫人は古代朝鮮北部に栄えた高句麗の国の女性で、隋の侵入に際して祖国のために戦った人物である。彼女は朝鮮史上に数多いる祖国のため尽くした女傑、烈女の祖型とでも言うべき人物と評される。

中国の長期に亘る分裂を収めた超大国隋は7世紀初め、高句麗攻撃の軍を起こす。隋は一度大敗した後も高句麗征服の意思を捨てず、612年戦闘部隊の兵力113万とも言われる大軍で、再び高句麗へと攻めかかった。この時、高句麗では名将乙支文徳（いつしぶんとく）の総指揮の下、国の総力を挙げて迎撃の備えをしていたが、鹿足夫人も男装して武器を取り、この祖国防衛戦争に参戦しようとしていた。

ある日、乙支文徳将軍が新編の部隊を点検していると、その隊列の中に奇妙な兵士が一人いる。体格こそがっしりと長身大柄であるものの、体つきにはどことなく丸みがあり、顔立ちもやさしげ、しかも何やら胸に膨らみがあるような感じ。どうやら男装した女性であるらしいと将軍は気付いてしまい、この男装の女性、鹿足夫人に理由をただすと、国家危急の時、女の身であっても侵略者と戦って祖国の恩に報いたい、どうか兵士の一員に加えて欲しいとのこと。さらに彼女は今は子供も夫も失って孤独なので、一命を国に捧げようと決めたと言い、足の速さ

から鹿足と呼ばれていると言って身の上を語り終えた。

鹿足夫人は隋軍の動向を探る目的で講和の談判と称して隋軍を訪れた乙支文徳将軍の後を、おそらく健脚を活かして追いかけ、敵地からの帰途についた将軍を川の渡し場に舟を用意して待ち、深夜故に舟を見付けられず川に行く手を阻まれていた将軍を舟に乗せ、追っ手から逃れさせたなどの活躍が伝えられている。

なお、この鹿足夫人の物語は、朝鮮史上の不世出の名将として謳われる乙支文徳将軍に付与された民衆好みの物語に過ぎないようで、彼女は歴史上の人物と言うよりは、伝説上の人物と言った方が良いようである。とはいえ史実と重なり合うところが多く、単なる伝説として片付けるわけにはいかないとも言われる。また、そもそも洋の東西を問わず女性の従軍は、一部の著名な事例に限らず、無数に行われており、国家存亡の危機等に軍事的才能を輝かせた女性も少なくない。隋の圧倒的大軍の襲来に際して、一兵士として活躍する程度の功を立てた女性なら、実在しても何ら不思議も無いとは言える。伝説の全てを信じるわけにはいかないにせよ、走りの速さの故に鹿足夫人との渾名を残した、女性兵士の実在程度は、信じておいても許されるのではないだろうか。

キプロス

ヘレン・パレオロギナ

Helen Paleologina
（Helen Paleologa／Helen Palaeologa）
1415頃〜1458

ヘレン・パレオロギナはキプロス王妃で、夫のキプロス王ジャン2世（在位1432〜1458）の摂政として政治権力を掌握した女性である。

ヘレン・パレオロギナは、モレア（ギリシアのペロポネソス半島）の領主であったビザンツ帝国皇子の娘として1415年頃生まれた。当時、オスマン・トルコの強大な力の前に滅亡の淵にあったビザンツ帝国（1453年滅亡）において、モレアはビザンツ領で最も繁栄した土地として、文化人や芸術家の避難先となり、その中心地たるミストラはビザンツ文化すなわちギリシア文化の最後の輝きを放っていた。ヘレン・パレオロギナはこのモレアにあって、かつての大国ビザンツ帝国の失われ行く最後の栄光に浸って成長していった。

1442年、ヘレン・パレオロギナは、フランスのリュジニャン家の支配するキプロス島に嫁ぎ、国王ジャン2世と結婚、キプロス王妃となる。そして、おそらくギリシア文化の最後の栄光に浸って過ごした幼少の日々の影響であろうが、彼女は、はるかな古の時代にはビザンツ帝国とギリシア文化の下にありながら、今は西ヨーロッパ出の王家に支配されるキプロスの地を再びビザンツ化、ギリシア化するため精力的な活動を開始するのである。ヘレン・パレオロギナは、夫ジャン2世が統治への情熱を失っているのをすばやく見て取ると、ジャンが健康な成人で本来は統治に何の不足もない人間であるにもかかわらず、ジャンに代わって摂政として政治を見ることを目論む。そしてジャンの賛同を取り付けた彼女は、表向きジャンの健康に問題があるとの理由を掲げて、ジャンを放縦に耽らせておき、キプロスの支配権を掌握したのである。彼女はギリシア正教を推進するとともに、ギリシア系住民を西ヨーロッパ系支配者への従属から解放しようと目論み、西ヨーロッパ系の旧支配層を疎外したため、西ヨーロッパ系の資料では、非常に

悪し様に評価されているそうである。しかし彼女はキプロス島を16年に亘って成功裏に統治したのである。

なおヘレン・パレオロギナはキプロスのギリシア化を維持するためにも、当然、支配権を自分の血統に伝えていくよう強く望んでおり、私生児とはいえ男子を産んだジャン王の情婦マリエッタに激しい敵意を燃やしていたが、この敵意にはマリエッタの美貌への嫉妬も含まれていたようである。ヘレン・パレオロギナの敵意によってマリエッタは鼻を削がれるという憂き目に遭っており、マリエッタは一般的に「鼻切られ」の異名で呼ばれるようになっている。

ところでイスラム圏にほど近く、強力な支援者を必要としているキプロスという国にあって、旧支配層を疎外して、滅び行く国、既に亡んでしまった国の文化を助長する、ヘレン・パレオロギナの統治が全く不安要素を抱えずに済むはずはなかった。ジャン2世とマリエッタの間に生まれた私生児ジャックの下に反対派が結集していったし、ジャックによってヘレン・パレオロギナの乳兄弟にして片腕であったモレアのトマスが殺されるということもあった。さらには彼女が1456年に迎えた娘婿も、彼女のギリシア化政策に反対する始末であった。ちなみにこの娘婿が死んだ際には真相はともかく、彼女の陰謀によるものであるとの疑いがかけられている。

その後、ヘレン・パレオロギナは夫のジャン王が進める娘の再婚を、ギリシア正教で禁止のいとこ婚であるとして阻止しようとしていたが1458年、これを阻止できぬうちに死亡した。

ヘレン・パレオロギナの敵であった私生児ジャックであるが、やがて彼女の娘夫妻からキプロス王位を奪い取ることになる。

キルギス

クルマンジャン・ダトカ

Kurmanjan Datkha
(Kurmanjan Datka)
1811〜1907

クルマンジャン・ダトカは、19世紀のキルギス人（より正確な表記はクルグズ人）の有能な女性指導者で、19世紀半ばの中央アジア諸国の間で大きな影響力を誇った。

クルマンジャン・ダトカはキルギスタン南部のアライ地方の平民の家に生まれた。彼女は18歳の時に意にそぐわぬ結婚をすることになったが、この結婚で結ばれた夫には従わず、故郷で生活を続けた。

やがて1832年、彼女はコーカンド・ハン国宮廷の重鎮でアライ地方のダトカ（当時のキルギスに政治的影響力を行使

したコーカンド・ハン国やブハラ・ハン国における称号でキルギス人の場合は部族長がこれを与えられた）であったアリムベク・ダトカと再婚した。クルマンジャン・ダトカは、政治や軍事への高い関心を持っており、この結婚の後間もなく、彼女の夫の最も信頼すべき助言者の一人となったし、宮廷の重鎮たる夫の地元不在時にはその聡明さによって部族指導者として活躍、頭角を現していった。

1862年コーカンド・ハン国宮廷の内紛によって、アリムベク・ダトカが殺害される。アリムベクの下にあった部族は危機に陥ったが、ここでクルマンジャン・ダトカは指導者として、兵士達の士気を蘇らせ、部族を固くまとめ上げ、各地へ政治力を振るって活躍した。当時、コーカンド・ハン国への介入を行っていたブハラ・ハン国は、彼女の実力に着目し、彼女をダトカに任命した。彼女はキルギス諸部族と協議連携したし、また、コーカンド・ハン国に対抗するための同盟相手を探して、当時中央アジアへの外交作戦を活発化させていたロシア帝国との交渉も行った。

やがてロシアがコーカンド・ハン国征服を開始し、1876年にコーカンド・ハン国は滅亡するが、クルマンジャン・ダトカは自己の率いる諸部族がロシアとの間で保護関係に入ることを平和裡に受け入れた。ただし彼女の息子はロシア帝国軍の進出に対し、活発な抵抗を行った。

クルマンジャン・ダトカはロシアの士官達にアライの女王と呼ばれ、敬意をもって扱われた。彼女はロシア帝国軍から、大佐の称号を与えられたが、この地位を19世紀ロシアで得た女性は彼女だけである。

現在のキルギスにおいて、クルマンジャン・ダトカは大いに尊敬され、いくつもの街路や学校、慈善団体が彼女の名前を冠している。

クウェート

ナビーラ・アルムラ

Nabeela Al-mulla
1948～

ナビーラ・アルムラはクウェートの外交官である。

代々クウェート社会に政治的・文化的貢献を果たしてきた家系に生まれたナビーラ・アルムラは、教育や修養を重視する家庭環境で成長した。彼女はベイルート・アメリカン大学において際だった成績で政治学の学士号を取得、20歳で同大学を卒業している。さらにその四年後には国際関係論の修士号をも際だった成績で取得している。

ナビーラ・アルムラは1968年より外務省に勤務して、国連外交の場などで活躍し、様々なポストを占めたが、1994年からはジンバブエ、南アフリカ、ナミビア、モーリシャス、ボツワナといった国の非駐在の特命全権大使を務め、2000年には、オーストリア、ハンガリー、スロバキア、スロベニアの非駐在の特命全権大使となった。他に彼女は国際機関でクウェートを代表する様々な地位に就いており、ウィーン国連事務所駐在委員や、国連工業開発機構（UNIDO）委員、国際原子力機関（IAEA）委員も務めた。2002年には石油輸出国機構（OPEC）の担当相会議でクウェート代表を務めたし、また2002年から2003年にかけては国際原子力機関の理事会議長を務めている。

ナビーラ・アルムラが占める高い地位は、外交に携わるクウェートおよび中東諸国の女性として際だったものである。

グルジア

タマラ

Tamara (Tamar/Thamar)
1160〜1212

　タマラは中世グルジアの最盛期を築いた女王である。

　タマラは1160年にグルジア・バグラト朝の国王ギオルギ3世の娘として生まれた。彼女以外に嫡出子を持たなかったギオルギ3世は、自分の後継者にタマラを据えることを決め、1178年、18歳の彼女を自分の共同統治者として戴冠させた。戴冠式では彼女は「山の神」の称号で呼ばれた。彼女は有能な統治者となり、父の死までの六年間は父と共同でグルジアを統治し、1184年の父の死後は単独の支配者としてグルジアに君臨することになった。

　タマラは有能でありながら、母性的な君主として、グルジア国民の多くから尊敬とともに愛慕を受けていた。彼女の統治は国内貴族の抵抗を受けることもあったが、それは貴族達が王権による抑圧を嫌ったためであり、彼女が女性であることは、彼女への抵抗の主たる要因ではなかった。キリスト教国であるグルジアの住民は、自分たちが女性に高い地位を認めていることを、近隣のイスラム勢力との違いを示すものとして、誇っていたのだという。

　タマラは1187年、イスラム勢力との戦いで勇名を馳せていたキエフ大公の息子ゲオルゲ・ボゴリュブスキを、軍事指揮官として活躍することに期待して夫に迎える。だがこの夫は酒飲みで放縦な人物であり、敬虔と質素を旨としていたタマラとは性格が合わず、しかもこの結婚は二年を経ても後継ぎをもたらすことがなかった。そのためタマラは1189年頃、離婚して新たな夫を迎えることにするが、ここで追い出された元夫には、相当の財産を付けて送り出してやったという。

　そしてこれ以後タマラは政治のみならず軍事も自ら処理することになるが、これによりそれまで狩猟で腕前を示すためにしか活用されていなかった秘められた軍事的才能が開花していくことになる。彼女は対内的には貴族層の反抗陰謀を見事に鎮定し、対外的には反抗的な国内の諸勢力を糾合して支配権を維持するためにも、積極的拡張路線を採用、数々の勝利を重ねてグルジアの領土を大幅に拡張した。そしてこの過程で彼女自身、強毅な戦士にして優れた指揮官として、しばしば自ら戦場に立って、軍事的に目覚ましい活躍をしている。例えば1191年に元夫のキエフ公子がイスラム勢力と結託し、東グルジアの貴族層の支持も集めてグルジアへと侵攻、国王就任を宣言した際には、タマラはかなり不利な情勢にあったにもかかわらず、自ら軍を率いて勝利することで、短期間のうちに形勢を

逆転したという。また1205年には彼女は既に若くない身でありながら、裸足の行進に耐え抜いて戦場入りし、兵士達に熱弁を振るって回ったという。そのため彼女は同時代人から「雌獅子は爪によって名を轟かし、タマラはその振る舞いによって名を轟かす」と評されている。

タマラの元で西は黒海から東はカスピ海まで、北はカフカス山脈から南はヴァン湖まで、ロシア、イラン、アルメニア、トルコにおよぶ広大な版図を得たグルジアは、大いに繁栄して黄金時代を迎え、町々や商工業は発展した。とりわけ首都のティフリス（現トビリシ）の繁栄は目覚ましく、ティフリスは人口十万を抱える世界有数の大都市となった。そしてその様な富力を背景に文化も大きく花開いた。タマラに捧げられた叙事詩『豹皮の勇士』はグルジア文学の記念碑的作品、世界文学の傑作として名高いし、絵画や音楽、建築等も活発であった。

タマラは1212年、勢威と人気の絶頂で死に、国民に大いに哀悼された。

ところで稀代の女傑、女戦士タマラの存在はよほど後世の文筆家の詩的創造力を刺激したのか、ロシアの詩人レールモントフはタマラを霧深い岩山の上の塔に住む美しい魔女として描き、彼女には勇士に一夜の相手を務めさせた翌朝にその頸をはねるという物騒な伝説が付与されてしまった。またイギリスの劇作家シェークスピアは彼女を獣のよう慈悲の心を持たないとした。しかし実際の歴史人物としてのタマラの性格は非常に寛容なものである。彼女の寛容さは、離縁する夫ゲオルゲ・ボゴリュブスキを一財産付けて送り出し、その元夫が1191年に彼女の打倒を図って捕獲された際にも殺さず解放し、そのため1200年にまたも元夫の侵攻に悩まされた程であった。なお、タマラはグルジア教会によって列聖されている。

サウジアラビア

アーイシャ

A'ishah（Aisha/Ayesha）
614〜678

アーイシャはイスラム教の創唱者ムハンマドの三人目にして最愛の妻であり、ムハンマドの死後、イスラム共同体において政治的文化的に重要な地位を占めて活躍した。

アーイシャは614年メッカに生まれた。彼女は、ムハンマドの最も親しく重要な支持者であるアブー・バクルの娘であった。アーイシャが6歳の時、ムハンマドとアブー・バクルの関係を固めるため、既に別の男と婚約があったのを解消して、彼女は親子ほども年の離れた50歳のムハンマドと婚約することになった。婚約以後、ムハンマドは定期的にアブー・バクルの家に通い続けたが、やがて彼女が9歳の時に正式に結婚することになった。ムハンマドとの絆をさらに強めることを望むアブー・バクルは、婚資が用意できないので結婚せずにいるというムハンマドに婚資を提供し、アブー・バクルの家で結婚が成就した。アーイシャはその時のことを回想する。

私がブランコに乗っていると母がやってきた。母はブランコから私をおろした。私は何人かの友達と一緒だったのだけれど、母は彼らを向こうへやると、水で私の顔を拭き、玄関のところまで連れていった。私は［ブランコにのっていたので］息も荒く、人心地つくまでじっと待った。母に連れられて中に入ると、預言者がアンサール〔ムハンマドに庇護を与えたメディナのムスリム〕の男女とうちのベッドに座っていた。母は私を彼の膝元に置くと言った。「この方々がおま

えの仲間です。この方々のもとで神のご加護があらんことを。そしておまえのもとでこの方々が。」すると、彼らはすぐに立ち上がり、外に出ていった。こうして、預言者は我が家で結婚を成就した。
（ライラ・アハメド、林正雄ほか訳『イスラームにおける女性とジェンダー——近代論争の歴史的根源』 法政大学出版局、72頁）

　ムハンマドとアブー・バクルの良好な関係に加えて、アーイシャ自身の美貌、聡明さ、陽気な性格もあり、ムハンマドはアーイシャに深い愛情を注ぐこととなり、ムハンマドの死までアーイシャは、政治的理由から来るムハンマドの数々の結婚にもかかわらず、その最愛の存在であり続けた。ムハンマドの住居に人形やオモチャと共に引っ越して来たアーイシャと、ムハンマドは時には一緒になって人形遊びまでしたというし、ムハンマドがメッカに向かって礼拝する際に彼女が礼拝する前に横たわっていても、ムハンマドはそれを許容していたという。また愛するのみならずムハンマドは神学、医学、作詩などの高い見識を備え、ムハンマドに対する反論すらやってのけるようになったアーイシャのことを信頼し、彼女のことを自らの心に最も近い者と評し、信仰の半分は彼女から得るようにと信者達に言いつけていたという。ただ、ムハンマド存命中には、彼女が政治的宗教的に大きな影響力を持つことは無かった。
　ところで多少はムハンマドとアーイシャの関係に波乱が生じることもあった。
　627年にアーイシャを伴ってムハンマドが遠征に出たときのこと、アーイシャが紛失したネックレスを探しているうちに、軍がそれに気づかず次の野営地に移動してしまい、砂漠に取り残されたアーイシャが翌朝、軍の置き忘れの回収に当たっていた若者に連れられラクダに乗って帰ってくるということがあった。この時、ムハンマドに従う信徒達の間にはアーイシャと若者の仲を怪しむ声が上がり、ムハンマドの従弟にして娘婿のアリーはムハンマドに離婚を強く求め、ムハンマド自身もそのことを思い悩んで神の啓示も下されないという状態に陥ったのであった。そしてムハンマドは仲間や他の妻達に意見を求めるなどしたが、やがて事件後最初にムハンマドに下った啓示でアーイシャの無実が宣言されることとなった。
　またムハンマドに他の男性には許されない五人以上の妻との結婚を許す啓示が下り、これに対してアーイシャが「あなたの神さまは、あなたの欲望を満たすためなら、ずいぶんお急ぎになるのですね」（前掲書、73頁）と非難の声を上げたこともあった。
　とはいえ、総じて見れば二人の仲は極めて良好で、ムハンマドがアーイシャへ最大の愛情を注いでいるという事実は決して揺るがず、ムハンマドの病死の直前には、それまで細心の注意を払って妻達を公平に扱ってきたムハンマドが、次は誰の部屋に泊まる日かを訪ねた後、妻達に特別にアーイシャと寝ることの許しを求めたという。
　ムハンマドの死後、アーイシャを初めとするムハンマドの寡婦たちは「信徒の母」として尊敬を受けていたが、イスラム共同体の最高指導者カリフにアブー・バクルが就任したことや、生前のムハンマドとの緊密な関係などから、アーイシャはその中でも特に高い権威を認められていた。
　アーイシャはムハンマドの死後まもなくより、イスラム信徒たちの相談を受けて、ムハンマドの言動・慣行について多くの証言を残した。ムハンマドの言行・慣行が求められたのはそれが信徒達の模

範・行為規範としてイスラム社会における法源となるからであり、このような模範・規範となるムハンマドの言行をスンナ、スンナの正式な記録をハディースと言うが、ムハンマドと最も緊密な関係を持ち、しかも聡明であったアーイシャはこのハディースの最重要の伝承者となった。他の妻達も相談を受け、ハディースを伝承してはいるが、アーイシャは伝承者として傑出しており、彼女ほど多くを伝承した者はいない。

　ムハンマドの死後、アブー・バクル、ウマル、ウスマーンとイスラム共同体の最高指導者カリフは代替わりしていくが、ウスマーンの死後に発生した内乱で、アーイシャは政治指導者・軍事指導者としても活動することになった。656年、ウスマーンが俸給に不満を持つ兵士達の反乱によって殺害され、反乱軍がムハンマドの従弟にして娘婿アリーをカリフとして推戴すると、アーイシャはウスマーンとの関係が良好とは言えなかったにもかかわらず、メッカのモスクにおいて弔辞を述べるとともにウスマーンの死に対する復讐を宣言、各地のモスクで説経を行い、個人的にも恨みのあるアリーへの対抗勢力結集に中心的な役割を果した。同年末に両派はバスラ郊外で激突、バスラ城壁に沿って戦闘が行われた。この戦いでアーイシャはラクダに乗って指揮を執ったが、アーイシャの重要性に気づいたアリーが彼女の周辺に猛攻をかけて彼女のラクダを倒し、勝利を収めることになった。この戦いはアーイシャがラクダに乗って指揮を執ったことから、ラクダの戦いと呼ばれている。

　アリーは捕虜となった彼女を丁重に扱い、以後政治に関与しないことを条件に彼女を解放、彼女はムハンマドの言行を語り伝えつつ、静かな余生を送った。

📖 イスラム教の一夫多妻制

　イスラム教は一夫多妻を奨励しており、男は4人まで妻を持つことができる。イスラム教の創始者ムハンマドに一般信徒に許された4人という制限を超えて、5人の妻を持つことを許す神託が下った際、本書で大きく取り上げた彼の妻アーイシャは、ムハンマドの神はムハンマドの欲望を満たすためなら随分とお急ぎになると皮肉を言っているが、通常の制限通りの4人以内であっても、妻の側からすれば、女性に対する蔑視であると文句の一つも言いたくなるところであろう。

　しかしイスラム教の四人妻は、その起こりにおいては、明らかに善意に基づき、しかも有意義な制度であった。

　そもそも成立当初のイスラム教は、言うまでもなく、周囲から見ればうさんくさい新興宗教に過ぎなかった。故にイスラム教の入信者は、一族とのつながりを打ち捨て、新たな信仰に入ったのであった。そのため戦いに継ぐ戦いのイスラム教成立期にあって、夫の戦死などによって寡婦が生じた場合、その寡婦は夫も無く一族の元にも帰れず、生計が成り立たないという状態に陥る。そこで一夫多妻を奨励して、寡婦を扶養しようというのが、事の起こりだったのである。そして教祖のムハンマドも、イスラム教を護るために殺された男性の寡婦達を多く妻に迎えている。

　ところでついでに一夫多妻とともにイスラム社会の女性蔑視の象徴と思われているであろう、女性のベール着用についても述べておこう。ヴェールの着用はペルシア等のイスラム以前の中東社会に起源を持ち、イスラムはそれら社会の影響を受けたのであった。イスラムが女性を蔑視していないとは言えないが、イスラム由来の女性蔑視は一般に思われているほどには強くはない。

シリア

ゼノビア

Zenobia（Septimia Zenobia/Bat Zabbai/Bath-Zabbai/Zebaina）
統治　267〜272

　ゼノビアは、シリア東北部の砂漠中に繁栄した古代ローマ帝国の属国パルミラの女王であり、ローマから独立して一時、東地中海地域に大勢力を築いた。

　ゼノビアは230〜240年頃、商業国家であったパルミラの裕福なアラブ系商人貴族の家に生まれた。

　彼女は煌めく大きな黒い瞳と、真珠のような歯を持った色黒の輝かしい美女に成長した。また彼女は教養にも優れており、哲学や文学、歴史学を支援したし、ギリシア語、シリア語、エジプト語を使いこなし、多少のラテン語も解したとされている。

　ゼノビアは一度目の結婚で夫を亡くした後、妻を亡くしていたパルミラ指導者オデナトゥスと250年代後半に再婚することになった。オデナトゥスは当時深刻な内憂外患を抱えて混迷するローマ帝国の同盟者として、ローマに替わって東方の強国ササン朝ペルシアに立ち向かい、その際の活躍によりパルミラの勢威を大いに伸長させた名将であるが、ゼノビアはこの優れた武人の妻に相応しくと言うべきか、夫と共にライオンやヒョウ、クマを狩って楽しみ、安楽な輿や車両を使わず騎馬で対ペルシア戦の戦場まで同行して行ったという。彼女とオデナトゥスの間には息子と娘が二人ずつ誕生した。

　ゼノビアの夫オデナトゥスは267年、甥によって、先妻の子とともに殺害されてしまう。ここでゼノビアは最初の結婚で生まれた自分の息子をオデナトゥスの後継者に据え、その摂政としてパルミラの実権を掌握、エジプト女王クレオパトラの血統を称し、女王の称号を名乗って君臨することになった。このオデナトゥス殺害事件は個人的怨恨によるものであるらしいが、野心的な人物であったゼノビアが殺害を唆したとも言われている。

　ゼノビアはここで、ローマ帝国が内憂外患に苦しむ状況につけ込み、パルミラの一層の勢力拡大を目論む。彼女は269年、自らシリアを制圧すると共に、将軍ザブダスを派遣してエジプトを併合、さらに翌270年には小アジアも制圧し、東地中海を囲い込む大勢力を形成する。

　瞬く間に大国を創り上げたゼノビアは、繁栄を謳歌し、エジプトから持ち出した古の女王クレオパトラの装飾品でテーブルを飾り、多くの学者達に囲まれて過ごしたと言う。そして勢威の絶頂に立ったゼノビアは息子を皇帝とすることを宣言し、自らも女帝を名乗ってローマからの独立を宣言するに至った。

　ところが巨大帝国ローマは優れた将帥であるアウレリアヌス帝（在位270〜275）の元で、急速に混迷を鎮めていった。271年、アウレリアヌスはパルミラ王国に対しても制圧に乗り出し、ゼノビアに服従を呼びかける。これに対しゼノビアは「貴方の要求する服従は武器によって

のみ獲得されるものです。貴方は隷属よりも死を選んだクレオパトラの先例を忘れている。もちろん貴方が私を戦場で見ることがあれば、貴方は傲慢な提案をしたことを後悔することになるでしょうが」と返答、ローマはパルミラへと皇帝アウレリアヌス自ら率いる制圧軍を送った。

巨大帝国の実力を回復したローマおよび名将アウレリアヌスの前に、パルミラの勢力は弱く脆かった。ザブダスが指揮し、女帝ゼノビア自らも騎乗同行していたパルミラ軍は272年、アンティオキア、エメサで敗北を喫し、この間勢力下にあった諸地域のパルミラへの忠誠はローマの勢威の前に崩壊していった。ゼノビアは砂漠の都市パルミラでの籠城を決意、精力的に準備を整え、ローマ軍が力尽きるのを待つことにした。ゼノビアの整えた防衛体制は名将アウレリアヌスも驚嘆するほどのものであったと言う。しかし兵站に優れたローマ軍はたとえ砂漠中の都市を攻めても力尽きることはなく、勝ち目の見えないゼノビアはパルミラを脱出、ペルシア王を頼って逃亡を企てた。ところが間もなく彼女はローマ軍に捕獲されることになった。捕獲されたゼノビアは生死を決断せねばならなくなるが、彼女は生きることを選び、アウレリアヌスに降伏して、自分は宰相ロンギヌスら側近達に道を誤らされたのだと主張した。側近達は処刑されることとなった。

ゼノビアはローマに送られ、274年にアウレリアヌスの武勲を称える凱旋式で、黄金の鎖による拘束下、彼女の豪華な宝飾品とともにローマ市民の眼前を引き回された。その後彼女は年金を与えられ、イタリアのティヴォリで静かに余生を過ごした。

シンガポール

チャン・ヘン・チー

Chan Heng Chee
1942～

チャン・ヘン・チーはシンガポールの傑出した学者、知識人で、彼女と彼女の著作は様々な賞を獲得している。また彼女は外交官も務めた。

チャン・ヘン・チーは、コーネル大学、シンガポール大学で学んで研究を志向するようになった。やがて彼女はシンガポールを単独支配し続ける大政党、人民行動党（PAP）に関する研究で国際的な好評を受け、またそれにより政治的に大人しいシンガポール人の中にあって、政府に批判的な目を向けることを忘れない知識人として注目されることになった。

チャン・ヘン・チーは、新時代のアジア女性の代表者として、1974年にアメリカの週刊誌『ニューズウィーク』の表紙に取り上げられた。

1988年、チャン・ヘン・チーは高名な官設シンク・タンク、政策研究所の長となった。

1989年にはチャン・ヘン・チーは、シンガポール女性として初めて大使に任命され、国連派遣団を率いた。

その後もチャン・ヘン・チーは学者、外交官として活躍を続け、1991年にはシンガポール政府が海外における国家の評判を高めるために創設したシンガポール国際財団の長となり、1996年にはアメリカ大使となっている。

スリランカ

シリマヴォ・バンダラナイケ

Sirimavo Bandaranaike
1916〜2000

　シリマヴォ・バンダラナイケ（旧姓ラトワッテ）はスリランカの首相（在職1960〜65、70〜77、94〜2000）を務めた有力政治家で、世界最初の女性首相となった人物である。

　シリマヴォ・バンダラナイケはスリランカ南部の都市ラトナプラにおいて、かつて栄えたキャンディ王国の貴族の血を引く裕福な家庭に生まれた。彼女の親類は高い政治的地位に就く者も多く、彼女はその中で、親族の交わす政治や商売の話題に強い関心を寄せながら成長していった。

　シリマヴォ・バンダラナイケは、彼女が西洋式の教育を受けることを望んだ両親によって8歳の時、コロンボのカトリック系女学校に入学させられたが、キリスト教教育を受けつつも仏教信仰を保ち続けた。

　シリマヴォ・バンダラナイケは18歳頃には大柄で輝くような女性に育ったが、しかし彼女は着飾ることなどには関心を抱かず、伝統的なサリーに母から与えられた数点の宝飾品を身に付けるのみで過ごしていた。彼女は「私は服装やファッションについては常に伝統的な考えに従っていましたよ、だって、ファッションのもたらしてくれるものは私にとって取るに足りないものでしたから」と語っている。むしろこの頃の彼女の関心の的であったのは社会福祉事業で、彼女は社会福祉連盟に加入して、結婚するまでグループの会計係を務めていた。

　1940年、シリマヴォ・バンダラナイケは独立期のスリランカ民族主義を代表する有力政治家S.W.R.D.バンダラナイケ（1899〜1959）と結婚するが、彼女と夫の間には娘二人と息子一人が生まれた。

　1959年、首相にまで昇っていた夫S.W.R.D.バンダラナイケが、薬草治療を差し置いて西洋医学を支援する彼の政策を憎んだ狂信的仏教僧によって暗殺される。シリマヴォ・バンダラナイケは夫の後を継いで政治家に転身する。彼女はこれまで妻としての立場に徹し、政治の表舞台には立ったことはなかったが、ここでもし自分が政界入りしなければ、天国の夫が不満に思うだろうと考え、政界入りしたのだと言う。政治家に転身した彼女を敵対勢力は素人と蔑んだが、彼女は優れた政治家であった夫と過ごした20年の日々によって、政治家としての識見を育んでおり、夫の後継者として、夫の政党スリランカ自由党を支えて大いに活躍していくことになる。彼女は1960年に同党総裁に選ばれて、同年の総選挙を戦い、夫の演説を録音したテープレコーダーを携えると共に、自らも感動的な演説を行い、国中を回った。そして彼女は選挙に勝利し、世界初の女性首相となったのである。彼女は社会主義経済政策、非同盟外交、仏教徒の勢力回復といった夫の内政外交上の主張を受け継いだ。特に仏教の勢力回復政策については、その失敗が彼女の夫の暗殺の遠因の一つとなっていたので、彼女は西洋文化の影響を弱め、仏教を尊重する施策や仏教徒の要望の実現に、相当の力を注いだという。

　シリマヴォ・バンダラナイケは1965年に総選挙に敗北、自らの議席は守ったものの首相の地位は失うことになった。しかしその後1970年の総選挙では圧勝、首相の地位に返り咲いた。それから彼女は1977年の総選挙に敗れるまで首相の地位にあったが、この間の1972年、スリランカは新憲法を制定してイギリス連

邦自治領から完全独立国となっている。1980 年には首相時代の権力濫用を問われて、公民権と議員職を剥奪される。この後も彼女は実質的には野党の指導者であったが、1986 年に名誉回復、1988 年には野党候補として大統領選挙（1978 年より大統領制）に出馬して落選することになった。そして議席を回復すると、1989 年野党党首となった。やがて 1994 年、彼女の次女チャンドリカ・クマラトゥンガが大統領となると、彼女は政治の実権は有していないものの、三度目の首相の地位に就き、2000 年まで在職した。

2000 年、シリマヴォ・バンダラナイケは健康悪化によって首相を辞職して後、心臓発作で死亡した。

タイ

スリヨータイ

Suriyothai（Sisuriyothai）
〜1549

スリヨータイはタイのアユタヤ朝第 16 代チャクラパット王（在位 1548〜69）の王妃で、タイ最高の女傑、タイ女性の鑑とされる人物である。

16 世紀の東南アジア大陸部ではビルマに台頭したタウングー朝が急速に勢力を拡大していくが、タウングー朝の攻撃の手は隣国タイにも及んだ。1549 年、タウングー王ダビンシュエティーは国境付近での些細な事件を口実にタイを支配するアユタヤ朝を攻撃、歩兵 30 万、騎馬 3 千、象 700 頭と記憶される大軍で、アユタヤ領深く侵攻した。ビルマ軍はタイ軍の抵抗を退け、容易くタイの首都アユタヤ近郊に達し、アユタヤ攻囲戦に突入した。

アユタヤを攻撃するビルマ軍は何度もアユタヤ占領目前というところまで迫ったが、アユタヤ軍はその都度、どうにかビルマ軍の撃退に成功、4 ヶ月に亘って戦いは続いたという。そしてこの攻囲戦においては、アユタヤ側はチャクラパット王とその王子のみならず、王妃スリヨータイおよび王女の一人まで戦闘に参加していた。彼女たちは男装し、甲冑を纏って象に乗り、男子と轡を並べて勇戦したがある日、チャクラパット王が敵将に討たれそうになったところ、王妃と王女は王の命の危機に割って入り、王の身を守って奮闘、王の身は救ったものの、自分たちはビルマ兵の槍を背に受けて戦死したという。

アユタヤ市内の西の川沿いには、王妃の遺骨を祀る仏塔が存在している。

スリヨータイはタイ国の近代歴史教育において、救国のヒロインとしてタイの国民的英雄に祭り上げられた。2001 年には彼女の物語をモデルに構想 5 年、撮影 2 年、制作費 11 億円を費やした史上最大の歴史映画『スリヨータイ』が公開され、タイ映画史上の興行収入の記録を圧倒的大差で塗り替えたと言う。

ところでチャクラパット王の王妃と王女の英雄譚は、最も古い部類のものとしては、アユタヤ朝時代の資料に二種類の物語が残っている。一方は軍が混乱する中、戦死した王妃と王女の話で、他方は病気の王に代わってビルマ王と一騎打ちした 16 歳の王女の話である。ところがこのいずれにおいても、スリヨータイという名前は出ていないのだという。スリ

ヨータイの名が最初に登場するのはアユタヤ朝滅亡後の新王朝バンコク朝の時代の資料においてであって、アユタヤ朝時代の王妃と王女の英雄譚がバンコク朝時代にスリヨータイという人物像に収斂していったのだと言われている。アユタヤ朝時代に記された『王朝年代記』中の王妃の物語を引用しておくと以下のようなものである。

「チャクラパット王殿下がペグー［ダビンシュエーディー王の都］との戦いに出陣された際、王妃殿と王女殿も象に騎乗して共に出陣された。ペグー軍と戦いを交えた時、先鋒隊が敗れて、王の軍は大混乱に陥った。そして王妃殿と王女殿は敵と戦って、象の首の上でお亡くなりになった」
（綾部恒雄・林行夫編『エリア・スタディーズ　タイを知るための60章』明石書店、293頁）

タイの四大女傑

本書で大きく取り上げたスリヨータイは異国の侵略に際して、国と夫のために命を捧げ、タイ史上最高の女傑とされるが、タイでは彼女の他にも異国の侵略と戦い、英雄となった女性が三名いる。スリヨータイとこの三名を合わせて「タイの四大女傑」と言うのであるが、四大女傑の残り三名も紹介しておこう。

テープカサットリーとシースントーン：タイ南部のタラーン（プーケット）の領主の長女と次女。姉のテープカサットリーは本名チャン、妹のシースントーンの本名はムック。彼女たちの父が死ぬとチャンの夫が領主となったが1785年に死亡、この都合の悪い時期にタラーンはビルマ軍の侵攻を受けた。チャンは妹と協力して防衛作戦を的確に指揮、ビルマ軍を撤退に追い込んだ。この功績によりチャンはターオ・テープカサットリー、ムックはターオ・シースントーンの称号を国王から賜った。

スラナーリー：ナコーンラーチャシーマー（コーラート）の副領主の妻で本名はモー。1826年、タイの支配に反旗を翻したラオスの軍勢がナコーンラーチャシーマーに現れたがこの時、領主も副領主も地方出張中であった。この危機に際してモーは機転を利かせてラオス軍を足止め、その間に援軍が到着した。この功績によりモーはターオ・スラナーリーの称号を国王から賜った。

以上四名がタイの四大女傑と呼ばれる女性達であるが、タイ史上で戦場に立った英雄的女性はこれだけには止まらない。14世紀、タイ北部のチェンマイの王妃ナング・ミュアングは、タイ軍の侵攻軍が敗れたセン・サヌク村の戦いに活躍した女性で、おそらくタイ史上では敵役だろうが、妊娠末期の身で象に跨って勇戦し偉功を立てたと伝えられる。

タジキスタン

サーディニッソ・ハキモヴァ

Saadinisso Hakimova
（Sofia Hakimova）
1924〜

　サーディニッソ・ハキモヴァはタジキスタンの学者、婦人科医である。
　サーディニッソ・ハキモヴァはタジキスタンがソビエトロシアの支配下に組み込まれつつある1924年、タジキスタン北部のレニノボド州の都市、コニボドムに生まれた。
　1943年、サーディニッソ・ハキモヴァはタジク医科大学を卒業した。その後彼女はタジキスタン中部のクルゴンテッパ州において健康管理局長に任命された。1946〜50年にかけて、彼女はモスクワの医学アカデミーで産科学、婦人科学を学び、1951〜57年にかけては第一モスクワ医科大学で博士研究を行った。
　1958年、サーディニッソ・ハキモヴァはタジク医科大学で産科学、婦人科学の教授となった。そして、後に彼女はタジク産科婦人科小児科研究大学を創設・指揮することになった。
　タジキスタンは1991年に崩壊寸前のソ連から独立した後、共産党体制と反体制派のイスラム勢力および民主化勢力の間で対立を生じ、1992年から97年まで続く内戦へと突入したが、1993年、サーディニッソ・ハキモヴァは打ち続く内戦に抗議して職を辞し、タジキスタンを去った。
　1999年、サーディニッソ・ハキモヴァは『帝国の人質』というタイトルの著書を出版、ソビエト帝国のタジク人虐殺について記した。

中国

呂后
りょこう

〜前180

　呂后は中国、前漢王朝の創始者・劉邦（りゅうほう）の皇后であり、漢の第二代皇帝恵帝の母となった。名は雉（ち）。
　劉邦が沛（はい）で下級役人である亭長を努めていた頃、名士であった呂后の父の呂公は、役立たずのほら吹きで通っていた劉邦に優れた資質を見出し、劉邦に呂后を妻としてもらってくれるよう頼み込んだ。それまで呂公は娘が優れているからと、婿を選り好みし、友人であった県令の求婚すら断っていたのだが、それがよりにもよって役立たずで名高い劉邦のところへ娘をやってしまおうというのである。これには呂公の妻が激怒して、県令すら退けてえり好みした結果がなぜ劉邦なのかと、夫を激しくなじったが、呂公は女子供の知ったことではないと、娘を劉邦に与えてしまった。こうして呂后は劉邦の妻となった。
　その後、動乱の勃発と共に、乱世の雄たらんと名乗りを上げた劉邦の妻として、劉邦が天下をとるまで、呂后は非常な苦難をくぐらねばならなかった。劉邦が前205年、天下を争う敵手・項羽に彭城（ほうじょう）で大敗した際には、故郷・沛で留守を守っていた呂后の身にまで項羽軍の手が伸び、呂后は父の呂公とともに捕らえられ、劉邦が勢力を盛り返し、項羽に対する優勢を確保して一時和約した前203年、ようやく解放されることになった。
　前202年、劉邦は項羽を討ち、劉邦の建てた国・漢が天下を統一して劉邦は皇帝、呂后は皇后となった。だが皇后となった呂后には安穏と過ごせる日々は訪れなかった。女色を好む劉邦が寵姫の戚夫人

の号泣にたぶらかされて、皇太子ながら病弱であった呂后の子・劉盈（えい）を差し置き、戚夫人の子・劉如意（にょい）を皇太子としようとしたのである。戚夫人の訴えはしつこく続き、何度も太子の交替が行われかけたが、大臣達が反対したため、さらには劉邦の謀臣筆頭である張良に献策させて、呂后が息子・盈の優れた資質を印象づける策略に成功したため、どうにか皇太子の交替は防ぐことができた。

さて、以上を見るならば、呂后は英雄である夫に振り回されて、苦悩と嫉妬と恐怖の日々を送る哀れな女性と言うことになるが、彼女はただそれだけの小さな人物ではなかった。皇后となってからの彼女は、非凡な権力政治家・謀略家としての資質を開花させ、漢の基礎固めに大きく貢献しているのである。天下統一後の漢にとっては、統一戦争の過程で活躍した能力と野心溢れる名将達、すなわち韓信、彭越（ほうえつ）などの武将たちは、皇帝を脅かしかねない存在として、邪魔者となり果てていたが、呂后はこれら危険な部将たちを謀略によって次々と粛正していく。

二方面からの反乱を企てていた韓信については、先行して挙兵した勢力の討伐に劉邦が出征している間、呂后が謀反の動き有りとの情報を入手する。すると彼女は宰相の蕭何（しょうか）とともに策を練り、先行の反乱が鎮圧されたとの情報を流し、慶賀と称して韓信を含む諸侯を呼び寄せ、韓信を捕獲、処刑してしまった。彭越については、謀反の密告によって庶民に落とされ、辺境の地・蜀に流されていくところであったのを、この男を蜀に流せば必ずや危険な存在となると見た呂后が、蜀ではなく故郷に住めるようにしてやると温情を見せ、首都まで連行する。その一方で彼女は彭越がまたも謀反を計画していたとの告発者をしたあげ、彭越を死罪へと追い込んでしまった。そして彭越の一族も皆殺しとなった。

こうして劉邦の妻として、劉邦の脅威を謀略の限りを尽くて取り除いた呂后は、史書にも天下の平定に功績があり、大臣の誅殺の多くが彼女の力によると評価されているが、やがて前195年に劉邦が死んで以降、彼女はさらに権力政治家としての資質を示すことになる。彼女は温厚だが柔弱な息子・恵帝に替わって政治の実権を掌握、やがて恵帝が後継ぎ無く死んだ後も、彼女は傀儡皇帝を立て、権勢を維持した。さらにはこの皇帝が呂后に敵対的な意思を見せ出すと、これを廃位、殺害して、新たな傀儡皇帝を立てている。そしてこの間、呂后は劉邦が他の妃との間に遺した多くの王子たちを次々に非業の死に陥れ、一方、呂氏一族を高位に取り立てていった。そしてついには呂氏の勢力が劉氏の勢力を圧倒するようになっていったのである。

ところで呂后に謀殺された王子の中には先述の戚夫人の子・如意もいるが、如意の毒殺の際、呂后がそれに続いて、母・戚夫人に加えた残虐な処置は史上に悪名が高い。呂后は戚夫人の、手足を断ちきり、眼球を抉り、薬で喉を潰し、便所に投げ込んで、これを人彘（ヒトブタ）と呼ばせたのである。これを見た彼女の息子・恵帝は人間のすることではないと嘆き、このような母の子である自分が国の政治を見る資格など無いと、酒に溺れるようになった。ただでさえ柔弱であったものが以後、全く政治を顧みなくなり、命を縮めてしまったという。

ちなみに呂后は自分の駆使してきた血にまみれた謀略について、かなり気に病んではいたらしい。呂后は凶事を象徴する日食がおこると、これはわしのせいだとこぼしていたそうである。

なお、宮廷内では血みどろの謀略を恣にした呂后であるが、宮廷の外に向けて

は非常な名君であった。彼女の統治した時代は、天下は安泰で、犯罪も少なく、民は農事に励むことが出来、生活の質はどんどん向上していったと、史書に絶賛されている。

呂后は前180年に死去するが、彼女の死の直後、かつて劉邦を支えた漢建国の功臣達が呂氏の勢力に対して反撃を行い、彼女が高位高官を与え、築き上げた呂氏の勢力は容易く崩壊、劉氏の政治権力が回復することになった。

巾幗英雄（きんかくえいゆう）

中国に巾幗英雄なる言葉がある。巾幗とは女性の髪飾りのことであり、転じて女性をも指す。したがって巾幗英雄は女性英雄ということになるが、この語は特に武器を取って戦う女性の英雄を意味している。歴史上、小説の世界で頻出し、戦場で軍を率いる女将と市井に潜む女武芸者の女侠という二大ジャンルに分かれ、色とりどりの活躍で中国人を楽しませてきた。女将の穆桂英（ぼくけいえい）や女侠の十三妹（シイサンメイ）などが著名なところであろう。ところでこう言うと、巾幗英雄とは、ただの妄想の産物だと思われるかもしれない。しかし中国戦史を繙けば巾幗英雄が現実の存在だったことが分かる。ここでは中国史上に数多煌めく現実の巾幗英雄のうちから何人か選りすぐって紹介してみよう。

婦好（ふこう）：紀元前13世紀頃の人で殷王朝の王妃。1万3千という当時としては非常な大軍を率いて遠征を行うなど、幾つか戦争指揮を物語る資料が甲骨文中に存在する。20世紀後半に墓所が未盗掘で発見されたが、そこからは多数の武器が出土している。

平陽公主：7世紀の人。唐の建国者李淵の娘。父が隋に反乱した際、夫に父の元に馳せ参じるように進めるとともに、自らは家財を散じて精兵7万を集め、隋の中枢部の平定に活躍、父の天下取りに貢献した。その軍は女が率いることから「娘子軍」（じょうしぐん）と呼ばれた。

秦良玉（しんりょうぎょく）：17世紀、明末の名将。土司（少数民族の自治区長官）の妻で夫の後を継いで土司となり、明に忠義を尽くした。文武に優れ、男装して軍を指揮、明の衰退につけ込んだ満州族の侵略や様々な反乱と戦い、勝利を重ねた。正史に独立の列伝が立てられた中国史上唯一の女将。

守城の戦の女傑達 【中国編】

　本書では城を守った女性を何人か扱っているが、歴史上にはこの他にも城塞防衛戦で活躍した女性が多い。ここでは中国の城塞防衛戦に活躍した女性を幾人か選んで紹介しておこう。

荀灌（じゅんかん）：4世紀の女性。晋の時代の襄陽（じょうよう）太守荀崧（じゅんすう）の娘。襄陽が反乱軍に包囲された際、13歳の少女の身で数十名の勇士を率い、夜間に包囲を突破、急な追撃を受けつつ戦っては進み、援軍を得ることに成功した。二カ所から巧妙に時機を計って援軍を呼び寄せたため、敵は一軍と戦いつつ第二軍の側面攻撃を受ける形となり敗走、襄陽は救われた。三国志の英雄曹操の謀臣荀彧（じゅんいく）の子孫で、それにふさわしい知謀と讃えられた。

韓氏：4世紀の女性。晋の時代、襄陽を守った梁州刺史朱序の母。襄陽が前秦の軍勢に包囲を受けた際、城の西北の角が攻撃されると予測、召使いの女百人余りと城中の女子を指揮して、そこに城壁を建築、城の守りを強化した。果たして城の西北角から襲いかかった敵軍はこの備えによって敗走した。襄陽の人々はこの城を夫人城と呼んだ。

孟氏：6世紀の女性。北魏の任城王（にんじょうおう）元澄（げんちょう）の母。元澄の不在時に反乱軍が羅城を攻めたが、孟氏は文武の役人を激励し、兵を指揮して城壁に上り、矢や石が飛ぶ中に身をさらして城を守り抜いた。

奚氏（けいし）：7世紀の女性。唐の時代の平州刺史鄒保英（すうほえい）の妻。家の召使いの少年や城下の若い女達を率いて平州城を守り、契丹（きったん）の侵入を撃退した。功績により誠節夫人に封じられた。

太平天国の女性達

　19世紀半ばの中国の大反乱、太平天国の乱。そこでは女性が大活躍した。例えば太平天国は「女営」あるいは「女館」と呼ばれる女性軍隊を持ち、その数は次第に膨れ上がり数万人に達した。女営は軍隊の規律を保つため、行軍中は男性軍隊の男営（男館）と完全に隔離され、女性だけの共同体として暮らし、隊員は互いを姉妹と呼び合った（ちなみに男営では男達が互いを兄弟と呼んだ）。支配者側の資料も女兵の男に負けない恐るべき戦いぶりを伝えている。また太平天国の首領洪秀全の妹、洪宣嬌（こうせんきょう）は女性武将として名を残した。

　太平天国の女性尊重の理由としては、キリスト教の影響で全ての男女を神に直結する平等な存在と見たこと、女性を重視し多くの女性戦士を生んだ中国の宗教的秘密結社の伝統を引いていたこと等が指摘されている。なお太平天国の女性尊重が先進的な婦人解放として讃えられることもあるが、幹部達が王を名乗り「選妃」（せんひ）という美女漁りを行って後宮を形成したと伝えられており、仮に先進性があったとしても大した物でなく、あるいはすぐに堕落したと言える。

　ところで太平天国の女性の中で注目に値する人物を紹介しておこう。

蘇三娘（そさんじょう）：農民であったが夫が盗賊に殺されると、数百の兵を集めて野を駆けめぐり仇討ちを行った。そこから義賊となり、官憲に追われながら富者を討ち、貧者を救い、高い声望を得た。勢力は数千人に達した。2千の兵を率いて太平天国の乱に加わった。

陳葉氏：太平天国の指導者の一人凌十八（りょうじゅうはち）が率いる軍団の五大幹部の一人。軍団最高幹部として謀議に加わり、作戦指揮や兵士の鼓舞、宣伝活動に活躍した。

トルクメニスタン

グルジャマル・カン

Guljamal-Khan（Guljamal-Khanum）
1836～1919

　グルジャマル・カンは19世紀、遊牧民トルクメン人の有力な部族指導者として、激動する政治・軍事情勢に対応して、重要な役割を果たした女性である。
　グルジャマル・カンはアカルおよびメルブ地方（今日のトルクメニスタンおよび北イランに相当）のテケ族の有力部族指導者ヌルベルディ・カンの三番目の妻であった。政治や軍事への関心の強いグルジャマル・カンは、ヌルベルディ・カンと結婚して間もなく、夫の最も信頼すべき助言者の一人となった。1880年にヌルベルディ・カンが死ぬと、その後を継いで彼女がメルブのテケ族の指導者を務めることとなった。
　この頃トルクメン人は、圧倒的な力を誇るロシア帝国の中央アジア進出を前に苦境に立っており、1881年にゲオク・テペ砦の戦いで致命的な敗北を喫して多大な人的資源を失った後も、降伏を拒んで絶望的な抵抗を続けていった。ところが1884年、グルジャマル・カンはアカルおよびメルブ地方へのロシア進出への対応を論ずるため、有力部族長による会議（ゲンゲシュ）を組織した。会議では絶望的な抗戦を続けるか、ロシア士官アリカノフ・アヴァルスキーの提示する平和協定を受け入れるかが問題となったが、グルジャマル・カンは平和を主張し、これは会議が平和協定を受け入れるのに大きな影響を与えた。これによってトルクメン人は、ロシアのトルクメニスタン支配および遊牧生活から定住生活への移行を受け入れることになった。
　グルジャマル・カンはロシア皇帝から特別顕彰を受けることになったが、これは19世紀の中央アジア女性としては僅か数人にのみ与えられた異例の待遇であった。

トルコ

ロクゼラナ

Roxelana（Roxalana/Roxalena/
Hurrem/Khurrem/Hurrem Sultana）
1504～1558

　ロクゼラナはオスマン・トルコ帝国最大のスルタン（王）であった壮麗者スレイマン1世（在位1520～1566）の王妃で、スレイマンの政治に対しても大きな影響力をもった人物である。彼女はトルコでヒュッレム・スルタンと呼ばれたが、西欧ではロクゼラナの名で知られる。
　ロクゼラナは1504年に現在のウクライナ西部にあるロガーティンの町で、ルテニア人司祭の娘として生まれたと言われ、彼女の名をアレクサンドラ・リソウスカとする伝承もある。当時、ウクライナにはしばしばタタール人が掠奪、奴隷

狩りに襲来したが、ロクゼラナもタタール人に捕獲されて奴隷となり、人目を惹く赤みがかった金髪のために、オスマン・トルコへの貢ぎ物とされた。こうして彼女はオスマン・トルコのハレム（後宮）の最下層の構成員となった。

オスマン・トルコのハレムでは、ロクゼラナは快活な性格のために、楽しげという意味のヒュッレムの名で呼ばれた。また彼女は快活さに加えて、大胆不敵な性格でもあり、ハレムの決まりを無視して罰されることさえ何度もあったほどであるが、それで撲たれた際にも決して泣き叫ぶようなことは無かったという。彼女は赤みがかった金髪の他は、取り立てて人目を惹くような美貌を有していたわけではないが、以上のような快活さと大胆さで、ハレムにおいて際だった存在になっていったという。そしてロクゼラナは、眩い装飾品と奇抜な衣服で身を飾ることを好み、それによってスレイマン1世の目を引くことに成功した。彼女がスレイマン1世が興味を持つ北方の土地の出身であったこともあり、しだいにスレイマンはハレムに来ると彼女と話し込むようになり、やがて彼女はスレイマンの寵姫の地位を手に入れる。

1521年、ロクゼラナはスレイマンの男子を産むが、これで彼女はハレムで第三位の影響力を持つところまでのし上がった。これに対し、スレイマンの寵姫で彼の長男ムスタファの生母であるマヒデヴランは激しく敵意を燃やし、ある日マヒデヴランは、ロクゼラナの髪を引っ張り、顔を掻きむしりながら、彼女を侮辱して言った「この反逆者、売られた肉のくせに、お前ごときが私に挑もうですって」。これに対してロクゼラナも反撃の策を練った。彼女はこの直後、スレイマンのお召しを拒否して言う、私は傷だらけの顔と引き抜かれた髪の卑しい「売られた肉」に過ぎず、とてもスルタンの御前に罷り出る価値はございませんと。これを受けてスレイマンは事情を調べ、ロクゼラナは当然の扱いを受けただけであると言い放ったマヒデヴランはスレイマンの不興を買い、君寵はロクゼラナの独占するところとなった。君寵を独占したロクゼラナは、1524年までにさらに三人の男子を産んだ。しかも彼女は単なる寝室の相手であるに留まらず、スレイマンの最良の理解者となって、スレイマンの信頼を受け、やがて1530年にはスレイマンの妻の法的地位を与えられることになった。

ロクゼラナはスパイを駆使して帝国中の出来事に精通しており、スレイマンの政治上における良き協力者でもあった。彼女はスレイマンの出征時には、宮廷および首都情勢に関する有益な情報をスレイマンに送り届けており、スレイマンは妻の駆使するスパイ網が自分に対する陰謀を捕捉してくれるであろうと、全幅の信頼を置いていた。また彼女は国内問題のみならず国際問題でもスレイマンをよく助け、主にヨーロッパ方面に関するオスマン・トルコの外交窓口として活躍、彼女とハンガリー王の交信がオスマン・トルコとポーランドとの平和関係維持に貢献するなどしている。

ところでロクゼラナにはスレイマンをよく補佐する賢明な妻という側面の他に、権勢の維持のために後ろ暗い謀略を駆使する宮廷陰謀家としての影の側面もあった。彼女はスレイマンの親友にして大宰相として権勢を誇ったイブラヒム・パシャを打倒するため、スレイマンが彼に向ける信頼を傷つけるための工作を続けた。しかる後彼女は1536年、遠征中のイブラヒムがスルタンの称号を用いた文書に署名したとしてイブラヒムの傲慢を言い立て、イブラヒムを死刑に追いやっている。またロクゼラナは自分の産んだ息子たちの王位継承の妨げとなるスレイ

日本

北条政子
ほうじょうまさこ

1157～1225

北条政子は12世紀の日本に軍事的覇権を打ち立てた軍事政権・鎌倉幕府の初代首領、初代将軍・源頼朝（1147～99）の妻で、頼朝死後、幕府の運営に大きく貢献した政治家である。

北条政子は1157年、伊豆の豪族・北条時政の娘に生まれた。やがて伊豆には源氏と平氏の京都における軍事的な覇権争いに敗れ、かろうじて助命され、流罪となった源頼朝が京都より送られてくる。いつしか政子はこの頼朝と恋仲となり、1177年、父・時政の決めた伊豆の権力者・山木兼隆との結婚を拒んで、山木の館に送られながら脱走、自らの意思により頼朝と結婚した。これについて政子の父・北条時政は、頼朝が利用価値を生ずる可能性を考慮して、政子の決断を黙認することにしたとも言う。この時のことを、政子は後年こう回顧し、語っている。

> 君、流人として豆州（ずしゅう）におわし給うのころ、吾において芳契（ほうけい）ありといえども、北条殿時宜を怖れ、潜かに引籠めらる。しかるになお君と和順し、暗夜に迷い、深雨を凌ぎ、君の所に至る。（『吾妻鏡』）

頼朝の妻となった政子はやがて頼家、実朝の息子二人と娘二人を産むことになる。

政子との結婚後しばらくして、1180年に源頼朝は平氏政権が動揺した機を捉え、関東に反平氏の兵を挙げ、たちまち関東の覇者となって本拠に定めた鎌倉から天下の形勢を窺うようになった。そして頼朝は優れた政治手腕によってしだいに勢力を拡大し、木曽義仲（1184年滅亡）、平氏（1185年滅亡）、源義経および奥州藤原氏（1189年滅亡）などの敵対軍閥をことごとく滅亡させて、ついには日本全国の軍事的な覇権を握るに至る。この間、政子は頼朝の妻として、戦勝祈願、頼朝と並んでの神事仏事への出席など宗教儀式面における公的な行為を分担してはいたが、政治に携わることはなく、一家の母として家庭の雑事に追われるのみのある種平凡な日々を送った。

都育ちで爛熟した文化風俗に触れて育った頼朝が、しばしば余所に女を作り、時に大いに熱を上げたせいで、田舎育ちで一夫一妻に馴染んだ政子および北条家との間に価値観の激しい摩擦が発生、政子の嫉妬や怒りが噴出するということも無いではなかった。例えば政子が長男・頼家を出産した1182年に、頼朝が遠隔の地に隠していたかねてよりの愛人・亀の前を鎌倉に引き入れ、怒った政子が、亀の前の住まわされた伏見広綱の家を破壊させたことなどが、それである。とはいえ、それでもこの頃の政子は概ね平凡

な幸福の中で休らっていたと言って良い。

ちなみに、この平凡な幸福に閉じこもる生活にいかに政子が満足して過ごしていたかは、この間の政子の政治意識が極めて低かったことからも分かる。頼朝の敵将・木曽義仲が頼朝と提携していた頃に人質として差し出し、頼朝・政子夫妻の長女・大姫の婿となっていた義仲の息子・義高は、1184年の義仲敗死後、頼朝の命により殺害されてしまったのだが、義高を強く慕っていた大姫が悲嘆のあまり水も飲まずに憔悴、それを見た政子が頼朝に対して激怒し、問いつめられた頼朝が政子の怒りを逃れるため、義高殺しの下手人、自らの命を実行した忠臣を処刑したということがあった。また頼朝と源義経の軍事的対立の最中、1186年に源義経の愛妾であった白拍子（しらびょうし）の舞姫・静御前が、頼朝の元へ連行されて来ながら、頼朝面前で公然と義経を恋い慕う舞いと歌を見せつけた時、怒る頼朝に対し政子は静を貞女であると弁護したのだが、それに加えて政子は同年生まれた義経と静の子について、命を絶てとの頼朝の意に逆らい、助命の主張をしたのである。もっとも義経の子が助命されることはなかったが。これらの敵将の子に対する肩入れは、政子の仁愛に満ちた人柄を物語るものである。しかしながら、平氏が頼朝を助命したばかりに頼朝に敵対され、滅亡させられるという憂き目にあったことを思えば、敵将の子は殺すべしとの頼朝の判断こそ政治的には妥当と言わざるを得ない。政子の判断は情に傾き過ぎており、しかもそのような情に基づく口出しを軍事的覇権を産み出そうと奮闘する最中の頼朝に対して行うとは、政治家夫人として少々意識が低いと言わざるを得ない。

もっとも、この頃の政子の政治意識の低さは、おそらく平凡な日々に安住していたが故であり、彼女の生来の性質は聡明と言って良いものであった。政子の聡明さの証として、よく取り上げられる逸話としては、富士野の巻狩りの話がある。1193年、頼朝が長子・頼家を伴い富士野で行った山の神を祀る巻狩りにおいて、頼家は見事に鹿を射止めて、神事の場で頼朝の後継者たる資格を示すことに成功した。ところが子煩悩な頼朝がこれに狂喜して、政子に急使を送ったところ、政子は「武将の嫡子として、原野の鹿や鳥を獲る。別段大したことでもないのに、それを余りに軽はずみに使いなど送ってきて、なんとも迷惑極まりないこと」と言ったとか。たかが鹿を狩った程度で、将来の指導者としての識見・器量が保証されるわけでもなく、政子の賢明さが示された逸話と言えよう。

やがて1199年に頼朝が死ぬと、これまでと異なり政子の政治関与がしばしば必要とされるようになる。武家の夫人が夫の死後、後家として親族を統率することはしばしば見られたことではあるが、政子は幕府創始者頼朝の後家として、幕府政治に関与することになったのであり、父・時政や弟・義時を片腕として彼女はよくこの役目を果たしていった。頼朝の後を継ぎ第二代将軍となった頼家は資質に少々問題があったらしく、お気に入りを取り巻きにして暴走し、重臣達との協同を欠いたため、政子は頼朝死後まもなく頼家の抑制にかかり、同年、政子の父・時政ら重臣達による合議政治が確立された。その後も政子には様々な重要な政治決断が委ねられ、北条氏の排除を企んだ頼家の外戚・比企氏の打倒や頼家の廃位、第三代将軍となった実朝の廃立を企んだ父・時政の排除などが政子の意思によって決定されることになった。

なお、1219年に第三代将軍実朝が暗殺されると、幕府は京都の貴族を将軍に迎えることになったが、これはあくまで名目的なものであり、実質的には政子が

将軍として君臨、政子は尼将軍と呼ばれるようになった。ちなみに鎌倉幕府編纂の歴史書『吾妻鏡』において政子は歴代将軍の一人に数えられており、これ以後の七年間は将軍・政子の治世と認識されている。

このように様々に政治に関与した北条政子であるが、その業績のうちとりわけ目を引くものとして1221年、承久の乱における軍事指導がある。京都の朝廷が幕府打倒の綸旨（りんじ）を下して兵を挙げた承久の乱において、彼女は動揺する幕府の武士達に向かって大演説を行った。彼女は故右大将軍、すなわち今は亡き頼朝の恩を思い出させながら、朝廷に仕える藤原秀康や幕府を裏切った三浦胤義への敵意を煽って言う。

> 皆、心を一つにしてうけたまわるべし。これ最期のことばなり。故右大将軍、朝敵を征罰し関東を草創して以降、官位といい、俸禄といい、その恩は山岳より高く、溟渤（めいぼつ）より深し。奉謝の志浅からんや。しかるに今、逆臣の讒（ざん）により、非義の綸旨を下さる。名を惜しむのやから、早く秀康・胤義等を討取り、三代の将軍の遺跡を全うすべし。ただ院中に参ぜんと欲する者は、ただ今申し切るべし。（『吾妻鏡』）

この演説を聴いて、武士達は感涙に言葉も詰まり、皆黙って命を捨てて幕府のために戦おうと奮起したという。そして政子は軍議が攻勢と守勢で紛糾する中、弟・義時に決断を求められて攻勢を命じ、幕府方の大勝で乱は終結した。

その後も政子は政治手腕を発揮したが、1225年、不食の病で死去した。これは老衰死であろうと推定されている。

神功皇后（じんぐうこうごう）

神功皇后は仲哀天皇（ちゅうあいてんのう）の皇后で4世紀頃の人物と考えられる。彼女はもし戦前の日本で歴史上の女傑の名を挙げろと言えば、おそらくその筆頭に挙げられたであろう人物である。彼女についての伝承は神話的な色彩が非常に強く、また伝承の具体的内容は空疎でなおかつ外国の歴史書を素材に使ったあからさまな創作等、怪しげな記述を含んでいるため、現在では彼女の実在性を否定する説も強い。したがって仮に実在を信じるにせよ、彼女の物語は大きく割り引いて受け取らねばならない。とはいえそれでもなお彼女は日本の偉大な女傑として取り上げる価値がある。そこで彼女の功業について、半ば以上神話であると承知の上で、軽く触れておこう。

神功皇后は夫の仲哀天皇が九州の熊襲（くまそ）征伐に向かうのに同行したが、九州北部、筑紫の国で朝鮮遠征を行うよう命じる神託を受けた。ところが天皇はこの神託を無視したため、神の怒りに触れて死亡、皇后は亡き夫に代わって臨月の身で遠征軍の指揮を執り、遠征の行き先を変えて朝鮮半島の新羅へと出兵した。新羅を降伏させた彼女は帰国後、筑紫で応神天皇を出産した。彼女はその後、応神天皇の即位まで政治を執り行い、反乱を鎮定するなど大いに活躍した。彼女の治世は69年間におよんだ。

神功皇后の物語は以上のようなものであるが4世紀頃に活発な朝鮮半島出兵が行われていたことは、遠征先は新羅でないものの事実である。そして亡夫に代わって妻が政治のみならず軍事をも担うことは世界史的にはよくあること。ならば彼女の物語について夫の死後、朝鮮出兵の指揮を執った皇后がいたという抽象的なレベルでなら、信用しても問題ないのではないだろうか。

巴御前（ともえごぜん）

日本の女傑といえば巴御前の名を思い浮かべる人も多いだろう。巴は12世紀の名将木曽義仲の愛妾で、女武者として義仲に常に従い、美貌と武勇を謳われた女性である。

巴は木曽の豪族中原兼遠（なかはらかねとお）の娘であった。彼女より3歳年上の木曽義仲は兼遠の妻を乳母とし兼遠の元で養育されていたので、彼女は義仲と兄妹同然の深い絆の中で成長した。やがて彼女の姉は義仲の妻となり、彼女も義仲の愛妾となった。1180年、木曽義仲は中原一族の支援を受けて平氏政権打倒の兵を挙げたが、巴も樋口兼光（ひぐちかねみつ）、今井兼平（いまいかねひら）といった男兄弟達とともに、義仲軍の有力武将となって活躍した。

義仲軍の最大の激戦俱利伽羅峠（くりからとうげ）の戦いで、巴は七手の将の一人として1千騎の兵力を率いたとも言われる。木曽義仲は1183年に平家を京都から追い落とし、一時とは言え政権を奪取するが、関東の源頼朝と対立して1184年敗死する。敗走の途上、自分の最後を悟った義仲は最後の五騎になっても側に付き従っていた巴をおのれは女なればと、強いて立ち去らせた。この時、巴は28歳であったという。その後の巴については、尼になったとも言うが伝承が対立しており、どのように生き、どのように死んだのかはっきりしない。

巴は荒馬を乗りこなし、弓矢刀剣を取っては鬼神とも戦える一騎当千の兵と言われ、武勇の女武者というイメージが強い。しかし彼女について特筆すべきは個人的武勇より武将としての才覚であろう。『平家物語』は、「されば軍（いくさ）と云う時、……一方の大将に向けられけるに、度々の高名、肩を並ぶる者なし」と武将としての彼女を評している

守城の戦の女傑達 【日本編】

本書では城を守った女性を何人か扱っているが、歴史上にはこの他にも城塞防衛戦で活躍した女性が多い。ここでは日本の城塞防衛戦に活躍した女性を幾人か選んで紹介しておこう。

板額（はんがく）：越後の城資盛（じょうすけもり）の美貌の叔母。1201年資盛が鎌倉幕府の追討を受けると、板額も一族とともに鳥坂（とさか）城に籠もり、父や兄より上と言われる弓の腕前で活躍した。放つ矢は百発百中で当たった敵兵は必ず死んだ。落城して一族は討ち死に、彼女は捕虜となったが、臆さず卑屈にもならない態度は幕府軍を感心させた。幕府軍の豪傑浅利義遠（あさりよしとお）がその武勇に感じ入り、強い子を産ませたいと、彼女を妻にもらい受けた。

妙麟（みょうりん）：豊後の鶴崎城主の後家。1586～87年の島津軍の豊後侵略に際し、兵士の出払った城を守った。島津軍3千による攻囲を、女や農民数百人を武装させ、自らも武器を手に取り防いだ。落とし穴等で防備を強化し、酒食を供して夜の寒さから部下を守り、昼夜無く櫓を見回り、細やかな作戦指揮で善戦、16度の攻撃を退けた。和睦し開城した後、歓待を続けて島津軍の歓心を買い、彼女を味方と思い油断しきった島津軍を撤収帰国の途上で奇襲、大勝した。

甲斐姫：小田原城の支城、武蔵の国の忍（おし）城の城主成田氏長（うじなが）の美貌の娘。男であれば天下に名を残すと才能を讃えられた。1590年氏長は小田原城防衛に赴く際、19才の娘に城の守りを任せた。彼女は700の兵と3千の民衆を率いて、石田三成らの軍2万3千を迎撃。時に出撃し時に城壁に拠り、見事な武勇で敵の侵入を防ぎ、戦上手の真田昌幸・幸村親子の攻撃さえも退けた。小田原城の落城により開城した。

ネパール

デーヴァラデーヴィー

Devaladevi
1299〜1366

　デーヴァラデーヴィーは中世ネパールに割拠した三大勢力の一つ、ネパール中部に興ったマッラ王朝の権力を掌握し、女王の呼称で権勢を謳われた女性である。

　デーヴァラデーヴィーは元々は当時のネパールの三大勢力の一つ、ネパール南部を治めるティルフト王国のハラシンハ・デーヴァ王の王妃であった。ハラシンハ・デーヴァ王は1324年、インドのトゥグルク朝の軍勢がインド東北部ベンガル地方への遠征を終えて帰還中のところを攻撃、大敗してしまう。そのためハラシンハ王は首都シムラウンガルを放棄して、王子や王妃デーヴァラデーヴィー、大臣等とともに逃亡、これによってティルフト王国は滅亡することになった。ハラシンハ王はネパール中部への逃避行中に再起せぬまま死亡し、デーヴァラデーヴィー達はやがて辿り着いたラージャグラーマの地で現地の豪族によって王の財宝を没収されるとともに囚われの身となるが、ここで彼女たちはマッラ王朝の実権を握る英傑ルドラ・マッラの庇護を求め、受け入れられた。彼女は以後、マッラの王宮でルドラ・マッラの手厚い庇護の下に、生活することになった。

　マッラにおいてデーヴァラデーヴィーは、ルドラ・マッラの母パドゥマラデーヴィーとともにルドラ・マッラの娘ナーヤカデーヴィーの養育に当たるなどして過ごしていたが、1326年にルドラ・マッラが死亡する。ルドラ・マッラは王ではないが、マッラの英雄としてその血脈がマッラ王権の象徴として尊崇されるようになっており、これ以後、ルドラ・マッラの子供達のうちただ一人生き残っていたナーヤカデーヴィーを巡る権力闘争が発生、デーヴァラデーヴィーもこの争いに巻き込まれていった。

　その後、王宮の権力者パドゥマラデーヴィーが1332年に死亡、パドゥマラデーヴィーによって北インドのカーシー王家より迎えられたナーヤカデーヴィーの夫も後ろ盾を失って1335年に毒殺され、マッラの政治情勢は数年の時を経てなお、混迷を加えていった。ここでデーヴァラデーヴィーは自分の息子ジャガットシンハをナーヤカデーヴィーの内縁の夫とし、マッラ王権の象徴とティルフト王国の血脈を結びつけ、王権の権威を強化するとともに、自己の立場を強化する。そして彼女は1336年に、当時のマッラを牛耳っていた名門豪族に王家への忠誠を誓わせることに成功、マッラの政治の実権を掌握し、以後、マッラに君臨していくことになる。

　その後も権力闘争は打ち続いたが、デーヴァラデーヴィーの権勢は揺らぐことはなかった。ネパールでは非常に血脈が尊重されるため、本来マッラ王権に縁のない彼女の息子ジャガットシンハが統治に当たることは世論に拒絶されてしまったものの、彼女自身はナーヤカデーヴィーが彼女の孫娘を出産することで益々権威を高め、やがてマッラ王をも無視できるほどの権勢を誇るようになっていった。彼女の絶大な権力は1353年頃に彼女を称えて使われた「王の中の王にして最高の主、最高の王位にある者という王称を得たデーヴァラデーヴィー」（佐伯和彦『世界歴史叢書　ネパール全史』明石書店、313頁）との呼称からも伺うことができる。ところでこの間、彼女はマッラ王権の統治が及ぶ範囲を拡大し、多少は統治を安定化していったが、それでも権力闘争が止むことはなく、マッラ国内には内乱、反乱が続発していた。

このような情勢を持て余したデーヴァラデーヴィーは1354年、国外より武勇に優れたスティティ・マッラを招き入れる。彼女はスティティ・マッラを孫娘の婿にして統治に当たらせたが、スティティ・マッラは彼女の期待通りの実力を見せ、マッラ王権と血脈上の縁を持たないにもかかわらず統治権を掌握して、着々とマッラの王権を固めていった。1366年にデーヴァラデーヴィーは死亡するが、彼女の後ろ盾を失った後もスティティ・マッラは権勢を高めていき、やがて1382年に彼は王位を宣言することになる。

バーレーン

シェイカ・ハヤ・ラシェド・アル・ハリファ

Sheika Haya Rashed Al Khalifa
1952～

　シェイカ・ハヤ・ラシェド・アル・ハリファはバーレーンの法律家、外交官である。

　シェイカ・ハヤ・ラシェド・アル・ハリファは1952年、バーレーン王家に生まれた。彼女は1974年にクウェート大学で法学士号を取得し、その後、フランスのソルボンヌ大学でも法律を学んだ。彼女は1986年にはエジプトのアレクサンドリア大学から民法、1988年にはエジプトのアイン・シャムス大学から比較法の単位取得証明書を受けている。

　シェイカ・ハヤ・ラシェド・アル・ハリファは1979年に弁護士となったが、彼女はバーレーンで初めて弁護士となった二人の女性の一人であった。弁護士となった彼女はそれ以後、女性の権利を守って戦い、やがてイスラム法廷における女権の闘士と評されるに至る。アラビア語、フランス語、英語に堪能な彼女は法律家として国際的にも活躍しており、1997年から1999年にかけて、国際法曹協会の副会長を務めた。

　またシェイカ・ハヤ・ラシェド・アル・ハリファは外交官としても様々な活躍を見せている。彼女は2000～2004年にかけて、バーレーンのフランス大使および非駐在のベルギー、スイス、スペイン大使を務めた。この他、彼女は国連教育科学文化機関（UNESCO）のバーレーン代表も務めた。外交官としての彼女の経歴において、それらにも増して重要なものとして2006～2007年にかけて第61回国連総会議長を務めたことが挙げられる。国連総会議長を務めた女性は彼女で三人目であり、しかも彼女より前の例は1969年まで遡らねばならない。その上、アラブ諸国およびイスラム教徒女性がこの地位に就くのは彼女が初めてである。なお、彼女がこのような名誉ある地位に選出された2006年6月6日は、バーレーン初の女性裁判官が誕生した日でもあり、バーレーンの新聞には、この日を「バーレーン女性にとっての歴史的な日」とするものがある。

パキスタン

ファーティマ・ジンナー

Fatima Jinnah
1893～1967

　ファーティマ・ジンナーはインド亜大陸を支配するイギリスからのパキスタン建国独立の達成者ムハンマド・アリー・ジンナーの妹で、パキスタンの政治家である。

　ファーティマ・ジンナーは裕福で教育

熱心、団結の強い皮革商人家庭の娘としてパキスタンの港湾都市カラチに生まれた。彼女は父母を早くに亡くしたため、8歳の時よりボンベイで18歳年上の兄ムハンマド・アリー・ジンナーの後見を受けて育つことになった。彼女の勉学を監督していたムハンマドは、彼等が厳格なイスラム信仰を持ち、当時のイスラム教徒には女性は家族の世話をして暮らすべきとの通念があったにもかかわらず、彼女が歯科医になろうとするのを許し、カルカッタのドクター・アフマド歯科大学に入学するという彼女の計画を後押しした。やがて1923年、ファーティマ・ジンナーは歯科医として開業するが、彼女がその地位に留まった期間はあまり長くなかった。

1929年にムハンマド・アリー・ジンナーが妻を失うと、ファーティマ・ジンナーは歯科医を辞めてファーティマ・ジンナーは兄の元へ赴き、以後20年近く、兄の側で兄を支えて生活することになった。彼女は1929年から35年にかけて兄のヨーロッパ滞在にも同行している。

ムハンマド・アリー・ジンナーはこれ以前の1910年代から20年代初めにかけて、政治家としてインドのイスラム教徒のために活躍したのだが、やがて1930年代後半に政治活動を再開することになる。そしてファーティマ・ジンナーは、兄が政治活動を行うようになっても、兄をよく支えて働いた。ムハンマドはインド社会で少数派であったイスラム教徒がインドの大勢から分離独立を果たすことを政治目標としており、そのために彼はインドを横断して各地のイスラム教徒に分離独立計画参加を説得して回ることになるが、この際にもファーティマ・ジンナーは兄に同行し、遊説によって兄の理想を広め、イスラム教徒の女性の組織化など様々な組織設立に尽力、兄の計画を支援した。また彼女はラホールにおいてファーティマ・ジンナー女子医科大学を創設している。この時期の彼女の功績は大きく、彼女は1947年、インドイスラム国家パキスタンの分離独立の直前には、ボンベイ州イスラム連盟評議会議員の地位を獲得している。なお、彼女は過酷な政治活動の身体的負担に苦しむ兄の健康を気遣い、またインド亜大陸を支配していたイギリスによる投獄を恐れねばならぬ日々にあって、希望に満ちた言葉をかけることで兄の心を励まし、これら心身の世話によっても、兄の大きな助けとなっていた。

1947年にパキスタンの独立を達成したムハンマド・アリー・ジンナーは国造りにとりかかって間もない1948年に病死、ファーティマ・ジンナーも政界を引退することにした。だが彼女は兄の死後も政治への関心を失ったわけではなく、以後も兄の命日の演説等において、国内外の政治対立についてや民主主義の必要性について、女性の社会進出の重要性について、発言を続けた。

その後、ファーティマ・ジンナーは陸軍出身の政治家アユーブ・ハーンがパキスタンの軍国主義化を推し進めたため、これに反対して政界復帰する。管理された民主主義を政治哲学とするアユーブ・ハーンは58年に無血クーデターで政権掌握、以後しだいに強権的支配体制を作り上げていくが、表現の自由と民主主義を人間の基本的権利と信じるファーティマ・ジンナーは、とうていその様な体制を受容することはできなかったのである。兄ムハンマド・アリー・ジンナーは軍隊ではなく民主主義によって統治される国の確立を目指したと主張して彼女はアユーブ・ハーンに対立、1964年には彼女は翌年の大統領選に出馬してアユーブ・ハーンに挑むことを宣言する。ファーティマ・ジンナーは同年演説して語っている、「たとえ外国のくびきより自由に

なっても、あなた方が自ら政府を、議会を、国家元首を選択する自由がそこに続かない限り、それは何の価値もありません」、「これから繰り返される選挙は、あなた方が、自由な市民としてこの国に生きることを望むのか、究極の権力を今あなた方の制御の外にある他人に明け渡してしまうことを望むのか、それを示す場となるでしょう」「私は、あなた方が将来において、再びこのような機会を得られなくなることを恐れています」。彼女は高齢と健康不安にもかかわらず、激しく真摯な選挙戦を精力的に展開し、アユーブ・ハーンを打倒するのではないかと思われたが、僅差で敗北することになった。彼女はこの選挙が不正なものであったと主張している。彼女は敗北したにもかかわらず、パキスタン国民の尊崇と敬愛を集め、「祖国の母」と呼ばれて称えられることになった。

　ファーティマ・ジンナーは1967年に死去し、カラチに造られた兄ムハンマド・アリー・ジンナーの廟の敷地内に埋葬された。

バングラデシュ

スフィア・カマル

Sufia Kamal
1911～1999

　スフィア・カマルはバングラデシュの詩人、政治活動家である。
　スフィア・カマルは1911年、バングラデシュ南部のバリサルで優れた弁護士の家庭の一人娘として生まれた。女性であったために正式な教育を受けることはできなかったが、彼女は母の励ましを受けながら、おじの書庫を使って自学に努め、14歳の時には詩を初出版、詩人、文筆家として活躍するようになった。スフィア・カマルは当時の女性の慣例としてアラビア語と多少のペルシア語を教えられたのみで、バングラデシュで使われるベンガル語を教育されることはなかったが、家で働く使用人からベンガル語を習得して、これを創作に使っている。彼女の作品の内容は宗教的な原理主義、偏狭さ、迷信を非難しつつ、民主主義と女性解放を謳い上げるものであった。彼女の詩や文章は広く受け入れられ、その一部は英語やロシア語に翻訳もされている。
　スフィア・カマルは1952年に政治活動を開始し、因習の打破や男女の平等な権利を主張するようになった。バングラデシュは1971年に過酷な弾圧を乗り越え、パキスタンから独立した国であるが、独立戦争中に彼女は戦争で貧困化した女性の援助活動を開始している。また彼女はバングラデシュ人にとって戦争犯罪人に当たるパキスタン官吏を裁きの場に引きずり出すための活動も行っている。
　その後の数十年間は、彼女は主に女性の権利のために活動し、バングラデシュ最大の女性組織の長を長年務めるなどしている。
　スフィア・カマルは宗教的な過激主義に反対したため、1993年にはイスラム教過激派の殺害予定者名簿に名を載せられている。
　なお、彼女は二度結婚している。11歳の時に彼女は従兄弟の法学生と結婚し、二人の間には娘も生まれたが、1932年にこの夫と死別、その後1937年に再婚し、二度目の夫との間には息子と娘二人ずつをもうけている。
　スフィア・カマルは1999年、88歳で死去した。彼女の葬儀は国葬として営まれ、葬儀は簡素にという彼女の願いにもかかわらず、一万人もの参列者があった。彼女はバングラデシュで国葬された最初の女性となった。

東ティモール

ロサ・ムキ・ボナパルテ

Rosa Muki Bonaparte
～1975

ロサ・ムキ・ボナパルテは東ティモール独立運動で活躍した女性である。

1974年、東ティモールを植民地支配するポルトガルでは革命によって社会主義政権が誕生、植民地独立容認宣言が出されることになったが、これに触発されて東ティモールでも独立運動が開始され、乱立する政党間での連携、内戦を行いつつ東ティモールは独立へ向かっていく。この独立運動には、東ティモールからポルトガルの首都リスボンに留学していた大学生など若者が大きな役割を果たすことになったが、ロサ・ムキ・ボナパルテも1975年に留学から帰国して独立運動に身を投じることになった。

独立運動に身を投じたロサ・ムキ・ボナパルテは、独立運動を担う有力政党、東ティモール独立革命戦線（略称フレテリリン）において中央委員会の指導者として頭角を現し、政党間の会談に参加するなどしたが、彼女の業績として特に大きなものとしてティモール人民女性機構（OPMT）を設立し、その初代書記長となったことがある。ティモール人民女性機構は女性を独立闘争に参加させると共に、東ティモールに根強い女性への抑圧と闘うことを目的とするフレテリリンの大衆組織であり、フレテリリンの社会活動において重要な役割を果たした。ティモール人民女性機構は保育所を作って戦災孤児を保護するなど福祉活動を行ったほか、政治意識のある女性を社会変革に向けて組織化、また女性を軍役に参加させることも行った。ティモール人民女性機構の影響下、多くの女性が古い因習を打破するための政策を支持するようになり、また女性指揮官の下に百人の女性部隊が国境警備に参加することにもなった。

このように1975年に独立運動に参加するや、たちまち活躍を示したロサ・ムキ・ボナパルテであったが、彼女は同年末には死亡することになる。同年末、東ティモールの併合を目論むインドネシア軍が東ティモールに侵攻、虐殺を行ったが、その際ロサ・ムキ・ボナパルテもインドネシア軍に捕らえられ、殺害されたのである。

ロサ・ムキ・ボナパルテは、現在、東ティモールの首都ディリにある記念公園にその名を残しており2002年、独立の日を目前に控えた5月17日に、東ティモールの女性運動家が見守る中、ロサ・ムキ・ボナパルテ記念公園の除幕式が行われた。

フィリピン

ガブリエラ・シラング

Gabriela Silang
（Josefa Gabriela Silang）
1731～1763

ガブリエラ・シラングはスペインの植民地支配の打破を目指したフィリピンの反乱指導者である。

ガブリエラ・シラングはフィリピンのルソン島北部イロコス地方の海辺の町サンタにおいて、イロカノ族の農夫でキリスト教徒である父と、山地民であるイトネグ族出身の非キリスト教徒の母との間に生まれた。幼少時のガブリエラ・シラングは母の村で過ごしていたが、やがて父の町へと戻り、キリスト教修道会でトマス・ミラン司祭の養女として初等教育

を与えられた。彼女はこれにより慈善と博愛の精神を身につけ、教会の庭に現れた貧しい女性に、自分の持つ高価なペンダントを与えるほどになったと伝説されている。

やがてガブリエラ・シラングが20歳となると、かねてより彼女が金持ちと結婚することを望んでいた実父は、彼女と妻を亡くした富豪との結婚を取り決める。この夫は結婚後まもなく死亡し、裕福な寡婦となった彼女には多くの求婚者が殺到したが、彼女はその中から、交易で繁栄する直近の都市ヴィガンの教養ある財産家、ディエゴ・シラングを次の夫に選び、1757年頃再婚することになった。二人の間に子供が生まれることはなかったが、二人は幸せに暮らしていた。

その後1762年、ヨーロッパ列強が海外植民地を巡って争ったフレンチ・アンド・インディアン戦争（1755～1763）の影響がフィリピンにも波及した。この戦争は主にフランスとイギリスによって争われたが、フランスの同盟国であったスペインの植民地フィリピンをイギリスが攻撃したのである。イギリスはスペイン勢力を弱めるため現地住民の反乱の誘導を行うが、その様な中、ディエゴ・シラングも反乱に立ち上がることになり、慈善と博愛を重んじるガブリエラ・シラングも、スペインおよびスペインと結託して搾取を事とする富裕階級の圧政を覆すため、喜んで夫に協力することになった。ディエゴ・シラングは自らも富裕階級でありながら、スペインと結びついて搾取し肥え太る富裕階級の打倒を掲げて挙兵、町々の住民を兵力にカブガオの戦いでスペイン軍を破り、ヴィガンからスペイン勢力を駆逐した。そしてディエゴ・シラングはヴィガンの総司令官および統治者を名乗って、イギリスの支援の下、独立を宣言することになった。

ところが富裕階級及びスペイン官吏は謀略による反撃に成功、1763年にディエゴ・シラングを暗殺してしまう。スペイン勢力はディエゴ・シラングの友人を刺客として抱き込み、刺客を家に招き入れたディエゴ・シラングは射殺され、遺体をめった刺しにされたのである。

この時、暗殺を逃れたガブリエラ・シラングは夫の復讐を誓い、反乱の首領の立場を引き継ぐことにした。彼女は夫の副官達に軍勢をまとめさせると共に、自らは山地帯へと走った。山地帯で彼女は母の村などを巡って、山地民の戦士の協力を募って軍勢を仕立て上げ、恐るべき奇襲能力を夫の暗殺犯に向けて発揮した後、副官にまとめさせた軍勢との合流を果たした。

その後まもなく、スペイン軍は6千もの軍勢を反撃に投入、山地民部隊が平原での戦いに慣れないため、ガブリエラ・シラングの軍はスペイン軍に敗北し、山地帯へ逃れることになり、ヴィガンの街の支配をも失った。

ここでガブリエラ・シラングは残余の軍勢2千を率いて、ヴィガン襲撃を敢行する。ヴィガンでは今や街の統治者となった彼女の養父トマス・ミランが、主力を街の広場に置くと共に、彼女の軍勢の側面を攻撃するため、自ら300の弓兵を率いて、待ちかまえていた。ガブリエラ・シラングは伏兵に備えつつ街に入ったが、両側面から雨のような矢を射かけられ、正面からは大砲と銃が激しく打ち込まれ、軍勢はあえなく崩壊した。

ガブリエラ・シラングは軍勢を再結集することもできぬうちに山地でスペイン軍に捕らえられ、絞首刑となった。

現代においてガブリエラ・シラングはフィリピンの民族独立の象徴的人物と見られており、フィリピンの首都マニラのマカティ広場には馬に跨ったガブリエラ・シラングの像が立てられている。また女性の権利から反外国軍基地、反核ま

で様々な問題を扱う包括的政治団体で栄えある彼女の名を冠したものが存在している。

ブータン

ソナム・ペルデン

Sonam Peldon
13世紀

ソナム・ペルデンは、チベット仏教ドゥク派の僧としてブータン西部に強力な勢力を誇ったパジョ・ドゥゴム・シクポ (1184〜1251) の妻である。

チベット仏教国ブータンの歴史はチベット仏教とともにあり、12世紀末から17世紀初めまでのブータン史はブータンに入り込んだチベット仏教諸宗派による勢力争いの歴史であった。長きに亙る勢力争いに終止符を打つことになる宗派をドゥク派と言うが、このドゥク派をブータンに持ち込んだのがパジョ・ドゥゴム・シクポであった。

チベット東部カムに生まれ、ドゥク派の教えを学ぶためドゥク派のラルン寺院に赴いたパジョ・ドゥゴム・シクポは、ドゥク派開祖ツァンパ・ギャレイが彼の来訪前に残していた遺言に従ってドゥク派布教のためにブータンに派遣されることになった。ブータンを訪れたパジョ・ドゥゴム・シクポは聖地での瞑想によってヒマラヤ地域へ仏教を広めた偉大な僧パドマサンバヴァの啓示を得、それによって自分が、歴史上の偉大な女性行者マチグ・ラブドンの生まれ変わりである配偶者に巡り会うとの予言を授かったが、やがてパジョ・ドゥゴム・シクポは、ブータン女性を娶って男児を得ることになる。

そんなある日、彼の息子を産んだ女性が彼に、自分の聡明な妹について話して聞かせた。彼女によると、彼女の妹はわずか3歳の頃よりずっと自分の師がやって来ると言い張って、成長してからも結婚を拒み続けているとのことであった。これを聞いたパジョ・ドゥゴム・シクポはそれこそ予言にあった女性であると考え、その女性の住む地を目指した。そしてその地に辿り着いたパジョ・ドゥゴム・シクポは川辺で織物をする娘達に向かって対岸から、自分は師の予言でやって来た、自分と祈りで結ばれた女性はどこにいるのか、前世の行いに向かい合うときが来たのだと歌いかけ、予言の女性を捜した。すると真ん中に座っていた娘ソナム・ペルデンが、いにしえの仏陀が予言した師よ自分をお連れ下さいと歌い返し、そのまま川沿いに歩いた二人はやがてその地方唯一の橋のたもとで落ち合った。結ばれた二人の間にはやがて娘と7人の息子が生まれることになる。

ところでパジョ・ドゥゴム・シクポは宗教の布教者として有能で、当時西ブータンに強大な勢力を持っていたラ派の数々の妨害の策謀を切り抜け、優れた統率力を発揮して西ブータンの地方統治者達に頼りにされるようになっていった。しかし、彼は宗教的な意識が先走りすぎた人格の持ち主であり、宗教心から無茶な行動に出ることもあって、おそらく妻のソナム・ペルデンの助けは彼にとって非常に重要なものであっただろう。すなわちパジョ・ドゥゴム・シクポはある日、ソナム・ペルデンを娘達と儀式用の花摘みに送り出しておいて、7人の息子達を川に投げ入れてしまった。曰く、生き残る者はドゥク派の教えを広めるよう運命づけられており、溺死する者は悪魔である。しかもこれによって3人の子供が溺死したのみならず、生き残った4人の子供達も流されて四方へ散っていってしまったのだという。帰宅してこれを聞いたソナム・ペルデンは怒り、探索に出

て4人全てを連れ帰って来たのだが、この息子達はやがて成長してドゥク派の教義を身につけ、ブータン西部の各地に派遣されて現地の有力者となり、西ブータンに遍くドゥク派の教えを浸透させていくことになるのである。将来自分の宗教的教えを継ぐべき息子達を川に投げ捨て溺死させ、生き流れた者を拾いにも行かないような父の元で、息子達が父の事業の優秀な継承者に育った陰には、母ソナム・ペルデンの大きな貢献があったと考えて良いだろう。

なお、ソナム・ペルデンとパジョ・ドゥゴム・シクポの物語はブータンの人々に極めて重用視されており、ブータンの歴史教科書でも大きく取り扱われている。そして二人が落ち合った橋は後世、予言の橋と名づけられ、現在までその名が残されているという。

ブルネイ

ラジャ・ドゥング

Raja Dungu
16～17世紀

ラジャ・ドゥングはブルネイの第7代スルタン（王）、サイフル・リジャル（在位 1533～1581）の娘である。

中国の歴史書『明史』には明に朝貢・通商していたブルネイ（浡泥）の歴史に関する記述が含まれており、同書「浡泥伝」には「万暦中に、ブルネイ王が死に、後継ぎが無く、一族の者達が王に立って相争った。国中が殺戮によって壊滅しかねない状況であったので、ここで先王の娘を立てて王とした」との内容が記されている。すなわち万暦（1573～1619）中にブルネイが政治的な混乱を治めるため女王を立てたことが記録されているのであるが、女性を王位に就けることで平和的な政策を追求するというのは東南アジア海域の諸国ではしばしば使われた方策で、ブルネイで女王が立ったと記録されていることも、それほど不思議なことでもない。そして戦乱を収めるために女王卑弥呼を頂いた歴史のある我々日本人にとっても、そのような方策は容易に納得できるものであろう。

もっとも、現在に伝わるブルネイ・スルタンの系図の中に女王の存在はどこにも認めることは出来ないのであるが、外国である中国の目から見て女王の存在が認識されたというのであるから、おそらくは男性のスルタンが君臨しつつも、実態として女性の非常な権勢に服しているという状況にあったのであろう。そして敢えて推測をたくましくするならば、時期や状況から言って、サイフル・リジャルの王女ラジャ・ドゥングこそがこの時期権勢を振るった「女主」と考えられるのである。

ブルネイ・スルタン系図に記される王位交替を見ると、万暦年間には、サイフル・リジャルの息子シャー・ブルネイが第8代（在位 1581～1582）、その弟であるムハンマド・ハサン（在位 1582～598）が第9代、その息子であるアブドゥル・ジャリルル・アクバル（在位 1598～659）が第10代スルタンとなっているが、第8代スルタンの在位の短さから言って、彼の王位就任を巡ってあるいは王位を継ぎながら早死にした彼の後継を巡って、ブルネイ王家は政治的に紛糾していたのではなかろうか。そしてここで女性が権力を振るうとすれば、おそらく第7代サイフル・リジャルの王女ラジャ・ドゥングをおいて他にない。ラジャ・ドゥングはペンギラン・ベンダハラ（大臣）のムハンマドと結婚しており、この男との間に出来た息子はアブドゥル・ハックル・ムビンは、やがてスルタンの右腕と

して権勢を振るい、さらにはスルタン位を自ら称するに至った梟雄であるが、この息子の勢威も、母であるラジャ・ドゥングの代で強大な権力を握っていたことを伺わせるものであろう。

　以上からして、『明史』の言う女王はラジャ・ドゥングであるとして良いように思われるが、『明史』はこの混乱を治めた女王が、平和をもたらすための単なるマスコットではなく、権謀に優れた女傑であることを記している。すなわち『明史』「浡泥伝」は、王宮に仕えていたある高官の娘から父の謀反の企ての通報を受けた女主が、人を高官邸に派遣して問い質し、その高官を自殺に追い込んだことが記されているのである。『明史』によればこれは冤罪であり、その旨国民が訴えるのを聞いた女王は、悔いて通報した娘を絞殺したということになっているが、この事件を総括すれば、情報収集怠りない女王が、反乱の警戒される危険な権力者を処断しつつ、それに対する国民の反発を抑えることにも成功したということになるのは確かである。謀反の真偽によって、謀反人に勝利したのか、邪魔な権力者を粛正したのか、微妙に事件の解釈が変化するにせよ、女王が権謀に長けた一個の女傑であることには、いずれにしても変わりはないと言えよう。

ベトナム

チュン・チャク（徴側）

Trung Trac
~43

　チュン・チャクは古代ベトナムの英雄で、中国の漢帝国が征服者としてベトナムに加える圧政に反乱、独立した女性である。彼女の反乱に協力した妹のチュン・ニと合わせてハイバー・チュン（二徴夫人）として尊崇されている。

　チュン・チャクは現在のベトナム北部、ハノイ北西方にあたるメリン県のラクトウン（土豪を意味する。漢字は雒将）の娘であった。メリンは紀元前29世紀から紀元前3世紀まで続いたとされる伝説上の文郎国の中心地とされる土地であるが、彼女はこの文郎国王家の血を母方から受け継いでいたと称されている。彼女と妹のチュン・ニは愛国心と武術を重んじる環境で成長したが、チュン・チャクの武勇は、メリンで恐れられていた白毛の虎を狩るほどで、この虎退治により彼女は大いに人々の尊敬を集めていたという。

　やがてチュン・チャクは他県のラクトウンの息子であったティ・サック（詩索）の妻となった。夫婦は当時の習慣に従ってそれぞれの土地で生活していたという。そうするうちに40年、中国漢帝国の交趾郡太守・蘇定が圧政に反対した夫ティ・サックを殺したので、彼女は復讐を誓い、漢帝国からの独立を目指して、反乱に立ち上がる。彼女は悲嘆を抑え、葬儀の始まるのも待たずに喪を示す頭飾りを打ち捨て、妹のチュン・ニの協力も得て、軍勢を集めた。彼女は軍勢を前に国民のための復讐、文郎国の復活、夫のための復讐、漢から課せられた税の撤廃を誓約した。軍を進めるに当たって、部

将が彼女に兵士達に喪服を着用させる許可を求めたが、彼女は「これは闘いです。喪に服しながら出て行けば、闘志が減退するでしょう。私は最良の鎧を着て、味方を鼓舞し、敵を恐れさせるつもりです」と語り、自ら金の鎧を着て戦場に臨んだ。その彼女の美しい姿は、敵に畏敬の念を起こさせ、中国軍兵士は戦場で彼女を見るや思わず立ち止まってしまったと伝説されている。

チュン・チャクの軍8千は交趾郡を攻撃し、太守・蘇定は逃亡、さらに彼女にはベトナムから広東に至る広大な地域の土着勢力が呼応して、その勢いを前にこの年、65もの城が陥落することになった。こうして大きな成功を収めた彼女は、メリンを都とした独立国を作って、女王を名乗ることとなった。彼女たち姉妹の下には36名の女性部将が選抜され、鍛えられていたという。

ところでチュン・チャクの挙兵の原因を先に夫が漢の太守によって殺害されたこととしたが、この一般的に知られた物語とは大きく異なる説もある。実は夫の復讐というのは後世の社会による改竄の入った伝承であり、当時のベトナムの母系社会を考慮に入れて後の父系社会による伝説の改竄を取り除くと、チュン・チャクの反乱は次のようなものとなり、夫ティ・サックも殺されてはいないのだという。すなわち、かつてベトナム土豪を介してベトナムを間接的に支配・徴税していた漢帝国はこの頃、ベトナムの直接支配・直接徴税に乗り出すが、これに対しベトナム土豪は反発、ここで当時のベトナムの文化的中心であったメリンの政治家の娘チュン・チャクは妹チュン・ニの協力を得て漢に対し反乱、各地の土豪に呼びかけを行い、これには65県の土豪が呼応した。ちなみにチュン姉妹の反乱に同調した土豪には婦人名が多く、これは当時のベトナムが母系社会であったことをよく物語るものだという。

さて、挙兵の理由がいかなるものにせよ、チュン・チャクの反乱はひとまず成功を収め、独立と王号を宣言するところまで至ったが、これに対し漢帝国は、翌41年、名将・馬援を派遣、チュン姉妹討伐に乗り出す。馬援は2万の軍勢で進軍し、42年に北ベトナムに到達したが漢、ベトナム両軍が決戦せぬうちに雨期を迎え、馬援の進撃は停止した。乾期を待つ間、ラクトゥンの手兵を寄せ集めた烏合の衆に過ぎないベトナム軍は戦意が減退、ラクトゥン達の離脱が相次ぎ、やがて馬援が進撃を再開すると、ベトナム軍はランバク、およびカムケーで大敗した。

チュン・チャク、チュン・ニはメリン北方に退いて再起を図るもハットザンで漢軍に捕らえられて斬首された。ベトナムの伝承では姉妹の最後について、戦死した、病死した、霧の中に消えた、追い詰められて川に投身自殺したなどとするものがある。彼女たちの死後も抵抗を続けるラクトゥンがおり、漢帝国軍はその討伐を続けた。ところで彼女たちの反乱以後、漢帝国の統治は現地の慣習法をやや重んじるよう多少の方向転換をしたと言われる。

チュン・チャクおよびチュン・ニの死を悲しんだ民衆は祠を作って姉妹を祀った。姉妹は福神として信仰され、12世紀の大干魃の時には姉妹の祠に祈ると大雨が降ったとされる。

現代ベトナムではチュン姉妹は対中抵抗の民族的英雄、悲劇の独立指導者、ベトナムの抵抗の精神の象徴として称えられ尊敬を集めており、多くの街路や病院、学校が彼女たちの名を冠するなどしている。また現在でもベトナムの人々は彼女たちの命日に彼女たちを称える祭りを執り行っている。

ベトナム女傑史

　ベトナム人は歴史上幾度となく圧政や侵略に対して英雄的な抵抗を行ったが、その抵抗の歴史の中で、チュン・チャク・チュン・ニを皮切りに多くの女傑が生まれた。そのうち著名な人物を幾人か紹介しておこう。

チュウ夫人（チュウ・アウ［趙嫗］）：3世紀の中国支配に対する抵抗運動指導者。結婚することなく山に入り、1千人の兵を訓練、248年に挙兵した。彼女自身は象に乗って兵を指揮した。ベトナム人のみならずベトナム在住の中国人を含め、民衆の広い支持を集めた。激戦を繰り広げて勝利を重ねたが、大軍による攻撃を前に数ヶ月後敗死、23歳の若さであった。

ブイ・ティ・スァン（裴氏春）：民衆の広範な支持を受けたタイソンの反乱の参加者。夫はタイソン軍の武将であったが、彼女もまた武将として活躍、5千の兵を指揮した。象の扱いに習熟していた。1802年、捕らえられ、処刑として象に踏みつぶされた。

ニュー：愛国者トゥー・ソーの妻で、美貌と兵法の才で知られた。歌手であったが結婚後、乗馬と射撃を習得、夫とともに1883年からハノイでフランスの侵略に抵抗する義軍「信義会」を率いた。その勢力は5千人に達した。夫が殺された後も義軍の勢力を結集し、1885年まで一年以上戦った。そこから場所を変え山地を拠点に二年間戦ったが、その後は中国で亡命生活を送った。

バー・カン夫人（グエン・ティ・ニョー）：1888年にフランスの侵略に抗してイエンテーで蜂起した義軍の指導者デー・タムの妻。夫に協力して25年も戦い、時には夫の司令部で、時には独立して行動した。兵を布陣する戦術的才能と個人的武勇を兼ね備えていることで有名であった。捕らえられ流刑となった。

ベトナム戦争の女傑達

　ベトナム史には戦う女傑が多く登場するが、ベトナム戦争でも女性戦士は活躍著しい。例えば歩兵銃と弾丸20発でたった一人陣地を守り敵戦闘機を屈服させたグエン・ティ・スアン、夜間偵察機が頭上を飛ぶのを五回まで待ち、好機を捉えて部隊の小銃射撃で撃墜、報復攻撃をも撃墜したグエン・ティ・チェン、戦車と装甲車を備えた一個大隊を一人で破ったグエン・ティ・L等、武勇の逸話は多い。また南ベトナム解放民族戦線（ベトコン）は兵士の3分の1から2分の1、連隊司令官の40%が女性であった。ここではそんなベトナム戦争の女性戦士から特に注目に値する人物を紹介する。

ディン夫人（グエン・ティ・ディン）：17歳であった1937年以来、植民地支配に対する抵抗運動を続けた。夫とともに逮捕・拷問されたこともあり、夫は死亡したが、彼女は逃走に成功した。故郷のベンチェ省で反乱軍を立ち上げ、敵軍1万3千を駆逐、さらなる攻撃からも省を守った。やがて南ベトナム解放民族戦線の副司令官に就任した。

レ・ティ・タイン：クアンナム省で夫の為に連絡員をしていたが、夫が殺された後は二人の幼児を世話しつつ夫の活動を引き継いだ。革命の末端組織を再建、女性ゲリラ部隊を設立し、ゲリラの孤立を目的として農民が強制移住させられていた戦略村に対する襲撃を指揮、故郷チュンルオン地方を解放した。自ら耕作し、人手不足の家の耕作を手伝い、製糖炉や上水道を作り、村の生活を支えた。

　なおベトナム解放の敵側にも女性戦士は多く、南ベトナム正規軍に所属し「メコンデルタのタイガーレディ」と呼ばれたホー・ティ・クエが有名である。ベトコンの捕虜は彼女のことを悪魔か戦の神であるかのように語った。

マレーシア

シティ・ワン・ケンバング

Siti Wan Kembang
在位1610～1677

　シティ・ワン・ケンバングはマレーシア北東部に存在したイスラム教交易国家ケランタンの有能な女王である。
　シティ・ワン・ケンバングはケランタンのスルタン（王）アフマドの唯一の子供であった。アフマドは娘であるシティ・ワン・ケンバングに宗教教育を施すのみならず、彼女に東南アジアの伝統武術シラットをも習得させたと言われる。
　やがて父のアフマドが死んだ時、シティ・ワン・ケンバングは未だ幼かったためケランタンはマレー半島南部の国ジョホールから一旦王を迎え、やがてその王の死後、シティ・ワン・ケンバングがケランタン女王に就任した。彼女の統治下では、交易その他の経済活動が大いに促進され、ケランタンは交易の一大中心地として富み栄えることとなった。ケランタンが交易の中心地として名を馳せたのは、歴史上この時代のみと言われる。
　なお軍事的な功名心に駆られやすく放縦な男性の王を避け、敢えて女性を王に立て、平和的な商業主義政策を展開、貿易によって国家を繁栄させるという手法は14世紀から17世紀にかけての東南アジア海域の貿易国家でよく見られたものであるが、シティ・ワン・ケンバングもこの種の女王の一人であると言える。
　ところで今日のマレーシアのケランタン州は州の紋章として鹿の模様を採用しているが、これはシティ・ワン・ケンバングの飼っていた鹿が紋章に採用されているのだという。
　ところでシティ・ワン・ケンバングは、賢明な女王であるに加えて、美貌でもその名を残している。ただ美しい彼女に対して国中の諸侯が崇拝の念を捧げたものの、そのうちの誰とも彼女が結ばれることはなかったと言う。もっとも彼女の生涯に恋や愛の一つも無かったというわけではないようで、彼女の愛した戦士が父の領地を守ってタイ人と戦って死んだ際、遺言で彼女に鹿を贈り、その鹿が前述の紋章の鹿であるとの伝承も残されている。

ミャンマー

シンソーブ

Shinsawbu（Sheng Soabu）
在位1453～1472

　シンソーブは、15世紀にビルマの有力国家ペグーの女王となった人物である。
　13世紀おわり頃にミャンマーを支配するパガン朝がモンゴルの帝国の攻撃およびシャン族の侵入で衰えると、ミャンマーはビルマ族、シャン族、モン（タライン）族の各民族が対立抗争する分裂時代に突入した。そしてミャンマー南部のペグーにはモン族の国家が建設されたが、このペグーの王ラーザーダリの王女としてシンソーブは誕生した。やがて彼女はラーザーダリ死後のペグーの混乱の時期、ペグーに介入したミャンマー中部のビルマ族国家アヴァのティハトゥ王の元へと人質として嫁いでいくことになった。彼女はこれ以前に結婚していたのであるが、特別な手続きを経て、アヴァへ嫁いだという。ここで彼女は王宮内最高の地位を与えられたが、これを面白く思わない第一王妃ソアポーメがティハトゥ王に対する謀略を計画、ティハトゥは運河開削指導のため城外に出たところで、武装兵の一団に襲われ逃亡、間もなく死亡した。王の死後、シンソーブはタラビャという

貴族と結婚することになった。
　ところがその後シンソーブは、アヴァを出てペグーに帰国することになる。アヴァの宮廷での地位に不満を感じ、怏々として楽しまぬ日々を送っていた彼女は、学問の師であった二人の仏教僧の助けを得て、アヴァの宮廷を脱出したのである。この脱出が成功したのは僧侶の乗る舟を襲撃することが法によって禁じられていたからであった。
　帰国したシンソーブは兄弟によって丁重に処遇されて過ごしたが、やがてペグーではラーザーダリの血筋の男子が絶え、1453年、シンソーブは国民の懇請を受け、ペグーの王位に就くこととなった。女王シンソーブは賢明謙虚な王として仁政を敷き、彼女の統治期にペグーはベンガル湾の主要中継基地として台頭、交易による繁栄を謳歌した。
　ところでシンソーブの仁愛に満ちた賢明かつ謙虚な性格を物語るものとして、以下のような逸話がある。ある日、王剣と王冠を纏って輿で城外を巡遊していたシンソーブの前で、一人の老爺が供奉の者に追い払われたのだが、これに対し老爺は、道を空けろバカジジイと言うが、自分はそこの老女王ほど老いぼれてはいないと怒りの声を上げた。これを聞いた女王は、老爺を処罰することもなく、老爺の言葉を謙虚に受け止め、以後、自分のことを老女王と呼んだという。
　さてシンソーブが女王となって7年、シンソーブは後継者を選定することとした。ここで彼女はかつて自分のアヴァ脱出を助けた二人の僧にくじを引かせて後継者を選んだ。選ばれたダンマセディは還俗してシンソーブの娘を娶ってシンソーブの後継者となったが、これには反対者も少なくなかった。選ばれなかった一方の僧は陰謀を企てて処刑されたし、その他、野心を抱く高官達もダンマセディに反対した。ダンマセディは聡明、公正な人物で、しだいに高官達とも和解が成立していったが、それでもなお、反対者は残り、それらの者はダンマセディが王家の胤ではないと主張していた。そこでシンソーブはこれに対し、自ら諭しにかかったが、まず彼女は橋の床から梁を取り外し、これを彫刻して仏像に仕立て、それを示しつつ言った。「彼は平民の出なれば汝等の王たる資格なし、と汝等は言う。されど、見よ、こは何の変哲もなき木片……昨日までは汝等の土足の下に蹂躙されたるもの、然るに今日は御仏として汝等これを跪拝するにあらずや」(G・E・ハーヴィ著、五十嵐智昭訳『ビルマ史』北海出版社、93頁、漢字現代化)と。
　1472年に退位したシンソーブは、ダゴウン仏塔を増築してそこで生活を送った。そして78歳の時、彼女は死期の近いのを感じて自らの寝台を絢爛たる塔の頂上の九輪が見える位置に運ばせ、そこで息を引き取ったという。
　シンソーブの仁政は後世に長く記憶され、400年後、ミャンマーの地を併合するイギリスのビクトリア女王に対するに、モン族が「シンソーブ様の再来」の名を用いたほどである。なお、シンソーブはミャンマー史上の主要国家で女王が即位した唯一の例である。

モルディブ

ハディージャ

Khadija(Rehendi Kabadi Kilege/
Rehendi Maha Tadum)
在位1347～1363、1363～1374、
1376～1377

　ハディージャはモルディブの女王である。当時モルディブではハディージャの

父であった国王ジャラール・ウッディーンの死後、そのスルタン（王）位を継いだ、息子シハーブ・ウッディーンが、廷臣の妻と密通を重ねるという乱行が原因で廃位され、追放先で刺殺されてしまった。これによって王室親族の生存者はハディージャと彼女の二人の妹のみという状態になってしまったのだが、ここでモルディブの廷臣達はハディージャをスルタンに推挙、女王が誕生することとなった。

ハディージャの治世にモルディブを訪れた大旅行者イブン・バットゥータによれば、彼女は君臨するのみで実権は夫である大宰相（バットゥータ訪問時の夫はジャマール・ウッディーン）が握っていたとのことである。ところがその後、彼女は二回夫（前述のジャマール・ウッディーンとアブド・アッラー・イブン・ムハンマド・アルハドラミー）によって退位させられながら、二回とも裏切り者の夫を誅殺して、王位を奪回している。この事から言って、彼女は単なる飾り物として周囲の意向のままに流される無力な女性ではなく、一個の女傑と呼ぶに値する人物であったようである。

ハディージャの治世において、モルディブの首都マレは貿易の一大中心地となっており、宮廷の運営は輸入米に頼って行われ、1千人の外国人傭兵からなる軍隊も国庫から輸入米を支給することで維持されていた。同時代の東南アジアでは戦闘的かつ放縦な男性ではなく、敢えて女性を支配者とすることで平和的な商業主義政策を実現し、交易によって国を繁栄させるという政治手法がしばしば取られたが、ハディージャが二度の退位を乗り越え、合計30年近くに及ぶ王位を維持できたのは、モルディブの指導者層にも似たような考えがあったのかもしれない。

ところでハディージャの人間性を物語るエピソードとしては以下のようなものがある。大旅行者イブン・バットゥータがモルディブを去る際、ハルドゥーンの妻となっていた彼女の義母（彼女の父王ジャラール・ウッディーンの妻の一人）もそれに同行しようとしたのだが、ハディージャはこれを引き留めようとし、それが叶わぬと知るとこれに対し「お前のお持ちの宝石類はみな、他ならぬブンダル（国庫）の財産であったものです。ジャラール・ウッディーンがそちのために授けたものについては、そちのものとして正当でありますが、それ以外のものは返却されよ！」（イブン・バットゥータ、家島彦一訳『大旅行記6』平凡社東洋文庫、238頁）と言い、高価な宝石類を返却させている。この国家の財産を尊重する態度に、彼女の国王としての責任感と規律ある人格を認めることは許されよう。

ところでハディージャは年代記において二度の短い退位期間を挟みつつ1347～1377の間スルタン（王）位に在ったとされているが、モルディブに滞在し、モルディブの政治情勢に深く関わったイブン・バットゥータの残した諸々の情報を照らし合わせると、この数字は20年以上後ろへずれているそうである。（イブン・バットゥータは1343～1344年にかけてモルディブに滞在しているし、年代記で1362年から1363年にかけて王位を占めたとされ、やがて誅殺されることになった、ハディージャの夫ジャマール・ウッディーンの没年はバットゥータによれば1344年末頃とされている。）

モンゴル

マンドハイ

Manduhai (Mandughai)
1437〜 (摂政1470〜1492頃)

　マンドハイはモンゴルの皇妃で、幼いモンゴルの皇帝（ハーン）ダヤンの摂政となり、弱体化していたモンゴル勢力を再建した人物である。

　14世紀から15世紀にかけてのモンゴル高原は諸部族間の抗争の時代であり、とりわけ13世紀の大征服者チンギス・ハーンの王統を継ぐ高原東部のモンゴル勢力と高原西部のオイラート勢力の対立関係は熾烈であった。そしてこの東西対立はオイラートの優位に傾いていたが、そのような情勢下、マンドハイはモンゴルの大臣の家に生まれ、チンギス・ハーンの血を引くモンゴルの王、マンドールン・ハーンの第二婦人となった。1467年にマンドールンが戦傷が元で死ぬと、マンドールンの甥の息子のボルフがその後継者となるが1470年、ボルフはハンの位を宣言しないうちに暗殺されてしまった。ここでボルフの5歳の息子バト・モンケは父の死に加えて、母にも見捨てられ孤児となってしまったが、マンドハイはバト・モンケを保護して、バト・モンケのハーン位を宣言、自らはバト・モンケの摂政となった。

　摂政となったマンドハイは鎧と武器を身につけて自ら軍を率い、幼いバト・モンケをラクダの荷台に載せて、群雄割拠のモンゴル高原を進軍したという。彼女はモンゴルの宿敵オイラートとの戦争にも決定的な勝利を収めた。

　やがてマンドハイは1479年、バト・モンケの妃となった。ところがその後、バト・モンケは秘かに美しい娘と恋に落ち、娘はバト・モンケの子を妊娠する。この娘は平民であったため妃に立てることはできなかったものの、このバト・モンケの密通の噂が広まるや、宮廷にはマンドハイ打倒の陰謀が立ち上がる。マンドハイは幼なじみの通報によって陰謀を察知し、反対派と戦って勝利を収めた。政変を企んだ者達は裁きを受け、穴埋めの刑に処されることになり、バト・モンケの愛人も穴の底へと放り込まれてしまった。バト・モンケはマンドハイに対し、母の胎内にいる子供の命乞いを行い、「偉大なる妃よ、あの子を助けたいとは思いませんか。偉大なるチンギス・ハーンの血を継ぐべきただ一人の子です」と訴えたが、マンドハイはごくわずかにバト・モンケの方を振り返った後、冷静に刑の指揮を執る将軍の方へと向き直り「穴を埋めよ」と命令を発した。穴埋めが始まると、マンドハイは一顧だにすることなく、その場を立ち去った。なおマンドハイとバト・モンケの間には、やがて、7人の息子が生まれることになる。

　1487年、バト・モンケはモンゴル人の創ったかつての大帝国・元の帝位を称し、ダヤン・ハーン（大元皇帝）を名乗ったが、これ以後もなお政治の実権はマンドハイが握っていたようで、1491〜1492年にかけてマンドハイはオイラートからの攻撃を防ぐために出陣している。そしてマンドハイはオイラートに勝利し、モンゴル高原におけるモンゴルの優位を確固たるものとした。

　その後、マンドハイの築いた基盤の上に、ダヤン・ハーンはモンゴル高原の統一を果たすことになる。

　モンゴルではマンドハイのことを国の母として尊敬しており、彼女を主人公とした小説や映画が作られている。

ヨルダン

マヴィア

Mavia（Mawia/Mania）
350頃～425頃

　マヴィアは古代のアラブ人の女王であり、おそらく現在のシリア、ヨルダン、イスラエルにかけて広がっていたガッサーン族の王国の女王であろうと考えられている。

　マヴィアは350年頃の生まれと考えられている。マヴィアはアラブ人の王と結婚し、王の死後その後継者となった。

　マヴィアは、375年、ローマ帝国の領土であるフェニキア、パレスチナ、エジプトを襲撃し、自ら騎乗して軍の先頭に立ち、ローマ軍を撃破した。彼女の侵入を重く見たフェニキアの軍司令官の要請で、ローマ帝国は援軍を派遣したが、マヴィアはこの危機をものともせず、戦いに次ぐ戦いでローマ軍を重ねて叩き潰し、ついにはローマ帝国はマヴィアに休戦を懇願せねばならなくなった。マヴィアはローマ帝国がキリスト教を信じる彼女の部族のために司教を任命するという条件で、休戦に合意した。そしてマヴィアの娘がローマ帝国の総司令官と結婚することになった。

　その後378年、ローマ帝国が東北方からのゴート族の侵入に苦しみ、首都コンスタンチノープルの防衛戦を戦っている時、ローマ帝国はマヴィアの軍の強さを思い起こし、マヴィアに支援を要請した。これに応えてマヴィアはアラブ騎兵を援軍に送り、その獰猛な戦いぶりはゴート族をも大いに脅かすことになった。

　425年にマヴィアがキリスト教会に献呈を行ったことが知られており、彼女がこの頃まで長寿を保ったことが分かる。彼女の正確な没年は不明だが、これからそれほど経たないうちに死んだと考えられている。

ラオス

ケオ・ロット・ファー

Kaeo Lot Fa
1350頃～1435頃

　ケオ・ロット・ファーは14世紀ラオスに成立した統一王国ランサン王国の建国者、ファー・グム（在位1353～1371）の第二夫人である。15世紀のラオスの宮廷で権勢を振るったマハー・テーヴィーは、おそらく彼女であろうと言われている。

　ケオ・ロット・ファーはタイのアユタヤ朝の国王ラーマティボディ（在位1351～1369）の娘で、アユタヤ朝とランサン王国の関係を固めるため1354年、ランサン王ファー・グムと婚約することになった。彼女は婚約時点では未だ幼かったため、彼女がランサン王国の首都に入ったのはおそらく1360年代初めになってからであった。彼女は大量の随員とともにラオスに入ったが、そのため彼女の宮殿は政治的な策動の一大中心地となったようである。国王ファー・グムは若き日をカンボジアの首都アンコール・トムで教育を受けて過ごし、カンボジア王女ケオ・ケーンカンガーを第一夫人としていたため、国王の元にはカンボジアと繋がりのある家臣団が形成されており、これに敵対的な人々にとって新たに巨大勢力として出現したケオ・ロット・ファーの宮殿が結集地点となったのである。

　国王ファー・グムは第一夫人ケオ・ケーンカンガーが1368年に死去して以降、自堕落な生活を送るようになり、1371年に廃位され、追放先のナーンで

1373年死亡した。ところがケオ・ロット・ファーは夫の廃位および死去の後にも、大きな権勢を保ち続けていたようである。というのもランサン王国はこの後、第二代サームセンタイ（在位 1374 ～ 1417）、その息子第三代ラーン・カムデーン（在位 1417 ～ 1428）と国王が移り変わったのだが、ラーン・カムデーンの治世末期以来、王室内には内紛が発生し、この内紛の中で老年のケオ・ロット・ファーが王国の実権を掌握するに至ったようなのである。

ラーン・カムデーンの死後、ランサン王国では、ラオスの年代記にマハー・テーヴィー（字義を取れば偉大な女王の意）と呼ばれる女性が政治の実権を掌握することになり、この女性の正体については例えばサームセンタイの妻、妹、娘などと様々な推定がされているのだが、それ以上にこの女性は老年に達したケオ・ロット・ファーである可能性が高いらしいのである。

さて、マハー・テーヴィーすなわちケオ・ロット・ファーは、ラーン・カムデーンの死後、自らは幼い国王の摂政として政治の実権を握るとともに、20年来の仲である、はるか年下の愛人シアン・ローを首相に任命、血みどろの陰謀家として、七年に亘って権力を保ち続けた。

マハー・テーヴィーは権勢を振るった七年間で、次々に国王をすげ替えて7人もの国王を創り出したが、少なくとも5人の国王が彼女によって謀殺されたという。サームセンタイの未成年の孫二名は王位に就けられた後で殺されているし、その後、サームセンタイの二人の息子も不自然な死を迎えている。マハー・テーヴィーはその後も宮殿の召し使いが産んだサームセンタイの子を王位に就けて、権力を維持していたが、この王が宮廷の政変によって倒された際、マハー・テーヴィーと彼女の愛人も死ぬことになった。

レバノン

イゼベル

Jezebel（Jezabel）
～前884

イゼベルは、古代フェニキア（現レバノン）の中心都市の一つシドンの王女で、イスラエルに嫁ぎ王妃となった人物である。

イゼベルは、古代フェニキアのシドン王エトバアルの娘に生まれ、シドンとイスラエルの同盟関係を強化するためイスラエル王アハブに嫁いで王妃となった。この同盟の目的は当時勢力を伸ばしつつあったアラム人に対抗するためであったと推定されている。またフェニキアとの同盟は東方の大国アッシリアに対抗するためにも必須のものであった。イゼベルは王妃として、イスラエル王アハブと共同で統治に当たったと考えられている。当時の東地中海沿岸地方では、王と王妃が共同統治するのは普通であったし、イゼベルについて記録を残す聖書は彼女が母国の神であるバアルの予言者450人と、同じくアシェラの予言者400人を従えていたとしており、彼女が大規模な家臣団とともにイスラエル入りし、独自の宮廷を営んでいたことが窺えるのである。

イゼベルは王国の共同統治者として、イスラエルの政治に大きな影響を及ぼし、イスラエルの政策を親フェニキア路線に保ち続けた。商業民族であったフェニキア人は当時、スペインにまで植民都市を広げるほど活発な海上交易活動を営んでおり、彼女を通じてもたらされるフェニキアの圧倒的な富は、イスラエルを大いに豊かにかつ強くした。また彼女は母国の神バアルおよびアシェラの信仰をイスラエルに公式導入、イスラエルの首都サマリアにバアル神殿とアシェラ像が築か

れることとなった。

イゼベルはアハブ王の死後、息子のアハズヤと共に統治を行い、アハズヤがわずか2年の治世で死去すると、その弟ヨラムとともにさらに12年間、イスラエルを統治した。この間イスラエルでは依然としてバアル信仰が続いており、アハブの死後もイゼベルの統治の元、親フェニキア政策がしっかりと維持されていたことが分かる。

だがやがて前884年、フェニキアの宗教への反対を大義名分にして、王家に対する反乱が勃発した。国王ヨラムがアラム人との戦いで負傷し、イズレエル地区にある宮殿に戻って休養していたとき、国境防衛に当たっていたイスラエルの将軍イエフが戦車に乗って軍を率い、イズレエルへと進撃を開始した。ヨラムは接近してくるイエフを迎えようと使者を送り、ついには自らも戦車を駆って迎えに出て行ったが、道中無事であったか部下の将軍を労って尋ねるヨラムに対し、イエフは貴様の母の姦淫と邪教が蔓延る祖国の有り様では無事もくそも無いと罵りの言葉を吐き、ヨラムを弓で射殺した。イエフはそこからイズレエルの宮殿へと進んだ。

こうしていきり立つ反乱将軍と、息子である国王の死の報せを受けて毅然と立ち上がった老女王が、イズレエルの宮殿で対峙した。そして反乱将軍の怒号に老女王の蔑みの目と皮肉の言が、交錯する。

イエフがイズレエルに来たとき、イゼベルはそれを聞いて、目に化粧をし、髪を結い、窓から見下ろしていた。イエフが城門を入って来ると、「主人殺しのジムリ、御無事でいらっしゃいますか」と言った。彼は窓を見上げ、「わたしの味方になる者は誰だ、誰だ」と言うと、二、三人の宦官が見下ろしたので、「その女を突き落とせ」と言った。彼らがイゼベルを突き落としたので、その血は壁や馬に飛び散り、馬が彼女を踏みつけた。

（「列王記下」『聖書　新共同訳』日本聖書教会、旧594頁）

ジムリとは『聖書』に描かれた有名な主君殺しの男であり、イゼベルはイエフの主君殺しをジムリになぞらえて嘲罵したのである。

かくしてイゼベルは死んだ。身なりを整えたのは、イエフと戦うため部下を集めようとそれに相応しく装ったのか、避け得ぬ死を悟り、誇り高く威厳ある死を迎えようとしたのか、いずれとも解釈できようが、どちらであったにせよ、イゼベルの意思力と誇り高さを示すものであろう。

イゼベルの死を見届けたイエフは食事を始め、食事を終えてから、イゼベルの埋葬を命じたが、その時にはイゼベルの遺体は犬に食われて頭蓋骨と両足、両手首しか残っていなかったという。『聖書』はイゼベルの無惨な死に様は悪行の報いとして、かねてより神によって預言されていたのだと称している。イエフはイスラエルの王位に就いた。

イゼベルとヨラムを弑逆したイエフの反乱の結果、イスラエルとフェニキアの同盟は潰えた。イスラエルは勢力を減退させ、大国アッシリアに対抗する力を失った。イスラエルはアッシリアに敗れ、アッシリアへ貢納する立場へと追い込まれたが、イエフがアッシリア王に跪いて恭順の意を示す場面は、アッシリア王シャルマネセル3世の記念碑である「黒のオベリスク」の浮き彫りに刻まれており、今にその光景が伝えられている。

イゼベルは聖書で信仰の敵として描かれたため、後世、邪悪の象徴、淫乱な悪女として貶められてきた。しかし、『聖書』の信仰の色眼鏡を外してみれば、嫁ぎ先の異国イスラエルで政治権力を長き

に亘って掌握し、母国フェニキア寄りの政策を長らく維持し続けた女傑、フェニキアの産んだ一個の英雄と評価して良いであろう。

北中アメリカ

アメリカ合衆国

ヘティ・グリーン

Hetty Green (Henrietta Green)
1834～1916

　ヘティ・グリーンはアメリカの大富豪で、世界で最も金持ちな女と言われるほどの富を築いた人物である。

　ヘティ・グリーン（ヘティ・ハウランド・ロビンソン）は1834年、アメリカ合衆国マサチューセッツ州のニュー・ベッドフォードにおいて、裕福なクェーカー教徒家庭の娘に生まれた。彼女はクェーカー教徒の重んじる質素と倹約を身につけて成長した。また彼女は捕鯨と中国貿易で財を成した父親エドワード・モット・ロビンソンから、優れた商才と独立不羈の超然たる態度を受け継いでいた。

　弟が幼くして死んだため、ヘティ・グリーンは一家の富の唯一の相続人となった。彼女はケープ・コッドとボストンで教育を受けたが、1860年に母親が死んだ後は父と共にニューヨークへ移った。1865年、彼女の父と叔母が死んだが、そのため彼女は１千万ドルもの財産を相続することになった。ちなみに翌年、彼女は叔母の第二の遺言なるものを掲げて、叔母の全財産の獲得を狙って法廷闘争に打って出たが、この戦いはだらだらと長引いた挙げ句、1871年、第二の遺言が偽造であったとの判決で決着することになった。

　1867年、ヘティ・グリーンは富裕な絹貿易商エドワード・グリーンと結婚した。結婚に際し、ヘティ・グリーンは夫婦の財産を互いに不干渉とする契約を結んだという。夫婦はその後しばらくイギリスで過ごし、1874年にニューヨークへと戻るが、この間に一男一女が生まれている。なおこの数年間を最期として、ヘティ・グリーンの人生に家庭的な日々は存在しなくなる。というのもニューヨークに戻った彼女は以後、富の拡大に専念する日々を送るようになったからである。

　アメリカに帰国したヘティ・グリーンは、ウォール街で大胆な投資を行い、株や債権、不動産を獲得して、財産を著しく拡大させていった。投資について、彼女は恐るべき鋭敏な感覚を持っており、巧みに掘り出し物の株を見つけ出しては買い漁り、予言者かと思うばかりの鋭さで危機を事前に察知し、財産を増大させていった。彼女はその危機察知能力で1907年の恐慌をも凌ぎきった。恐慌後にはウォール街の大物投資家が大勢、彼女の債務者へと転落していたという。やがて世間は老年の彼女に奇抜な行動が目立ったこともあり、ヘティ・グリーンのことを、「ウォール街の魔女」と呼ぶようになった。彼女の相続した１千万ドルの財産は彼女の死の時には１億ドルまで

膨らんでおり、彼女は世界で最も金持ちな女と評された。

ちなみにヘティ・グリーンが彼女の管理する財産を凄まじく膨張させていた一方で、夫のエドワードは1885年破産している。夫を養わねばならなくなったヘティ・グリーンは夫をお荷物扱いして不平を洩らしていたとの伝説もあるが、実際には彼女は夫の債務を負担することこそ拒否したものの、1902年の夫の死まで夫との良好な関係を保っていたという。また、彼女の吝嗇（りんしょく）のために、子供達は極貧で過酷な生活を強いられたとの伝説があるが、彼女は子供達にも十分豊かな生活を送らせていた。彼女の娘のシルヴィアは1909年に結婚して彼女の元を去り、彼女の息子のネッドは成長して彼女の財産運営をよく補佐するようになっていった。なお非常に著名となってしまった彼女の吝嗇伝説を一つ記しておくと、そり遊びをしていた息子が膝を怪我した際に、治療費の支払いを嫌う彼女が治療の済まぬうちに診療所から息子を連れ帰り、息子の脚は壊疽して切断するはめになったという噂話が彼女には残されている。

ところでヘティ・グリーンに様々な悪意に満ちた伝説が残されていることについては彼女にも、その責任の一端が無くはなかった。晩年の彼女は猜疑心に満ちて吝嗇な人間となっていたし、既に述べたように、奇抜な行動を取るようになってもいた。そのため彼女は天才的な投資の才よりも、奇人として世間の注目を集めるようになっていたのである。彼女は荒廃した下宿屋を住処にボロを纏い、ポケットに食べ物を詰めて歩き回っていた。彼女は無料診療所に通い、僅かな買い物でも激しく値切り交渉を行った。こうした姿が新聞の餌食となり、彼女は新聞に様々な酷い噂を捏造されてしまったのである。

1916年、ヘティ・グリーンは81歳で死ぬが、死の床で自分をとりまく世評につき、ヘティ・グリーンの実像を知ろうともしない者達によって決めつけられたと言って悲しみ、こう漏らしたという。「私は真面目に生き、それ故、人は私を冷酷だと言った。私は独立して生き、パートナーを持たず、他人の財産を当てにせず、それ故、私はイシュマエルの母のように、全ての人の敵とされた」。イシュマエルとその母は聖書においてアブラハムの妻により追放された、アブラハムの妾およびその子であり、イシュマエルの名は、世の憎まれ者を現す単語として使われている。

📖 北米平原の女傑達

北米大陸の平原で活躍した女傑を何人か選んで紹介しておこう。

ランニング・イーグル（ブラウン・ウィーゼル）：インディアンのブラックフット族の女性。弓馬に優れ、女ながらバッファロー狩りや敵部族からの馬盗みに参加、活躍した。初めて参加した馬盗みでは、敵を殺し馬を盗んだだけでなく、退却の際に馬を撃たれた父を救っている。やがてその実力から多くの英雄が名乗ったランニング・イーグルの称号を与えられた。後には戦闘部隊の長の地位にまで昇った。1850年頃フラットヘッド・インディアンとの戦いで戦死した。

カラミティ・ジェーン（マーサ・ジェーン・キャナリー）：農民あるいは牧師の娘。本人は牧師の娘といわれるのを好んだ。一家で辺境のモンタナ州に移住する途上、銃と乗馬に習熟した。1868年、16歳の時に父が死ぬと、鉄道建設労働者のキャンプで雑用をして暮らした。自伝ではその後、男装して軍に入って斥候となり、インディアンとの戦いに活躍、カラミティ（災厄）の異名を得た、名保安官ワイルド・ビル・ヒコックと連れだって無法者の町デッドウッドに移り住んだ等としている。男装してピストルをちらつかせ、大酒を食らう彼女は辺境の人々に面白がられていた。伝染病患者を親身に介抱する人情味もあった。

アニー・オークリー（フィービー・アン）：オハイオ州の丸太小屋で生まれた。1870年、10歳の時に父が死ぬと、家計を助けるために狩猟を始めた。銃の名手となり、西部開拓の英雄バッファロー・ビルが興した野外劇ワイルド・ウェストショーで活躍した。空中に投げたトランプのハートの6が落下するまでにその目を全て撃ち抜くことができた。謙虚で親切、博愛主義な人柄で知られる。

アンティグア・バーブーダ

ルイーズ・レイク=タック

Louise Lake-Tack
1944～

ルイーズ・レイク＝タックはカリブ海東部の島国アンティグア・バーブーダにおいて名目上の国家元首であるイギリス国王の代理人、総督を務める女性である。

ルイーズ・レイク＝タックは1944年、アンティグア・バーブーダの主島であるアンティグア島のセント・フィリップスに生まれた。彼女はアンティグアの女子校で教育を受けた後、当時アンティグアを支配していたイギリスへと移った。

イギリスへ移ったルイーズ・レイク＝タックはチャリング・クロス病院で教育を受け、看護師となり、その後、いくつかの病院に勤務した。

やがて1995年、ルイーズ・レイク＝タックはメリルボンとホースフェリーの微罪裁判所で裁判官となり、またポコック・ストリートの刑事裁判所の裁判官も務めた。

2007年、ルイーズ・レイク＝タックはアンティグア・バーブーダの総督の地位に就くことになったが、これは初めて女性が同国総督となった歴史的瞬間であった。なお彼女の総督就任はその歴史的快挙の故のみならず、別の事情によっても、人目を惹くことになった。彼女が総督に就任するに際し、アンティグア・バーブーダの二大政党の一方、統一進歩党は彼女が国家の象徴的地位に立つにしては政治的に過ぎるとして、イギリス国王エリザベス2世に対し彼女の指名についての抗議を行い、宣誓就任式典への参加をボイコットしたのである。だが同党所属のアンティグア・バーブーダ首相

ボールドウィン・スペンサーは、「アンティグア・バーブーダは実に好運であった、彼女のように総督の役割を担うにふさわしく、義務と責任を果たすに足る誠実かつ傑出した女性が存在したのだから」と言って、ルイーズ・レイク＝タックの指名を擁護した。

エルサルバドル

アナ・ガステアソロ

Ana Gasteazoro
1950〜1993

アナ・ガステアソロはエルサルバドルで軍事政権の圧政と戦った政治運動家である。

アナ・ガステアソロは1950年、エルサルバドルの首都サン・サルバドルの裕福な上流家庭に生まれた。彼女の両親は父親が柔軟・進歩的な人物であったのに対し、母親が保守的厳格な人物で、両者の価値観は深刻に対立していたが、アナ・ガステアソロは常に父親のほうに共感を覚えつつ成長していった。アナ・ガステアソロは、三人の男兄弟に囲まれて成長し、興味関心を兄弟達と共有し、母親の求める社会慣習に従った古風な女らしさに反発を覚えていた。

アナ・ガステアソロの教育について、母親は修道院附属学校に入れることを望んだが、父親は娘がアメリカンスクールで英語と国際的進歩的な感覚を身につけることを望み、アナ・ガステアソロは兄弟達と共にサン・サルバドルのアメリカンスクールで教育を受け始めることになった。そしてその結果、15歳になったときには彼女は喫煙とダンスに耽り、少年たちと出歩き、夜遅くまで帰ってこない、母から見て困りものの少女へと成長していた。これを懸念する母親は彼女が修道院附属の高校で学ぶことを強く主張、一方、父は英語による教育の継続を望んだため、妥協の産物として彼女はグアテマラにあるアメリカ人修道女運営の全寮制のモンテ・マリア高校へと入学することになった。

ところがこの学校はアナ・ガステアソロの精神の成長に、おそらく両親いずれも予期していなかった重大な影響を及ぼす。というのもこの学校は生徒には政治的な責任感を身につけさせねばならないと信じる政治意識の高い修道女によって運営されており、ここでアナ・ガステアソロは、慈善活動等で貧民と近しく接する機会を持ち、また貧困のような社会問題について教師達の熱心な教えを受けることになったのである。その上、モンテ・マリア高校にはシスター・マリアン・ペーターや寮友マリア・クリスティナ・アラソンといった、秘かにグアテマラのゲリラ闘争に関与する政治運動家が滞在しており、これら運動家との出会いと交流は彼女らがその政治活動を秘密にしていたとはいえ、アナ・ガステアソロの精神に影響を与えた。結果、上流階級に生まれ、不公正な軍事政権に支配された自国の歪みに意識を致すことすらなく、富と安楽を享受していたアナ・ガステアソロは、このモンテ・マリアにおいて政治意識を植え付けられることになったのである。

その後、アナ・ガステアソロは1967年、エルサルバドルのアメリカンスクールで高校卒業を果たし、高校卒業後はしばらくアメリカ合衆国のボストンおよび祖国エルサルバドルで秘書教育を受け、さらに母の希望で1968年、当時ヨーロッパ随一の保守国家であったスペインの保守的なキリスト教大学に入学することになる。ところがミニスカートにイヤリング、しっかりメイクを決めた姿のアナ・ガステアソロは、保守国家スペインでまるで

別の星に降り立ったかのような気分を味わうこととなり、彼女はスペインでの日々を生涯最悪の日々であったと振り返ることになる。

その後、アナ・ガステアソロは規則違反を繰り返して大学を放校となるなどの紆余曲折を経て、20歳になった時、両親の元を離れて、自立の道を歩むようになった。

ところがやがてアナ・ガステアソロはジャマイカ滞在時に政治運動に巻き込まれて下働きするなどの経験を経て、政治運動家として覚醒する。そして彼女は1975年にエルサルバドルの中央アメリカ大学に入学するとともに、同大学教授が事務総長を務める社会民主主義政党、民族革命運動（MNR）に参加、女性グループの組織や英語力を生かした国外の会議への出席などで、同党のために大いに活躍した。さらに彼女は1979年、ゲリラ組織、人民解放戦線（FPL）にも参加する。半軍組織の死の部隊を繰り出してあらゆる政治運動家を次々処刑、遺体を橋に吊し、あるいは道ばたやゴミ捨て場に打ち捨てて回るという、軍事政権の徹底した弾圧恐怖政策により、この頃までにエルサルバドルは穏健な政党活動では、十分に政治を動かせないという情勢に陥っていたためである。そしてFPLに参加したアナ・ガステアソロは安全な会合場所の発見設定や宣伝戦、地下放送の原稿作成など合法的活動の面で大いに活躍した。彼女はMNRとの繋がりを活用し、自分の持つ古い自動車に乗って、都市周辺を駆け回って活動した。また彼女がMNRと繋がりを持っていることは、合法的な政党との連携の必要を痛感していたゲリラ組織において、非常に大きな意味を持つものでもあった。

やがて1981年、アナ・ガステアソロは軍事政権によって拘禁を受ける。安全だと思っていたサン・サルバドルの家は既に治安部隊の監視下にあり、ある朝、居住区全体が軍に包囲され彼女は囚われの身となったのである。そして彼女は秘密刑務所で、目隠しと金網製の寝台への拘束、拷問を受け、最初の三日間は一切の身動きも眠ることさえも許されなかったという。そして嘲弄と殴打が降り注ぐ過酷な拷問の日々で、彼女は死すら覚悟していたが、拷問の11日間の果てに、遂に彼女はテロリストであるとの自白の強要を受け入れ、一般の女性刑務所へと移されることになった。とはいえ彼女の身にそれ以上の危険が訪れることは無かった。国際的に活躍した彼女の拘禁に対しては国際的な圧力が掛かったし、上流階級であった彼女の家族は彼女のために政府や軍への影響力を行使した。そのため彼女を殺すことは不可能だったのである。

アナ・ガステアソロは一般刑務所で告訴、裁判されぬま二年間を過ごし、1983年恩赦によって釈放された。彼女は亡命して1992年までをコスタリカで過ごし、英語教師やレストランの経営などをして暮らしたが、ゲリラ勢力とエルサルバドル政府軍の間で休戦が成立し、1992年に内戦が終結するとエルサルバドルに招かれ、革命に対して際だった功績を有する者の一人として議会で賞賛を受けた。そして1993年の選挙におけるMNRの候補者となるよう要請されたが、1993年乳ガンで死亡した。

カナダ

ローラ・セコード

Laura Secord
1775〜1868

　ローラ・セコードはイギリス領時代のカナダでアメリカとの戦いに功績を挙げ、英雄とされている女性である。

　ローラ・セコードは 1775 年、アメリカ合衆国のマサチューセッツ州のグレート・バリントンに生まれた。彼女の父、トーマス・インガソルはアメリカ独立戦争に参加してイギリス軍と戦った。彼女の母はアメリカ独立戦争が終わった 1783 年、ローラ・セコードが 8 歳の時に亡くなった。このため父が翌年再婚するまで彼女は三人の妹の世話をしなくてはならなかった。なお父の二度目の妻は四年後に死に、まもなく父は三度目の結婚、ローラ・セコードは 13 歳までに三人も母を持つこととなった。

　やがて 1795 年、ローラ・セコードはアメリカからカナダへと移住する。彼女の父トーマス・インガソルが、好条件で土地交付が受けられるアッパーカナダ（現オンタリオ州）への移住を決めたのである。そしてこの地でローラ・セコードは、二歳年上の商人ジェイムズ・セコードと出会い、1797 年二人は結婚した。彼女たちは初めはセント・デイヴィッズのちにはクイーンストンに住むことになった。

　ローラ・セコードの夫ジェイムズは商人としての才覚に欠け、多額の負債を創ったため、一家の財産状態は逼迫、土地は抵当に入り、しかも土地について彼女に与えられた取り分までも売り渡さねばならなかった。

　1812 年、イギリス・フランス間のナポレオン戦争が激化する最中、アメリカはイギリスに宣戦、イギリス領であったカナダに対する侵略を企む。これに対しカナダ住民は、アメリカからの移民が多かったにもかかわらず、イギリスとの結びつきを強化する方向で動き、カナダ人意識を芽生えさせ、アメリカに抵抗していくことになった。兵力で勝るアメリカ軍に対し、カナダ軍はアッパーカナダ長官であるアイザック・ブロック少将の指導よろしく、軍の質で優越していたという。セコード一家の住むクイーンストンもアメリカ軍の攻撃を受け、この戦いではカナダ側はブロックが戦死したものの、アメリカ兵 1 千を捕虜にして勝利、大いに士気を高めることになる。ところでこのクイーンストンの戦いで、ローラ・セコードの夫ジェイムズは軍曹として戦い負傷、これを聞いたローラ・セコードは直ちに夫の元に救出に駆けつけ、夫を戦場から移動させたという。ちなみに彼女が夫の元に辿り着いたとき、夫はまさにアメリカ兵に殺されかけていたとの伝説もある。

　翌 1813 年、カナダ軍がビーバーダムに前哨地点を設置して、武器・軍需品の補給およびアメリカ軍の監視を開始する

と、アメリカ軍は目障りなこのカナダ側拠点の奇襲・破壊を計画する。ところがこの時、自宅がアメリカ兵の宿舎として占拠されていたローラ・セコードは、食事の用意をする際にアメリカ兵の話すアメリカ軍の計画を立ち聞きしてしまう。ここでローラ・セコードは夫にこの事を知らせ、誰かがカナダ軍に通報しに行くべきだと主張、夫ジェイムズは未だ傷が癒えていなかったため、彼女はセント・デイヴィッズに赴き、そこに住む兄弟を頼ることにした。なお後世付加された伝説では、セント・デイヴィッズまでの道のりにおいて、彼女は雌牛を連れることでアメリカ軍の歩哨の注意をそらし、一度は歩哨の眼前で乳搾りをすることでその警戒を解いたのだとされている。

ところでセント・デイヴィッズに到着したローラ・セコードは兄弟も負傷中の身で、とても通報に出られないことを知る。ここで彼女は自ら通報に赴くしかないと覚悟を決め、セント・デイヴィッズから15キロ程離れたビーバー・ダムを目指した。とはいえアメリカ軍に見つかることなく街道上を進むことは不可能。そのため彼女は迂回路を採り、森を通り、沼地を抜け、ビーバー・ダムを目指した。最初は彼女の姪も同行していたものの、姪は熱気と湿気で力尽き、彼女は残りの道のりをただ一人で進まねばならなかった。

やがて道のりも終わり近くなって、ローラ・セコードはインディアンの集団の中へよろめき入ってしまう。彼女は大変な恐怖を感じながらも勇気を振り絞り、彼女の通過を拒もうとするインディアンを説得、彼女はインディアンの助力・同行を得て、ビーバー・ダムへと辿り着いた。彼女の道のりは30キロに及び、到着に2日の時を要したという。

ビーバー・ダムを守るジェイムズ・フィッツギボン中尉は、ボロボロのドレスで疲れ果てた様子の夫人が来訪するという異様な状況に驚愕したが、それにもかかわらず彼女のもたらした報告を信用、アメリカ軍を迎撃する用意を調えた。そして奇襲計画が露呈しているとも知らないアメリカ軍にカナダ軍は勝利を収めたのである。

ビーバー・ダムの戦いで積極的な軍事活動の危険性を思い知らされたことで、アメリカ軍の活動は停滞するようになり、やがてアメリカ軍はアッパーカナダから撤退、1814年には戦争が終結した。

その後、特に功績を認められることもなくローラ・セコードは生活していた。セコード家の経済状態は夫ジェイムズが恩給や裁判官への任命を得たことでしだいに好転したのだが、これも一時のことで、寡婦となった二人の娘が帰ってくることになった上、1841年には夫ジェイムズが死亡してしまう。そのため66歳のローラ・セコードは老躯にむち打ち、一家の主として私塾の運営や著作活動、行政への窮乏の訴えなど、家族を守るための苦闘を続けることになる。

1860年、ローラ・セコードはその功績に対し、アルバート・エドワード皇太子（後のイギリス王エドワード7世）から報酬を受け取った。

1868年、ローラ・セコードは93歳で死亡した。

ローラ・セコードの死後、1880年代、90年代の女性歴史家の努力によって彼女の功績が広く知られるようになり、彼女はカナダの国民的英雄となった。そのため20世紀に入ると彼女の記念碑が建てられるなどしたし、彼女の名がチョコレートのトップブランドの名称として採用されることとなった。

キューバ

セリア・サンチェス

Celia Sanchez
1920〜1980

　セリア・サンチェスはキューバの革命家である。
　セリア・サンチェスは1920年、キューバのオリエンテ州のマンサリーニョの中流家庭に生まれた。愛国者であり、また製糖工場に勤務する医師として、社会の貧困・不公正に直接触れていた彼女の父は娘に、愛国心と鋭い社会意識を植え付けて育てた。彼女の父は彼女が青年期に入ると、彼女を連れてシエラ・マエストロ山脈の最高峰トゥルキーノ山に登り、キューバの独立の父と呼ばれる詩人革命家ホセ・マルティの胸像を山頂に設置した。
　やがて1952年、軍人政治家バチスタがクーデターで独裁政権を打ち立て、恐怖と腐敗に満ちた圧政を開始すると、セリア・サンチェスは自由を愛する多くのキューバ人同様、バチスタ体制に強く反対した。しかし圧倒的な権力を前に何を為せるでもなく、反バチスタ派は彼女を含め、無力感にさいなまれることとなった。
　ところが1953年、弁護士として政治犯や貧困者のために辣腕を振るっていた弁護士フィデル・カストロがオリエンテ州サンティアゴ・デ・キューバにあるモンカダ兵営を襲撃、バチスタ打倒の革命運動を開始する。この襲撃は失敗し、カストロも逮捕、数年後の恩赦を経て、カストロはメキシコへと亡命することになったが、カストロのメキシコ亡命中、セリア・サンチェスはカストロの革命運動に協力、革命家としての歩みを開始する。彼女は逮捕後のカストロがバチスタ批判および自己弁護を展開した論文『歴史は私を無罪とするだろう』を普及させるための地下運動に協力し、またカストロ・グループへ海図や地図を提供し、さらに農民運動指導者クレセンシオと協力して、協力的な農民らを組織、カストロに対する支援網を形成して、カストロをキューバに迎え入れる準備を整えていった。
　1957年、カストロ一党は穴の空いたボロ船グランマ号でキューバに上陸する。これは直ちに政府軍の攻撃を受けて敗北を喫したが、カストロを含むその一部はセリア・サンチェスらが作り上げていた支援網に助けられて、シエラ・マエストロの山中へと逃げ延びることに成功した。そして同年中にセリア・サンチェスは協力的な農家の近くの牧草地のただ中でカストロと会合、その後、数回セリア・サ

ンチェスはシエラ・マエストロへと通ったが、彼女はそこで戦闘に参加することさえした。彼女は見事な射撃の腕や行軍における健脚、判断力、事務処理能力、人扱いの巧みさを示したという。やがて同年末以降、彼女はシエラ・マエストロのゲリラ部隊へと永続的に参加することになった。

シエラ・マエストロでセリア・サンチェスはカストロの副官として影の如くカストロに付き従い、彼女はカストロにとって、欠くことのできない存在となった。彼女は行軍においてもカストロの直ぐ後ろを忠実に付いて歩いた。そして飽くことのない精力で時と所構わず口述を始めるカストロの言葉を書き取り、スラックスやポケットを重要文書で満たしていった。また彼女は生活管理に気を遣いたがらない質のカストロの生活の調整を行い、疲れ果てたカストロがそれでも自ら攻撃作戦を指揮しようとする時にカストロを戦闘から引き離すよう取り計らうなど、カストロの健康維持にも大いに注意を払った。さらに彼女はゲリラ部隊のあらゆる面に細やかに気配りを行い、捕虜にしたバチスタ側の兵士の家族への手紙に幾ばくかの金銭を忍び込ませ、食事を提供してくれた農家からの立ち去り際に謝礼を払い、ゲリラ部隊の良心として機能していた。

やがてカストロは1959年、バチスタ打倒に成功し、キューバの指導者となったが、その後もセリア・サンチェスはカストロにとって不可欠の人間であり続けた。彼女は革命政権の指導者の一人として公的に閣僚評議会議長秘書官、キューバ共産党中央委員会委員、国会議員などを務めた。一方、私的にはカストロの最も信頼する人間として、カストロの分身、カストロの良心として、カストロの良き助言者であり続けた。彼女は表向きにはカストロは常に正しいとの公的見解に立っていたが、私的にはカストロに誤りを直言してはばからず、これが出来る人間は他にはほとんどいなかったため、カストロにとって非常に貴重な存在であった。彼女は温かな人柄で知られ、官僚的形式主義を断ち切って、多くの個人や家族に救いの手を差し伸べ、革命政権の良心として、高い名声を誇った。彼女は歴史遺跡の保存や革命史の記録に重要な口承の保存などの仕事でも活躍した。

ヘビースモーカーであったセリア・サンチェスは1980年、肺ガンで死亡した。彼女の死には多くのキューバ人が衝撃を受け、カストロも深く悲しんで数ヶ月の間引き籠もった。彼女を失ったことで、キューバの統治組織が能率を低下させたとの観測すら存在する。

セリア・サンチェスは革命のヒロインとして、キューバ人の敬意を集め、キューバの若者の模範とされている。彼女の功績を讃えて、多くの病院や学校が彼女の名を冠するようになり、記念切手や記念硬貨にも彼女の肖像が使われた。彼女はその生涯で子供を産むことは無かったが、これは彼女が全ての革命戦士達の母たらんとしたからだと言われている。

グアテマラ

ドローレス・ベドヤ

Dlores Bedoya
1783〜1852

ドローレス・ベドヤはグアテマラの政治家夫人で、対スペイン独立運動に貢献するとともに、女性の社会参加の先駆者として活躍した。

ドローレス・ベドヤはスペイン支配下のグアテマラ総督領の首都グアテマラに中流家庭の6人姉弟の長女として生まれ

た。彼女は特別高度な教育を受けてはいなかったと考えられており、おそらくは当時一般的であったキリスト教教育と、読み書き計算の教育を受けた程度であろうと言われる。しかし熱心な愛国者であった父親が頻繁に政治的会合を自宅で執り行ったため、彼女や弟たちはその会合に参加して、政治感覚を身につけることができた。

ドローレス・ベドヤは1804年に医者で政治家のペドロ・モリーナと結婚、二人の間には七人の子供が生まれることになる。結婚後、彼女はニカラグアに医者として赴任した夫とともに、ニカラグアで10年間を過ごしている。

グアテマラへの帰国後、ドローレス・ベドヤは有力政治家として独立運動に邁進する夫を助け、対スペイン独立運動に貢献した。また彼女は女性の社会参加の先駆者として識見を示した。

女性の社会参加の先駆者としてのドローレス・ベドヤは女性の権利や投票権を極めて高い識見をもって主張した。彼女の識見は彼女の書いた手紙に遺憾なく現れている。

ですから女たちがさまざまな権利や投票権を要求したとしても、それに敬意をはらい、彼女たちの行為を笑わないでやって下さい。……私が思うに、肉体的な強さは男の利点で、それは動物も同じです。力強く鳴く雄鶏は支配力をもつのですから。そして男たちにもまたその力があり、支配力は男のもう一つの利点です。この二つの力はとても大きいのです。男たちの中には、そのような力がまだ備わっていない者もいますが、それでも女たちの上に位置しています。私は二つの力の中に学問が含まれていないことを喜びたいと思います。……どうか、女が自力で立つために、教育が受けられますように。私は独立のために立ち上がる用意

があります。

（国本伊代編『ラテンアメリカ　新しい社会と女性』　新評論、203頁。一部省略）

他方、ドローレス・ベドヤの独立運動への貢献の例としては、新聞紙に論陣を張って夫を支援したことなどが挙げられるが、とりわけ大きな彼女の貢献としては1821年のグアテマラ総督領独立の年、独立の日、尻込みするグアテマラの代議士達の独立の最終調印を後押しした行動がある。独立の日、グアテマラ総督領の代議士達は独立の最終調印のために宮殿に集合しては居たものの、既に独立の最終段階に至ったこの段階に来てなお、調印することを躊躇していた。しかしドローレス・ベドヤは代議士達が躊躇することを見越しており、それに対する手を打っていた。彼女は市民を率いて宮殿の外から歓声を上げ、爆竹と音楽を鳴らして、代議士達に調印を迫ったのである。

独立後のグアテマラは1822～23年のメキシコ帝国への併合を経た後、1923～39年にかけて周辺諸地域とともに中米連邦共和国を形成するが、ドローレス・ベドヤの夫ペドロ・モリーナは1829年、中米連邦共和国大統領になるなど有力政治家として活躍した。またペドロ・モリーナには亡命を強いられる不遇の時も訪れた。だが彼女の姿は夫の浮沈にかかわらず、常に夫の傍らにあったという。

なお女性の社会参加の先駆者ドローレス・ベドヤの理念を実現するため、彼女の生誕200年を記念して、ドローレス・ベドヤ基金が設立されている。

グレナダ

ヒルダ・ビュノエ

Hilda Bynoe
1921〜

　ヒルダ・ビュノエは西インド諸島の島国グレナダにおいて、イギリス領時代に国王の代理人である総督の地位に就いた女性である。

　1921年にグレナダで生まれたヒルダ・ビュノエは成人後、教師としてトリニダード島で数年間働いた後、1944年にイギリスへと移り、ロンドン大学の王立自由病院およびロンドン女子医学校で医学を学んだ。この学生時代に彼女はトリニダード出身のピーター・ビュノエと結婚、二人の息子をもうけている。

　ヒルダ・ビュノエは1951年にロンドン女子医学校を卒業した後、1953年に西インド諸島へ戻り、15年間に亘って、ガイアナやトリニダード・トバゴで医者として教育者として地域社会に貢献し、大いに尊敬を集めた。1968年に彼女がグレナダの総督に指名されても、当然のこととして何の驚きもなく受容された。

　1969年、彼女はグレナダ総督となったが、これはイギリス連邦で女性が総督となった初めての例であり、また現地出身者がグレナダ総督となった最初の例でもあった。彼女はその後1974年まで総督を務めた。なお、彼女はこのグレナダ時代に作家としての活動を始め、詩や短編小説、随筆などを著した。

　1974年に彼女はトリニダード島に戻って医業を再開したが、その後も、作家としての活動は続けられた。彼女は1990年に文筆活動を引退しているが、1996年に彼女の著作が出版されている。

　ヒルダ・ビュノエは様々な基金や団体の後援活動を行っている。

コスタリカ

パンチャ・カラスコ

Pancha Carrasco
（Francisca Carrasco）
1816〜1890

　パンチャ・カラスコはコスタリカの国民的英雄となった女性である。

　パンチャ・カラスコは1816年、コスタリカのカルタゴに生まれた。自学自習する以外に彼女が特別な教育を与えられることはなかったが、彼女は知識欲が強く、政治や他国からやって来る人々について常に強い関心を向けていた。ちなみにコスタリカは1823年から1838年にかけて他の中央アメリカ四カ国とともに中米連邦共和国を形成していたが、コスタリカを愛するパンチャ・カラスコはこの中米連邦が気に入らなかったようで、彼女が女友達と連れだって、中米連邦共和国大統領モラサン将軍に投石を行ったとの伝承が残されている。

　やがて1855年、私兵を率いるアメリ

カ人冒険家ウィリアム・ウォーカーがニカラグアに侵攻して同国の実権を握り、翌1856年ニカラグア大統領に就任、ニカラグアに隣接するコスタリカもウォーカーに脅かされることになった。ここでコスタリカ大統領フアン・ラファエル・モラはウォーカーに宣戦布告、コスタリカ軍をニカラグアに出撃させた。その上、ウォーカーの成功を捉えてアメリカ合衆国が中米に介入してくることを危惧した他の中米諸国もコスタリカと連合してウォーカーに対して派兵、ウィリアム・ウォーカー対中米五カ国連合軍の戦争が発生することになった。そしてコスタリカを愛するパンチャ・カラスコもこの戦争で従軍を志願し、軍中で事務員や料理人、看護師などとして働いていた。それが1856年のニカラグア南西部の都市リヴァスにおける戦いで、彼女は戦闘に参加して英雄と讃えられることになる。この戦いにおいてウォーカー軍はコスタリカ軍に対して優勢を確保、ウォーカー軍が適所から行うライフルと砲兵の射撃によって、コスタリカ軍は絶望的な状態へと陥りつつあった。ここでパンチャ・カラスコはライフルを握り、エプロンのポケット一杯に弾丸を詰め、ウォーカー軍に向かって発砲を始めた。驚くべき事に彼女は初弾で敵の砲手を撃ち倒し、さらに正確な射撃を続けて次々と敵兵を撃ち倒していった。そして彼女の活躍によって、戦闘の流れが一転し、形勢を立て直したコスタリカ軍はウォーカー軍を退けることに成功したのである。彼女の功績は数年後、正式な軍事式典における勲章授与によって讃えられた。

戦後、パンチャ・カラスコはフアン・ラファエル・モラ大統領に仕えることができたが、これは彼女が当時の女性としては珍しく、文字を使うことが出来たからである。

パンチャ・カラスコは1890年に死に、彼女の遺体は将軍相当の儀礼によって葬られた。

英雄パンチャ・カラスコの名は現代でも讃えられており、1994年にコスタリカ政府は彼女を祖国の自由の守護者と宣言した。またコスタリカの警察では彼女の名を冠した女性警官の表彰が行われているし、沿岸警備隊の船に彼女の名が付けられている。また現代の女性解放運動によって、彼女の名が採用されてもおり、1986年には女性の社会意識の喚起を目的としたパンチャ・カラスコ団が創設されている。

ジャマイカ

ナニー

Nanny
〜1750年頃

ナニーはジャマイカの国民的英雄である。初めスペイン、後にはイギリスと、白人勢力の征服を受けたジャマイカでは16世紀より、白人支配からの自由を求める様々な人種の奴隷の逃亡が続き、それら逃亡奴隷を祖先としてマルーンと呼ばれる山岳民が形成されていくこととなった。マルーンは白人達への抵抗を続け、山岳に踏み行ってくる白人を巧妙なゲリラ戦で撃退し続けたが、ナニーはこのマルーンの抵抗運動の最も高名な指導者であった。彼女はナニーの名で知られているが、ナニーというのはジャマイカに持ち込まれたアフリカ言語クロマンテ語の単語フニの変形で、フニは「母」や「母なる女王」、「人々の母」を意味する。

ナニーはアフリカ西部に繁栄した黒人部族アシャンティ族の出身で、アシャンティ族の首長に連なる系譜を持っていたという。彼女は奴隷とするためアフリカ

からジャマイカへと連れてこられたが、船を下りる際にボートからすぐさま逃げ出し山岳地帯へと走り込んだという。

ナニーは1690年頃に歴史の舞台へと登場したと言われ、この時既に年配者であったとも言う。彼女が母親であったことを伝える資料や伝承はなく、子供は持たなかったと考えられている。

ナニーはオベアー（呪術師）としてカリスマ性を有していた上に、武勇と戦術能力に長けており、イギリスに対する抵抗運動において、部族指導者の一人として、部族の者たちを率いて大いに活躍することになった。彼女の部族は彼女の舞いや歌、祈祷によって勇気を吹き込まれた。彼女は自らイギリス人を殺したことさえあった。彼女は常に一人の老爺を傍らに置き、その老爺は樹皮の腰巻きを身につけ、危険な戦場に出ながらどんな時も一切武器を手にせず、自らの身を守る動作すらせずに、沈黙を保って落ち着き払っており、この男の沈黙と落ち着きによって、戦に臨む人々は落ち着きと死に立ち向かう自信を吹き込まれたという。またナニーは側近に仕える男達に対して全員に一つの試練を与えており、男達に「奴隷よ、死になさい、人は皆、借りものの身体を大地にお返しする日が来るのです」と告げつつ毒を飲ませ、意識を失った男達を薬草によって蘇生させている。このような死の儀礼を通り抜けた男達はおそらく死をも恐れぬ戦士となって、ナニーをよく支えたであろう。

なおナニーの呪術については、彼女が見えない鳥に変身して遠く離れた敵を偵察し、攻撃することができたとか、白人の弾丸を跳ね返す力を持っていた彼女は跳ね返した弾丸でイギリス軍の銃兵を追い回し、イギリス軍を恐怖と崩壊に追い込んだとか、ナニーの町には「ナニーの鍋」と呼ばれる火が無いのに煮えたぎる鍋があり、敵が彼女の健康の悪化を望むと、その敵はその鍋に引きずり込まれてそのまま消滅してしまったとか、とんでもない内容の伝説が残っている。とうてい信じるに足らない話ではあるが、このような話が残っていることは敵を奇襲し、打ち破り、捕獲するナニーのゲリラ指揮官としての軍事的才幹が凄まじく、人々の間に強い印象を残したことの証拠であるとは言えるであろう。ところでナニーは軍事的才能のみならず、慈愛に満ちた人間性でも知られており、ナニーが「女性の村」を設置して、女子供の面倒を見ていたことが知られている。

やがてナニーの部族は1739年にイギリスと和約を結ぶのであるが、白人に対する強硬な態度で知られていたナニーは、これに不満であったらしい。調印式典にやってきたイギリス軍人は、ナニーについて、九本か十本の短刀を腰の周りに下げた老婦人が、足首と手首に戦闘で殺した白人の歯で作った輪飾りを着け、和約反対の意思を示していたと記している。

ナニーは1750年頃まで生きたと考えられているが、これとは異なる伝説もマルーンの間では語り継がれている。その伝説によれば和約に、とりわけ逃亡奴隷を返還するという条件に不満であったナニーは厳選した40人ほどの戦士を引き連れて戦いを継続したが、彼女たちを狩りたてるために組織された黒人部隊に丘の上へと包囲された。彼女は、「来たぞ、我等は、楽土を目指し。殺れ、妖精よ。ナニー婆が、行くぞ、アー、オー。ナニー婆が、行くぞ、アー、オー」と戦いの歌を叫びながら部隊の先頭に立ったが、白人の弾丸を跳ね返す彼女の呪力も黒人の弾丸を跳ね返すことはできなかった。彼女は叫び声を上げながら、百発に上る多数の弾丸をその身に受けて死んだ。

1962年の独立後、ジャマイカではナニーをジャマイカ史上の巨人、国家的英雄として尊崇している。

📖 世界の女海賊たち

本書では海賊の頭目とされる女傑を何人か取り上げたが、注目すべき海賊の女首領は他にもいる。

ジャンヌ・ド・ベルヴィル：フランスの貴族女性で美貌で知られた。1343年、熱愛する夫を国王が処刑したため、復讐に乗り出した。傭兵を率いて英仏百年戦争に参加、フランスの城や町を攻撃して名を馳せた。休むことなくフランスを攻撃できるよう、休戦や宗教上の祝日に拘束されない海賊への転身を決意、イギリス王と掛け合って三隻の船を得た。彼女の攻撃で甚大な被害を受けたフランス王はイギリス王に苦情を出した。

鄭一嫂：中国の広東で売春婦をしていたが、1801年、海賊の頭目鄭一の妻となった。夫が400隻6万人という大海賊連合を結成するのに協力した。07年に夫が死ぬと、海賊連合の頂点に立った。夫の養子を最精鋭艦隊の長に据え、愛人とした。海賊行為や安全通行証の販売で利益を上げた。有利な条件で政府と和平、降伏と引き替えに恩赦と報償を得た。

サディー・ザ・ゴート：ニューヨークのフォースワードのギャングたちのアイドルで、腹部への頭突き一発で通行人を気絶させ山羊（ゴート）の異名を得た。1869年のある晩、女ギャング、ギャラス・マグとの争いに負けて耳を切り落とされ、意気消沈して歩いていたところ、ハドソン湾の海賊が川に停泊中の帆船を襲って失敗するのに遭遇した。川中から賊を引き上げてやり、もっと上手い計画を囁いて、首領に収まった。ハドソン川とハーレム川を舞台に奪い、殺し、放火し、誘拐した。住民が一致団結して強力な反撃体制を整えると、彼女は莫大な戦利品を持ってフォースワードに戻り「水辺の女王」と讃えられた。ギャラス・マグも友好の証に耳を返却した。

セントクリストファー・ネービス

コンスタンス・ミッチャム

Constance Mitcham
1947〜

コンスタンス・ミッチャムは西インド諸島の島国セントクリストファー・ネービス（セントキッツ・ネービス）の法律家、政治家で、弁護士として、女性の権利と社会参加の主張者として、疲れ知らずの活躍を見せたことで知られる人物である。

コンスタンス・ミッチャムは1947年に当時イギリス領であったセントキッツ島のサンディ・ポイントに生まれた。彼女はイギリスに渡ってロンドン大学、法学院ロースクール（ICSL）で教育を受け、1972年に法廷弁護士となった。その後、彼女はイギリス領バージン諸島で選挙管理員や裁判官を務めた。

セントクリストファー・ネービスは1983年にイギリス連邦の一員として独立したが、コンスタンス・ミッチャムは独立後のセントクリストファー・ネービスで選挙に立候補、初の女性国会議員となった。彼女は1984年から1995年まで11年間に亘って、健康や女性問題、文教、観光等に関する大臣を歴任した。ちなみに彼女は東カリブ海地域で最初の女性問題担当大臣であったという。この間、彼女は婚外子の尊重や有給出産休暇を定める法律の制定に力を発揮した。なお、彼女は1990年には、セントクリストファー・ネービスの二大政党の一方、人民行動運動（PAM）の副総裁も務めた。

セントビンセント・グレナディーン諸島

モニカ・ダコン

Monica Dacon
1934～

　モニカ・ダコンは西インド諸島の島国セントビンセント・グレナディーン諸島で、名目上の国家元首イギリス国王の代理人である総督を補佐・代理する、副総督の地位に就いた女性である。彼女は同国で尊敬を集めた議会政治家セントクレア・ダコンの妻であった。

　モニカ・ダコン（モニカ・ジェシー・シーン）は女子高校卒業後、1952年より教師となって母校に勤務、35年に及ぶ教師生活を開始した。途中11年間に亘ってトリニダード・トバゴに赴任し、しかる後、1966年、セントビンセントに戻った。セントビンセントに戻った彼女は数ヶ月間セントビンセント島キングストンのビショップ大学の学長を務めた後、母校の女子高校で15年近く勤務した。

　その後、モニカ・ダコンはセントビンセント教育大学の免状を取得し、さらにセントビンセントを離れ、1982年、西インド諸島大学で教育学の学位を取得した。彼女はそこからセントビンセントに戻り、セントビンセント教職訓練大学で講師となった。

　なおモニカ・ダコンは生涯を通じて、キリスト教運動や市民運動への参加を続けた。

　2001年、モニカ・ダコンはセントビンセント・グレナディーン諸島の副総督に任命された。彼女が副総督の地位にあった間に総督チャールズ・アントロプスの死去と、後任総督フレデリック・バランタインの任命があったが、そのため彼女は総督臨時代理として様々な場面で活動することになり、品位と威厳を持ってその義務を果たした。女性がセントビンセント・グレナディーン諸島の副総督に任命されたのは彼女が史上初であるし、同総督臨時代理を務めた女性も彼女が史上初であった。

セントルシア

パーレッテ・ルイジー

Pearlette Louisy
1946～

　パーレッテ・ルイジーは西インド諸島の島国セントルシアで、名目上の国家元首イギリス国王の代理人である総督を務める女性である。

　パーレッテ・ルイジーは1946年、セントルシア島南部のラボリーに生まれた。

　パーレッテ・ルイジーは、1966年から西インド諸島大学に在籍して英語とフランス語の学位を取得、さらに1972年からカナダのラヴァル大学に在籍して言語学の修士号を取得した。1991年には、彼女は教育学の博士号取得のため、イギリスのブリストル大学で研究を開始し、小国における教育の運営供給について研究した。1999年には彼女はブリストル大学の法学名誉博士号をも授与されている。

　パーレッテ・ルイジーは学習・研究を続ける一方で、長年、教師を務めた。彼女は1969～72、75～76年にはセント・ジョセフ修道院に勤務し、1976～81年にかけてはセントルシアA級大学のフランス語講師、81～86年には同大学の学長を務めた。同大学がサー・アーサー・ルイス地域大学に併合されてからは、1986～94年にかけて同大学芸術学部長を、94～95年にかけて副学長を、96～97年にかけて学長を務めた。

1997年にパーレッテ・ルイジーはセントルシア総督となった。

パーレッテ・ルイジーは総督となった後も教育、文化、芸術に関する学問的な探求を続けている。

ドミニカ

ユージェニア・チャールズ

Eugenia Charles
1919〜2005

ユージェニア・チャールズはドミニカで首相の地位に就いた女性である。

ユージェニア・チャールズはイギリス領時代のドミニカのポイント・ミシェルで、富豪の家に生まれた。祖父は元奴隷であるが、祖父、父ともに勤勉さと良識で知られた人物で、父は一代で富豪にのし上がった傑物であった。彼女はこの傑出した父の資質をよく受け継いでおり、父の書斎や家庭教師から大いに学び、また島の社会からも学ぶところが多かった。ドミニカでは男性が他の島へ出稼ぎに出る慣習から、女性の力が強く、市場や教会は有能な女性達に支配されており、ユージェニア・チャールズはこれら女性達との接触から大いに学ぶところがあったのである。

ユージェニア・チャールズは10代後半までドミニカで教育を受けた後、一度ドミニカを出て、グレナダの修道院で教育を受けたが、初の海外生活と修道院の厳格な規律にもよく適応したという。

1946年、ユージェニア・チャールズはカナダのトロント大学へ入学した。そして学位取得の後、彼女はイギリスのロンドン政治経済学院（LSE）で法廷弁護士となるための勉学を行った。なお彼女はイギリス滞在中、社会問題、とりわけ少年非行に関心を示した。彼女は自身は結婚することはなく子供を持つこともなかったが、以後も子供の問題については深い関心を寄せ続けた。

1949年にユージェニア・チャールズはドミニカへ戻り、ドミニカ初の女性弁護士となる。そして1950年代、彼女はビジネス法専門の弁護士として、ささやかな成功を収めつつ過ごした。

ところで1950年代、カリブ海地域では左翼勢力が台頭、植民地独立と富の再分配を求める声が高まっていったが、このような情勢を見つつユージェニア・チャールズは、政治への関心を持ち、政治的な意見を公開するようになっていった。彼女は大衆を扇動するのみの左翼勢力は到底信用に値するものではなく、ドミニカの発展にはイギリスやアメリカとの結びつきと、長く苦しい準備期間こそ必要で、現状の経済では左翼勢力の言う再配分や独立によって何が良くなるものではないと考えており、左翼勢力への対抗が必要であると感じるようになっていったからである。彼女は自己の見解を世に語りかけるようになり、ブルジョワの手先との罵声を受けつつも折れることなく語り続け、やがては敵勢力の多くの者さえ、彼女に敬意を払わざるを得なくなっていった。

そして1968年、独裁的な首相レブランクの作った対立意見封殺のための煽動・有害出版法にユージェニア・チャールズは反対、政治活動を開始する。彼女はドミニカ自由党（DFP）を創設・主宰して抵抗運動を展開し、同法を死文化したのである。

その後、彼女は野党党首として闘い続け、似非知識人の粛正や、他国へのテロ攻撃、独立を主張する新首相パトリック・ジョンの動きにも当然反対したが1978年、ドミニカは独立してしまうこととなった。

独立後、デモとゼネスト、政府の暴力行為によってドミニカの政情は混沌に陥ったが、この中でドミニカ自由党は総選挙に勝利、1980年ユージェニア・チャールズはドミニカの首相となった。これはカリブ海地方で女性が首相となった最初の例であった。彼女は三期連続して首相に就任、1995年まで首相の地位を占めた。彼女はカリブ海域で最も保守的な政治を堅持し、親英米政策を維持し、私企業を保証し、外国投資を呼び込むことで国家の発展を図った。彼女は「カリブの鉄の女」と呼ばれた。また彼女は自然とドミニカらしさを守り、カジノやナイトクラブといった俗悪な歓楽に頼らない観光産業を振興した。

なおユージェニア・チャールズは東カリブ諸国機構の議長として、グレナダの社会主義化に対するアメリカの対処を要請し、アメリカのグレナダ侵攻を引き起こしたことで有名である。

ユージェニア・チャールズは2005年に死去した。

ドミニカ共和国

ミネルバ・ミラバル

Minerva Mirabal
1927～1960

ミネルバ・ミラバルはドミニカの政治活動家である。姉のパトリア、妹のマリア・テレサとともに民族的英雄とされている。

ミネルバ・ミラバルは1927年、ドミニカ共和国北部のサルセド州のオホ・デ・アグアの地主の家に生まれ、保守的かつ過保護な環境で育てられた。しかし彼女の母が自らは読み書きできないながら、教育の重要性を強く認識しており、母は娘達を厳格に縛り付けようとする夫に対し、娘達の学びへの道を否定しないことを了解させた。そのため次女ミネルバも他の三姉妹も成長するにつれ、豊かな社会的良識を身につけていくことになり、しだいに当時のドミニカ共和国を支配・私物化していた独裁者トルヒーヨが、同国の社会を歪めているとの認識を持つようになっていった。

特にミネルバ・ミラバルは自らの身を以て独裁者の傲慢を知ることとなる。法律を学んでいた22歳の時、彼女はトルヒーヨの性的な誘惑を受け、これを拒絶したが為に、拘禁を受け、学習の道から引き離されてしまったのである。彼女は自宅に監禁された3年間の日々を、水彩画や詩作によって搾取された国民の苦しみを表現しつつ過ごした。そして監禁の日々を乗り越えて彼女は法律の学習に戻り、ドミニカ共和国国立自治大学を最高評価で卒業することができた。

やがて1959年頃までにミネルバ・ミラバルは、自分に目を付けているトルヒーヨの危険と恐怖からの解放を求めて

反トルヒーヨの地下抵抗運動に身を投じることになったが、さらに残る三姉妹のうちの二人までも、地下運動に参加することになった。姉のパトリアは正義を求める宗教心から、妹のマリア・テレサは祖国を害するトルヒーヨを取り除かんとする愛国心から抵抗運動に加わったのである。なお彼女らの夫達もまた、反トルヒーヨの抵抗運動に加わったが、彼等は1959年の蜂起失敗の中で逮捕拘禁されてしまった。

レジスタンスの闘士としてミラバル三姉妹は、マリポサス（蝶）のコードネームで行動、秘密警察SIMの隊員に対する活動で、その名を知られるようになっていった。彼女たちは逮捕されることもあり、中でもミネルバ・ミラバルは三度も投獄されている。そして、しだいにトルヒーヨはレジスタンスの活動、とりわけミラバル姉妹の活動に我慢がならなくなっていった。トルヒーヨは当初は彼女たちを殺すことで国民感情が悪化することを恐れて、彼女たちの殺害を我慢していたのだが、1960年も終わりに近くなった頃、ついにトルヒーヨはミラバル姉妹の暗殺を命令する。ミラバル三姉妹は投獄されている夫達に会わせてやるといっておびき寄せられ、そして監獄への途上で拘束され、酷い拷問を受けて、殺害された。

ミラバル三姉妹の遺体は彼女たちのジープに載せて、山道から崖下へと落とされ、その死は交通事故死と宣伝された。しかしそれを信じる者は国内にも国外にもほとんどいなかった。なおトルヒーヨは後にその山道を散歩して、暗殺の子細を知る親しい側近達に「ここがミラバルのご婦人方が亡くなった場所だ。おぞましい犯罪だなどと言って、愚民どもは政府を責めておるがね。何とも素晴らしいご婦人方だったよ、だがあまりにも無防備だったな！」と語ったという。そして

その数ヶ月後、トルヒーヨは部下の将校の暗殺によって倒れた。

やがてドミニカ共和国人はミラバル姉妹を、彼等に代わって倒れた愛国の犠牲者として、書籍や展覧会、記念切手などで讃えるようになった。また彼女たちは全ラテンアメリカのフェミニストにとっても偶像となっているし、彼女たちの殺された11月25日は女性に対する暴力の国際日とされている。さらに現在、サルセド州はエルマナス・ミラバル州と名を変えており、エルマナス・ミラバルとはミラバル姉妹を意味している。

トリニダード・トバゴ

エルマ・フランソワ

Elma Francois
1897～1944

エルマ・フランソワはイギリス領時代のトリニダード・トバゴの黒人女性政治家である。

エルマ・フランソワはセントビンセント島のオーバーランドで生まれた。彼女は幼い日々を農園で綿摘み労働者として働く母を手伝って過ごしたが、一家が火山噴火で家を失ったため、1902年に都市部へと移住した。彼女はそこで政治運動に携わるようになっていった。

やがて1919年、22歳のエルマ・フランソワは、一人息子コンラッドと母を残してトリニダード島へと移住する。彼女はトリニダードの中心であるポート・オブ・スペインで裕福な白人家庭の女中の職を得て、少ない給料ながら毎週セントビンセントへの金品の仕送りを続けた。

それと同時にエルマ・フランソワは、トリニダード労働者協会（TWA）に加入し、この地でも政治活動に携わったが、

彼女の名は同協会の対白人妥協路線に対して、批判的な態度とることで知られるようになっていった。その後、1934年に彼女は全国失業運動組織（NUM）に加入したが、翌1935年同組織は黒人福祉文化社会協会（NWCSA）へと組織改編、失業のみならず国際政治まで含む幅広い問題を扱うようになっていった。

そして黒人福祉文化社会協会において、エルマ・フランソワは様々に活躍を示した。彼女は同1935年、ウッドフォード広場における政治集会で弁士の中心を務め、イタリアのエチオピア侵略を非難した。1936年には彼女は労働者階級の食生活を支えるため、コンデンスミルクの価格問題について、代表団を率いて同島を治める総督と会談することになった。ちなみにこの代表団はトリニダード・トバゴ史上で初めて、政治的な代表団に多数の女性が含まれた例であり、応対した総督の随員は、自分たちが目にしている光景はいったい何なのかと度肝を抜かれたという。

1937年にはエルマ・フランソワは労働問題に取り組み、南トリニダードで労働者の暴動が起きると、息子がなだめるのも聞かずに調査に赴き、黒人福祉文化社会協会が北トリニダードにおいて行動に出るよう煽動した。そして翌1938年、彼女は動乱煽動罪で逮捕、裁判にかけられることになったが、堂々と無罪を主張した。彼女が自らの行動について言うには「私は我々の協会の目的と課題に取り組み、会合を開いていただけです。私は地域の問題に触れ、能う限り最善の方法で地域の政治に取り組んだだけです。私は弱者へ強く関心を向けていただけです。……私は人々の状態を改善したいのです」とのことであった。そして最終的に、陪審は満場一致で彼女を無罪と評決し、彼女は釈放されることになった。

第二次世界大戦に際しては、エルマ・フランソワと他の黒人福祉文化社会協会の運動家は、イギリスの戦争遂行への協力に不熱心であった。彼女たちは植民地人を人種的に差別しているイギリス人が自分たちの身を守るために、植民地人を共に死なせようとすることに、好感を抱かなかったのである。

とはいえ、彼女たちの意見は戦争協力に盛り上がるトリニダードにおいて、不人気で、少数派に留まらざるを得なかった。そして1944年、エルマ・フランソワの息子コンラッドも戦争への熱気に取り付かれてイギリス軍に参加、前線へと出征していき、彼女は大きな衝撃を受けることになった。

出征する息子の送別会で、彼女は息子とダンスを踊り、その翌日、甲状腺の合併症で死亡した。甲状腺病にはストレスが悪影響を及ぼすことが知られており、息子の出征の衝撃が彼女の健康を害したのだと考えられている。

エルマ・フランソワは仲間の政治活動家によって社会主義者として葬られ、葬儀では彼女の遺体には真っ赤な死に装束が着せられ、仲間達は赤ずくめの服装で葬儀に参列した。

ニカラグア

ラファエラ・エレラ

Rafaela Herrera
1743～

ラファエラ・エレラはニカラグアで民族的英雄とされている女性である。

ラファエラ・エレラの父ホセ・エレラ・イ・ソトマヨールは、ニカラグア東南部を流れるサンフアン川に築かれた要塞、カスティージョ要塞の司令官であった。

このカスティージョ要塞は、ニカラグ

アを支配するスペインがイギリス人海賊などのニカラグア侵入を防ぐため1675年に建造したものであるが、ホセ・エレラ・イ・ソトマヨールが司令官を務めていた1762年にも、イギリス人海賊がこの要塞に襲来してくることとなった。ところがイギリス人海賊が要塞を攻撃して来ないうちに、司令官ホセ・エレラ・イ・ソトマヨールは死去、要塞は敵襲を前に指揮する者のない状態へと陥ってしまう。そして司令官を失った翌日に海賊は要塞を攻撃してくることになった。

襲来した海賊は神をも恐れぬ残虐な暴れぶりを見せ、老若問わず住民を殺害して回り、好き放題に略奪、放火の限りを尽くした。

ここで19歳のラファエラ・エレラは海賊への降伏を良しとせず、父の代わりとなって要塞防衛戦を指揮する決意を固め、ナイトガウンのまま戦いへと乗り出していった。彼女は要塞の女達の服を脱がせてその上にタールや油をかけ、それを丸太のボートに載せてそこに火を点け、この炎を上げる船を川に流して海賊の船を攻撃した。そしてこれに驚いた海賊は退散し、ニカラグアはイギリス人海賊の侵略を免れたのである。なお彼女が自ら大砲を撃ち、海賊の先導艦を沈めて海賊を撃退したとする伝承もある。

📖 サンディニスタ革命の女性達

近世の反植民地闘争から近代の独立闘争、現代の独裁政権打倒まで、ラテン・アメリカの革命運動ではしばしば女性闘士が活躍したが、多くの女性闘士を生んだラテン・アメリカの革命運動の中でも女性の活躍の点で特筆に値する革命がある。

それは1979年ニカラグアで起きたサンディニスタ革命。アメリカと結託するソモサ一族の独裁支配に対し、ゲリラ闘争を続けていたサンディニスタ民族解放戦線（FSLN）が、首都マナグアに入城、ソモサ政権を打倒した革命である。サンディニスタ政権は1984年に総選挙を実施し合法化した。

FSLNは1979年時点で戦闘員の30パーセントを女性が占め、これ自体はこの時代以降のゲリラとして珍しくはない。だがサンディニスタ政権では若い女性を政権幹部として多く登用した。以下、それら女性幹部を少し紹介しよう。

ノラ・アストルガ：49年生まれ。弁護士であったが、FSLNに協力、顧客であった悪名高い将軍ペレス・ベガスを自宅に引き寄せ、そこで同志達は将軍を殺害した。外務次官を務めた。アメリカのマスコミに魔女と呼ばれた。86年から国連大使を務めたが、舌鋒鋭く緻密な議論と、外交文書にいつも紅いバラを添えることで有名になった。

ドラ・マリア・テレズ：57年生まれ。医学生だったがFSLNの活動に参加、76年には地下活動に入った。78年にFSLNが国会議事堂に突入、人質と引き替えに政治犯の釈放を成し遂げた際にはコマンダンテ・ドス（司令官2）として参加した。国家評議会副議長を務めた。この他レア・ギド厚生大臣、モニカ・ベルトダーノ自治大臣なども若き女性幹部であった。

ハイチ

アナカオーナ

Anacaona
～1503

アナカオーナは15世紀末ごろのハイチのインディアン部族の女王である。

アナカオーナは、ハイチの属するイスパニョーラ島で最大勢力であったザラグア国の王の娘として、ヤグアナ（今日のレオガナ）で誕生したと考えられている。彼女の名のアナカオーナは「黄金の花」を意味している。彼女は容姿と才能に恵まれており、黒髪に飾られた島随一の美貌と、詩や歌や踊りの天賦の才を有していたとされる。

アナカオーナは周辺に対し強い政治力を誇ったマグア国の国王カオナボの妻となり、娘を一人産んだことが分かっている。

やがて1492年、ハイチに航海者コロンブス率いるスペイン船団が到来し、これ以降ハイチのインディアンは、ハイチへの植民を推し進めるスペインとの関係に苦悩することになるが、平和を愛するアナカオーナはこの情勢下、スペインとの友好関係を提唱し続けていった。彼女は夫がスペイン人に殺害されると、母国ザラグアに戻って、兄弟であるボヘチオの協同統治者となり、ボヘチオの死後は同国の単独の女王となった。この間、そしてこの後もアナカオーナは一貫して友好政策を維持しており、彼女は1503年までスペインとの友好関係の維持に成功した。我が物顔でイスパニョーラ島への植民を進めるスペイン人の政策、夫の殺害などについて、彼女も不満と怒りを感じていたに違いないが、それでも彼女が一貫して友好を志向したのは、おそらくは平和を希求する高潔な精神と、スペイン軍との軍事力の格差に対する冷静な認識、自国を凶悪な敵の毒牙にかけまいと願う統治者としての責任感の故であろう。

だがアナカオーナの友好と平和への努力にもかかわらず1503年、スペイン人は彼女の殺害を企む。この年、スペイン人は友好的な訪問と称して彼女の元に植民地総督オバンドと軍隊を送り込み、これを彼女は椰子の木の並ぶ通りを花々で飾り、屋敷で歓迎の宴を催して、迎え入れた。そして数日間に亘った宴が終わった後、オバンドはアナカオーナを返礼の宴と平和条約締結のためだと言って自分たちの元へと招待し、訪れたアナカオーナに他の酋長たちをも呼び出してくれるよう要請した。そして奇襲の用意を調えたオバンドは宴の最中、軍隊へとサインを送る。オバンドの部下の隊長の一人が携帯する十字架に触れると、スペイン軍は宴を襲撃、アナカオーナを捕らえ、宴に出席したインディアン達を殺害していった。こうして84人の酋長達の死とともにザラグアは崩壊し、アナカオーナはイスパニョーラ島東部、現在のドミニカ共和国にあたる領域にスペインが建設した都市サント・ドミンゴへと連行され、絞首刑とされた。

現在、アナカオーナはハイチの独立の為に苦闘した英雄として、ハイチ人の尊敬を集めており、さまざまな詩や歌の題材にされ、かつて彼女の王国のあったレオガヌの人々は彼女を自分たちの女王と呼んでいる。

パナマ

ミレヤ・モスコソ

Mireya Moscoso
1946〜

　ミレヤ・モスコソはパナマで大統領となった女性である。
　ミレヤ・モスコソはパナマの田舎町ペダシの貧しい家庭に生まれた。
　ミレヤ・モスコソは高校卒業後、秘書として働き、1960年代に大衆の支持を集めるカリスマ的愛国政治家アルヌルフォ・アリアス元大統領（1901〜1988）と出会った。彼女はアルヌルフォ・アリアスの政治運動を支えたが、1968年、アルヌルフォ・アリアスは彼にとって三度目となる大統領への当選を果たす。ところがわずか9日後、オマル・トリホス将軍と国家防衛隊のクーデターによってアルヌルフォ・アリアスはその地位を追われた。そしてアルヌルフォ・アリアスはアメリカへと亡命し、ミレヤ・モスコソもこの亡命に同行した。彼女はアメリカにおいてはインテリア・デザインを学んだ。翌1969年、二人は結婚することになった。
　その後、アルヌルフォ・アリアスが1988年に死去すると、ミレヤ・モスコソはパナマへと帰還して政治活動を開始する。1990年には彼女は夫の意志を継ぐアルヌルフィスト党の結党を支援、その翌年には同党の党首となった。1994年には彼女は大統領選に挑むが、29パーセントの得票率の次点となって落選した。
　1999年、再度大統領選に挑んだミレヤ・モスコソはオマル・トリホスの息子マルティン・トリホスらとの戦いに勝ち抜き、大統領に当選、パナマ初の女性大統領となる。その後2004年まで、彼女は大統領の地位にあった。

　ミレヤ・モスコソの任期中、1999年にパナマ運河がアメリカからパナマへと返還されているが、これはかつてオマル・トリホス将軍がアメリカと交渉し、1977年の新パナマ運河条約で勝ち取った成果である。彼女はオマル・トリホスおよびその流れを汲む勢力とは敵対関係にあったが、運河返還式典においてはオマル・トリホスによって実現したこの返還を歴史的偉業の完結と讃えている。

バハマ

アイビー・ダモント

Ivy Dumont
1930〜

　アイビー・ダモントは西インド諸島北部の島国バハマの政治家で、名目上の主権者イギリス国王の代理人である総督を務めた女性である。
　アイビー・ダモントは1930年、ロング島のロージズに生まれた。彼女は初等教育をロージズで受けた後、バハマ諸島の中心ニュー・プロビデンス島の高校に通った。高校卒業後、彼女は教職の道を歩んだが、やがて官吏となり、1975〜1978年にかけては建設公益事業省副事務次官を務めた。
　この間の1968〜1970年にかけて、アイビー・ダモントはマイアミ大学で学び、教育学の学位を取得した。また彼女は1976〜1978年にかけてノヴァ大学で行政学博士号を取得した。
　その後、彼女は1991年まで、13年間に亘って会社勤めを行った。
　1990年にアイビー・ダモントは自由国民運動党（FNM）の事務総長に選ばれたが、1992年の選挙に圧勝して同党は与党となり、彼女は政治家として歩み

を始めることとなった。総督の指名によって上院議員となった彼女は政府上院対策担当官を務めた。さらに彼女は厚生環境大臣となった。そして 1995 〜 1999 年にかけてアイビー・ダモントは教育大臣を務め、そこからさらに 2001 年まで教育青少年問題担当大臣を務めた。その後、2001 年、公益事業委員会委員長を務めた。

さらにその年のうちに彼女は数千人のバハマ人の見守る印象的な式典において、バハマ総督臨時代理に任命された。そして翌 2002 年、彼女は総督に任命され、2005 年までその地位にあった。彼女はバハマにおける最初の女性総督であった。

バルバドス

ニータ・バロウ

Nita Barrow
1916〜1995

ニータ・バロウはバルバドスで名目上の国家元首であるイギリス国王の代理を務める総督となった女性である。

ニータ・バロウは 1916 年、バルバドスの聖職者の娘に生まれた。父のレジナルド・バロウ主教は社会の不公平に対する批判者として知られ、それ故に国内外の聖俗の権力から迫害されていた。また彼女の母方の伯父チャールズ・ダンカン・オニールは弱者の保護の強力な主張者であった。このように社会運動に熱心な親族に囲まれて、彼女もまた鋭敏な社会意識を持った人間へと成長していくこととなった。彼女は終生、社会的弱者への思いやりを持ち続けた。

ニータ・バロウはアメリカのコロンビア大学、カナダのトロント大学、イギリスはスコットランドのエディンバラ大学で学んだ後、バルバドスに戻って看護師となり、1940 年以降長年、カリブ海地域の公衆衛生や看護師養成に尽力、際だった実績を残した。彼女がバルバドス内外で獲得した高い地位・名声は、バルバドス女性の社会進出を大いに勇気づけることになったという。

ニータ・バロウは 1983 年、世界のキリスト教会が一致団結するために組織している世界教会協議会の議長となったが、黒人女性がこの地位に就くのはこれが初めてであった。

1990 年ニータ・バロウはバルバドスの総督となった。女性がバルバドス総督となるのはこれが史上初のことであった。そして総督となった彼女は国際的には母国の地位向上、国内的には貧者の救済に取り組んだ。

ニータ・バロウは総督の地位に就いてからも、社会的弱者を含む一般の人々と近しく接することを止めず、毎年クリスマスには救護院や貧者の家庭への訪問を行っていた。彼女は「全ての人々のために生きる」女性であり、「民衆の総督」であると評された。

1995 年、ニータ・バロウは脳卒中で死去した。

ベリーズ

エルミラ・ミニタ・ゴードン

Elmira Minita Gordon
1930〜

　エルミラ・ミニタ・ゴードンはベリーズで、名目上の国家元首であるイギリス国王の代理を務める総督となった女性である。
　エルミラ・ミニタ・ゴードンはイギリス領時代のベリーズで1930年、ベリーズ市に生まれた。
　エルミラ・ミニタ・ゴードンは教職訓練大学を出て1946年に教師となり、イギリス国教会系の学校に1958年まで勤務した。そして翌1959年から1969年にかけて、彼女は教職訓練大学の講師をも務めた。
　その後、エルミラ・ミニタ・ゴードンは、イギリスのオックスフォードの教育大学の通信講座を受け、さらにイギリスのノッティンガム大学およびバーミンガム大学、カナダのカルガリー大学でも学んだ。その上で彼女は教育心理学の修士号および応用心理学の博士号をカナダのトロント大学で取得した。こうして1980年、彼女はベリーズで初の心理学者となった。
　そして翌1981年、ベリーズが独立を達成してイギリス連邦を構成する独立国としての地位を得た年に彼女はベリーズ総督となり、1993年までその地位にあった。これは女性がベリーズの総督となる最初の例であった。
　この間、エルミラ・ミニタ・ゴードンは、1984年にカナダのビクトリア大学から名誉学位を授与されている。

ホンジュラス

ビシタシオン・パディラ

Visitacion Padilla
1882〜1960

　ビシタシオン・パディラはホンジュラスのジャーナリスト、政治運動家である。
　ビシタシオン・パディラは最初、学校教師を職業としていた。それがやがて彼女はジャーナリストに転身し、ホンジュラスで最初の女性ジャーナリストとなった。
　そしてジャーナリストとして、ビシタシオン・パディラは政治問題にも深く関与することになり、彼女は内政のみならず外交面でも不安定が続く祖国ホンジュラスの平和のために尽力、活躍した。ホンジュラスは19世紀よりしばしばアメリカ合衆国の政治介入を受けており、1924年にもアメリカはデンバー号、ミルウォーキー号、ロチェスター号からなる艦隊および海兵隊をホンジュラスへと送り込んだのだが、これに際して、ビシタシオン・パディラは他のジャーナリストと共に雑誌『国防小報』を創設して、同誌によってアメリカの干渉に対する抗議運動を先導した。
　またビシタシオン・パディラは政治運動家としても高名であった。彼女は中米の女性解放運動の先駆的存在であり、ホンジュラスで最も高名な女性解放運動家であった。彼女は女性を組織化し、女性の経済的・政治的権利の獲得のために戦った。彼女は1923年に設立されたホンジュラス初の女性の権利闘争組織、女性文化協会の会長を務めている。
　現在、彼女の名前を冠したビシタシオン・パディラ委員会という女性組織が存在し、ホンジュラスの子供達の平和な未来のために活動している。

メキシコ

ヘルトゥルディス・ボカネグラ

Gertrudis Bocanegra
1765〜1817

　ヘルトゥルディス・ボカネグラはスペイン領であったメキシコでメキシコ独立戦争（1810〜21）を戦った戦士である。

　ヘルトゥルディス・ボカネグラは慈善事業家であり、メキシコ市で先住民インディオの子供達のための学校を設置運営していた。彼女の夫ラソ・デ・ラ・ベガはスペイン王室支持者に仕える兵士であり、夫婦には息子一人と娘二人がいた。

　ところが1810年、メキシコ人がスペインに対する独立戦争を開始すると、ヘルトゥルディス・ボカネグラと彼女の夫および十歳になる息子は愛国者として立ち上がり、反乱軍への協力活動を開始する。そしてヘルトゥルディス・ボカネグラは反乱諸軍の間で重要事項の連絡を担当し、また地下組織として女性軍を創設して戦闘に参加することまでした。この女性軍はバヤドリードの街に対する攻撃を支援して相当の功績があったという。なお彼女の娘達もこの女性軍に参加することになった。

　その後、夫と息子の戦死をも乗り越え、ヘルトゥルディス・ボカネグラは戦い続けたが1817年、パツクアロの町において情報収集と、スペイン王室側兵士に対する反乱の呼びかけを行っていた際、彼女は娘達と共にスペイン王室支持者の軍に捕らえられてしまう。そして彼女は拷問を受けた後、死刑を宣告され、公開処刑された。

　ヘルトゥルディス・ボカネグラは現在、メキシコで民族独立の象徴と見なされている。

📖女性が戦士となる理由

　歴史的に見て女性は原則的には非戦闘員とされている。

　もっとも本書掲載の女傑達のように、武将や兵士となって偉功を立て、英雄視される例外者も歴史上にはしばしば現れる。それどころか近年の研究では、それら英雄以外に無数の平凡な女性兵士が存在したことが明らかになっている。ヨーロッパ近世史に関する広範な調査では、男装して兵士となった女性の実例が17、18世紀頃のオランダで119例、同じ頃のイギリスで50例見つかり、それより少ないが同様の例をヨーロッパ全域で見出すことができたという（R. M. デッカー他『兵士になった女性たち——近世ヨーロッパにおける異性装の伝統』）。真相が明かされ、かつ記録が生き残った一部事例のみが歴史に残っていることからすれば、女兵士の実数は相当多かったことだろう。女性の戦闘参加は例外的な事象ではあるものの、一般に思われているほど希少な例外ではない、とでも言えるだろうか。

　それでは女英雄や女兵士たちはなぜ、戦いに身を投じたのであろうか。女兵士についての上述の研究は、愛する男への同行を望むなどの「ロマンティックな動機」、祖国を守るためという「愛国的動機」、売春によらずに貧困から逃れたいという「経済的動機」の三つを従軍の動機に挙げている。

　歴史上には他にも様々な動機が見られ、アメリカ南北戦争の女兵士ロレータ・ベラスケスは英雄になりたいがために従軍し、中国古代の反乱指導者呂母は息子の殺害への復讐目的で兵を募り、世界中の女性武将が、夫の参戦不能時の代理や、夫死去後の息子の代理として、軍を率いている。また女性教祖が教団を率いて挙兵することも歴史上にはよく見られる。

南アメリカ

アルゼンチン

エバ・ペロン

Eva Peron
1919～1952

エバ・ペロンはアルゼンチンの政治家である。エビータというあだ名で知られる。

エバ・ペロンは1919年、アルゼンチンのブエノスアイレス州の寒村ロス・トルドスに私生児として生まれた。父はチビルコイ市の有力者であったが、既に1920年には愛人家庭のことを顧みなくなっており、そのため幼少のエバ・ペロンとその家族は貧窮と世間の蔑視・嘲笑の中で過ごさねばならなかった。1926年に母に連れられ彼女たち一家が父の葬儀に参列しに行った際も、参列した多くの人々の前で本妻に叩き出されそうになったのだが、この時は父の義兄弟であった市長がとりなしてくれたおかげで、どうにか参列することが可能となった。

その後、エバ・ペロンは8歳で学校に通い始めたが、ごくごく平均的な生徒であったという。そして彼女が12歳の時、一家は長女エリサが職を得ていたフニンの街に移住した。ここで彼女は学校に通いながら、街の映画館のスクリーンに映し出される光景への憧れを育て、女優への道を志すようになっていき、1935年、ほとんど荷物も持たずに、首都ブエノスアイレスへと移り住んだ。

ブエノスアイレスで女優の道を歩んだエバ・ペロンは、しかし女優としては活躍の機会がなく、端役を得るに留まっていた。ただ1938年以降、ラジオドラマの声優としてはささやかな成功を収め、そこそこの収入を得ることができた。

1943年にアルゼンチンで軍事政府が樹立されると、エバ・ペロンは有力軍人とのコネが必要であると考えるようになり、彼女は軍事政府の実力者、フアン・ペロンに接近することにした。彼女は1944年、サンフアンの地震の被災者への支援活動でフアン・ペロンと接触、恋仲となった。そしてこの関係は双方にとって利益になるもので、エバ・ペロンの役者として境遇はおそらくは有力者フアン・ペロンの後押しでずいぶんと恵まれたものとなったし、ラジオ嬢の支援は政治家として労働者・大衆の支持を集めようとしているフアン・ペロンにとって重要なものであった。なおエバ・ペロンのフアン・ペロンにとっての貢献はこれだけには留まらず、彼女は労働大臣を務めていたフアン・ペロンと一部の労働運動指導者を結びつけるのに一役買ったと言われる。そしてその後、フアン・ペロンは労働者・大衆寄りの政策で絶大な支持を集め、軍事政権随一の実力者へとのし上がっていった。

フアン・ペロンの労働者寄りの政策は軍部の保守派や産業界に不安を与え、1945年、不満を募らせた反対派がクーデターを決行、フアン・ペロンは幽閉され、その政治生命も終わりかと思われる状況に陥った。ところがここで労働者達がクーデターに対して猛反発、首都と近隣地域から続々と労働者達が大統領官邸前の広場に集まり、フアン・ペロンの釈放を求める叫びを挙げる。このおかげでフアン・ペロンは政治の舞台へと舞い戻ることが出来たのである。そしてこの復活劇にエバ・ペロンは大きな貢献をしたのだと言われている。彼女がフアン・ペロンの解放のため、労働者の蜂起を促し、その力を結集したのだと。なおエバ・ペロンはフアン・ペロンの解放を得た数日後、フアン・ペロンと結婚、その第二夫人となった。

　1946年の大統領選でフアン・ペロンは圧勝、大統領となるが、大統領夫人となったエバ・ペロンは夫を助けて、労働者・大衆のために大いに活躍していくことになる。彼女は公式な政治的地位は有しなかったが、事実上の福祉労働大臣として行動、夫の右腕として大活躍した。彼女はエバ・ペロン財団という慈善団体を創って積極的に救貧活動や老人・孤児への支援、病院や学校の建設を行い、教育福祉改革に努め、大衆の支持を大いに集めた。また女性参政権運動を行い、女性労働者の組合をつくり、女性の経済的地位の向上を図り、それらによって女性を政治的に動員、フアン・ペロンの勢力へと組織化していった。そしてこれらの活躍と、極貧の労働者階級の生まれという彼女の出自、彼女の美貌が相俟って、彼女は圧倒的なカリスマ性を獲得していった。彼女の社会福祉への関心は彼女に「希望の貴婦人」の異名を与え、連日、彼女の事務所には援助を求める人々が長蛇の列を成し、多額の寄付を申し出る有力者さえ溢れかえっていた。エバ・ペロンは大衆に聖人か聖母であるかのように仰ぎ見られており、彼女が口づけしてから与えたお札を受け取った貧民が、食べるものに事欠くようになってさえ決して使わず、彼女の写真とともに飾り崇め続けている例さえあったそうである。

　その後、エバ・ペロンは子宮ガンで余命が長くないということがわかったが、そのような中、彼女は1951年に副大統領に立候補する。しかしこれは軍部の猛烈な反対に遭い、彼女は副大統領職を放棄することになった。

　1952年、彼女は子宮ガンで死亡した。彼女の死んだ日の夜、アルゼンチンでは全国のラジオ放送が突然通常の番組を打ち切り、国民の精神的指導者エバ・ペロン夫人の死を告げた。彼女の死を聞いた人々は大挙ブエノスアイレスに集まり、雨の中、彼女の棺を一目見ようと並ぶ人々の列が3キロに達し、棺に辿り着くまでに10時間を要した。

　エバ・ペロンの死の3年後、フアン・ペロンの政権は軍部のクーデターで倒されるが、その直後からエバ・ペロンの遺体は、遺体がペロン支持者の偶像として機能することを恐れた軍部によって、イタリアに偽名で埋葬され、行方不明とされていた。

　ところでエバ・ペロンはアルゼンチンの労働者・大衆のみならず、日本にとっても恩人であった。そのことについて、在アルゼンチン日本国大使館のサイトより文章を引用しておこう。

ペロン大統領夫妻と日本

　アルゼンチンは荒廃と飢えに苦しむ敗戦後の日本に援助の手を差し伸べてくれた国のひとつであった。1946年に大統領に就任したペロン大統領は、日露戦争の研究を通じて日本に高い関心を持っていた。大統領夫人エバ・ペロンは夫が大

統領に就任してから「エバ・ペロン」財団を通じて慈善活動を行い、その一環として1949年と1950年に食糧、衣料品などを日本に援助している。また、アルゼンチン国内ではペロン大統領夫妻が、邦人のカトリック受洗者850名の代父母になるなど、日本と日本人に対して厚い好意を示した。

(http://www.ar.emb-japan.go.jp/ContenidoJP/07.TurismoDetallesJP.htm)

ウルグアイ

アナ・モンテロソ

Ana Monterrosso
1790～

　アナ・モンテロソは、ウルグアイの独立戦争に、大きな貢献を果たした政治家夫人である。
　アナ・モンテロソは1790年、スペイン領であったウルグアイのモンテビデオに生まれた。父は商人であり、また市の役人をも務めていた。
　ウルグアイは1811年に独立運動を開始、以後、スペインや周辺諸国の圧迫、介入に対する長く苦しい戦いを強いられるのだが、父を始めとしてアナ・モンテロソの家族は、独立革命を支持しており、彼女の兄など大学教授の職を捨ててまで革命軍の指導者アルティガスの秘書を務めるほどであった。そしてアナ・モンテロソもこの一家の娘に相応しく、独立運動に貢献していく。すなわち彼女は1817年、革命軍人のファン・アントニオ・ラバリェハと結婚し、以後、独立運動の有力軍人政治家として活躍する夫の良き理解者、助言者、補助者となって、ある時は夫の側に立ち、ある時は家に残って内助し、さらには内助を越えた行動に出て、10人の子をなしつつ、夫の政治活動を支え続けたのである。
　1817年、ウルグアイ併合を狙ってブラジルがウルグアイ情勢への介入を始めた年にアナ・モンテロソは結婚式を挙げたのであるが、困難な情勢下、独立運動に邁進する夫との結婚生活はその結婚式からして平穏には済まなかった。結婚式の日、ファン・アントニオ・ラバリェハはブラジル軍との戦いに出撃していて、式に出席することができず、結婚式は夫の上官にして盟友であるフルクトゥオーソ・リベラを花婿代理に立てて、実施せねばならなかったのである。その上、結婚から5ヶ月後にはファン・アントニオ・ラバリェハは捕虜となり、ブラジルのリオデジャネイロへと送られることになる。そしてここで彼女はブラジル軍の指揮官の元へ赴き、夫への同行を主張、夫と共に3年間の捕虜生活を送ったのである。ちなみに捕虜生活の間、子供を二人もうけている。
　ブラジル領となったウルグアイに帰ったファン・アントニオ・ラバリェハは軍人となる前の仕事に戻り、牧畜業を営んで過ごしていたが3年後、再びウルグアイ独立のために動き出す。ラバリェハはアルゼンチンに亡命して、蜂起の準備を開始したのである。そして夫の亡命の間、アナ・モンテロソは自宅でサロンを営んで秘密集会を開き、支持者を集め、情報活動を展開し、軍資金を集めた。それどころか、檄文を飛ばして政府に睨まれることさえあり、あげくには協力者を組織して暴動の準備を整えることさえしたという。そして彼女たちが暴動を起こそうとしていると察知した政府は彼女らを捕獲して、男性首謀者を投獄、女性を病院に監禁しようとしたがこの時、アナは子供たちに囲まれつつ子供達から引き離すなら殺せと、頑強に抵抗、結局自宅に軟

禁されることとなった。その後、彼女たちは財産没収の上で追放されることになり、彼女はアルゼンチンの夫へと合流することになる。

　そして1825年、ファン・アントニオ・ラバリェハは「33人の東方人」と呼ばれるウルグアイ人亡命者を率いてウルグアイに侵入、ブラジル支配に対するゲリラ闘争を行った。リベラ達の挙兵もあってウルグアイは、なおその後も諸外国の干渉は収まらなかったものの、1928年一応独立を達成した。

　独立後、ファン・アントニオ・ラバリェハは盟友フルクトゥオーソ・リベラと政治路線を違えて、1939～51年の内乱後の和解まで続く長い政治闘争へと突入するが、この間もアナ・モンテロソは様々な情報活動や計画立案を行って、夫を支え続けた。そして夫のために様々な貢献を為す女丈夫アナ・モンテロソに対しては、敵手であるリベラでさえも敬意を抱いていたという。なおリベラはアナの歓心を得ることができればラバリェハを味方にしたも同然と評しており、アナ・モンテロソの夫に対する関係には、夫を支えるという次元を越えて、夫を従えているという側面さえあったことが窺える。

エクアドル

マヌエラ・サエンス

Manuela Saenz
1797～1856

　マヌエラ・サエンスは、南アメリカ諸国の対スペイン独立運動の指導者で「解放者」の異名を持つ英雄シモン・ボリーバルの愛人で、彼の独立運動を大いに助けた女性である。

　マヌエラ・サエンスは1797年、エクアドルの中心都市キトで、家柄の良いスペイン人冒険家である父と富豪の娘である母の間に私生児として生まれた。彼女の父は彼女の母と出会う以前に結婚しており、既に四人の子持ちだったのである。そのためマヌエラ・サエンスは、母方の祖父の豪奢な屋敷で育てられていたが、彼女の父はその屋敷を定期的に客として訪れ、新たな娘に対して非常な溺愛を示していた。彼女の父は溺愛の余り、失敗に終わったとはいえ、自分の嫡出子達に、

彼女のことを受け入れるよう説得することまでしたという。

内乱によってキトが略奪を受けると、マヌエラ・サエンスは母と共にキトを出てカタウアンゴの農場に移り住み、そこで彼女は黒人奴隷ナタンとジョナタンを学友として馬術や古典の読解、英会話を身につけた。のみならず彼女は喫煙、飲酒、激しい恋愛といった奔放な生活態度をも身につけていくこととなった。それどころか彼女は北アメリカやフランスで起こった革命に触発されて中南米に巻き起こった、スペインからの解放を求める革命運動にさえ興味を寄せていくようになったのである。

その大胆すぎる気性を抑えるため、マヌエラ・サエンスは17歳の時、修道院に送り込まれることになった。ところがその修道院は不道徳な行状で高名な修道院であったし、しかもマヌエラ・サエンスはそこから軍人ファウスト・デ・エルウヤルと駆け落ちして数週間の恋の逃避行を楽しんだ挙げ句、そのまま母の元に帰ってしまい、なんらその気性が矯正されることはなかったのである。

マヌエラ・サエンスは20歳の時、40歳のアメリカ人商人ジェームズ・ソーンと結婚、夫は年の離れた若妻を溺愛し、三日も続く豪勢な結婚式の後、夫妻はキトに豪壮な邸宅を構えて生活することになった。そしてマヌエラ・サエンスは未だ革命運動への関心を強く持ち続けていたため、この邸宅は政治的な秘密会合の場としても活用されることとなった。とはいえ彼女が政治のみに関心を集中するはずもなく、彼女はファウスト・デ・エルウヤルとの情事を再開、そのため夫によってキトからペルーのリマ郊外の農場へと移されてしまうことになった。ちなみにそこでも彼女は革命運動への関心を保ち、サロンを営んで、革命運動への資金援助のために女性を結集組織化していく。

やがて1822年、マヌエラ・サエンスは母の死による相続問題のためにキトに戻ってきた。彼女はその地でも革命運動を支援し、負傷者の手当や食糧補給の手伝い、ナタンとジョナタンに集めさせた情報の提供、物資の寄付などによって、革命軍に協力していたが同年、革命とエクアドル解放が成った後、彼女は解放の英雄シモン・ボリーバルとの出会いの機会を得ることとなった。英雄ボリーバルの入城行進に向けて花束を投げ、うっかりボリーバルに命中させてしまった彼女はその夜、宮殿における祝賀会において、ボリーバルに紹介される。ボリーバルは昼間のことを持ち出して見事な腕前で自分の胸に火を付けたと彼女をからかいつつ、赤面する彼女をダンスに誘い、こうして二人は生涯続く恋へと落ちることになった。マヌエラ・サエンスはボリーバルの軍事遠征に同行することになり、赤いズボンと黒のビロードのポンチョを着用した彼女は、羽根飾り帽の下に垂らした緩い巻き毛を揺らしながら、巧みな馬術でボリーバルとともに進んだ。

マヌエラ・サエンスは様々な仕事を覚え、ボリーバルの秘書、助言者としてボリーバルをよく支えた。彼女はボリーバルの書類を管理し、結核を患っているボリーバルが疲労したあるいは治療中の時は、ボリーバルに対して読み聞かせを行った。それどころか、しだいに彼女は剣と拳銃の扱いにも熟達していった。ちなみに彼女が仕事の習得に熱心な余り、ボリーバルとの愛の時間が減って、ボリーバルが浮気、自分の物ではない耳飾りをベッドの中に見つけた彼女が半狂乱になるという騒動が起こったりもしている。この際、ボリーバルは彼女に噛みつかれ、その夜に10通もの手紙を書いて謝り倒すことになったのだが、後にボリーバルは耳に残ったこの時の歯形を、

マヌエラから貰ったトロフィーだと部下に自慢していたという。ボリーバルの補佐役としての彼女の存在感は大きく、また戦場にあっても彼女は補給や負傷者の手当に命も顧みず奔走し大いに献身を示したため、ボリーバルの副官は彼女を大佐にするよう提案したし、人々は彼女を「ボリーバルの女」と呼ぶようになっていった。

1824年にスペインのアメリカ大陸に対する支配は完全に崩壊するがその後、ボリーバルは南アメリカ内での対立・反抗に苦しみ、反抗者の手によってボリーバルの身が危険にさらされることさえあった。1828年にはボリーバルは二度に亘って、マヌエラ・サエンスのお陰で辛くも殺害を免れるという状態にあったのである。

このうち一度目は仮面舞踏会でボリーバルを殺害する陰謀が企てられたのであった。ところがこの時、ボリーバルの危機を知ったマヌエラ・サエンスが、髪もとかさず泥酔した姿で舞踏会場に登場、彼女の引き起こした恥ずべき状況を脱しようと会場を立ち去ることになったボリーバルは、陰謀に気づく前に早くも殺害の危機を脱することになったのである。そして二度目は、二人の暮らす屋敷が襲撃されたのだが、このとき犬が吠えるのを聞いて外敵の侵入を察知したマヌエラ・サエンスはボリーバルを揺り起こし、素早くボリーバルを着替えさせて剣と拳銃を手渡し、部屋の窓からボリーバルを外へと逃亡させた。そして彼女自身は乱入してきた敵に対して、自分も会議に出席中のボリーバルの帰宅を待っているところだと言い張り、顔を殴りつけられながら、秘密を守り通した。兵士が去った後、彼女は町の広場でボリーバルに合流した。このマヌエラ・サエンスの献身について、ボリーバルは帰宅の際、「おまえは解放者の解放者だ」といって感謝した。

1830年、ボリーバルは南アメリカの紛争を見つつ、失意のうちに公務から引退した。そして同年、マヌエラ・サエンスはコロンビアの首都ボゴタにおいて、ボリーバルの政敵サンタンデルがボリーバルを侮辱するため、愛人である彼女の肖像を公衆の面前で焼き捨てる式典を計画しているということを知る。これに対し、マヌエラ・サエンスは、拳銃を振り回しながら兵士の守る式典会場へ突入、肖像を破壊することに成功して、敵を大いに恐れさせることになった。そして彼女は、新聞紙上で、たとえボリーバルの引退によってなお、敵意の収まらない者たちが自分を攻撃対象にし、命さえ脅かそうとも、自分のボリーバルへの尊敬と友情は決して揺るがないと宣言文を発表した。その後、同年中にボリーバルは死亡した。

ボリーバルの死を知ったマヌエラ・サエンスは、愛する男の元へ行くことを望んで、毒蛇に身を咬ませ死のうとしたが果たせず、ボリーバルの死後なお、26年間生存していた。最終的に彼女は、ペルーの小さな港町で商店を営んで暮らした。彼女は50歳の時からは股関節の脱臼に苦しんでいたが1856年、ジフテリアの流行によって死亡した。

マヌエラ・サエンスは現在、エクアドルにおいて、解放者の解放者として独立期の象徴的存在と見なされている。またボリビアでは彼女は無冠の女王として知られている。

ガイアナ

ジャネット・ジェーガン

Janet Jagan
1920〜2009

　ジャネット・ジェーガンはガイアナの首相および大統領となった女性である。

　ジャネット・ジェーガンは1920年、アメリカ合衆国のシカゴで、ユダヤ人移民家庭に生まれた。彼女はデトロイト大学、ウェイン大学、ミシガン州立大学、クック郡看護学校で学び、歯科医となるためノースウェスタン大学で学んでいたインド系ガイアナ人、チェディ・ジェーガンと出会った。1943年、二人は双方の両親の反対を押し切って結婚した。二人の間には一男一女が生まれることになる。

　同年、ジャネット・ジェーガンは夫の出身地であるイギリス領ガイアナに移り住んだ。彼女はガイアナの中心都市ジョージタウンで、夫の経営する歯科医院の看護師として働いた。ところがジェーガン夫妻はまもなく、政治運動家としての活動を開始する。二人はイギリスによって労働力として導入された様々な人種が分離対立して形成された不公正な階級社会というガイアナの社会状況の変革と、イギリスによるガイアナの植民地支配終結を志したのである。二人はチェディが男性を、ジャネットが女性を説得転向させ、自分たちの周りに急進的な政治活動家のグループを形成していった。

　1946年、様々な政治団体が合流して結成した政治問題委員会（PAC）の設立にジェーガン夫妻も参加、ジャネット・ジェーガンは翌年の選挙に向けて会報の編集者を務め、自らの議席獲得は成らなかったものの、選挙運動に重要な役割を果たした。また選挙に先立ち、ジャネット・ジェーガンは女性政治経済団体の設立者の一人となっている。

　1948年、政治問題委員会は人民進歩党（PPP）へと改組し、以後20年間、ジャネット・ジェーガンは同党の書記長を務めた。1953年の選挙では同党が勝利を収め、ジャネット・ジェーガンも立法府議長という重要な地位を女性で初めて手にすることとなった。しかしながら、人民進歩党の政策がイギリス政府にとって急進的に過ぎたため、イギリスは派兵して議会停止を行い、ジェーガン夫妻は投獄され、6ヶ月の獄中生活の後も警察の監視を受け続けることになった。子供の学校への送り迎えにすら尾行がついていたという。ただそれによってジェーガン夫妻の人気が衰えることはなく、1957年の選挙でチェディ・ジェーガンは政権を握り、ジャネット・ジェーガンも見事議席を獲得して労働大臣となっている。

　ガイアナは1970年に独立を達成する

ことになるのだが1960年代、ガイアナ独立に備えてイギリス、アメリカはガイアナの政治に対する工作活動を行う。キューバの社会主義革命に賛意を示していた人民進歩党の政権下に独立が為されることは避けようと、英米はジェーガン政権の動揺を誘い、アメリカCIAによって暴動に繋がる工作活動などが行われたが、その様な中でロンドンで教育を受けた弁護士フォーブス・バーンハムが率いる人民民族会議（PNC）が力を付ける。そして1966年、フォーブス・バーンハムが大統領となり、独立後もガイアナでは人民進歩党の国民的人気にもかかわらず、人民民族会議（PNC）が1992年まで政権を握り続けた。そしてその間、腐敗と暴力の政治が続いたのである。

その後、ガイアナの選挙の改善を求める国際的圧力がかかり、1992年人民進歩党が勝利、1997年までチェディ・ジェーガンが大統領を務めた。1997年、チェディ・ジェーガンが心臓発作で死亡すると、副大統領が後を継いで選挙までの間、大統領を務め、その下でジャネット・ジェーガンは初の女性首相となった。そして同年の選挙に勝利して、ジャネット・ジェーガンは初の女性大統領となった。もっとも、彼女がアメリカ合衆国出身であったため、彼女の大統領就任に対しては、野党人民民族会議の反発や、一部の公務員のストライキ、街頭での抗議運動や、小規模暴動が発生した。1999年、彼女は軽い心臓発作を起こし、健康を理由に大統領を辞職した。

2009年、ジャネット・ジェーガンは腹部動脈瘤で死亡した。

コロンビア

ポーラ・サラバリエータ

Pola Salavarrieta
（Policarpa Salavarrieta)
1795〜1817

ポーラ・サラバリエータはコロンビアの対スペイン独立闘争で活躍した伝説的英雄である。

ポーラ・サラバリエータは1795年、コロンビア中部のヌエバ・グラナダ地方のグアドゥアス市の上流家庭に生まれた。1802年に一家は同地方の中心都市ボゴタへと移住した。

1810年、コロンビアはスペインからの独立を求めて革命を開始したが、ヌエバ・グラナダ地方の独立運動は1816年にスペインによって鎮圧されてしまった。

ポーラ・サラバリエータはこの間、兄弟達と共に革命勢力に参加していたが、この情勢下、革命派の地下運動家となって、最初はグアドゥアスで、その後はボゴタで独立のための活動を続けていくこ

とになった。彼女は1816年末からボゴタにおいて裁縫女として、スペイン王室支持者の女性たちの家々に職を得て、それらの家々で立ち聞きした政治情報を革命勢力の仲間へと流し続け、また革命勢力の安全な連絡場所および逃亡径路網の確保を行った。

1817年、ポーラ・サラバリエータの諜報活動を当局が察知、彼女は逮捕・投獄されてしまう。彼女はスパイ活動、およびスペイン王室に対する破壊活動の罪で死刑を宣告され、ボゴタの中央広場において七人の同志と共に絞首刑となった。

処刑の日、ポーラ・サラバリエータは恐れも見せずに処刑場所へと向かって歩き、広場の公衆に向かって、スペインの圧政に反対する大演説をぶった。彼女は公衆に、自分の死について復讐してくれるよう説き、人々の同情を引き起こし、彼女は人々から対スペイン抵抗の英雄と見なされるようになった。コロンビアが1819年に独立を達成するまで、50人近い女性諜報員が処刑されることになったが、ポーラ・サラバリエータはそれらの殉教者の代表と見なされている。

ポーラ・サラバリエータはその肖像が1910年に記念切手に使われたが、これはラテン・アメリカで女性が記念切手となった最初の例であった。

スリナム

ヤヤ

Yaya (Jaja)
18世紀

ヤヤはスリナムの逃亡黒人奴隷から誕生した森林ニグロ（マルーン）の一部族、サラマカの女性である。

ヤヤはスリナムを支配する白人およびオランダ政府に対する闘争を、1690年代から70年近く戦い続けたサラマカの偉大な指導者、アヤコの姪であった。

スリナムにおける森林ニグロと白人の間の黒人奴隷解放を求める闘争は1世紀近くも続いたが、1750年代後半になると、この戦いの和約の可能性が探られるようになり、サラマカ族の元へも和約締結の可能性を探ろうと白人の使者が訪れてくることになった。ここでサラマカ族は、白人が平和を欲しているのに対して、自分たちはどう対応すべきか議論を行ったが、彼等は白人に対する強い敵意に満ちており、和約の締結にはあまり乗り気になれなかった。サラマカ族は一度自分たちの部族を訪れた者のことを絶対に忘れないほどの強靱な記憶と意志を持つ部族であり、白人達が自分たちに加えた酷い仕打ちを忘れることは出来なかったのである。そして長きに亘って白人と戦い続けた指導者アヤコも当然、白人の存在には我慢がならなかったのである。

ところがサラマカ族が議論を行っている最中、神ワンバを頭に宿す巫女であったヤヤは、口を開いて言った、自分たちは白人に対する敵意をこれ以上持つべきではないと。そして彼女は巫女として、「少しずつ少しずつ、ハチドリはサトウキビ汁を鍋に満たすだろう」との神託を下し、老人の命は残り僅かであり、老人が死ねばその時に和平の時が来ると主張した。彼女は近く訪れるであろう老人、すなわち対白人闘争の英雄たる彼女のおじアヤコの死を待つことで、冷却期間を置き、それを一つの区切りとして敵意を収め、和平を取り結ぶことを提案したのである。これは白人の農園を逃亡した世代に替わって、部族の中心を占めるようになってきた逃亡先の森林で誕生した世代の意見を象徴する発言であった。

やがて1756～58年頃にアヤコが死んで以降、ヤヤが予言・提言したように、

サラマカも和約へ向けて動きだし、1762年、森林ニグロとオランダの和平が成立、スリナムの黒人奴隷は解放されることになった。

ところでヤヤはその後も、部族と白人勢力の穏健な橋渡し役として活躍したらしい。彼女は1765年、キリスト教宣教師がサラマカ族の元へ到達したとき、部族の者達を説得して、宣教師が部族の者に聖書を配布することを許可させたという。現在、これを記念してヤヤの名を取ったキリスト教救護院が建てられている。

チリ

イネス・デ・スアレス

Ines de Suarez
1507〜72

イネス・デ・スアレスはスペイン、チリの冒険家である。

イネス・デ・スアレスは1507年、スペイン貴族の家に生まれた。彼女はやがて20歳頃に、フアンという男と結婚するが、フアンが遊び人であったため、彼女は裁縫や刺繍の仕事で一家の生計を支えねばならなかった。その上、フアンは一山当てるため新天地アメリカ大陸へと渡ってしまったため、二人の結婚生活はわずか2、3年しか続かず、彼女は祖父と母のいる実家へと戻っていくことになった。そしてその後、彼女は地下水を見つける特技を使って井戸を掘ったり、病院の修道女を手伝うなどして過ごしていた。その間、夫はベネズエラからわずか3通の手紙を寄こしたのみであった。ちなみにイネス・デ・スアレスは字が読めず、教会の僧に手紙を読んでもらい、返事も代筆してもらっていたという。

やがてどこで何をしているやら分からぬ夫を待つ生活に耐えられなくなったイネス・デ・スアレスは、持ち前の行動力と逞しさを発揮して、アメリカ大陸への渡航を決意、数年がかりで許可を得る。そして女の一人旅は許されないということで姪を同伴者とし、1537年ついに彼女はアメリカ大陸へと渡った。

アメリカ大陸へ到着すると、姪は船中で知り合った男と結婚して去ったので、イネス・デ・スアレスは一人で、コロンビアのカルタヘナからパナマ、ペルーのリマ、クスコと夫フアンの消息を求めて渡り歩いた。そしてクスコで彼女はフアンが本来戦士ではなかったにもかかわらず、物騒な新大陸の流儀に倣って武器を取り、ペルーの征服者ピサロの弟の身代わりとなって、戦場で果てていたということを知ったのである。ここで彼女はピサロの引見を受けることになり、弔いの言葉と、住む家および使用人を与えられることになった。

彼女は農業を営むとともに、裁縫や刺繍の仕事をこなし、病院の手伝いで身に

つけた知識で看護師、薬剤師としても名を挙げ、しだいにクスコでの生活にも馴染んでいくことになった。ところが1539年、彼女はピサロの部下の富裕な軍人で彼女より9歳年上のペドロ・デ・バルディビアと恋に落ちる。バルディビアにはスペインに残した妻がいるため、二人は結婚はできなかったものの、彼女はバルディビアの愛人となり、翌年のバルディビアのチリ征服計画に、公認看護師として同行することになったのである。

チリ遠征隊では原住民の妨害や、山地、砂漠の天険を乗り越えて進んだが、この間、彼女は地下水を見つけるという特技や、医術知識、食料や備品を巧みに確保する逞しさ、器用さで部隊のために大いに活躍した。その上、彼女は様々に働くかたわらで、バルディビアから武器や防具の使い方を、神父から読み書きを教わるなどしていったという。

1541年、バルディビアはスペイン人150人とペルー人の使用人400人でサンティアゴの町を建設したが、翌1542年、サンティアゴは人質まで取っていたにもかかわらず、先住民マプチェ族の大々的な攻撃を受ける。この時、バルディビアは北の町を襲撃する陽動作戦によって半数の兵を率いておびき出されており、サンティアゴは主将を欠き、兵力も乏しい状態で攻撃を防がねばならなかった。サンティアゴ軍は敵の猛攻を前に次第に消耗、建物は焼かれ、広場へと追い詰められ、全滅も間近という状態に陥っていった。ところがここで、女達を率いて怪我人の手当や補給活動を行っていたイネス・デ・スアレスは突如、自ら人質一人の首を切り落として見せ、他の人質達も斬首させるとともに、人質達の首をマプチェ族に投げ込んで驚かせて時間稼ぎを行う。そしてその隙に彼女は防具を付けて馬を乗り回し、サンティアゴ兵達を鼓舞して回って、兵士達の士気の再建に成功した。この働きによって、サンティアゴの町は大打撃を受けつつも全滅だけは免れることとなった。その後の再建の過程では彼女の器用さ、逞しさが大いに役に立ったという。

やがて1548年、バルディビアが彼女のせいで奢侈と腐敗に陥っていると公的に譴責され、彼の地位を維持する条件として、彼女の追放あるいは彼女の他の男との結婚が挙げられる。ここで彼女はやむなくバルディビアの忠義かつ誠実な部下で彼女より4歳年下であったロドリゴ・デ・キロガと結婚することになった。元々、母を失ったキロガの娘をイネス・デ・スアレスが育ててやっていたという関係もあり、またキロガの誠実な人柄もあって、二人は幸福な結婚生活を過ごした。彼女たち夫婦はサンティアゴの繁栄に尽くしつつ、共に長寿を保った。

ちなみに1553年、バルディビアは南方の征服地で反乱により死亡する。そしてその数年後、生前バルディビアが呼び寄せていた妻がサンティアゴに到着したが、イネス・デ・スアレスはかつての自分と同じ様な境遇にあるこの未亡人に深く同情し、生涯その面倒を見てやったという。

その後1572年、イネス・デ・スアレスはサン・フランシスコ教会の建築に当たり、その礎石を置くという名誉を担った。そして同年、イネス・デ・スアレスは死亡した。

パラグアイ

エリサ・アリシア・リンチ

Elisa Alicia Lynch
1833〜1886

エリサ・アリシア・リンチはパラグアイの独裁者・国民的英雄ソラノ・ロペス（1827〜1870）の愛人で、ソラノ・ロペスをよく補佐した。しばしばマダム・リンチと呼ばれる。

エリサ・アリシア・リンチは1833年アイルランドで生まれ、10歳で父を亡くし、母の再婚後は孤児院で育てられることになった。彼女は15歳の時に、25歳年上のフランス人軍医と結婚し、アルジェリアに赴いたが、やがて夫と別れてパリで高級娼婦となった。

1853年エリサ・アリシア・リンチは、ヨーロッパ諸国を訪問中であったパラグアイ独裁者カルロス・ロペスの息子ソラノ・ロペスと出会う。そして空のような青い目と透き通るような肌という美貌の持ち主であった彼女は、好色なソラノ・ロペスの心を捕らえて愛人となり、ソラノ・ロペスのヨーロッパ滞在中、常にその傍らに伴われ、フランス皇帝ナポレオン三世との面会の際にさえも、同伴されることになったという。そして彼女はソラノ・ロペスのパラグアイへの帰国に同行することになった。彼女は1855年の帰国の船上における長男出産を始めとして、1861年までに、合計五人の息子を産んでいる。

パラグアイに着いたエリサ・アリシア・リンチは、上流人士からはあのフランス女と反発・蔑視を受け、ロペス家からは冷ややかな目で見られ、司教からは赤ん坊の洗礼を拒否されるなど、パラグアイの上流社会から孤立気味であり、親しみを示してくれる相手は女中など下層の女達だけという有り様であった。ソラノ・ロペスも家族に遠慮して、彼女を町の外に住まわせ、時折そこに通ってくることしかできなかった。とはいえ彼女は、そのような境遇にただただ大人しく耐え続けるような女ではなく、ソラノ・ロペスの寵愛を楯に、パラグアイ上流社会と激しく衝突していったらしい。ソラノ・ロペスの誕生日を祝う船上昼食会の時など、招待客が彼女をのけ者にして誰も席を譲らないため、彼女は客の料理を全て取り上げ川に捨てさせるという反撃に出ている。なおこのようにパラグアイの上流社会に疎外され、衝突を生じる一方で、彼女のヨーロッパ流の優雅さは、上流社会に大きな影響を及ぼし、パラグアイの

首都アスンシオンの社交界の流行を創り出していた。彼女がヨーロッパから取り寄せた香水や雑誌といった品々は人々の憧れを誘い、化粧品や洋服といった彼女の装い、あるいは庭いじりやチェス等の彼女の趣味は直ぐに流行になっていったという。

ソラノ・ロペスはパラグアイ帰国後、積極外交で手腕を発揮していたが、1862年に死亡した父の後を継いで独裁者となって以降も積極外交を展開、パラグアイの国際的地位の向上に取り組んだ。ところがソラノ・ロペスはパラグアイの実力を過大評価して、1864年ウルグアイの内戦に介入、ウルグアイ政府の支援要請に応えて、ブラジル、アルゼンチンという二大国が後押しする反乱軍に対抗していった。そのためパラグアイは1864年にブラジルと、1865年にアルゼンチンおよび反乱勢力が政権を奪取したウルグアイと戦争状態に突入、三国同盟を相手に戦争するはめに陥った。この戦争をパラグアイ戦争（三国同盟戦争）といい、パラグアイは国家の総力を振り絞り、少年まで動員してこの戦争を戦うことになったのだが、ソラノ・ロペスもパラグアイ軍の陣頭指揮を行い、1870年戦死、パラグアイは領土の四分の一、人口の二分の一以上を失って敗北することになった。そしてエリサ・アリシア・リンチはこの悲惨な戦争の間、ソラノ・ロペスに付き従い、逆境の中、ソラノ・ロペスを忠実に支え続けた。彼女は戦場にあっては軍のシンボルとなって大佐と呼ばれ、独自の情報網でソラノ・ロペスの家族が背後で企む謀反を察知し、時々首都に戻っては貴金属や宝石の供出を呼びかけ、軍資金集めに力を尽くした。彼女は突飛な性格のソラノ・ロペスをよく補佐してその破滅を遅らせたのだとも言われている。

ちなみにこの戦争でエリサ・アリシア・リンチは戦いの流れを動かして、ソラノ・ロペスとパラグアイ軍を救ったことさえあった。1867年、ソラノ・ロペスがアンゴストゥラに撤退してブラジル・アルゼンチン連合軍を迎え撃ったとき、ブラジル・アルゼンチン連合軍はパラグアイ軍を圧倒し、平原を掃討しつつ前進していたが、馬を駆ってアンゴストゥラを出て状況を偵察した彼女は、女性達の宿所に戻って、ナイフなり三又なり斧なり、何か武器になるものを持って集まるよう命じ、こうして集まった50人ほどの女性達を長く広がった隊形で進撃させた。そして、大佐の軍装を身に纏い頭上に剣を振り回すエリサ・アリシア・リンチとともに、この女性集団が丘の頂を越えて戦場へ姿を見せると、ブラジル・アルゼンチン連合軍は、新手のパラグアイ軍数千が丘を越えて攻撃をかけようとしているのだと錯覚、恐慌に陥って、逃走していった。ちなみに、エリサ・アリシア・リンチはこのとき初めて軍事的な行動に手を染めたのであったが、これ以降、彼女は何度も軍事的な行動に出ることがあったという。やがて1870年、彼女はコラ丘陵で戦死したソラノ・ロペスと長男を自らの手で埋葬した。

戦後、パラグアイを追放されることになったエリサ・アリシア・リンチは、ヨーロッパに赴き、ソラノ・ロペスが一家の財産を委託していた男の所を訪れたが、その財産は浪費されていた。そして1875年に彼女は財産確保のためパラグアイ入国を企てるがわずか15時間で追い返され、その後、極貧の生活を送り、1886年パリで死亡、貧民墓地に埋葬された。なお晩年の彼女が困窮していたとする通説に対し、彼女は貧窮には陥っておらず、パリの高級住宅地に住み、墓も立派な物であったという説もある。

パラグアイでは、エリサ・アリシア・リンチについて、激しい中傷が為された

時代もあったが、現在、彼女は同国の傑出した国民的ヒロインとされている。彼女の遺骨は1964年、パラグアイに移され、ナショナル・パンテオンに国家的な功労者として祀られている。

ブラジル

マリア・ボニータ

Maria Bonita（Maria Deia）
1908〜1938

マリア・ボニータ（マリア・デイア）はブラジルの民族的英雄となった女盗賊である。

マリア・ボニータは1908年にブラジルのセルタオ（未開の森林）と呼ばれる東北辺境地域を構成するバヒア州の極貧の農民家庭に生まれた。彼女には兄弟五人と姉妹七人がおり、乏しい収入と多くの家族のために、一家は常に空腹を抱えて生活していた。彼女の幼年時代や少女時代についてはほとんど分かることはないが、恐らく彼女は当時のセルタオの女性として一般的な成長過程をたどり、生かじりのキリスト教知識と、革細工や料理、刺繍、畑仕事といった、生活上の技能を身につけて育ったのだろうと推測されている。

マリア・ボニータはセルタオ人らしい小柄ながらしっかりした体つきと、黒い髪と瞳、綺麗な歯、暗褐色の肌を持つ、美しい女性に成長し、十代でセルタオ人としては比較的裕福な靴屋ジョセ・ネネムと結婚した。経済状況に加えて、ジョセ・ネネムの兄弟の一人が既にマリア・ボニータの姉妹と結婚していたこともあり、この結婚は彼女を幸福にしてくれるものと期待されたであろう。しかしながら、彼女たちの結婚生活は好奇心と冒険心溢れるマリア・ボニータと、日々の単調な生活と習慣に頑固なまでに固執するジョセ・ネネムの性格の不一致のせいで、全く愛情に欠ける日々になってしまったのである。修理を待つ靴の山に囲まれて過ごす単調な日々に飽き飽きした彼女は、賛同はしないまでも彼女の気持ちを理解してくれる彼女の両親の元を頻繁に訪れていたが、そのように彼女が両親の元を訪れた1931年のある日、彼女は彼女の憧れるある人物との出会いを得ることになる。その人物は悪徳富豪と役人を襲い奪った富をセルタオの人々にばらまく義賊、歌となってその名をセルタオの人々に讃えられる民衆の英雄、盗賊王を称する、ランピオンであった。

その日、両親の元を不意に訪れたマリア・ボニータはそこにランピオンがいるのを見る。マリア・ボニータの両親の農地の近くをしばしば通過するランピオン

と、マリア・ボニータの両親にこれ以前に面識があったことはほぼ確実らしいのだが、それどころか、おそらくは彼女の母親は娘がランピオンを賞賛していたことまで、ランピオンに話していたらしい。そのせいか、ランピオンはマリア・ボニータと出会うや恋に落ち、立ち去り際に、彼女と彼女の母親の同意の下、彼女を連れ去ってしまったのである。ちなみにマリア・ボニータというのはランピオンの盗賊団で仲間達が彼女に付けた渾名で、「美人のマリア」という意味である。

　マリア・ボニータを同伴するようになったランピオンは、まもなく彼女が美貌であるのみならず、器用で役に立つ人間であることを知る。彼女は優れた裁縫の腕で、衣服や物入れを縫い盗賊団の役に立ったし、それどころか彼女は自分の使うミシンの盗みまで上手くやってのけた。その上彼女はライフルの使い方を身につけ、盗賊団の戦闘にまで参加することになったのである。ちなみに盗賊団では、女性達はもしもの場合の護身術として射撃を教えられてはいたものの、戦闘からは隔離されており、女性が盗賊団の戦闘に参加したのはマリア・ボニータが初めてであった。とはいえその後、盗賊団の活動が国家的な重大事となり、国が本腰を上げて鎮圧に乗り出した1930年代の半ばには、危険な情勢下、盗賊団の全女性がライフルを手放せなくなり、マリア・ボニータもライフルを手にしたまま負傷するなどしている。

　1930年代半ばまでに、ランピオンの盗賊団は多数の役人や、兵士、警官を殺害して回り、その略奪範囲が少なくとも六州という広大な範囲に及んだ。ここに及んでブラジル政府は本格的な鎮圧作戦に乗り出し、大砲、機関銃、飛行機、そして近代的な軍事技術を身につけた軍事教官が盗賊団鎮圧のため東北辺境へと送り込まれた。そしてこれらの施策が効果を発揮し、さらには政府の雇った現地人の待ち伏せ攻撃が繰り返されたため、盗賊団は以前には考えられなかったほどの犠牲の多い戦いと長距離逃走を余儀なくされ、しだいに疲労と心労で消耗、規模も縮小していくことになった。それでもランピオンとマリア・ボニータおよびその手下の盗賊団は、恩赦の申し出さえ蹴って戦い続けていたのだが、その状況にはもはや何の希望もなく、1938年には、肩まで髪の伸びた盗賊たちが、ボロを纏い、異常なまでに汚れ、ほとんど絶望していたという目撃報告が残されている。

　そして同1938年、ランピオンとマリア・ボニータが率いる盗賊団は密告者に発見され、真夜中に政府軍および警察の攻撃を受けることになった。しかも突然の土砂降りを受けて、慌てて逃げ込む場所を探した後のことで、盗賊団は番犬も見張りも立てておらず、政府軍は気取られることなく盗賊団を包囲することに成功した。機関銃とライフルの射撃が始まると、ランピオンは起きあがって武器を取ったが、間もなく負傷して倒れ、血まみれのランピオンを見た盗賊達は戦意を失い逃走を始めた。ここでマリア・ボニータは逃げようとする盗賊達に呼びかけて、忠誠の誓いを思い起こさせ、なんと、崩壊しつつあった盗賊団を彼女の下に再結集することに成功する。そして彼女と盗賊達は、全く希望のない戦いを戦い抜いていった。マリア・ボニータは数発の弾丸をその身に受けて、戦死することになった。

　戦闘の後、盗賊達の死体は切り刻まれ、ランピオンとマリア・ボニータの遺体も首を切られた。のみならずマリア・ボニータは首のない胴体も辱めを受け、その脚は押し広げられ、女性器には太い棒が差し込まれることになった。彼女たちの首はバヒアの州都に運ばれた。残りの胴体

はそのまま現地で好奇の目の中に放置されていたが、ついにはハゲタカに食い尽くされてしまった。

その後、ランピオンとマリア・ボニータおよびその盗賊団は大衆文化の中で民衆の英雄として語り継がれることになった。壮絶な非業の最期が民衆の畏敬と同情を誘ったのであろう。

アマゾン川

南アメリカ大陸を流れる大河アマゾン川、その名はギリシア神話の女戦士部族アマゾンと共通している。この川はなぜこのような奇妙な名を持っているのだろうか。これは実はただの偶然の一致ではない。これはギリシア神話のアマゾンの名が川につけられた故に生じた一致なのである。

1541年末頃、スペイン人フランシスコ・デ・オレリャーナは南米はエクアドルの街キトを出発、アンデス山脈を越えてマラノン川流域に入った。彼らは南アメリカ大陸にあると考えられていた伝説の黄金郷エル・ドラドを求めて旅立ったのであり、その後9ヶ月に渡る大探索をマラノン川流域で行った。苦難に満ちた旅の途上の1542年6月24日、オレリャーナ一行は先住民インディオの襲撃を受け、2時間ほど壮絶な戦いを行ったがこの時、インディオの側には女戦士たちが含まれており、その女達は非常に勇敢で背が高く、色白であった。探索に同行していたカルバハル神父は、この女達がギリシア神話に登場する女戦士アマゾンではないかと考えたが、この話がスペイン本国などに伝わり、「アマゾン」がマラノン川の名前とされたのである。

ところで南米大陸に女戦士が存在したという伝承はこれには限られず、ヨーロッパ人征服者、探検家によって他にも同種の話が伝えられている。そのような女戦士の実在性について、20世紀の学者達のほとんどが長らく否定的な見解をとっていたが、1970年、ドイツ人民族学者イェスコ・フォン・プットカマーが女戦士部族との交流の機会を得た。さらに彼は女戦士の実在を示す壁画と遺物を発見、その遺物には女戦士に殺されたスペイン人のものと思しき古いスペイン様式の兜と銃が含まれていた。

ベネズエラ

ルイサ・カセレス

Luisa Caceres
1799〜1866

ルイサ・カセレスはベネズエラの独立戦争における国民的英雄である。

ルイサ・カセレスは1799年、ベネズエラの中心都市カラカスに生まれた。

ベネズエラは1810年にスペインからの独立を宣言して独立戦争を戦っていくが、ルイサ・カセレスは対スペイン戦争を戦う愛国者フアン・バウティスタ・アリスメンディ将軍の妻となった。そのため彼女は1814年、スペイン軍に捕らえられることになった。スペイン軍は彼女と引き替えに、フアン・バウティスタ・アリスメンディに降伏を迫るつもりだったのである。しかし彼女の夫は、独立の大義を強く信奉していたため、決してスペインの要求に屈さず独立闘争を戦い抜いた。そして彼女の方も未だ少女の身ながら、大義を信じて勇気を振り絞り、極悪な環境下の虜囚生活の苦しみに耐え続けたのである。彼女の虜囚生活は1816年まで2年間にも及んだが、虜囚となったとき妊娠していた彼女は、劣悪な生活の中、流産することになっている。

この間に、ルイサ・カセレスの放った「夫がその義務を果たしているように、私も自分の義務に従うことを知っています」との言葉は、有名である。

ルイサ・カセレスは1866年に死亡した。

ルイサ・カセレスが独立戦争で示した際だった勇気は彼女をベネズエラの国民的英雄にし、彼女の遺体は1876年、国家的功労者を祀るナショナル・パンテオンに収められることになった。

ペルー

ミカエラ・バスティダス

Micaela Bastida（Michaela Bastidas）
1745〜1781

ミカエラ・バスティダスはスペイン領であったペルーにおいて、先住民のインディオを率いて反乱したトゥパク・アマルの妻で、夫を助けて戦った人物である。

ミカエラ・バスティダスは1745年、ペルーのクスコ司教区のティンタ地方、パンパマルカ村に生まれた。彼女は洗礼の際、クリオーリョ（アメリカ大陸のスペイン植民地生まれの白人）として登録されているが、アメリカ大陸原住民であったと言われている。彼女の幼少時についてはほとんど何も分かってはいないが、やがて彼女はウェーブした髪と綺麗な肌を持ち、長身痩身で、魅力に気品を兼ね備えた、美しい少女へと成長していった。なお彼女はスペイン語を解さず、アンデス土着のケチュア語のみを話し、自分で読み書きすることはできなかったが、様々な物事に対して十分な理解力を持つようになっていったという。

1760年、15歳のミカエラ・バスティダスは、7つ年上のホセ・ガブリエル・コンドルカンキの求愛を受け、結婚する。ホセ・ガブリエル・コンドルカンキは、かつてペルーを支配したインカ帝国貴族と白人征服者の血を引くメスティソ（混血）で、裕福な商人・運送業者・地主であり、ティンタ地方のいくつかの村の原住民共同体の長（カシケ）も務めていた。ミカエル・バスティダスは結婚後、このような多用な仕事を兼ねる夫を支え、商売旅行に同行したり、共同体や農地の仕事をこなしたりして過ごしていた。二人の間に子供は三人生まれている。

　ところでホセ・ガブリエル・コンドルカンキは、スペインの重税と圧政、政治腐敗がペルーの貧しい人々を苦しめているのを見て、心を痛めていたが、ミカエラ・バスティダスも夫と気持ちを共有しており、彼女はしだいにスペイン官吏を、土地や物を奪う横暴な盗人であると認識するようになっていく。そして夫妻のこのような思いが募った果てに、1780年、ホセ・ガブリエル・コンドルカンキはインカ皇帝トゥパク・アマルの末裔、トゥパク・アマル2世を名乗ってスペインに対する反乱を起こすに至るのである。そしてこの反乱において、ミカエラ・バスティダスは優れた軍事的識見を持つ有能な副将として、優れたカリスマはありながら戦略的な思慮にいささか難のある夫を支えていくことになる。彼女は挙兵の時期の決定にも深く関与しており、彼女の意見によって、挙兵は種蒔きの後、農民の参戦しやすい時期と決定されたという。そして反乱軍はスペイン官吏を殺して挙兵、クスコ市から派遣された討伐軍をサンガララ村で奇襲して600の損害を与えつつ撃破、各地へと制圧の手を広げていくことになった。

　反乱において、ミカエラ・バスティダスは、トゥパク・アマルが戦闘に向かっているときは、トゥンガスカの反乱軍司令部の長官となり、人々への啓蒙活動やスパイ網の構築運営、予備部隊の編成、兵站の管理を行い、物資、兵力、情報、民衆の支持といった、夫が必要とするあらゆる物をお膳立てしていった。また彼女は裏方で作戦を支えたのみならず、表立った作戦の立案・実行にも関与しており、彼女が奇襲計画の策定を行ったり、前線で部隊を率いたりしたことも知られている。そしてその能力も素晴らしく、5千の兵を率いて参戦したリビタカの戦いにおいて、彼女が並はずれた馬術と戦いぶりを披露したことが、スペイン軍の構成員によって記録されている。それどころか、ミカエラ・バスティダスの戦術手腕は、兵力を膨らませて見せることができ、彼女は実際には6千しかいない軍勢を、8万人もの規模に見せかけることが可能であったという。なおミカエラ・バスティダスが兵士達の山賊行為を厳しく取り締まり、また夫と共に教会や神父の懐柔に力を尽くし、社会的な支持の確保に気を配ったことも、彼女の能力・識見の現れと言って良いだろう。ちなみに、二人の教会懐柔策はクスコのメルセス会修道院長に、反乱は暴政からの解放を目指してのものだと、言明させるほどの効果を上げたという。

　ところで反乱の行方であるが、サンガララの勝利後、地域の中心都市で、インカの旧都でもあるクスコ市を即時攻略すべきとのミカエラ・バスティダスの意見を聞かず、トゥパク・アマルは、物資・兵員の獲得や勢力拡大のために、各地に転戦、時間を浪費する。そしてその間にクスコ市には援軍が到着、防衛力が強化され、クスコ攻略は不可能となってしまった。現在、歴史家達はこの段階における遅延が反乱の勢いを削ぎ、反乱を失敗に終わらせたと見なしている。なおこの間、ミカエラ・バスティダスが夫に送っ

た手紙は、夫の愛称「チェペ」を使って呼びかけ、自分の名を縮めた「ミカコ」の署名を入れた愛情溢れるものでありながら、夫の戦略的な過誤に対する非難と悲嘆の思いが滲んでいるという。その後、ミカエラ・バスティダスは独断専行でクスコ攻略に出撃するも、クスコ到着前に混乱を生じて、帰還。やがてはトゥパク・アマル自身が遅ればせながらクスコ攻略に乗り出したものの、結局、攻略は果たせなかった。そして翌 1781 年には反乱は勢いを失い、ミカエラ・バスティダスとトゥパク・アマルおよび反乱軍幹部達は、ティンタ地方南部のランギ村でスペイン軍に捕らえられることになった。

同年、ミカエラ・バスティダスには死刑判決が下り、クスコ市の広場で、息子の一人ヒポリトが絞首刑にされるのを見せられた後、処刑されることになった。彼女は首に縄を巻き付けられ、殴打された末に、死亡した。彼女に続いて夫も処刑された。ミカエラ・バスティダスとトゥパク・アマル一家の頭と四肢は槍に刺して、ペルーの主要 5 州の広場において、反乱を企む者たちへの見せしめとして晒し者にされた。

ミカエラ・バスティダスは夫トゥパク・アマルとともにペルーの民族運動、ラテン・アメリカ独立の先駆者とされている。

ボリビア

フアナ・アズルドゥイ

Juana Azurduy
1781～1862

フアナ・アズルドゥイはボリビアの独立運動の指導者の一人となった女性である。

フアナ・アズルドゥイは 1781 年、スペイン領であったボリビアの中南部にある都市チュキサカ（現スクレ）に生まれた。彼女は修道院で修道女になるための教育を受けたが、1805 年、聖職者の道へ進むことを拒絶して、軍人であったマヌエル・アスセンシオ・パディラと結婚した。彼女は夫との間に 5 人の子供をもうけることとなった。

1808 年のヨーロッパの覇者ナポレオンのスペイン征服の影響で、スペインのラテンアメリカ支配が動揺すると、翌1809 年、チュキサカではいち早くスペインに対する反乱が発生、これはラテンアメリカおよびボリビアの対スペイン独立戦争の先駆けとなった。そしてフアナ・アズルドゥイは彼女の夫とともに、兵を集めてこの独立戦争に参戦、革命軍に加わって、独立を目指してゲリラ戦による抵抗を展開していくことになった。

ボリビアは建前上、1810 年にアルゼンチンのブエノスアイレスに成立したリオ・デ・ラ・プラタ合衆国に所属してスペインからの独立を図っていたのだが、リオ・デ・ラ・プラタ合衆国による解放作戦が何度も失敗を繰り返したため、ボリビアのゲリラ部隊は実際にはそれぞれに「小共和国」と呼ばれる小政権を形成して、独立闘争を続けていた。この情勢下、フアナ・アズルドゥイと彼女の夫もその様な小共和国の主となり、二人は政治権力および軍の指揮権を共有し、夫婦

協力して独立闘争を続けていった。

やがて1816年、夫マヌエル・アセンシオ・パディラが死ぬと、アルゼンチン北部の都市サルタに移動し、その地の指導者グエメス将軍の元で、軍事と統率の才を認められた。そのため彼女は女性にもかかわらず、リオ・デ・ラ・プラタ合衆国から、中佐の地位と栄典を与えられることになった。さらにその後も彼女の評価は益々高まり、彼女は合衆国の有力軍事指導者ベルグラノから、士官用の剣を授与されることにもなった。

1825年、ボリビアは北方からラテンアメリカ解放を進めていたシモン・ボリーバルによって解放され、独立を果たした。ちなみにボリビアという国名はボリーバルの名を取ったものであり、それまでボリビアの地は上ペルーと呼ばれていたのである。そしてこの独立により、フアナ・アズルドゥイの戦いも終わりを迎えることになった。彼女はボリーバルの元部下のボリビア初代大統領の名を取り、スクレと改称した生まれ故郷の街に戻り、末っ子のルイサと共に1862年の彼女の死までを静かに過ごした。彼女の残り4人の子供はマラリア熱にかかって、父親よりも早く死んでいたからである。

フアナ・アズルドゥイはボリビア独立の英雄、民族独立の母と見なされており、彼女の名アズルドゥイは州名や都市名として残されている。

女性と戦争と平和

女性は通常、平和的な性と見なされており、暴力的な男性の起こす無責任な戦争の哀れな犠牲者であると考えられがちである。一般的に戦争と女性と言って思い浮かべられるのは、抵抗するすべもなく一方的に空襲の餌食になる、敵の兵士に陵辱される、心ならずも夫や恋人を戦地に取られる、あるいは子供を殺され泣き叫ぶといった光景であって、戦争の惨禍を語る際には、罪もない女子供が犠牲となっているといった物言いがしばしば用いられる。

しかし女性の戦争関与は犠牲者としての関与のみには限らない。女性は時には男性と同じように自己の生活上の必要や愛国の熱狂に駆られて、戦士となって武器を取ることさえする。そしてそれ以外、戦闘の渦中に乗り出さない場合でも、女性は必ずしも平和的な性ではない。

例えば古代ギリシアの軍事国家スパルタでは、母は息子の不名誉よりも死を望み、悲惨な敗北からただ一人生き残った自分の息子をレンガで打ち殺した母親さえいたと言う。そして女性がこのような好戦的な姿を見せるのはスパルタのような特殊な軍事国家に限られず、南北戦争期のアメリカなど、女性達が男性の兵役志願を煽り立てた結果、南部連合の臆病者は前面の北部連盟と後背の女性の二つの砲火で挟み撃ちにされていたと評する歴史家がいるくらいである。また第一次大戦時のイギリスでは若い女性が、軍服を着用していない若い男性に臆病者のシンボルとして白い羽を配って回り、辱めることで彼らを戦場に追いやろうとしたという話が残っている。

男性のみならず女性も進んで人を死地に追いやり、人の死を望むことのできる、十分に暴力的な性なのである。

オセアニア

オーストラリア

トルガニーニ

Truganini
　(Truccanini/Traucanini/
　Trugernanner)
1812～1876

　トルガニーニはタスマニア島の先住民アボリジニーの指導者の一人で、白人襲来期に部族の生き残りを模索して苦闘した女性である。

　トルガニーニは1812年、オーストラリア東南にあるタスマニア島のルシェルシュ湾で、アボリジニーの一部族の長老の娘に生まれた。この少し前より、タスマニア島はイギリスによって流刑地とされており、以降、続々と犯罪者およびそれを管理する役人、兵士が、タスマニア島へと送り込まれて来ていた。そのためこの頃、アボリジニーは土地と命を奪われまいと、白人相手の血みどろの生存闘争を戦っているところであった。白人はアボリジニーの事を人間とは見ず、人間以下の別種の生物と見なしていたため、同島の白人のアボリジニーに対する扱いは過酷残虐を極めた。その扱いの酷薄さは、狩猟部隊による銃撃や罠による捕獲がアボリジニーに対する扱いの中で、もっとも穏当な部類という有り様であった。そのため4千～2万人と見積もられていたタスマニア島のアボリジニーは、急速にその数を減らしていくことになるのだが、トルガニーニはこのような情勢下、白人とアボリジニーの闘争の最前線近くで幼少期を過ごしていくことになった。

　やがて1820年代になると、非犯罪者のイギリス人までもがタスマニアへの移住を始め、アボリジニーの狩り場であった土地へと植民を行って、ますます対白人の生存闘争は深刻さを増していった。そして1828年、戒厳令が発令され、全ての白人は植民地付近で見かけたアボリジニーを殺害することを許可されることとなり、1829年までにトルガニーニは、その身内のほとんどを失うことになった。彼女の母は捕鯨船員に殺され、おじは兵士に射殺され、姉妹はアザラシ狩り猟師に誘拐された上で射殺された。彼女の婚約者パラウェーナは、材木集めに来た男達に殺された。活発で美しい少女であったトルガニーニ自身も、材木集めの男達に襲われ、強姦されてしまったが、彼女は命は助かった。そして1829年、生き残っていた彼女とその父の元に宣教師、ジョージ・オーガスタス・ロビンソンが、友好的な宣教活動と称して訪れてきたのである。

　この頃、タスマニア島には4万人近い白人植民者が住む一方で、アボリジニーは白人側の見積もりではその数を300人ほどに減らしており、植民地政府はもはやアボリジニーには、タスマニアの中心

都市ホバート・タウンを徘徊する野犬ほどの危険も無いと見なすようになっていた。そのため勝利と優位を確信した植民地政府は、タスマニア奥地に潜む壊滅寸前のアボリジニーに対して、宣教師を送り込んで友好の手を差し伸べ、イギリス人植民者のさらなる勢力拡大によって絶滅させられる前に、隣の島へと移住させてやろうなどと考えるようになった。そしてこうすればアボリジニーのタスマニアからの消滅が完成し、白人の大多数の望みが叶うはずであった。こうして宣教師ロビンソンが、自分はアボリジニーの友で保護者であるとの自負を纏って、トルガニーニとその父の元を訪れ、自分とともに来れば、毛布と食料と避難所を与え、アボリジニーの文化も尊重されるだろうと、提案することになったのであった。そしてこれに対し、トルガニーニは部族の生存のためには、ロビンソンの提案を受け入れるしかないと判断することになった。なおこの1829年のうちに、トルガニーニは、ブルーニー島のヌエノネ族出身のウォーラディと結婚することになっている。

1830年からトルガニーニと彼女の夫ウォーラディおよび彼女の一家は、宣教団に安全に移動可能な薮を抜ける道を教えてその活動を助け、他のアボリジニー達に対する説得を行い、タスマニア島のアボリジニーの滅亡を回避すべく力を尽くした。そして1835年までに、わずか数百人にまでうち減っていたアボリジニー達は、ほぼ全員がオーストラリア大陸とタスマニア島の間にあるフリンダース島へと移住を終えたのである。

ところがフリンダース島で、白人とアボリジニーの考え方の対立が明らかになっていく。実のところ白人には前言とは異なり、アボリジニーの慣習を尊重する気など無く、アボリジニーにヨーロッパの慣習とキリスト教を教え込もうとした。植民地政府とロビンソンはアボリジニーの子供を両親から引き離し、厳格な監督下において、聖書を読ませ、賛美歌を歌わせることまでしたのである。その上、約束された食料の提供は行われはしたものの量が乏しく、アボリジニーは栄養失調に陥っていき、多くの者が死んで行くことになった。一方、アボリジニーたちは、フリンダース島を一時の避難所としか考えておらず、やがては先祖代々の土地タスマニアへと帰還を果たすつもりであり、白人のためにタスマニアから消え失せてやる気など全く無かったのである。

そして1835年、フリンダース島に移ったトルガニーニも他のアボリジニー達同様の憂き目に遭い、彼女は自分たちの文化を放棄し召し使いの衣を纏うことを強いられ、ロビンソンによって名前をララ・ルークと変えられ、白人たちによって虜囚であるかのように扱われた。ここでトルガニーニは、ロビンソンの提示する移住がアボリジニーの生存のためになるとの考えを捨て、1836年には再移住の一団に混じってタスマニアへと渡り、なおもタスマニアに潜んでいる同朋を探し、見つけられた僅かな人々に対して、なんとしてもタスマニアに留まるよう説得を行った。1837年、トルガニーニはフリンダース島に戻った。

1839年にはトルガニーニは、ポート・フィリップ地区のアボリジニー保護官に任じられたロビンソンに伴われ、夫と他の14人のアボリジニーとともに、オーストラリア大陸のメルボルン付近に移住した。そしてこの2年後、彼女は他に男女それぞれ2名ずつ、合計5人の集団で脱走を企てたが、途中、羊飼い二人を威嚇し、捕鯨船員を銃撃するなど大騒動を引き起こし、この罪により男2人は絞首刑、女3人はフリンダース島へと送還されることになった。なおこの送還の旅の

途上、同行した彼女の夫は死亡している。彼女はその後、フリンダース島で過ごしたが、1847年タスマニア島のオイスター湾に46人の同朋とともに移された。

タスマニア島に戻ったトルガニーニは、藪で狩りをし、貝を集めるといった伝統的な生活を送り、幼少期に出入りしていた場所を再訪問して過ごした。1874年、オイスター湾が洪水に見舞われると、トルガニーニはホバート・タウンに移された。やがて1876年、彼女は死亡し、その遺体は「山陰に」との彼女の意思を無視して、ホバート・タウンの女性刑務所の庭に埋葬された。彼女はタスマニア・アボリジニーの最後の生き残りであったと考えられている。

1878年、トルガニーニの遺骨は科学者達に掘り返され、1888年にはその骨の一部がメルボルンにおける展示会に曝された。1904年頃からは彼女の遺骨はホバート博物館の展示物とされた。

トルガニーニの後世における評価であるが、時が経つに連れ、彼女はアボリジニーの破壊の象徴と見なされ、アボリジニーの抵抗の英雄と評価されるようになっていった。その一方で、彼女はしばしば白人によって、アボリジニーを破滅に導いた一種の裏切り者として、中傷されてもいる。

キリバス

テカレイ・ラッセル

Tekarei Russell
1937〜

テカレイ・ラッセルはキリバスの教師であり、またイギリス植民地時代の同国の議会において、女性政治家の先駆として活躍した。

テカレイ・ラッセルは1959年には教師となり、エレイン・ベルナッチ女子学校で教鞭を執った。この学校でキリバス土着の人間が教鞭を執るのは初めてのことで、同校には彼女を記念して、その名にちなんだラッセル学生寮が建てられている。またテカレイ・ラッセルは政治にも関心が深く、彼女の名は女性の会における活発な活動で世に知られていたが、1972年、彼女は選挙に当選し、キリバス初の女性議員となった。議員となった彼女は経験と他の議員達の助言を得て、うるさ型の政治家へと急成長していったらしく、彼女は助言をくれた議員達に感謝を示しつつ、「私はこれから、あなた方に負けぬよう、叫んで、叫んで、見せますよ」と言ったそうである。さらに彼女は1975年の選挙にも当選し、この時は健康・家族問題担当大臣の地位を得た。これはキリバスにおいて女性が大臣となる最初の例であった。彼女は1977年まで大臣の地位を占めた。

その後、テカレイ・ラッセルは教職へと復帰し官立中等学校で教鞭を執った。

なおキリバスが独立国家となった12年後の1991年にも、テカレイ・ラッセルは選挙に立候補しているが、この時は当選はできなかった。

テカレイ・ラッセルは、その功績を讃えて、アナ・カモアモア・キリバス勲章（キリバスの誇り勲章）を授与されている。

サモア独立国

ラウル・フェタウイマレマウ・マタアファ

La'ulu Fetauimalemau Mata'afa
1928～

　ラウル・フェタウイマレマウ・マタアファはサモア独立国の外交官、政治運動家である。

　ラウル・フェタウイマレマウ・マタアファは1928年に生まれ、1945年に奨学金を獲得し、ニュージーランドで教育を受けることになった。1953年に彼女はサモアに帰国し、新サモア大学で教鞭をとった最初の女性の一人となった。

　ラウル・フェタウイマレマウ・マタアファは、政治家フィアメ・マタアファ・ファウムイナの妻となったが、この夫はやがてサモア独立国の初代首相（在任1959～1969）を務めるなどの活躍を見せることになる有力者で、社会の高い尊敬を受けていた人物である。そしてラウル・フェタウイマレマウ・マタアファも、この夫の妻に相応しい活躍を見せていく。彼女はサモア女性の権利の代弁者として活躍し、男性支配の強固な保守国家サモアにあって、男女の平等を追求した。彼女はサモア女性国民会議（NCW）の議長を20年に亘って務めている。

　夫のフィアメ・マタアファ・ファウムイナは1975年に死去したが、ラウル・フェタウイマレマウ・マタアファは、夫の死後も活躍を続けた。彼女は1975～76年と79～81年には議員を務めたし、1989年、在ニュージーランド領事となり、ニュージーランドの北部の商工業都市オークランドの9万人近いサモア人の長の地位に立った。ちなみに、これによって彼女は領事の職を務める最初のサモア女性となった。この頃、ニュージーランドとサモアの間では、サモアからの大量移民が問題視され、長年の論争の的となっており、この問題への対処が彼女に課せられた重要な課題となった。彼女は両国の不和の解消と、サモア人を競合相手、出し抜くべき対象と見なすニュージーランド人のサモア人観の軟化、改善を望みつつ職務に当たった。その後、1993～97年には彼女は在ニュージーランド高等弁務官を務めた。

　なおラウル・フェタウイマレマウ・マタアファは夫との間に娘一人をもうけており、この娘は1991年にサモア初の女性大臣となっている。

ソロモン諸島

ジュリー・マキニ・シポロ

Jully Makini Sipolo
1953～

　ジュリー・マキニ・シポロは、ソロモン諸島における女性文芸活動の草創期を支えた、先駆的な女性作家、文学者である。

　ジュリー・マキニ・シポロはソロモン諸島西部のニュー・ジョージア群島中の一島、ギゾにおいて1953年に生まれた。彼女は太平洋諸国が共同で運営する南太平洋大学を卒業した。

　ジュリー・マキニ・シポロは、1980年にソロモン諸島初の女性作家研究集会に加入し、これ以後、熱心な創作活動を続けていくが、早くもその翌年の1981年には詩集『文明化された少女』の出版に漕ぎ着けている。これはソロモン諸島女性の文芸作品の出版として最初期のものの一つであるとともに、ソロモン諸島女性の初の詩集出版であった。さらに彼女はソロモン諸島初の女性文芸作品集の編集者の一人としても活躍した。

その後、1998 年にはジュリー・マキニ・シポロは、ソロモン諸島の首都ホニアラにおける国際太平洋史学会において、詩と歴史に関する論文を発表した。

以上のような作家、文学者としての活躍以外のジュリー・マキニ・シポロの業績としては、彼女が世界自然保護基金のために働いたことが挙げられる。

ツバル

ナアマ・ラタシ

Naama Latasi
1943～

ナアマ・ラタシはツバルの政治運動家、政治家であり、同国の女性政治参加の先駆となった人物である。

ナアマ・ラタシは 1943 年、ツバルのニウタオ島の政治家の家庭に生まれた。彼女はその幼少時のほとんどを母の生地でもあるキリバスで過ごし、キリバスのエレイン・ベルナッチ女子学校を卒業した。

その後、ナアマ・ラタシはイギリスのサウス・デヴォン技術大学や、オーストリア、キリバスの技術研修所で学び、1978 年に夫カムタ・ラタシとともにツバルへと帰国した。

ツバルに帰国したナアマ・ラタシは様々な女性団体に参加、ツバル女性国民会議の副議長を務めるなど、女性問題に関する傑出した活動家として名を成していき、また地域社会の問題にも取り組んでいたが、やがて 1989 年、彼女は選挙に出馬する。そして彼女は政治家の家庭の出身であることや、夫が有力政治家であることに後押しされ、見事当選を果たすとともに、健康・文化教育・地域福祉問題担当大臣の地位を獲得することになった。ツバルにおける初の女性議員であり、初の女性大臣であった。彼女はその後、1993 年まで大臣の地位にあり、1997 年まで議員の地位を保持していたがこの間、女性問題や地域福祉の問題に運動家として携わってきた豊富な経験を活かして活躍、内閣においても議会においても、男性の同僚達から敬意を払われていた。それのみならず彼女の識見は国外からも尊敬を受けることとなった。

トンガ

サローテ

Salote
1900～1965

サローテ、正称サローテ・マフィレオ・ピロレブ・トゥポウ 3 世はトンガ王国の女王（在位 1918 ～ 1965）である。

サローテは 1900 年にトンガの王女として生まれた。当時のトンガは 1875 年

に立憲君主制確立による近代国家設立さえも成し遂げていたのだが、彼女の生まれた1900年、同国は財政危機からイギリスの保護国となってしまった。ちなみに、イギリスに従属した結果、トンガ王家では王名をイギリス王家から名を取ることにしており、サローテはイギリス王妃シャーロッテに倣って付けられた名前である。

サローテはニュージーランドのオークランドにあるイギリス国教会教区婦人大学、およびオーストラリアのシドニー大学で教育を受けた。1917年に彼女は有力貴族のウィリアム・トゥンギと結婚した。二人の間には3人の息子が生まれることになった。

そして1918年、父の死によってサローテは女王となる。この際、トンガの慣習により、夫は首相となって彼女に仕えることになった。なお1941年の夫の死後は、息子のタウファ・トゥポウが首相の地位を継ぐことになる。

サローテは180センチを越える長身の堂々たる容姿と上品な物腰によって、国内外ともにおいて、絶大な人気を得ることになったが、それのみ成らず、卓越した政治手腕も発揮、その業績によって国民の確固たる信頼を勝ち得ていった。彼女の治下で、トンガには無償の義務教育や無償医療が導入され、経済開発は進み、国家財政は再建され、犯罪はほとんど発生しなくなった。そのため、トンガは世界で最も幸福な国とまで評されるようになった。さらに彼女の元で、トンガは自治回復の道を着実に進んでも行った。その他、彼女は長年対立していたトンガのキリスト教会をウェズリー派トンガ自由教会に統一することにも成功した。これらの偉大な業績の結果、彼女は慈悲深く賢明な君主として、国民の圧倒的な崇敬を受け、それどころかトンガを越えて太平洋全域で彼女への尊敬の念が巻き起こった。

サローテは1953年にエリザベス女王の戴冠式に出席するためイギリスを訪問したが、この際、激しい雨の中オープンカーに乗って観衆の歓迎に応え、非常な人気と好感を得た。

1965年、サローテは死去した。なお彼女の死の5年後、トンガは完全な独立を達成する。

ナウル

エイガモイヤ

Eigamoiya
19世紀末頃

エイガモイヤはナウルの女王である。

18世紀に12の部族が割拠するようになっていたナウルでは、アルコールや火器がヨーロッパ人によってもたらされた19世紀、部族対立がますます激化していくことになった。19世紀の半ばには、ナウルに女王が存在していたことが知られているが、女王がいてもその下でナウル諸部族が協和できたわけではなく、激しい争いは続き、特に1880年代に争いは熾烈なものになっていた。ところが1888年、激化を極めたナウルの内戦は突如終結を迎えることになる。

この年、同島の最有力部族の一つエアムウィット族の族長にして、同島の女王でもあったエイガモイヤは、戦う二軍勢の間に割って入り、戦闘を押しとどめようとした。彼女が両軍の間に割って入り、一枚の織物を振りつつ、威風堂々と立ちふさがると、両軍の銃は完全な沈黙に陥ったという。ナウル人の長老達によれば首長階級の持つ偉大な魔力のおかげということであるが、合理的に見れば、エイガモイヤが首長らしい傑出した胆力と

威厳によって、戦闘する両軍の意気を圧倒したということになろう。これによってナウルは内戦を停止することに成功したが、この功績により、以後、エイガモイヤ女王の名は全てのナウル人から、常に絶大な尊敬の念を払われるようになった。この偉大な女王の名を取って、ナウルの客船が「MV エイガモイヤ」と名づけられたほどである。

なおエイガモイヤ女王の豪胆な行動のおかげで内戦の停止に成功したナウルであったが、同年、ドイツ人が同島に到来し、同島はドイツの保護領になることとなった。そしてドイツ人はナウル諸部族に武器を提出させて、武装対立状態を除去、ナウルは完全に内戦を脱することになった。

ニュージーランド

テ・プエア

Te Puea
1884〜1952

　テ・プエアはニュージーランドの先住民マオリ人の指導者である。

　テ・プエアは1884年、ニュージーランド北部のワイカト地方のワティワティホエにマオリ人の部族長ティアフイアの娘として生まれた。

　1840年以降ヨーロッパ白人植民の進出にさらされたニュージーランド北島において、マオリ人は増大する白人の脅威に対抗するため、政治体制の整備を進めるようになり、1857年から多くの部族が提携して、一人の王を戴くようになっていたのだが、テ・プエアの母ティアフイアは第二代マオリ王タウヒアオの長女であり、すなわちテ・プエアはマオリ王の孫でもあった。その一方、彼女は父方の祖父はイギリス人測量技師であり、彼

女は白人の孫でもあった。

　テ・プエアの祖父タウヒアオ王は、ニュージーランドに植民してきた白人達がマオリ人の土地を奪っていくことに反感を持っており、そのためマオリ人がニュージーランドの公立校に通って教育を受けることを禁じていた。そのせいで彼女は長らく学校教育を受けることができず、幼少期の教育としては部族の文化と知識を伝授されるのみの日々を過ごしていたが、そこで彼女はおじのマフタに非凡な才能を見出され、多くの時間をかけておじから多くの知識を伝授されることになった。やがて祖父タウヒアオの死の翌年、1895年になって彼女はようやく学校に通うことができるようになり、これ以後彼女はニュージーランドの公立校、マーサー校、マンジェレ校、パーネル校に通った。ところが彼女が15歳の時、彼女の母親が死んだため、彼女は学校教育を断念して、部族長の地位に就いた。

　その後のテ・プエアは、可能な限り部族の文化と知識の習得に努め、結果、集会での演説で注目を集めるようになっていったが、そのことは彼女を尊大にもした。そのため彼女のおじであるマオリ王マフタや長老達といったマオリの有力者達と彼女の間に衝突が生じ、有力者達は、彼女に反対し、彼女を大っぴらに批判するようになっていった。しかし両者はやがてある事件を切っ掛けに和解することになる。ある日マフタ王が通りにおいてテ・プエアの態度を改めようとして二人の間で一悶着した時のこと、直後、マフタ王は興奮した馬の群れに囲まれ危機に陥ってしまったのだが、ここでテ・プエアが彼を馬の群れから安全に引き出すことに成功し、両者の間に和解が成立、テ・プエアは人々の尊敬を集めるようになったのである。そしてこれ以後、彼女はますます注目を集め、影響力を強めていくことになった。

　ところで、このように有力者としての地歩を固める一方で、テ・プエアには、有力者としての自覚に欠ける行動もあった。彼女は一時の関係を繰り返す、恋多き青年時代を送ったようで、一度は部族から離れてしまったことさえあり、1910年にマフタ王は彼女に対して、マオリ王国とマオリ人に対する義務を思い出すよう訴えかけねばならなかったのである。そして部族の元へと戻った彼女はこれ以後、マオリの有力指導者としての重荷を背負い続け、傑出した指導力、見事な構想力、さらに温かな人柄によって、マオリの人々を導いていくことになる。

　テ・プエアは第一次世界大戦中には白人政府がマオリ人を徴兵しようとするのに反対、マオリを苦しめ続けた白人のための戦争で、マオリ人が不本意かつ不必要に傷つかないよう力を尽くした。1918年にマオリの男達が徴兵されて、ナローネックの訓練用駐留地に連れ込まれ、制服着用拒否に対する厳しい懲罰によって脅かされた際には、彼女は駐留地の側まで赴いて、男達に自分の姿が見えるよう駐留地の外側に座り続け、男達に勇気を与えたという。

　また1920年代には、テ・プエアは、すっかり廃れていたマオリ文化の振興・再生に取り組み、ワイカト地方の工芸職人達に呼びかけて、ヌガルンワヒアに彫刻を施した集会場を建設、マオリの工芸、芸術の再生に成功した。

　さらにその後、テ・プエアは、マオリ人の経済的基盤の強化へと関心を移した。彼女は王女の身で自ら率先して農地を耕し、マオリ農業の発展を促した。また彼女は女性と子供のための組織をつくり、社会福祉、社会改革にも力を尽くした。

　以上のような業績によってテ・プエアは名声を高め、晩年には国家的な重要人物と認識されるようになっていた。1937

年には彼女は、大英帝国3等勲位（CBE）を贈られている。なお勲位を得た際、彼女について何か記事になるようなことを聞きたがる新聞記者に対し、彼女は「私は働き、私は祈り、私は眠り、そしてその後また私は働いています」と答えたという。

1952年、テ・プエアはヌガルンワヒアで死亡した。彼女のタンギハンガ（マオリ文化における葬儀）は一週間に亘り、数千の人々がヌガルンワヒアへと足を運んだ。首相と野党党首も葬儀に参列し、世界中から電報が届けられた。

なおテ・プエアは1922年にレウィ・トゥモコ・カティパと結婚しているが、二人の間に子供は生まれなかった。しかし彼女は多くの子を養子として受け入れている。また彼女はマオリの子供達、若者達に愛情を注ぎ、子供達、若者達からも大いに愛された。なお彼女は自らの若き日を顧みて思うところがあったらしく、若者達が自分と同じ様な過ちを繰り返さないよう、杖を突きつつホテルのバーを訪れ、酒を女性に飲ませないよう言いつけていたという。

バヌアツ

ヒルダ・リニ

Hilda Lini
1954～

　ヒルダ・リニはバヌアツの政治運動家、政治家である。

　ヒルダ・リニはバヌアツのペンテコスト島のトゥラガ族出身で、同部族の伝統的地域共同体の指導者として、十代の頃より政治運動家として活動していた。イギリス、フランスの共同統治に服していたバヌアツは1977年、英仏およびバヌアツ代表の協議によって独立を決定したが、ここから1980年の独立に至るまでの期間、ヒルダ・リニはバヌアツ解放運動女性部執行委員会調整・運営担当を務めた。彼女はこの功績により、バヌアツ独立後、独立勲章を授与された。

　ヒルダ・リニは独立前のバヌアツ人民暫定政府内において重要な地位を占め、1977年～78年にかけては暫定政府閣僚を務めたほどであったが、独立後も政治家として活躍、1987～1998年にかけ、バヌアツ唯一の女性国会議員として、法務大臣や厚生大臣、外務大臣を歴任した。なお政治家時代の末期には、彼女はバヌアツ運動という政党を創設して、その代表を務めている。

　ヒルダ・リニはバヌアツ固有の価値観の擁護者として知られている。そのため彼女は欧米諸国の掲げる開発戦略の導入に反対するなど、反欧米的な態度を取ることもあり、太平洋地域に存在するフランス領への立ち入りを禁じられたことがある。また1996年には、バヌアツ先住民特有の社会機構擁護を目的とする先住民指導者全国ネットワーク、バヌアツコミュニティの創設者の一人となっている。

　この他、ヒルダ・リニは反核運動家としても著名であり、フランスが太平洋で核実験を行っていた時代に親仏派首相の下で厚生大臣を務めるという立場にありながら、反核の姿勢を貫き、厚生大臣の職を失うなどしている。また2000年から2004年にかけて非核独立太平洋運動の国際事務局である太平洋問題資料センターの所長の職を務めている。

パプアニューギニア

ジョゼフィン・アバイヤー

Josephine Abaijah
（Josephine Abayah）
1942〜

　ジョゼフィン・アバイヤーはパプアニューギニアの政治家である。
　ジョゼフィン・アバイヤーは1942年、パプアニューギニアのミルネ湾地方のワミラ村に生まれた。彼女の部族は1930年代の西洋人との接触まで、金属器と車輪の使用を知らないという外界と隔絶した生活を送っていた人々であるが、そのような部族の魔術を信じ、周辺部族との闘争に明け暮れる日々が、彼女の幼少時の生活環境であった。ところが彼女は1940年代の終わりから1950年代初めにかけて、女子として初めて、ミシマ島官立学校において教育を受けることになり、これによって彼女は部族外の近代化された世界へと足を踏み入れることになった。
　さらにジョゼフィン・アバイヤーはオーストラリアのクイーンズランドの全寮制学校に入学し、保健や教育、農村再生について学んだ。また彼女はパプア医科大学で事務員をしながら、看護についても学習した。そしてその後の彼女はその学識を活かし、保健教育の分野で各地で様々な地位に任じられ活躍を続けていった。
　やがて1972年、ジョゼフィン・アバイヤーは、オーストラリア人エリック・ライトを助言者として、パプアニューギニアのオーストラリア統治下からの独立を目指す政党、パプア・ベセナ運動（パプア無干渉運動）を創設した。そして同年、彼女は選挙に当選してパプアニューギニア初の女性議員となり、その後、75年の独立を越えて、1982年まで議員の地位を保ち続けた。この間彼女は戦闘的な政治家として鳴らし、様々な問題提起によって、論争を引き起こした。彼女の扱った問題の中には、警官が人々に加える隔離や抑圧も含まれている。
　議員の地位を失って以後、ジョゼフィン・アバイヤーは実業家として活動し、小売業分野で成功を収めていたが、1989年に政界復帰、首都地区の暫定統治委員会議長を務めた。そして1997年には彼女は国会におけるミルネ湾州の州代表議席を獲得、これによって同時に同州知事となったが、パプアニューギニアで女性が州知事となったのはこれが初めてである。この間の1991年、彼女は自伝的小説である『千の彩りの夢』を出版しているが、これにより彼女は小説を出版した初のパプアニューギニア人女性となった。
　その後、ジョゼフィン・アバイヤーは、1998年の選挙で国会議員の地位に復帰した。

パラオ

ガブリエラ・ガーマング

Gabriela Ngirmang
1922〜2007

　ガブリエラ・ガーマングはパラオのイケラウ族の指導者で、同部族のメーラーの称号（女性指導者に与えられる伝統的な称号）を持つ女性である。
　ガブリエラ・ガーマングは1922年、日本信託統治領時代のパラオに生まれ、1930年から1935年にかけて日本人学校で教育を受けた。
　やがてガブリエラ・ガーマングは、第二次世界大戦の大国間衝突による激動を目撃して、平和の追求を強く志すようになっていった。そのため彼女は戦後のア

メリカ支配の時代、アメリカに逆らって反核の姿勢を貫くことになった。1979年、自治政府発足を目指すパラオは核の貯蔵・持ち込みを禁ずる非核憲法を世界で初めて起草するが、これはパラオの安全保障を担うアメリカにとって不都合なものであり、アメリカは憲法制定会議へと電報を届け、非核憲法反対の圧力をかける。これに対してガブリエラ・ガーマングは、電報の届いたその日のうちに、非核憲法を守るために立ち上がることを決意した。彼女はパラオにおいて女性は政治の監視者であり、また自然の管理人であるので、パラオ女性には核のない土地と海を将来に残す義務があると考えたのである。そして彼女はパラオの人々の団結を図ってアメリカに抵抗、非核憲法を守るために奮闘を続けた。なお非核憲法は1981年に発効に至っている。その後彼女は、1989年にグアムで開催された太平洋地域女性会議においてパラオ非核憲法を守り抜いた勇者との高評価を得ることになり、政治を学ぶ学生の教科書において、政治的影響力を持つ女性として取り上げられるようにさえなっている。

もっとも、非核政策をめぐるパラオ人の態度は、アメリカとの経済提携の重要性もあって単純なものではなく、1993年の住民投票で、非核条項を事実上凍結する憲法案が承認されている。

なおガブリエラ・ガーマングは、パラオの歴史と伝統と慣習の保全にも力を尽くした。

2007年、ガブリエラ・ガーマングは死亡した。

フィジー

スリナ・シワティボー

Suliana Siwatibau
1942〜

　スリナ・シワティボーはフィジーの学者、政治運動家である。

　スリナ・シワティボーが政治運動に携わるようになったのは1960年代、フィジー社会が独立を目前にした時期からであった。彼女はニュージーランドのオークランド大学で学んだ後、フィジーに戻り教師となったが、その傍らで帰郷直後より、政治運動にも携わっていったのである。彼女が政治運動に加わった切っ掛けは、フィジーに派遣されてきたイギリスの特使との会談に参加したことで、この時、特使はフィジー人の独立に関する意識を調査する目的で、フィジーを訪問したのであった。その際、特使はフィジー女性達とも会談の場を持ったのだが、ここに彼女は若手女性グループの一員として参加、特使の話が終わるや真っ先に、今や独立の時であるとの意見を述べたのである。

　なおこの会談においてはスリナ・シワティボーの友人が、伝統的社会指導者による評議会を廃止すべきとの意見を述べて、フィジー指導層の反発を呼び、物議を醸したが、スリナ・シワティボーも後日の新聞の取材に対し、友人の意見に賛成であるとの立場を表明、大きくニュースとして取り上げられた。そのため彼女も社会の反発を受け、彼女が市場を通過すると、罵詈雑言が浴びせられ、腐ったトマトが飛んでくるほどであった。それでも彼女は反対意見が出るのは当然と、これを受け流し、政治運動家としての気力がくじけることはなかったという。彼女はこれにつき、オークランド大学にお

ける学生運動への参加経験が良い訓練となって鍛えられていたおかげだと考えている。

1987年、フィジーでは国内の民族対立から軍部によるクーデターが発生したが、これに対してスリナ・シワティボーは民族間の政治的平等と民主主義復活を求める請願を行った。もっとも、フィジーがここで確立された民族不平等体制に修正を加えるのは、1997年のことであった。

スリナ・シワティボーはこの他、反核運動家としても鳴らしており、生物学者としての学識を活かして大いに活躍した。彼女はムルロア核実験反対委員会（ATOM）の協同設立者となったり、放射能の危険性についての入門書を共著で出版したりしている、

またスリナ・シワティボーの学識は、フィジー農業の振興にも貢献しており、彼女はフィジーにおける有機農法のモデル作りを行った。

マーシャル諸島

カルメン・ビグラー

Carmen Bigler

カルメン・ビグラーはマーシャル諸島の文化保護運動家であり、また先駆的な女性政治家である。

カルメン・ビグラーは父親が第二次世界大戦中に日本軍に殺されたため、苦労しながら成長した。働かざる者食うべからずが彼女の家庭では決まり文句となっていたという。

やがてカルメン・ビグラーは海外留学したが、そのことを切っ掛けに自国の文化を再認識し、自国の伝統文化の保護のために働くことを志すようになっていった。そこで彼女は人類学の学位を取得することになったが、マーシャル諸島の女性が学位を取得したのはこれが初めてであった。学位取得後、彼女はマーシャル諸島に戻り、様々な文化的プロジェクトに従事、伝統文化の保護に尽力し、国内唯一の歴史博物館や図書館、文書保管施設の創設に携わった。そしてその結果、マーシャル諸島では若者の間に伝統文化に対する関心が復活することになったという。

カルメン・ビグラーは女性政治家の先駆としてもその名を留めており、彼女は初の女性国会議員となっている。

またカルメン・ビグラーは女性問題について様々な主張を展開したことでも知られており、マーシャル諸島女性連合組織の会長を務めるなどした。

ミクロネシア

キミコ・アンソン・エランゾ

Kimiko Anson Elanzo
1941～

キミコ・アンソン・エランゾはミクロネシア連邦の優れた教師にして、同国の女性の政界進出の先駆者である。

キミコ・アンソン・エランゾはミクロネシア諸国の独立以前、太平洋信託統治諸島時代に、現在のミクロネシア連邦を構成する最大の島、ポーンペイ島（ポナペ島）に生まれた。彼女は太平洋信託統治諸島唯一の公立高校で学んだが、その時、学年には彼女を含めて三名しか女子生徒はいなかった。

1960年にキミコ・アンソン・エランゾは教師となったが、やがて彼女の教師としての力量は高く評価されるようになり、1969年には彼女は太平洋信託統治諸島の年度最優秀教員に選ばれている。

そしてミクロネシア連邦独立後の1990年には、彼女は連邦の一州、ポーンペイ州において試験・評価専門委員に指名されている。

　キミコ・アンソン・エランゾはその後、ポーンペイ州の政治家としても活動し、1992〜95年にかけてポーンペイ州議会議員を務めた。ポーンペイ女性が州議会議員となるのは彼女が初めてであった。

　キミコ・アンソン・エランゾはこの他、様々な評議会や委員会のアドバイザーや役員を務めて活躍している。

ヨーロッパ

アイスランド

フレイディス

Freydis
980年頃〜

　フレイディスは中世北欧の海賊民バイキングの女性で、北アメリカ大陸へ遠征したことで知られている。

　フレイディスはノルウェー生まれ、アイスランド育ちのバイキング、赤毛のエリクの庶出の娘であった。赤毛のエリクは981年、トルゲストという有力者と争い、その息子二人を殺したことで、アイスランドからの3年間の追放を宣言され、家族を連れて北西の海域へと探索の旅に出ていくことになったのだが、この時までに、フレイディスは生まれていたと推測される。

　このアイスランドから北西に向けた探索の旅で、赤毛のエリクはグリーンランドを発見、986年にアイスランドに戻るとグリーンランド植民団を組織、グリーンランド植民地を創設した。そしてその後、アイスランド人たちはグリーンランドからヴィンランド（北アメリカ大陸）を発見し、ヴィンランド進出を企てるのだが、フレイディスはこのヴィンランド進出計画に二度に亘って参加、男勝りに勇戦し、また悪名をも轟かせることになる。

　フレイディスは1004年、有能な商人トルフィンが率いる、船3艘人員140人のヴィンランド植民団に参加したが、ヴィンランド到着の翌年、植民団は友好裡に交易を行うようになっていたヴィンランド原住民から突如、激しい攻撃を受ける。カヌーの大船団で大挙襲来、カヌーを飛び出し、包囲攻撃をしかけてきた原住民に、植民団は驚き逃げようとしたが、ここで退却しようとする人々に向かって、フレイディスは叫んだ。「なぜあなた方のような立派な勇士が、こんな卑しい土人に背中を見せるのです。わたしが武器をもっていたら、こんな奴らは誰よりもみごとに片づけて見せますよ」（山室静『アイスランド』紀伊国屋新書、75頁）。そして妊娠の身でのろのろとしか歩けない彼女に原住民の攻撃が迫り、側を行く仲間の男が投石器による攻撃で死んでしまうと、フレイディスはその男の刀を拾って身構えた。原住民が近寄ってくると、彼女は肌着の下から自分の真っ白な乳房を引き出し、刀の背でその上を叩いて見せた。原住民はこれに驚愕し、カヌーに乗って逃げ去ったという。

　その後、植民団はヴィンランドの探索を続けたが、滞在3年にして植民地を引き上げ、グリーンランドへと帰還した。

　グリーンランドからヴィンランドへの進出、植民の企てはその後も止まず、1013年にはフレイディスも自ら中心となって、ヴィンランド遠征を実施している。この時、フレイディスはヘルギとフィンボギという、アイスランド生まれの船乗りに、成果を折半するという条件で、ヴィンランド行きの計画を持ちかけ、双方戦闘できる男の人数は30人にするという取り決めで、遠征隊を編成した。ところが彼女は取り決めに反して、この遠征に5人余計の戦闘員を参加させ、ヴィンランドにつくまでそれを隠し通したという。

　ヴィンランドではフレイディス一行とヘルギ、フィンボギ兄弟一行はゲーム等の冬期の気晴らしを共にするうちに、意見のすれ違いを生ずるようになり、そのまま相互の往来さえ無くなっていった。そしてそのような不和の中、彼女は湿っぽい天気を押してヘルギ、フィンボギ兄弟を訪問、自分たちは立ち去るので兄弟の持っている大きな船を売って欲しいと交渉を行った。交渉は成り、彼女は自分

の家へと帰ったが、湿っぽい天気の中で濡れ凍えた身体のまま寝台へと入り、夫ソルヴァルズの目を覚ました。冷たく濡れているのは何事かと問う夫に、彼女は船を買う交渉に出かけたところ、打たれ、酷い態度で叩き出された、復讐して欲しい、してくれなければ離婚すると主張、夫にヘルギ、フィンボギ一行襲撃をけしかける。そしてフレイディス一行が襲撃を企てているとは夢にも思わぬヘルギ、フィンボギ一行は、自分たちより戦力の多いフレイディス一行に寝込みを襲われ、全員捕獲され処刑された。男の処刑が終わると、残された5人の女達を誰も殺そうとしなかったので、フレイディスはこの女達を自ら斧を振るって殺し尽くしたという。

　フレイディスは仲間にこのことを秘密にするよう厳命すると、ヘルギ、フィンボギ兄弟の船を奪って、ヴィンランドで確保した品々を満載、グリーンランドへと帰還した。

　フレイディスはヘルギ、フィンボギ一行はヴィンランドに残ったということにしていたが、やがて彼女の凶行は知れ渡り、彼女は人々の間に悪名を轟かせ、その後、彼女については悪い評判しか聞かれなくなったという。なお現代ではフレイディスが男でその殺した捕虜が男であれば、彼女は偉大な英雄と評価されていただろうとも言われている。

アイルランド

グレイス・オマリー

Grace O'Malley
(Grainne Ui Mhaille/Grany Imallye/
Grana O'Mally/Granuaile/Grania Uaile/
Grana Wale)
1530頃～1603

　グレイス・オマリーはアイルランドの海賊である。

　グレイス・オマリーは1530年頃、アイルランド北西辺境の現在のメーヨー地方の一領主の娘に生まれた。彼女の家はまた漁業や交易を営み、その他、勇猛な船乗りとして、海賊行為や傭兵としての戦争参加を行ったりして、その名を轟かしていた。彼女は幼少時を父の領地のクレア島で過ごしたと考えられている。グレイス・オマリーの幼少期については分かることは少ないが、彼女が父から船を操る許可を得ようとして、断髪して少年のような短髪となり、禿頭のグレースとの異名を得たとの伝説が残されている。もっとも、これは単なる伝説に過ぎないようである。

　グレイス・オマリーは16歳の時にメーヨーの南、現在のゴールウェー地方の海賊領主ドナル・オフラハティと結婚した。彼女は結婚後も相当な自由を享受し、妻として二人の息子の母として行動する他、政治問題や海賊活動へも参画していた。それどころか、無謀なドナル・オフラハティの指導下で困窮に陥った領民の期待を背に、実質的な領主としても活動したとまで言われている。やがて1565年頃、夫は他勢力との闘争において城攻め中に戦死したが、この時伝説によれば、彼女は夫に代わってオフラハティ一族を統率し、城を落としてしまったという。夫の死によって、グレイス・オマリーは父の

国へと戻った。

　帰郷後、グレイス・オマリーはクレア島に拠点に自らのガレー船団を運営、交易や海賊行為を行っていたが1566年頃、彼女は海賊活動の便宜を考え、メーヨー地方の一領主リチャード・バークと結婚した。リチャード・バークは鉄のリチャードの異名を持つ勇者であった上、船団の避難所に適した強力な城塞ロックフリート城を保有しており、この結婚は彼女の海賊団にとって非常に有益なものであった。ちなみに二人の結婚は伝説によれば、一年経てば離婚可能なもので、グレイス・オマリーは一年後夫をロックフリート城から締め出して城を奪い取り、離婚したと言われている。またこの結婚から、息子が一人生まれているが、伝説によればグレイス・オマリーはこの三番目の息子を海戦中にガレー船の揺れる船室で産み、出産直後赤ん坊を傍らに置いた彼女に助けを求めてきた部下に対して、一日ぐらい自分無しでやれないのかと非難の言葉を向けつつ、戦闘の指揮を執り、勝利を導いたという。

　グレイス・オマリーの活動は、アイルランド西海岸を往復する商船を震え上がらせた。この間、バーク家との提携は有効に機能し、ロックフリート城は彼女の最良の防御拠点として機能を続けた。1574年、イギリスが彼女の海賊行為を停止させるべく軍隊を差し向けてくることになったが、この時彼女はロックフリート城を守って、イギリス軍を見事撃退している。とはいえこの頃、イギリスのアイルランドへの勢力拡大が着々と進んでおり、彼女は自分たちの一時の勝利と勢いに酔っているわけにはいかなかった。彼女はそこで1576年、イギリスのアイルランド総督ヘンリー・シドニーと会談、3艘のガレー船と200の兵士による軍役を提供すると言って服属を申し出ることにした。なおヘンリー・シドニーはグレイス・オマリーについて、夫を制御下に置いており、「彼女は海でも陸でも、彼の単なる妻以上のものであった」と評している。

　イギリスへ服属した後も、グレイス・オマリーの活動はそれ以前と大して変化せず、相変わらず、海賊行為を働いていた。そして1577年、デズモンド伯爵領を略奪した際に彼女は捕獲され、18ヶ月もの間、牢獄で拘束を受けることになった。しかし彼女は反乱計画中の夫リチャード・バークを説得するという条件で釈放を勝ち取り、夫に失敗必至の反乱を取りやめさせることに成功した。イギリスに服属したリチャード・バークは、1581年には騎士に叙せられることになった。

　1583年、リチャード・バークが死ぬと、グレイス・オマリーは部下を引き連れロックフリート城に入り、以後、そこを本拠地に海賊活動を続けた。それどころか1586年、彼女はイギリスの任命した知事リチャード・ビンガムに対する反乱に参加、イギリス軍を退けたハグ城の防衛戦に加わるなどしたが、結局反乱は鎮圧され、彼女は捕虜となった。この時は、彼女の処刑のための絞首台が設けられるところまでいったが、メーヨーの領主達が人質を出してくれたお陰で、どうにか処刑を免れた。ただしその一方で、反乱に関与しなかった彼女の長男オーエンがイギリス軍によって殺されている。

　その後もグレイス・オマリーはしばしばイギリスに対する反乱に関与し、また海賊行為を働いていた。1591年にはリチャード・ビンガムと結んで、自分に刃向かった次男マロウを懲罰するため、彼女がマロウの領する町を襲撃、放火、略奪するということもあった。このような活動の結果、彼女はリチャード・ビンガムから「注意を要する反逆者、この州において40年に亘り反乱を育んだ乳母」

と評されている。しかし、次第に支配力を強化させてきたイギリスは、やがてグレイス・オマリーの本拠地を脅かし、彼女の勢力圏を切り崩し始めたのである。そしてここで生き残りのため、大胆な行動に出る。彼女は1593年、イギリス女王エリザベスに直接、臣従を申し出る手紙を送りつけたのである。

グレイス・オマリーはエリザベス女王に対し、自分が高齢であることへの配慮を求めるとともに、自分の一族の降伏を認めてくれるよう請願した。そして彼女はエリザベス女王の命令下、「剣と火でもって陛下の敵へと侵略いたしましょう、たとえ敵が今何処にいても、将来何処にいようとも」と、忠勤を誓約したのである。なおそこには「誰にも、どんな者達にも妨害されないのであれば」と続けて記されており、彼女は宿敵関係にある知事のリチャード・ビンガムを介することなくエリザベス女王自身と直接の関係に入ることを主張したのであった。

グレイス・オマリーは手紙によってエリザベス女王の関心を惹き付けることに成功し、両者の間には連絡がもたれたが、その間にリチャード・ビンガムは彼女の三男ティボットらを人質として逮捕してしまう。ここで息子達の身を案じるグレイス・オマリーは、自分の船を出してロンドンを目指し、女王との直接の会見を求めた。そしてリチャード・ビンガムの抗議にもかかわらず、グレイス・オマリーは女王との直接会談を認められた。対話がどのようになされたかほとんど何も伝わってはいないものの、グレイス・オマリーが女王の好意を得たのは確かである。彼女は息子達の釈放を得、女王の敵と戦うという名目で、海賊稼業を続けることも可能となったのである。

その後、グレイス・オマリーは一族の反乱に参加することもあったが、リチャード・ビンガムが罷免された後の1596年からは、略奪などの海賊活動はしつつも、イギリスを裏切ることなく活動した。彼女は反乱と戦うイギリス軍に物資補給を行い、1597年、息子のティボットたちとともに功績に対する報償を受けている。

グレイス・オマリーは1603年、ロックフリート城で死んだと考えられている。

グレイス・オマリーの名は民話や地名となって語り継がれた。それどころか、やがて彼女は特別な政治思想の持ち主ではなかったのに、アイルランドの愛国主義者の象徴的存在へと祭り上げられることになった。

アルバニア

リリ・ベリショヴァ

Liri Belishova
1923〜

リリ・ベリショヴァはアルバニアのパルチザン指導者にして政治家である。

リリ・ベリショヴァは1923年にマラカストラ地方のベリショヴァ村で生まれた。1930年代後半、彼女は首都ティラナの王太后教育大学で看護を学んだ。

アルバニアは第二次世界大戦中にイタリア、ドイツによって占領を受けたため、1941年よりアルバニア共産党は占領軍に対するパルチザン闘争を開始、44年にアルバニア全土の解放を達成することになった。そして第二次世界大戦勃発までに熱心な共産主義者となっていたリリ・ベリショヴァも、その開始直後にパルチザン闘争に参加していた。彼女は血まみれの抵抗戦争を戦い抜いたが、この間に戦傷によって片目を失っている。

戦後、リリ・ベリショヴァは希少な女性政治エリートとして活躍する。1945

年には彼女は、有力共産党員で党中央委員会および党政治局の一員であったナコ・スピルと結婚した。リリ・ベリショヴァは、アルバニア反ファシスト青年組織の構成員であったが、1946 年にはザグレブで開催された、ユーゴスラビア青年組織の第三回会議へのアルバニア派遣団の団長を務めた。また彼女は 1946 年から 47 年にかけて、共産党支配下の国家的青年団体、人民青年組織の会長を務めた。

ところが 1947 年、リリ・ベリショヴァの夫ナコ・スピルは粛正を受けて自殺へと追い込まれ、これに伴い彼女の政治的な立身の道も閉ざされてしまうことになる。彼女は全ての政治的な地位を奪われ、ベラト市に学校教師として異動させられた。

しかし翌年、共産党内の勢力変動の結果、彼女は復活を果たし、党中央委員会および党政治局の一員に選出されることになり、1960 年まで政治局員の地位に留まった。彼女は 1952 年から 54 年にかけてマルクスレーニン主義者大学で学び、1954 年には党書記局の書記の地位へと昇進、1960 年まで書記の地位に留まった。なお彼女は 1954 年から 60 年まで農務大臣を務めた有力政治家マコ・コモと再婚している。

1960 年、中国を訪問したリリ・ベリショヴァは帰国途上モスクワにおいて、ソ連（ロシア）指導部に中国指導部の反ロシア的意図を訴えているが、この頃、アルバニア共産党はソ連との関係が破綻寸前の状態にあり、このような彼女の親ソ連路線は党の反感を呼ぶ。結果、この年に、彼女は親ソ分子として党の職から追われることになった。そして彼女は逮捕され、その後 1991 年まで 31 年もの年月をマラカストラにおける抑留下に過ごした。

アンドラ

メリセル・マテウ・ピ

Meritxell Mateu Pi
1966～

メリセル・マテウ・ピはアンドラの外交官、政治家で外務大臣を務めた。

メリセル・マテウ・ピは 1966 年に生まれた。彼女はフランスのモンペリエのポール・バレリー大学およびパリの国際関係研究所で学んだ。

メリセル・マテウ・ピは 1995 年にフランスの大使となったのを皮切りに、1997～98 年にはヨーロッパ連合（EU）、ベルギー、ルクセンブルク、1998～99 年にはオランダ、1999 年にはデンマーク、1999～2004 年にはドイツ、2001 年にはスロベニアと、ヨーロッパ各国の大使を歴任した。この間、1995 年から 1999 年にはヨーロッパ議会および国連教育科学文化機関（UNESCO）の常任代表も務めている。

メリセル・マテウ・ピは 2001 年から 2007 年まで外務大臣を務めた。同時に彼女は大臣としてそれ以外にも、住宅供給、高等教育、学術研究、文化、協同問題を担当していた。

アンドラは歴史的な変遷を経てフランス大統領およびスペインのウルヘル司教を協同の国家元首とするに到っているが、ウルヘル司教が国際上の存在でないため、19 世紀以来フランスが保護領としてその外交を代行していた。そしてようやく 1993 年に両元首の象徴的権能のみを残してアンドラは独立、日本とは 1995 年になって外交関係が樹立された。そのためアンドラから日本への公式訪問が行われたのも遅く、メリセル・マテウ・ピ外務大臣は、アンドラ人として初めて日本公式訪問を行うことになった。

イギリス

エリザベス1世

Elizabeth I
1533〜1603

エリザベス1世は近世イギリスの女王で、輝かしい治績を挙げ、「よき女王ベス」の愛称で讃えられた。

エリザベス1世は1533年、ロンドンに近いグリニッジ王宮で、イギリス王ヘンリー8世の娘に生まれた。母は第二王妃アン・ブーリン、第一王妃キャサリンの元侍女でヘンリーがキャサリンを離婚して王妃の地位に就けた女性であった。とはいえアン・ブーリンはたちまちヘンリー8世の寵愛を失い、1536年、姦通の汚名を着せられ処刑されてしまった。そのためエリザベスは非嫡出子の身分に落とされ、名目上王位継承権を失ったが、それによって彼女が不幸な境遇に落とされることは無かった。早熟怜悧な彼女に対して父ヘンリーは、この事件の前後で変わらぬ深い愛情を注ぎ、宮廷や公式の儀式では彼女は相応の敬意を持って遇された。また彼女は父以外の愛情にも恵まれ、第一王妃の娘である姉メアリ、第三王妃の息子である弟エドワードとも良好な関係にあり、さらに第六王妃キャサリン・パーは彼女にとって第二の母というべき関係にあった。なおエリザベスは姉メアリとともに1544年王位継承権を回復している。

エリザベスは極めて高度な教育を施されたが、学問好きな性格、勤勉さ、優れた思考力と記憶力によって、その教育内容を見事に吸収、高度の知的能力を身につけていった。彼女はフランス語やイタリア語、スペイン語、ラテン語を使いこなし、上手くはないもののギリシア語も話すことができた。また彼女は音楽にも秀でていたという。

1547年、ヘンリー8世が死に、息子エドワード6世が幼くして即位した。この弟の治世において、エリザベスは概ね平穏かつ幸福に過ごしていくのだが、この時期一度だけ彼女が政治的な波乱に巻き込まれたことがある。エリザベスはこの時期、摂政サマセット公の弟トマス・シーモアに想いを寄せていた。彼女は父ヘンリー存命の頃よりキャサリン・パーとともに暮らしていたのだが、ヘンリーの死後キャサリン・パーはトマス・シーモアと結婚、エリザベスはこの男と非常に親しむことになった。トマス・シーモアは、エリザベスより25歳年上の容姿端麗で陽気な四十男であったが、実はエリザベスを目当てにキャサリン・パーに接近したのだとも言われており、朝起きるとまず寝覚めのエリザベスを訪問して悪戯を仕掛けるなど、様々にエリザベスをかまい、ちやほやと持てはやした。そしてこのことはエリザベスにとってまんざらでもなく、結果、彼女はこの男に好意を寄せるようになった。それが1548年にキャサリン・パーがお産で死ぬと、

この男はエリザベスとの結婚を望み、エリザベスもそれに応える気持ちを持つという状態になり、ところがそうなったところで、トマス・シーモアはサマセット公から権力を奪取する陰謀を計画、1549年に陰謀が露見して処刑されることになる。この時エリザベスは陰謀に加担したとの疑いをかけられたのだが、彼女は決然とした否定の手紙で陰謀関与を否定、サマセット公を説き伏せて、嫌疑を逃れることに成功している。

その後1553年エドワードが死に、姉メアリが王位に就いた。メアリは王位に就くと、急にエリザベスへの態度を改め、彼女を冷遇するようになった。メアリはカトリック信徒であり、イギリス国教会を形成してプロテスタント信仰の下にあるイギリスにあっては異分子であった。一方、エリザベスはイギリス国教会の信徒であって、イギリス国民の信望を集め、メアリ打倒を望む不満分子達はエリザベスを自分たちの希望の星と見ていた。そのためメアリにとっては、信仰の異なる妹がもはや警戒すべき政敵としか見えなくなっていったのである。このような情勢下、エリザベスはカトリックを学ぶことを表面的には誓ってみせるなど、保身に手を尽くしたが、やがて1554年にワイアットの反乱が生じると、反乱荷担の嫌疑により、数々の高貴な罪人の監獄となったロンドン塔に、一時とはいえ幽閉されるという憂き目に遭っている。

1558年、メアリが子供を残さずに死に、エリザベスは王位に就くことになった。ロンドンの北方のハットフィールドでこの報せを受けた際、彼女はそのことを神の御業と評したという。ケンブリッジ大学出の辣腕の官僚ウィリアム・セシルを秘書官長とするなど、素早く統治体制の基礎を固めた彼女は、国民の支持を集めるためのパレードを行い、国民の歓呼を受けつつロンドンへと進み、1559年初頭に戴冠式を挙行した。

国王となったエリザベスは巧みな人材活用、優れた人心掌握術、はぐらかしの話術に長じる狡猾な外交能力で、内外におおいに実績を残した。彼女はウィリアム・セシルを筆頭とする大学出の優秀な官僚団を使いこなし、国内をよく治めた。ウィリアム・セシルのことを、エリザベスは他のヨーロッパ君主の誰も彼ほどの補佐役を持っていないと高く評価していたし、実際エリザベスとウィリアム・セシルは君主と補佐役の組み合わせとしてはイギリス史上最高と評価されている。またエリザベスは国内各地を巡行して、国民と親しく交わり、支持を大いに集め、各地で歓呼を浴びた。彼女の国民との交わりの一例を挙げれば、彼女はノリッジで市の当局者の夫人達が用意した料理を毒殺防止のための毒味も無しに食事している。彼女の外交手腕のほどは、駐英スペイン大使が、彼女を肉体に十万の悪魔が巣くった手強い相手と評していることから窺うことができるであろう。

エリザベスは慎重な政治態度の持ち主で、国益の観点から生涯結婚しないことを選んだ。イギリス人を夫とすれば内紛の種となりかねないし、外国人を夫とすれば外国の利害関係にイギリスの政策が引きずられかねなかったのである。もっとも彼女が恋を知らずに過ごしていたわけではない。それどころか、若き日のトマス・シーモアの件でも分かるように、男にちやほやと言い寄られることが、割と好みであったようである。即位直後には既婚の美男子ロバート・ダドリーとの恋に身を焦がして政務を停滞させるという迂闊さを見せ、国際的にも醜聞となり、ウィリアム・セシルを大いに悩ませた。この男女の関係は結婚まで囁かれていたのだが、1560年に女王と夫の関係に絶望したダドリーの妻が死亡して、夫による謀殺まで噂され、結婚するには余

りに外聞が悪くなり過ぎる。この事件を経てもすぐにはエリザベスの思いは消えなかったが、1561年頃にようやく彼女も理性による感情の抑制を身につけるに到り、結婚はできないと納得することになった。その後は彼女は節度と賢明さを決して失うことはなく、数々の求婚者を国益の観点から退けていったが、結婚して子供を成したいという思いは持っていたらしい。1579年、46歳にして20年下の求婚者フランス王弟アランソン公との結婚を望みつつも断念した際には、親しい補佐役達の前で泣き崩れたという。

エリザベスは戦争よりも外交的術策を好む政治家であったが、彼女の治世は輝かしい武勲にも飾られている。プロテスタント国であるイギリスはカトリック国であるスペインと次第に激しい対立状態に陥り、1588年にはスペインのアルマダ（無敵艦隊）によるイギリス征服作戦が実行されるに到るが、イギリス海軍はアルマダに勝利して、イギリスと女王エリザベスは大いに名声を博することになった。この戦争は海上でのみ行われたが、イギリス南部では敵上陸に備えて厳戒態勢が取られており、そこでエリザベスは白のガウンと銀の胸甲をまとって兵士の間に馬を乗り入れ、一代の名演説により国民とともに生死を賭して国土防衛することを宣言、軍と国民を大いに奮い立たせている。

　私は貴方方の間に足を踏み入れましたが……それは戦火の最中にて、貴方方とともに生死を賭するためなのです。……私は自分が弱く脆い女の身を持つに過ぎないことを知っていますが、ですが私はそれだけでなく王の、イギリス国王の心と気概を持っているのです。

エリザベスは1603年、ロンドンのリッチモンドで死亡した。

📖 イギリスの戦の女王達

エリザベス1世以外にもあえて軍に同行した女性支配者は、イギリス史上に多い。それら女傑達も紹介しておこう。

ボウディッカ：イケニ人の王妃。ローマ軍下士官に殴られ娘達を陵辱された。これを見てローマ支配に不安を感じた民衆を率い60年に挙兵、ローマ人とその支持者7万を殺した。娘を同乗させた戦車を駆って戦った。敗北し服毒自殺した。

エセルブルグ：ウェセックス国王イネの王妃。資料に乏しいが、軍を率いて巧みな戦略を展開、領土を拡張したとされる。722年にはタウントンの砦を攻略した。

エセルフレード：マーシア王国の統治者。当時の第一級の武将であり、軍を率いてマーシア領の統一を守り、領地を広げ、城塞網を築き、侵略者デーン人に対抗した。国民に敬愛されマーシアの貴婦人と呼ばれた。922年デーン人を相手とするタムワースの戦いで戦死。

マウド（マティルダ・アウグスタ）：ヘンリー1世の娘。神聖ローマ帝国の皇后だったが皇帝の死後帰国、1138年に王位を狙って挙兵し、長く戦いを続けた。

マティルダ・オブ・ブーローニュ：スティーヴン王の妃。マウドの起こした内乱で夫のため軍を率いた。1141年、夫が捕虜となるとマウドらを攻囲、マウドの異母弟ロバート・オブ・グロスターを捕獲して捕虜交換で王を救った。

フィリッパ・オヴ・エノー：エドワード3世の妃。王のフランス遠征中摂政を務め、1346年のネヴィルズ・クロスの戦いでは熱弁を振るって兵の士気を鼓舞、スコットランド軍撃退に貢献した。

マーガレット・オブ・アンジュー：ヘンリー6世の妃。バラ戦争の内乱で夫の軍を実質的に指揮、夫が捕虜となった際には1461年のセント・オールバンズの戦いに勝ち、夫を解放した。

イタリア

アニータ・ガリバルディ

Anita Garibaldi
1821〜1849

　アニータ・ガリバルディはイタリア統一戦争の英雄となった女性である。
　アニータ・ガリバルディは1821年ブラジル南部のモリンホス村で貧農ベント・リベイロの娘に生まれた。父は1834年に死に、間もなく彼女の母は港町ラグナへの移住を決めた。
　アニータ・ガリバルディは正式な教育を受けることはなかった。彼女は優れた騎手であり、活発で気の強い少女であった。1835年、14歳の時に彼女は森の中で若い男に強姦されかかったことがあるが、その時彼女は馬から降りた男の鞭を横取りして男を殴り回し、男の馬に跳び乗って近くの警察署まで駆け、男を告発したという。アニータの気の強さに手を焼いた母親はこの年、彼女を嫁に出してしまうことを考え、彼女に25歳の飲んだくれの靴職人と結婚するよう圧力をかけた。彼女は親友に不満を漏らしつつも、しぶしぶこれに同意した。やがて1839年、二人の間に子供が生まれぬうちに、夫はブラジル帝国軍に召集され、家を空けることとなった。
　この1839年、ラグナの町に小船団がいた。これは当時分裂状態にあったイタリアの統一運動に参加・敗北して亡命を余儀なくされた32歳の革命家、ジュゼッペ・ガリバルディの率いる船団で、彼はブラジルの反乱運動ファラポスの乱に助勢してこの地を訪れたのであった。そして船の甲板上の彼は望遠鏡で港沿いの丘に並ぶ家々を眺めていたのだが、その時その視界に、長く豊かな黒髪と褐色の肌、大きな目に、ふくよかな胸を持つ長身の美女が現れる。彼はこの美女との出会いを求めて衝動的に上陸したが、どこにもその姿は見つけられず、失望の中、近くの家のコーヒーへの招待に応じて足を踏み入れたところ、そこにはお目当ての美女アニータの姿があった。
　ジュゼッペ・ガリバルディは一目で運命の絆を感じたと語るほどアニータに魅了され、既婚者である彼女と駆け落ちする気で満々であった。一方アニータの方もためらいなくその想いに応えたらしい。彼女は間もなくジュゼッペ・ガリバルディとともに船の上で暮らすようになり、彼がブラジル沿海部襲撃に出撃する際にも同行を主張した。
　直後、わずか二隻から成るガリバルディの船団は、装備に勝るブラジル軍船三隻の攻撃を受ける。この時、ジュゼッペはアニータに陸上へと逃れるよう告げたが、彼女はこれを聞き入れなかった。彼女は兵士達にさえ甲板下へと逃げ込む者の出る戦闘の絶頂においても、全く怯む様子がなく、マスケット銃を持って敵を撃ち、砲撃で間近の兵士が死んでも戦

意を喪失しなかった。ジュゼッペが甲板下へと避難するよう懇願するので、彼女はようやく避難したと思うと、すぐさま彼女は逃げ出していた兵士達を再起させて、戦火のただ中へと戻ってきてしまった。敵艦はやがて攻撃を取りやめて立ち去り、戦闘は終わった。

　さらに、アニータはジュゼッペが陸上にある間に船団が圧倒的多数のブラジル艦隊に襲撃を受けた際、兵士達が戦意喪失して戦火を交えようとさえせぬ中、ただ一人動いて砲撃を敢行したこともあった。これに促されてようやく兵士達も敵と戦火を交え始めたという。またラグナの町から内陸へと逃げ出すことになった際には、彼女は逃避行の戦闘および野営の苦しみを、平然とそして喜々として乗り越えていった。1840年には彼女は妊娠中の身で補給隊の指揮を執り、馬を撃たれてブラジル軍の捕虜となりながら、敵指揮官の面前でブラジル政府を弾劾したことさえあった。しかもこの時、彼女はその夜のうちに馬と軍服を奪い脱走、激流に飛び込んで追跡を振り切り、八日間かけて森をさまようジュゼッペに合流している。また彼女は妊娠中の身ながら、戦闘で騎兵を指揮したこともある。そして同年の息子の出産の後も、彼女は危険や寒さ、飢えを耐え凌ぎ、困難な逃亡戦を最後まで生き抜いたのである。

　1841年、ジュゼッペ・ガリバルディはウルグアイのモンテビデオへと移り住み、数学教師をして軍事と革命から離れたしばしの休息の時を過ごす。アニータはここで翌年ジュゼッペと結婚し、その後この地で、さらに三人の子供を産むことになる。なおここで結婚したのは先夫の戦死を知ったからだと推測されているが、これを裏付ける証拠は得られていない。

　1842年から5年間、ジュゼッペ・ガリバルディはウルグアイとアルゼンチンの戦争に参加し、赤シャツ隊の異名を持つイタリア人義勇兵部隊を率いて活躍した。ちなみに市場で余っていた赤布を安く買い、義勇兵達に赤シャツを用意したのはアニータであった。なおアニータは戦いに従軍することはなく、この間、家族の世話をして日々を過ごした。とはいえ、この間の彼女の生活が完全に平穏であったわけではなく、活躍し英雄として人気を集めるジュゼッペが浮気して、その現場に拳銃を手にしたアニータが乗り込むようなこともあった。またこの間、娘が病死し、アニータが悲嘆の余り、発狂しないか夫に心配されるということもあった。

　やがて1847年の終わり頃までに、イタリアでは統一運動が復活し、ジュゼッペ・ガリバルディにもこれへの参加要請が届いた。1848年からジュゼッペはイタリア統一を目指して、これを妨害しようとするオーストリア軍やフランス軍相手に、義勇兵を率いて戦いを交えた。その間アニータは夫に従軍を押しとどめられたため、ニースで家族の世話をして過ごした。ところが1849年、戦況が不利となる中、アニータは苦境の夫を一人にしておけないと、妊娠中の身を押して、オーストリア軍の支配地を通過し、夫のいるローマへと押しかけていった。ローマは元はローマ教皇領であったのを、市民達が教皇を追い出し、そこをジュゼッペらが占拠、これに対して教皇を支援するフランス軍が激しい攻囲を加えているところであった。司令部にアニータが現れると、ジュゼッペは彼女を抱きしめながら「私のアニータはここにいる。兵士が一人増えた！」（加藤隆浩・高橋博幸編『ラテンアメリカの女性群像　その生の軌跡』行路社、150頁）と声を上げたという。

　間もなくローマはフランス軍に降伏したが、ジュゼッペは戦意のある志願者5

千を率いてローマを離れ、さらなる戦いへと赴くこととした。アニータも男装し、髪を短く切って、ここに加わった。彼女は行軍中も陽気さを失わず、兵士達の見本となり、兵士達に話しかけ、弱気を叱り、軍の士気の維持に貢献した。それでも敵軍の追跡を間近に受け、ガリバルディ軍の状況は日々悪化、中立国サンマリノに到着したときには1800まで兵力が減少、さらにこの時後衛がオーストリア軍の襲撃で潰走し、これを食い止めようとするアニータの努力も効果はなかった。サンマリノはオーストリア軍との調停を行って追撃を遮断し、ガリバルディ軍に一時の安息を与えてくれたが、ここでジュゼッペは軍の解散を決定、自身はなお、オーストリアと戦っているヴェネチアを目指すことを決めた。この時、アニータは衰弱して高熱を発しており、ジュゼッペとサンマリノ執政およびサンマリノの女達は、彼女がサンマリノに残るよう勧める。しかしアニータは聞き入れず、「私を捨てようって言うの」の一言で、夫の口をふさいだ。

ガリバルディ夫妻は200人の兵士とともにヴェネチアを目指したが、やがてラベンナ付近でアニータの体力は限界に達した。ジュゼッペは彼女を医者の元に残そうとしたが、それでも彼女はジュゼッペに縋り付き、置き去りを拒んだ。その後、彼女はジュゼッペに共感を寄せる農園主の家に運び込まれ死亡した。

アニータ・ガリバルディの遺体は現在ローマを見下ろすジャニクルムの丘の彼女を記念する銅像の足下に埋葬されている。

ウクライナ

オリガ

Olga（Ol'ga/Olha/Helga）
890頃～969

オリガはウクライナの首都キエフを中心に栄えた古代ロシア国家キエフ大公国の大公妃である。

オリガは伝説に寄れば890年頃、ロシア北東部のプスコフの町で、スラブ人王侯の娘に生まれたとされる。もっとも962年という息子スヴャトスラフの成年の年を考えると、この誕生年は非常に疑わしい。ロシアに侵入した北欧バイキングが建国したキエフ大公国の公子、イーゴリが903年狩りをしてプスコフを訪れたときに彼女はイーゴリと出会い、二人は結婚することになった。これによって彼女は非常に裕福となり、各地に領地を持つことになった。二人の間には一人息子スヴャトスラフが生まれた。

やがてキエフ大公となったイーゴリは各地に活発な攻撃を加えていたが、945年には反抗的な態度を取るようになった従属民族のドレブリャーニン人を弾圧、通常の額を超えるあまりに多くの貢ぎ物を搾り取ろうとした。彼は慣例に従い自ら貢ぎ物徴集に出向いていたが、過大な要求に反発したドレブリャーニン人により、交渉の席上で襲撃を受ける。ドレブリャーニン公マルは、宝物庫の残量を確認して顧問と相談するといってイーゴリの前を退出し、イーゴリの待つ部屋に兵士を送り込んで護衛を殺害、イーゴリを捕獲して処刑した。二本のカバの木をイーゴリの足下まで曲げて、イーゴリの脚をそこに縛りつけ、木の元に戻ろうとする力によってイーゴリの身体をまっぷたつに引き裂くという処刑法が採られたのだという。

こうしてイーゴリは死んだが、彼の後継ぎであるスヴャトスラフは未だ幼く、オリガが摂政となって国を治めることになった。イーゴリには他にも妻がいたが、オリガの賢明さを尊重した生前のイーゴリが、彼女に他の妻より高い地位を与えていたため、オリガの統治に対する反対は生じなかったと伝承されている。摂政となったオリガはまず、親族の死には報復すべしとの当時のロシアの慣習に従い、夫の死の復讐に立ち上がった。

オリガが復讐を決意しているとも知らぬドレブリャーニン公マルは友好的な態度で、キエフのオリガの元へと20人の使節団を送る。オリガの歓待を受けた使節団は、狼のように貪欲なイーゴリは殺されるべくして殺されたのであり、そのような不幸な過去にこだわらず、オリガはマルと結婚するようにと提案する。これに対し、オリガは非常に喜ばしい話であると偽りの同意を示し、一旦帰国して正式な使節として再訪してくれるよう要請した。そしてその夜のうちにオリガは従者達に命じてキエフ城外に深い壕を掘り、立派な衣裳で身を飾った使節団が再訪してくると、兵士達にこれを襲わせ、外の壕へと放り込ませた。オリガは使節団に、キエフ訪問をお楽しみですかとお辞儀をしつつ声を掛け、使節団の非難の声を無視し、兵士達に命じてこれを生き埋めにしてしまった。

さらにここからオリガはマルへと使者を出し、自分としてはそちらを訪問したいが、部下達がマルに迎えを寄こさせるべきと言い張るのでと、キエフ大公妃の伴に相応しい高位にある案内人を追加派遣してくれるよう要請する。こうしてドレブリャーニン人の貴族が派遣され、オリガはこれをたいへん温かくもてなした。彼等は温かい風呂を提供され、そして浴室に鍵を掛けられた上、建物に火を付けられ焼き殺されてしまった。

その後オリガはドレブリャーニン人の首都イスコロステニを訪問し、しきたりに従って先夫イーゴリの墓で弔いの宴を催したいと言って、ドレブリャーニン人も宴へと呼び出した。そして派遣した使節や随員の不在をいぶかるマル達に対しては、オリガは荷車の所にいると答えた。宴会が開始され、マルをはじめドレブリャーニン人たちが酔ったところで、オリガは兵士達にこれを殺害させた。数百人がここで殺害されたという。

これでもまだオリガの復讐は終わらなかった。オリガはキエフに引き返し、946年、大軍を引き連れてイスコロステニへと姿を現した。彼女は町を燃やして壊滅させ、人々を殺し、あるいは奴隷とした。彼女は敢えて和平を受け入れ、貢ぎ物として鳩と燕を差し出させ、これら鳥の尾に硫黄と布を取り付け点火、鳥が町の建物に作った巣に戻るのを利用して、町を燃やし、逃げまどう人々を殺し、奴隷にしたとも言われている。

オリガは復讐を遂げた後、イーゴリが自ら貢ぎ物徴集に出て無茶な要求を出し、死んだことを教訓に国内統治の改革を行った。彼女はキエフ大公の貢ぎ物徴集旅行を廃止し、領土を分割して代理人や地区の会議に徴税を委ねた。また彼女は大きく自治を認めることで、諸侯の不満を抑えた。さらに彼女は国民の教化、諸部族の連携確保のために、キリスト教を導入、キリスト教による共通文化を創り出そうとした。彼女は957年、和平と交易の確認を名目に、白黒の毛皮と奴隷から成る献上品を用意し、商人や貴族、侍女などから成る100を越える随員を引き連れ、最良の衣服と宝石で美貌を飾って威儀を整え、自ら南方の大国ビザンツ帝国の首都、ギリシア正教の総本山コンスタンチノープルを訪問した。彼女はビザンツ皇帝夫妻およびコンスタンチノープル総主教の臨席の下、聖ソフィア教会で

洗礼を受けた。彼女は皇帝夫妻の歓待を受け、皇帝夫妻と親しく交わりつつ数ヶ月を過ごし、やがて金銀、衣服、陶器といったきらびやかな下賜品とともに、キエフへと帰国した。

とはいえキエフ大公国のキリスト教文化確立は必ずしもオリガの望み通りには進まなかった。まずロシア教会には彼女の望むような地位は与えられなかった。彼女はビザンツへの政治的従属を招くことを恐れて独自のロシア教会を樹立しようとしたが認められず、その後、西に目を転じてローマ・カトリックと提携してまでロシア教会確立を目指したが、結局ロシア教会の国際的認知は得られなかった。またキエフ公国民にキリスト教を受け入れさせることも、あまり成功しなかった。彼女の息子スヴャトスラフですら、頬を殴られてさらに頬を差し出すような軟弱な宗教キリスト教は自分たち戦士には相応しくなく、そのようなものを信仰すれば臣下の敬意を失うと、キリスト教への入信を拒絶した。

964年、息子スヴャトスラフは成年に達したが、各地への征戦に忙しい彼は、その後も母オリガに統治を委ね続けた。やがてオリガは病み、長い闘病の果てに969年死亡した。スヴャトスラフは決して好ましくは思わなかったものの、彼女の希望を尊重し彼女をキリスト教式に葬った。

ロシアのキリスト教の基礎を据えたオリガはやがて聖人とされ、列聖された最初のロシア人となった。

エストニア

ラグレ・パレク

Lagle Parek
1941～

ラグレ・パレクはエストニアの独立運動家、政治家である。

ラグレ・パレクは1941年、エストニアがソ連（ロシア）支配下にあった時代、エストニアの主要都市の一つであるパルヌに生まれた。パレク一家は1949年、シベリア送りの憂き目に遭うが、1954年にエストニアに帰還した。

ラグレ・パレクは1960年、エストニアの首都タリンで、タリン建築技術学校を卒業した。彼女は地方の建築事業に携わるとともに、1972～83年にかけてはエストニア建築学記念大学に勤務した。その一方で、彼女は反ソ連の政治運動も行い、結果、1983年、「反ソ連煽動罪」で告訴され、1987年までを獄中で過ごすこととなった。

釈放後、ラグレ・パレクはエストニアの独立を目指す政治活動を展開していく。同1987年にタリンにある公園ヒルヴェパークで彼女が組織した集会は、禁圧されていたエストニア民族歌をうたって独立を目指す運動、「シンギング・レボリューション」が大々的に実施された最初の例であった。また同1987年に彼女はエストニア国民独立党（ERSP）の設立者の一人となり、1988～93年にかけて、間に1991年の独立を挟んで、同党の党首を務めた。

ラグレ・パレクは1992年にはエストニア大統領選挙に出馬したが、第4位4.3%の得票率で落選に終わっている。彼女は1992年に内務大臣となったが、1993年の終わり頃に警察と軍部の軋轢の中、辞職するに至っている。

その後ラグレ・パレクは、1997年からは非営利団体で働いた。

オーストリア

マリア・テレジア

Maria Theresia（Maria Theresa）
1717〜1780

マリア・テレジアは中欧に大勢力を誇って神聖ローマ帝国（ドイツ）皇帝の地位を長きに亘って専有したヨーロッパの名門オーストリア・ハプスブルク家の政治家で、オーストリア大公にハンガリー王、ベーメン王を兼ね、女性の皇位を認めていない神聖ローマ帝国（ドイツ）の皇帝としては、夫のフランツを即位させた。

マリア・テレジアは1717年、オーストリア・ハプスブルク家当主である神聖ローマ皇帝カール6世の長女として、ウィーンの王宮で生まれた。カール6世には、マリア・テレジア誕生の前年に死んだ長男レオポルトしか男子が無く、そのためカール6世は女王を認めてこなかったハプスブルク家の支配体制を改め、体制変更への国際社会の認知を取り付けることに力を注いだ。しかしこうしてマリア・テレジアの王位継承に向けて努力を重ねる一方で、カール6世は、マリア・テレジアに帝王教育を施すことはなかった。彼女は教養ある貴婦人として、イタリア語、フランス語、ラテン語を巧みに使いこなす語学力、音楽や歴史を習得していったが、ヨーロッパ各地を旅したり、国家的な会議を傍聴したりして、統治に必要な経験と識見を身につけることは許されなかったのである。カールはあくまで彼女を介して彼女が産むであろう孫息子に政権を譲り渡す日を夢見ていたのだ。もっとも彼女は幸福陽気な女性として無邪気に振る舞う陰で、秘かに将来統治を担う覚悟を固めており、外国使節たちとの会話で政治に話題を向けるなどして、不十分ながらも政治知識を高めていった。

マリア・テレジアは1736年、9歳年上のロートリンゲン公フランツ・シュテファンと結婚する。彼は武者修行のためとしてオーストリアの宮廷で養育されていたのだが、彼女は5歳の時の最初の出会い以来彼に一途な憧れを抱いており、12歳の時には夜は彼のことを夢み、昼は女官達から彼の話を聞いて過ごすほどの熱愛を見せるようになっていた。そして王女ともなれば政略のみに基づき結婚するのが通例だった時代にもかかわらず、幸運にも彼女はその一途な思いを遂げることができたのである。なお、夫婦仲は極めて睦まじく、健康に恵まれたマリア・テレジアはフランツとの間に生涯で16人もの子を産むことになる。

1740年、カール6世が死に、マリア・テレジアがハプスブルク家のオーストリア帝国を継ぐことになったが、ここで年若く未熟な女性支配者を戴くオーストリアを周辺諸国は餌食とし、次々に野心的

な要求を突きつける。中でもプロイセン王フリードリヒ2世の行動は辛辣で、素早い出兵でハプスブルク領であった富裕の地シュレジエンをたちまち占領してしまい、ハプスブルクの十分の一に過ぎない小国とプロイセンを見くびり、プロイセンの危険性を示す徴候や報告を無視していたマリア・テレジアに大打撃を与えた。フリードリヒはかつて不行状で先王に処刑されかかった時に、カール6世の取り成しで命を助けられたことがあり、彼女から見ればハプスブルクを攻撃する謂われを持たない人間であって、この忘恩に彼女は非常な憤激を見せ、悔し涙を流した。もっともハプスブルク家は、強兵を誇りながら外交に弱気なプロイセン先王を小馬鹿にして良いように利用し倒しており、またプロイセンから見てシュレジエンは、歴史的にハプスブルクのためのいくつもの領土放棄の代償として繰り返し要求してきた悲願の地。つまりプロイセンが何時このような挙に出てもおかしくはないだけの因縁は両国間に存在したのだが。

　こうしてプロイセン、オーストリアの対立を中心に、ヨーロッパ諸国は1748年まで続くオーストリア継承戦争へと突入した。この頃、オーストリアは巨大な領土を誇る一方で、財政は窮乏し、軍隊や政治体制は弛緩し、極めて脆弱な国家であったが、マリア・テレジアはこの惰弱な大国を率いて、よく防衛戦争を戦った。未熟で哀れな一婦人に過ぎなかった彼女はたちまち天性の資質を開花させ、強力な女王として生まれ変わっていった。1741年には彼女はオーストリア・ハプスブルク家の支配に反感すら抱くハンガリーに自ら赴いて交渉し、金銭や兵力を引き出すことにも成功した。伝説では彼女はこの時、生まれたばかりの息子ヨーゼフを抱いてハンガリー議会で演説、自分が弱々しく哀れな存在であるかのように演技し、美貌を見せつけ、涙ながらに、誰からも見捨てられた自分を助けて欲しいとハンガリー人に哀訴、ハンガリー人を口説き落としたのだと言われている。もっとも、これはあくまで少々誇張の入った伝説であって、彼女の哀訴とヨーゼフの議会への登場は別々の日に行われた出来事であった。さらに1745年には彼女の優れた戦争指導が、憎きフリードリヒを大攻勢によって三面から挟み撃ち、勝利をもたらすかに見えたことさえあった。しかし結局、戦場の偉才フリードリヒを粉砕するほどの抜群の戦場指揮官や軍隊はオーストリアにはなく、オーストリアはプロイセンにシュレジエンを明け渡して終戦した。

　戦後、マリア・テレジアはシュレジエン奪回を目論んで、オーストリア国制および軍制の改革を推進する。彼女は内政・財政改革にハウクヴィッツ、軍政改革にダウン、外交にカウニッツと優れた人材を抜擢し、全面的な改革を推し進めた。結果、国内政治ではばらばらの領土の単なる寄せ集めであったオーストリア帝国は一つの組織体へと変貌し、オーストリア軍はフリードリヒすら恐れる効率的な軍隊へと生まれ変わった。そして国際政治では外交革命と呼ばれる大成果が実現、ヨーロッパ大陸の二大強国として歴史的に対立してきたフランスとオーストリアの間にプロイセン打倒を目指した同盟が成立した。

　こうして力を蓄えたマリア・テレジアのオーストリアとフリードリヒのプロイセンは1756年、七年戦争に突入する。この戦争でオーストリアはフリードリヒを滅亡の淵まで追い詰めていったが、フリードリヒの当代随一の軍事的偉才とカリスマは、紙一重でこの戦争を戦い抜き、マリア・テレジアは結局シュレジエンを奪回することは叶わなかった。

　その後もマリア・テレジアは政務に精

励したが、1765年に愛しい夫フランツが死に、悲嘆した彼女は統治の意欲を無くし、生きることさえ厭わしいという状態に陥った。フランツは戦争指導者や戦場指揮官、国家の統率者としての力量を欠き、政務からは弾き出され、オーストリア国民からは役立たずの余所者として軽侮されていたが、彼女にとっては何よりも大切な心の支えだったのである。政務から排除されたフランツが、宝石集めなどの美の世界に耽溺し、あげくに美女にまで想いを向けて、肥満に陥り容姿の自信を無くした妻マリア・テレジアに苦い思いをさせたことも多少はあったのだが、総じて見れば、彼女にとってフランツは最良の夫であり続け、彼女もこの最良の夫を心より愛する最良の妻であり続けたのである。なおフランツは優れた財政家、企業家で、彼の築いた莫大な富は、妻の戦争に資金と物資を供給し、その上、その遺産は戦争で積み上がったオーストリアの戦債を消滅させている。そういった面でも彼は彼女にとって素晴らしい夫であった

夫の死による一時の停滞の後、マリア・テレジアは精神の再建を果たし、その後ずっと喪服を纏いながら息子ヨーゼフと共同して統治者の責任を担い続けた。

1780年、良き母であったマリア・テレジアは愛する子供達に囲まれつつウィーンで死んだ。なお彼女は基本的には子供達を愛する良き母であったが、子供に対して依怙贔屓があり、次女クリスティーネを偏愛する一方で、四女アマーリエに厳しく接し、衝突するなどしている。

マリア・テレジアは生前、敬虔なカトリック信仰と母性、君主としての公平さによって、巨大な領土に住む多数の民族の敬愛を獲得したが、今日でも古き良き時代の君主としてオーストリア人に愛されている。

📖 フランツ1世の憂鬱

ドイツ・フランス国境の小国ロートリンゲンの公子フランツ・シュテファン、あるいは皇帝フランツ1世はオーストリアの女傑マリア・テレジアの夫となるため、さらに夫として、彼女と彼女の国のために多大な出費を為していた。

マリア・テレジアの父カール6世は娘との結婚を認める条件に、オーストリア・フランス間で戦われたポーランド継承戦争を終結させるための犠牲としてロートリンゲンをフランスに割譲することをフランツに要求した。フランツは故郷をこよなく愛していたので、温厚な人柄に似合わず、一悶着起こしたのだが、それでも愛する故郷を捨て、愛する女を選んだ。そして夫となった後もオーストリアの戦争に物資と資金を供給し、妻とその祖国に対し多大な貢献をした。

ところがオーストリア人はフランツの犠牲や貢献について認識も評価もしなかった。彼をよそ者として軽蔑し続け、フランス趣味だと決めつけて非難し、長らく跡継ぎの男児が生まれなかった時にはそれを彼の欠陥のせいだと中傷した。

しかも彼の政治的軍事的な才覚の欠如の故に、フランツのオーストリアにおける孤立は深まった。彼を放置してしばしば重臣と政治軍事問題の密談に入り込む妻を見て、彼が嫉妬に苦しむことも少なくなかったし、お飾りとして彼は政治にも子育てにも口を挟めず、苦い思いもしていた。彼は妻への愛と温厚・楽天的な人柄によって、基本的には幸福に日々を過ごしたが、それでも憂鬱を感じ愚痴りたくなる日もあったようで「フランツはしばしば親しい者らに漏らしていた。宮廷というのは女帝と子供たちのことであり、自分はここではよそ者にすぎないのだ。」（江村洋『ハプスブルク家の女たち』講談社現代新書、107頁）

オランダ

ヤコバ・ファン・ベイエレン

Jacoba van Beieren
 (Jacqueline of Bavaria)
1401～1436

ヤコバ・ファン・ベイエレンは中世オランダの大貴族である。

ヤコバ・ファン・ベイエレンは、ホラント伯、ゼーラント伯、エノー伯としてオランダからベルギー等にかけて所領を有するバイエルン公家のヴィルヘルムの一人娘として、エノー地方の現在フランスに属する町ル・ケスノワに生まれた。幼少時代の彼女は当時の高位の貴族女性の嗜みとされる物事については悉く優れた力量を発揮したと伝えられており、その嗜みの中には乗馬や鷹狩りも含まれていた。それどころか、彼女はまるで少年のような無鉄砲な気質を発揮し、そのため父は彼女の名を呼ぶ際に男性形の「ヤコブ」へと変形させて、「ヤコブ嬢ちゃん」と呼んだという。

やがて 1415 年、ヤコバはフランスのトゥーレーヌ公ジャンと結婚するが 1417 年にジャンは死亡する。さらに同年父ヴィルヘルムも死亡したため、彼女は父から広大な領地を相続、ホラント、ゼーラント、エノーの女伯となった。しかしこの相続について、国内外に反発が生じ、彼女は自分の地位を守るため、ドイツから彼女の領土を狙う父方のおじヨハンや国内のアルケル卿の反乱への対処に追われることになる。この年、彼女はアルケル卿の反乱と戦い、反乱軍によって攻囲占領されたオランダの町ゴルクム市の求めに応じ自ら救援に向かう。彼女は 300 隻の船団と 6 千の騎士とともに進み、ゴルクムの反乱軍を攻撃することになった。

戦いは初めアルケル卿が優勢に立っていた。ところがここでヤコバは自ら予備部隊の先頭に立ち、市壁の門に向けて突撃を敢行した。そして市内へと突入し、逃げるアルケル卿を追跡、アルケル卿を討ち取ることに成功した。

翌年 1518 年、ヤコバは従兄弟であるベルギーのブラバント公ジャン 4 世と結婚、しかる後、おじヨハンとの戦いを始めた。ところが夫ジャンは彼女の味方としては役に立たないどころか、むしろ有害であった。夫ジャンによって彼女の領地のホラントおよびゼーラントは、支配権が敵であるヨハンへと明け渡されてしまったが、これで夫に愛想を尽かした彼女は夫を離婚して、エノーへと去ったという。

そこからヤコバは海を越えてイギリスへと渡り、イギリス王ヘンリー 5 世の歓迎を受けた。そして翌 1422 年、彼女は、イギリス貴族グロスター公ハンフリーと結婚し、その 2 年後の 1424 年、夫妻は彼女の領土を奪回するため軍勢とともにホラントへと侵入する。しかし彼女たちに対しては、フランス中東部からベ

ルギーにかけて大勢力を誇るブルゴーニュ公フィリップ善良公までが敵に回り、1425年、彼女たちは圧倒的な敵軍に直面する。そして大敵の前にヤコバは捕虜となり、ハンフリーはイギリスへと逃げ帰ることになったのである。それでもヤコバの闘志は衰えず、彼女は騎士見習いの少年に変装して脱出に成功、イギリスから連れてきた軍を率いてフィリップ善良公との戦いを続けた。しかしついに1428年、彼女は敗北を認めて、フィリップ善良公とオランダのデルフトで和約を結ぶことになった。この和約でフィリップ善良公が彼女の保護者となり、彼女の死後、彼女の領地を手にする権利を得た。

なお和約によってヤコバはフィリップの同意無しに結婚できない事も定められていたが、彼女は和約締結の直後、秘かにホラントの有力貴族ボルセレン家の一員フランツと結婚、フィリップ善良公の打倒を目指す。しかし1432年フランツは捕虜となり、フィリップ善良公はフランツ助命の交換条件として、彼女の全財産を自分に譲ることを要求する。ここでヤコバは、フランツを真に愛しており、また強大な敵軍に勝利の希望を全く持てなくなったため、この交換条件を飲んだ。

その後、彼女は1434年にフランツとの結婚を許可されている。彼女は1436年に死亡した。子供は残していない。

女の従軍 ～女性兵士マリア・ファン・アントウェルペン伝～

本書では英雄となった女性戦士を大勢扱っているが、女性戦士の中にはそれとは異なるタイプの人間もいる。英雄にはならずただの一兵卒として過ごした女戦士が。ここではそんな女兵士の一人について一生を覗いてみよう。

マリア・ファン・アントウェルペンは1719年オランダ南部の町ブレダで生まれた。12歳で孤児となった彼女は、メイドとして様々な雇い主に仕えたが1746年に解雇された際、娼婦に身を落とすのを嫌って、ヤン・ファン・アントという偽名と男装により兵士なった。翌年には彼女を男と信じる女性と結婚、セックスは鬱と病気のフリで回避し続ける。ところが1751年宿営地で女性であることが発覚、彼女は名前と性を偽った詐欺師として逮捕され、世間はこの話題に湧いた。彼女は流罪の判決を受けた。その後、オランダ南西部の町ゴーダに移住したが、その地で色々な女に恋を仕掛ける内に誘いに食いついてきた妊婦から男として結婚して子供の父になってくれるよう頼まれ、1762年、男性マヒール・ファン・アントウェルペンとしてその女と結婚、再び軍隊にも入った。彼女は夫として父として女の元に通い続け、しかも父としての意識を強く持って男らしく過ごしていたが1769年、再度男装が発覚する。彼女は裁判にかかることとなったが、姿を消した。以後は1781年にブレダで死んだことのみ分かっている。なお兵士として彼女は行軍はしたものの戦場で活躍する機会は得られなかった。

ところで女性が男装して兵士となるとき、仲間との肉体の密着で正体がばれないよう模造男根を着用することがあるが、マリアも自叙伝内で、そうした器具に頼ったと思しき発言をしている。

ギリシャ

マント・マヴロゲヌース

Manto Mavrogenous
1797～1840

マント・マヴロゲヌースはギリシア独立運動を戦ったギリシアの民族的英雄である。

マント・マヴロゲヌースは 1797 年、イタリア北東部の都市トリエステの名家の娘に生まれた。

やがて 1821 年、トルコ支配下にあったギリシアが独立戦争を起こすと、マント・マヴロゲヌースはギリシア南東部のミコノス島に移り住んだ。彼女はミコノス島で自分の身を飾る宝石を含め、全私財をギリシア独立の大義のために投じ、ゲリラ部隊を編成し船 2 隻を準備した。彼女は自分の作った軍隊の指揮権を自ら握り、陸海でトルコ側勢力と戦った。彼女は 1822 年にトルコ支配下のアルジェリア海賊の私掠船 200 隻が襲来した際と、1824 年にトルコを支援するエジプト海軍が襲来した際、二度に亘ってミコノス島の防衛に成功している。この他彼女はペロポネソス半島のトルコ軍に対してゲリラ戦を展開している。

ギリシア独立戦争はヨーロッパ諸国、およびヨーロッパ諸国人からギリシアへと様々な物的精神的支援が為されたことでも知られているが、マント・マヴロゲヌースは自ら戦ったのみならず、この諸外国からの支援確保の面でも大きく貢献をした。彼女はパリやイギリスの友人達に向けてギリシア独立運動に対する支援を求める手紙を書き送ったが、この手紙はヨーロッパ諸国の反響を呼んでギリシアに対する同情を引き起こし、ギリシアに資金援助や義勇兵をもたらしたのである。

マント・マヴロゲヌースの独立戦争への献身は、戦争中より様々に讃えられ、彼女の功績は詩や物語によって謳われた。そして独立戦争指導者達も彼女の功績を認め、彼女に中将の階級を授与した。

やがて 1829 年、ロンドン議定書でギリシアの独立が承認されたが、その後の彼女は政治的にも私的にも不遇であった。政治的影響力を欠く彼女は政治的には傍観者たらざるを得なかった。また彼女は独立指導者のディミトリオス・イプシランディス公と恋仲であったが、公の不在時に覆面をした男達によってミコノス島へと拉致され、以後、公が彼女に帰還を求めることはなかった。彼女は国会に対してディミトリオス・イプシランディスを告発、彼は自分の純潔を奪ったのだから自分と結婚すべきだと主張したが、これに対する公からの返答はなかった。彼女は母や姉妹達からも縁を切られ、僅かな戦争寡婦年金を頼りに孤独と困窮の中で生きた。なおマント・マヴロゲヌースが不遇のうちに暮らす一方で、独立の英雄たる彼女の伝説は広く流布し、彼女の

美貌と人となりは、肖像画や詩や歌によってギリシア人に語り継がれていた。

マント・マヴロゲヌースは1840年の疫病の中で死亡した。

かつてギリシアでは国民的英雄マント・マヴロゲヌースの肖像を硬貨に使用していた。

クロアチア

ミルカ・クフリン

Milka Kufrin
1921〜

　ミルカ・クフリンはドイツの侵略に抵抗したユーゴスラビアのパルチザンである。

　ミルカ・クフリンは1921年、ユーゴスラビア領時代のクロアチア地方で、農民の娘に生まれた。彼女の両親は彼女が勉学することを勧め、彼女はクロアチア第一の都市ザグレブにあるザグレブ大学農学部で学んだ。

　ザグレブ大学農学部在学中に、ミルカ・クフリンは共産党青年組織に加入したが、彼女は農民の娘であったことから1940年、ザグレブ郊外に派遣され、農民達とともに労働することになった。

　1941年にユーゴスラビアはドイツ軍の侵略を受け、それ以降、共産党を中心とするパルチザン勢力が民族解放を目指して戦いを続けていったが、ミルカ・クフリンもこのパルチザン闘争への参加を志願することになった。ミルカ・クフリンの志願は初めは拒否されたものの、彼女がそれでも参戦を諦めなかったため、やがてこの年のうちに、彼女はコルドゥン地方のパルチザン部隊へと送り込まれることになった。

　1942年、ミルカ・クフリンはザグレブ＝リエカ間の鉄道破壊作戦を担当、8ヶ月に亘って毎夜出動し、ドイツ軍が厳重に警備する中、銃撃をかいくぐって、鉄道に爆薬を仕掛け続けた。

　戦後、ミルカ・クフリンはユーゴスラビア共産党政府によって国家的英雄と宣言された。

コソボ

ショテ・ガリカ

Shote Galica
1895〜1927

　ショテ・ガリカはコソボの愛国者で、セルビア等の外部勢力に支配されるコソボにおいて、コソボの解放を求めて戦った人物である。

　ショテ・ガリカは1895年、コソボ中部のドレニカ地方のラディシェヴァに生まれた。

　ショテ・ガリカはやがて、主たる住民

のアルバニア人がセルビア等の外部勢力に支配されるという状態にあるコソボにおいて、アルバニアの民主化とコソボの解放を求める闘争に身を捧げ、12年に亘って戦い続けることになった。彼女はコソボ解放の武装闘争の指導者の一人であった夫アゼム・ガリカとともに、第一次大戦中1915～1918年にかけてはコソボを占領したオーストリア＝ハンガリー帝国およびブルガリアの軍に対抗した。彼女と夫は一次大戦後はコソボがユーゴスラビア内でセルビア支配下に入れられていることに抵抗し、1919年には西コソボにおいて対セルビア蜂起を敢行、1921～23年にかけてはセルビアの圧政に対抗して、コソボ西部にあるジュニクの町を守った。

1925年に夫アゼム・ガリカが戦傷が元でドレニカ地方の洞窟で死ぬと、ショテ・ガリカは夫のゲリラ部隊を引き継ぎ、ハスとルマにおいて、アルバニア人解放闘争の英雄バイラム・クッリと協同して戦いを続けた。彼女の挙げた特筆すべき戦果としては、キカトヴァでセルビア軍指揮官と多くの兵士達を捕虜としたことが挙げられる。

やがてショテ・ガリカは1927年、アルバニアへと撤退、フシェ・クルヤで数ヶ月を過ごした後、死亡した。

ショテ・ガリカは生前、生ける伝説として高い名声を誇っていた。

ショテ・ガリカは「知識無き生は武器無き戦争に等しい」との発言を残したことでも知られている。

サンマリノ

レナータ・テバルディ

Renata Tebaldi
1922～2004

レナータ・テバルディはイタリア生まれのソプラノ歌手である。

レナータ・テバルディは1922年、イタリア中部のアドリア海に面した港町ペザロに生まれた。彼女は3歳で小児マヒを患うなど病弱で戸外で自由にふるまうことができなかったが、それ故に音楽に対して深い関心を持つようになっていった。レナータ・テバルディの音楽教育はまず歌手であった母親によって行われ、その後パルマ音楽院で3年間学んだ。それから彼女はペザロに戻り、アリゴ・ボイト音楽院の往年の名ソプラノ、カルメン・メリスに3年間師事した。

1944年レナータ・テバルディはイタリア北東部のロビーゴでデビューした。彼女は1946年にはイタリアを代表する歌劇場ミラノ・スカラ座のオーディションを受けたが、そこで20世紀前半を代表する指揮者トスカニーニの抜擢を受け、ミラノ・スカラ座戦後再開記念ガラ・コンサートに出演することとなり、その名を世界に知られるようになった。トスカニーニは彼女のことを「天子の歌声」と絶賛した。以後、数十年に亘って毎年スカラ座に出演しつつ、世界の主要劇場で活躍した。彼女は主にイタリア最大の歌劇作家ベルディや、これに次ぐ名声を誇るプッチーニの作品を歌った。なお彼女は1951年に当時最新メディアであったLPレコードにプッチーニのオペラ3作を録音して以降、多数の録音を残して歌声を世界に届け、世界的な名声を揺るぎないものとした。1950年代には彼女とほぼ時を同じくして台頭したソプラノ歌

手マリア・カラスと名声を競い合い、イタリア・オペラの黄金時代を築いた。

レナータ・テバルディの歌唱は自然な発声法や、劇的でありながら精緻な作品に則した感情表現に特徴があり、前時代の感情過多な表現と一線を画す表現を確立したとされる。

1976年に引退し、以後悠々自適の日々を送った。2004年、サンマリノの自宅で死去。

スイス

マルタ・グラー

Martha Glar
1734～1798

マルタ・グラーは祖国防衛のために戦ったスイスの愛国者である。

マルタ・グラーは羊飼いの家に生まれ、彼女の祖父も父も、兄弟も羊飼いであった。そして彼女の夫も羊飼いであり、彼女の息子も羊飼いであった。そして彼女とその家族達はただの羊飼いとして、長らく平凡な日々を過ごしていた。

ところが1798年、スイスは戦火に包まれる。革命政権の成立によってヨーロッパ中との戦争に陥ったフランスが同年、北イタリアで勝利を収め、そこからさらにスイスへと侵略の手を伸ばしてきたのである。フランス兵はスイスで暴虐陵辱の限りを尽くし、これに対してスイス人は各州で頑強な抵抗を見せた。そして抵抗に立ち上がった人々の中には無数の勇敢な女性も含まれており、マルタ・グラーもそのような女性の一人であった。

マルタ・グラーの夫はフランス軍が侵略してくると、他の農夫や羊飼い達とともに敵軍に向かって進撃していったが、この時彼女は残された女達娘達を教会の庭に集め、彼女たちをスイスの独立のために戦った古の英雄ヴィルヘルム・テルの娘と呼んで、語りかけた。

ヴィルヘルム・テルの娘達よ！　今こそ、皆がかの英雄の、我等が父祖の、祖国の解放者の子孫に相応しいか証明すべき時が来た。我等の祖国は、全ての国と平和共存し、全ての人々の友であり、何者の権利も侵すことはなかったが、にもかかわらず、神が罪深き我等に試練を課したかのように、憎むべきフランス人があらわれた。神の鞭として遣わされた卑しむべき人間どもは、恥ずべきくびきと足枷でもって、我等を脅かした。我等の父、我等の夫、我等の兄弟、我等の息子、そして我等の友は、既に奴らと戦うために進軍している。だが我等の守り手達は数で押されて敗北し、我等は、子を亡くし、孤児となり、寡婦となり、かの野蛮で卑劣な化け物どもの、奴隷に、情人に、召使いに、落とされる憂き目を見るのではないか？　いや、それはありえない。なぜなら私には愛国の怒りに燃える皆の顔が見える。ならば私が皆の泣き声を聞くことは、断じて、断じて無いだろう！　むしろ我等は死を賭そう、一千の死を。私はこの聖なる場所に収められた祖先の遺骨が、足下で鳴り震えているのを感じている。聞こえるだろう、彼等の高らかな声が、『自由の娘達よ！　死か、父祖より受け継いだ幸福と自由を子供達に伝えるかだ』との呼びかけが。もちろん、私には、天のヴィルヘルム・テルの魂が降り立ち、祖国と家族と聖なる大義、そして我々自身のために、為すべき何かを我々に教えてくれているのも見える。

これに対して周囲の女達からは「我等に武器を、我等も進軍を、我等も敵と戦おう」との叫びが繰り返された。そしてマルタ・グラーはさらに続けた。

満足したよ、見事な決意だ。未だ生まれぬ世代の子らが皆の愛国心と勇気を記してくれるだろう。だが私は、皆に刺繍の旗も、飾り兜も、煌めく武器も用意してやることはできぬ。その代わり、今日の戦いで、マルタ・グラーとその娘達、さらにその孫娘達の姿が見えなくなることはないだろう。我等は皆が名誉と栄光の道を歩めるよう、常に戦場に立ち、皆に戦意を吹き込み続けよう。苦闘は勝利で飾らねばならぬ、我等は敗北を生き延びぬ事を厳かに誓おう。皆とともに、永遠の神の前に誓おう、同朋達よ、戦勝無くば死を、勝ち残らずば祖国の自由と幸福を抱いた死を。

　マルタ・グラーは 260 人の女達を連れてフラウエンブルンの戦いに加わった。彼女は恐るべき勇敢さを発揮した後に、二人の娘および三人の孫娘とともに、父と夫と兄弟と息子の傍らで殺された。最年少の孫娘は 10 歳であったという。彼女とともに決起した女達は 180 人が戦死し、残りは負傷により戦場から運び出された者であった。

スウェーデン

クリスティーナ・ユレンシュルナ

Kristina Gyllenstierna
1494〜1559

　クリスティーナ・ユレンシュルナはスウェーデンの首都ストックホルムの防衛に活躍した女性である。
　クリスティーナ・ユレンシュルナは 1494 年に生まれた。両親共に名家の出であったという。彼女は 17 歳の時、彼女より 2 歳年上の国会議員、ステン・ステューレと結婚したが、この夫婦二人の間の精神的なつながりについて分かることは特にない。夫ステン・ステューレは 1513 年には摂政となった。
　この頃、スウェーデンはデンマークへの連合従属体制下にあり、自由を求めてデンマークとの闘争を継続中であったが、新摂政ステン・ステューレは農民や町人の支持を背景に反デンマーク政策を継続していった。そしてステン・ステューレは 1517 年から、内戦で大司教グスタフ・トロッレを筆頭とする親デンマーク派を

弾圧すると共に、外から攻撃を仕掛けてきたデンマーク軍を何度も撃退することに成功した。ところが1520年、デンマーク王クリスティアン2世は自ら大軍を率いてスウェーデンへと大々的に侵攻、ステン・ステューレはこれと戦い、戦死してしまった。

これ以降スウェーデンでは軍は裏切り、議員の大勢はストックホルムの北70キロにある街ウプサラに集まってデンマーク王を支持するなど、デンマーク軍に対する闘争・抵抗の意思が各所で砕け始めた。しかし、このように追い詰められた情勢下にあってもなお、ステューレ派は抵抗をあきらめなかった。そして未亡人となった26歳のクリスティーナ・ユレンシュルナは、このステューレ派の中心として毅然としてストックホルムの堅城を守り、宮殿から国民に指示を発して、デンマークに対する抵抗の指揮を執ったのである。

クリスティーナ・ユレンシュルナはストックホルム市民や地方の農民たちに向かって、祖国と国民を侵略者から守れと呼びかけ、抵抗の準備を進めた。デンマークに付いた議員達が彼女の元へ使者を送り、デンマークへの応対につき提言を行ったが、これに彼女が耳を貸すことはなく、議員たちが3千の軍隊付きで再度使者を出したときには、ストックホルムは橋を落として守りを固め、もはや使者を街に入れようとはしなかった。

デンマークがストックホルムのような堅城を包囲する力を蓄えるまではしばらくの猶予があったことから、この時間を利用してクリスティーナ・ユレンシュルナは外交戦を展開、ダンツィヒとポーランドに支援を求める。もっとも、両国共にこれを拒否したため、スウェーデンは独力で抵抗を続けるより他無かった。ここで彼女は再び農民たちに檄を飛ばし、汝らの先祖の土地を固守せよ、デンマーク軍を押し返せと訴えた。そして農民達は檄によく応え、勇猛果敢な戦いぶりを示した。しかし指導者を欠く農民達の戦いはその勇気にもかかわらず、しだいに押し潰されていくこととなった。

そして春、氷が溶けた頃、デンマーク軍は海軍を伴いストックホルムに到来する。しかしストックホルムの堅城堅守を強攻することは出来ないと見たクリスティアン2世は、ストックホルムの名士達に交渉の手を伸ばし、恵みと許しの約束で、少しずつ名士達を寝返らせていくことにした。クリスティーナ・ユレンシュルナはその様な中でも、強硬姿勢を崩さず、名士達全員が裏切るまで戦い続け、ストックホルムは秋になる前に占領とのクリスティアン2世の予測を上回って、ようやく秋になって占領された。クリスティアン2世は、ステューレ派への恩赦と、クリスティーナ・ユレンシュルナとその子供達への特別な保護を約束した。

ところがスウェーデン王として戴冠を行ったクリスティアン2世がストックホルムの王座に就くと、かつての弾圧への復讐に燃える親デンマーク派スウェーデン人の筆頭、大司教グスタフ・トロッレが、ステューレ派を異端者として処刑することを進言する。これに対し、クリスティーナ・ユレンシュルナは、ステューレ派はスウェーデン国民大衆の意思を代表して行動したのであり、そこに誤りはないと反論した。ここでクリスティアン2世は彼女に親デンマーク派への弾圧決定に関与した人士について詰問、彼女は間髪入れずその名の記された手紙を取り出す。そしてこの手紙をもとに、ストックホルムでは、スウェーデン要人に対する大虐殺が展開、80名以上が殺害されることになった。この事件は「ストックホルムの血浴」と呼ばれる。クリスティーナ・ユレンシュルナは母親および子供達、

そして処刑された男達の妻達と一緒に、牢獄に幽閉されることになった。なおこの虐殺を引き起こしたクリスティーナ・ユレンシュルナの行為は様々に非難されているそうであるが、彼女の心情を推測するに、彼女は関係者の多さ、潜在する自分たちへの支持の厚さを見せつければ、復讐を阻止できると考えたのではあるまいか。ちなみに虐殺は、さらにスウェーデンおよびスウェーデン支配下にあったフィンランドの全域にも広がっていくことになった。

その後、クリスティーナ・ユレンシュルナはデンマークに連行され、数年間囚われていたが、この間に彼女は、デンマーク王の側近スーレン・ノルビュと恋に落ちる。ただしこの関係には打算もあったと推測されており、彼女はこの男の力で自分の息子にスウェーデン王位が与えられることを期待したのだと言われている。やがて釈放されてスウェーデンへと帰還する際には、クリスティーナ・ユレンシュルナはスーレン・ノルビュに指輪を贈った。この指輪は婚約したつもりでいて欲しいとの願いを託したもののようである。

スウェーデンに帰国後、クリスティーナ・ユレンシュルナは彼女の甥で、1523年にスウェーデン王位に就いていたグスタフ・ヴァーサ王と対立、1525年にはグスタフ・ヴァーサに対する攻撃に関与して、重要な地位を占めていたという。ちなみにそのせいで彼女が逮捕されたとの噂が流れ、例のスーレン・ノルビュがデンマーク王に手紙を書いて、王に彼女の釈放のための助力を求めるという事態も生じているが、この手紙の中で、スーレン・ノルビュは彼女と結婚するつもりだと語っている。

1526年、クリスティーナ・ユレンシュルナは政治的な役割を放棄する決断をした。彼女はこの年、ある手紙の中で、スーレン・ノルビュに贈った指輪はよくしてもらった礼に過ぎないとして、スーレン・ノルビュとの結婚の意志を否定、ヨハン・トゥーレソン・トレーローソルという富豪の妻に収まった。このおばの決断を当然グスタフ・ヴァーサ王は歓迎し、婚約の席では王自ら酒を振る舞ったという。これ以後、クリスティーナ・ユレンシュルナは富豪の妻として、日常の忙しさの中に埋没して暮らした。なお王との関係改善以後、彼女は息子達を王の忠臣となるように育てていった。

守城の戦の女傑達 【西洋編】

本書では城を守った女性を何人か扱っているが、歴史上にはこの他にも城塞防衛戦で活躍した女性が多い。西洋の城塞防衛戦に活躍した女性の中で語るに値する人物を幾人か選んで紹介しておこう。

マウド（マティルダ・アウグスタ）：イギリス王女。1139年、王位を狙って乱を起こし、何度も城を攻囲され捕獲されそうになりながら、その度に脱出、長く戦いを続けた。41年ストリックブリッジでは棺の中に入って死体になりすまして城から脱出、42年オックスフォードでは白いベッドシーツを被り降りしきる雪に紛れて城から脱出した。

カテリーナ・スフォルツァ：イタリアのフォルリ領主の妻。1488年、25歳の時に夫は反乱で殺され、彼女は幼い子供達とともに捕虜となった。街に近接する要塞が抵抗を続けたが、ここで彼女は反乱軍に自分が開城の説得に行くと提案、子供達を人質に残し要塞へと入る。ところが彼女は要塞から戻らず、人質を殺すという反乱軍に対し城壁上でスカートをまくりながら言い放った。「何たる馬鹿者よ。私はこれであと何人だって子供ぐらいつくれるのを知らないのか！」（塩野七生『ルネサンスの女たち』中公文庫、263頁）やがて彼女の実家のミラノから援軍が来て反乱は挫折した。

マデレーヌ・ド・サンネクテール：フランスの貴族女性。内戦中60騎の騎兵を率いて近隣の敵勢力への襲撃を繰り返したが1575年、彼女の城は1万5千の大軍に攻められる。ここで彼女は囲まれるのを待たず、出撃して敵を破り、逃げた敵が自分の城に侵入したのを見ると、隣街で援軍を集めてこれを駆逐した。敵であったアンリ4世は、「もし自分が国王でなければ、サンネクテール嬢になりたい」と言って彼女を賞賛した。

スペイン

イサベル1世

Isabel I（Isabella I）
1451〜1504

イサベル1世はスペインの女王である。

イサベル1世は1451年、スペイン西部のカスティーリャ王国王女として、マドリガル・デ・ラス・アルタス・トーレスの村に生まれた。1454年、父王フアン2世が死に、26歳年上の異母兄エンリケ4世が王位に就くと、彼女と母、弟アルフォンソは宮廷から追い出され、彼女たちはアレバロの小城で貧困を強いられることになった。

この屈辱で母は精神を病み、イサベルは弟アルフォンソと二人身を寄せ合い、キリスト教を支えに、真面目で潔癖な人間性を成長させていった。彼女と弟はときおり兄王の気まぐれで宮廷に連れ出されたのだが、彼女は軽薄、陰険、退廃的な宮廷を毛嫌いした。彼女の教育については一応家庭教師によって、王族として

並の教育を授けられていたが、しかしこの時点で彼女の王位就任は想定外であり、彼女に帝王学や国際語ラテン語の教育は施されていない。そのため彼女は王位就任後、日夜政務に精励する合間に、ラテン語学習せねばならなくなる。

やがて1462年、兄王エンリケに王女が誕生する。ところがエンリケは性的不能が囁かれた男で、王女フアナの父は王妃の寵臣ベルトラン卿ではないかと噂された。そしてフアナの出生の怪しさはカスティーリャ王国を内乱へと導いた。そもそもエンリケは統率力を欠き、貴族勢力を統御できていなかったのだが、ビリェーナ侯を筆頭とする不平貴族達がこの王統の危機を捉え、1465年、疑いなき王族の王弟アルフォンソを擁立して、反乱を起こしたのである。

内乱勃発時イサベルはセゴービアの宮廷に滞在していたが、彼女の立場は複雑であった。潔癖、真面目な彼女にとって神聖な王権への反逆など、到底肯定できはしない。とはいえ彼女の心はともに育った弟アルフォンソの側にあり、彼女は囚われの王女の自分を弟が救出してくれる場面をしばしば妄想して過ごした。それがやがて対立両陣営に和解の機会が訪れる。内乱を鎮めるため、15歳となったイサベルとビリェーナ侯の弟ペドロ・ヒロンの政略結婚が持ち上がったのである。とはいえイサベルは粗野な四十男のペドロ・ヒロンとの結婚を忌み嫌い、部屋に籠もって断食を始めるほど。幼なじみの親友ベアトリスが心配して駆けつけたときには、彼女は鬼気迫る表情で自分かペドロ・ヒロン、どちらかの命を奪ってくれるよう神に祈っているところであった。そして1467年、結婚を目前にして、ペドロ・ヒロンは高熱で病死、イサベル個人は救われ、内乱終結は遠のいた。

この年、内乱は反乱軍の優勢に傾き、イサベルの居たセゴービアの町もアルフォンソ軍に門を開く。このときエンリケ派の人々は町が包囲される前にと脱出していったが、イサベルは脱出する一団から抜け出して、愛する弟の陣営に衝動的に身を投じた。アレバロに置かれた弟の清新な活気溢れる宮廷で、彼女は幸せに過ごした。

ところが翌1468年、アルフォンソが疫病で急死する。これで周囲はイサベルを弟の後継者と見なすようになり、これまで一少女として、政治情勢に対し、凡庸無責任な態度で過ごしてきた彼女は、責任ある政治主体へと脱皮を余儀なくされる。ここでイサベルは彼女をおだてて傀儡王に擁立しようとする周囲の思惑を抑え、堂々たる態度で、兄エンリケの正当な王権への服従を決断した。ただし彼女は出生に疑惑あるフアナの王位継承を否定する意思をほのめかし、その意を汲んだビリェーナ侯が兄王と交渉、内乱両陣営の和平協定でフアナを排斥し、イサベルを王位継承者とすることが定められた。

1469年、イサベルは結婚する。エンリケ王は彼女をポルトガル王アルフォンソ5世と結婚させようとしたのだが、彼女は兄に逆らいスペイン東部のカスティーリャの兄弟国、アラゴン王国王子フェルナンドとの結婚を望んだ。20も年上のアルフォンソ5世より、1歳年下で容姿才覚申し分なしと讃えられるフェルナンドは、彼女にとって個人的に好ましい相手であったし、彼女の理性は兄弟国アラゴンとの連合こそ国益に叶うと判断していた。しかもポルトガルとの歴史的対立の記憶から、民衆もアラゴン王子を彼女の婿に望み、宮殿を囲んで叫び声を上げ、王にポルトガル王との縁談を取り下げさせてくれる。もっとも、これで機嫌を損じた兄エンリケは、彼女を宮殿に監禁してしまったが、彼女は兄の油断

を待って、兄が遠征に出た隙に脱走、フェルナンドとの結婚を決め、フェルナンドの到来をバリャドリードで待った。この時、アラゴンはフランスが糸を引く反乱に苦しみ、フェルナンドに援軍を付けてイサベルの元へ送り込む余裕はなかった。にもかかわらずフェルナンドは単身彼女の元へ駆けつけることを選び、イサベルの使者とともに行商人に化け、エンリケの支配地をくぐり抜けて到来、見事二人は結ばれた。1473年、世論の後押しや、スペイン両国の結合に関心をよせるスペイン出身のローマ教皇の工作もあり、イサベルと兄王は和解に達した。

1474年、エンリケ王が死亡、イサベルは王位に就くが、疑惑の王女フアナと結婚してカスティーリャ王位を狙うポルトガル王アルフォンソ5世との間で王位継承戦争が勃発した。戦争は1479年イサベル側の勝利に終わるがこの年、フェルナンドもアラゴン王位に就き、結果カスティーリャとアラゴンの結合が成った。この統一は近世国家スペインの誕生と目されている。そしてイサベル夫妻の共同統治下で、スペインは対内的には地方警察力強化による治安確立、および貴族勢力抑圧、王室財政の強化を達成した。また対外的にはレコンキスタ(再征服運動)を完成して、イスラム教勢力をイベリア半島から駆逐した。イサベルはイスラム勢力との国境の町アラーマで攻防戦が起こったとき、敵の猛攻の前に撤退やむなしとの空気の中、アラーマを死守して足場とし敵心臓部に攻め入って止めを刺すのですと語り、レコンキスタ完遂の国民的決意を喚起した。そしてイスラム勢力最後の拠点グラナダ攻撃に際しては、彼女はグラナダ陥落までシャツを替えないと宣言し、同じシャツを9ヶ月も着用し続けるという意気込みを見せた。以上のような内外での成功により、スペインはヨーロッパの強国に成長、夫妻は良き

カトリック君主としてローマ教皇からカトリック両王の称号を与えられた。なおイサベル夫妻の統治の陰の面として、彼女の熱烈なキリスト教信仰から来る、ユダヤ人弾圧がある。

国王イサベルは、人材の抜擢活用に長けた政治家で、敬意と謙譲でもって男性を立て、操作することを得意としたという。彼女の見出した人材を挙げれば、筆頭として夫フェルナンドであり、優れた軍人にして、スペイン史上最高と讃えられる傑出した政治家、喜々として敵をペテンにかける天性の策信家でもあったこの夫を、彼女は巧みに乗りこなして活躍させた。ちなみにフェルナンドは浮気癖で潔癖な彼女を悩ませるが、この方面でも彼女は人使いの達人ぶりを発揮、夫が目を付けた女に手際よく似合いの結婚相手をあてがい浮気を押さえ込んでいった。もっともそれで完全に大人しくなるフェルナンドではなく、彼女はいつしか夫の私生児を引き取り、育てる寛容さを身につけていく。この他、西洋戦史に名将の名を留めるゴンサロ・デ・コルドバ、アメリカ大陸への航路を切り開きスペインの海上雄飛のきっかけを作ったコロンブスも彼女の抜擢した人材である。

なおイサベルは夫を後方から操るだけでなく、夫と苦難をともにする妻でもあった。戦争時の彼女は、基本的には夫が十全に活躍できるよう、軍資金や物資を集め、街道を切り開かせ、夫への補給に辣腕を振るったが、武装して夫の傍らに立ち、士気を喚起したこともしばしばで、少なくとも二度命の危険に曝されている。また夫の不在時には彼女が軍を統率することもあった。

晩年のイサベルはカスティーリャの継承者となる自分の娘フアナの狂気とその夫フィリップ美公の酷薄さに頭を悩ませていたが1504年、ついに娘夫婦を見限り、死の床で力を振り絞って、夫フェル

スロバキア

ハヴィヴァ・レイク

Haviva Reik (Havivah Reik)
1914〜1944

　ハヴィヴァ・レイクはスロバキアでナチスドイツに抵抗したユダヤ人レジスタンスである。

　ハヴィヴァ・レイクは1914年、スロバキアのシャヨ・ハッソ村に生まれた。やがて彼女はユダヤ人のパレスチナ移住を目指すシオニズム運動に参加、ハショマー・ハツァイル・シオニスト青年運動の一員となった。

　1938年、ナチス・ドイツと結び反ユダヤ政策を掲げるハンガリーにスロバキアが併合されると、ハヴィヴァ・レイクは、ユダヤ国民基金およびスロバキアのシオニスト団体の実施した、ユダヤ人救出活動に献身した。同年中、彼女自身もスロバキアを去り、パレスチナでキブツ・マアント（マアント農業共同体）に参加した。さらにこの地で彼女は、パレスチナ・ユダヤ共同体イシューブの地下軍事組織ハガマの戦闘部門であるパルマーから召集を受けた。

　パルマーでの勤務が終わった後、ハヴィヴァ・レイクはパラシュート兵となることを志願、ナチス支配下にあるヨーロッパへと降下して、スパイ活動とレジスタンス活動およびパレスチナへのユダヤ人救出移送活動に従事することを望んだ。彼女は集中訓練を受けた後、降下の日を待ったが、当初は彼女たちを輸送するイギリスが、女性である彼女を敵地奥へと運ぶことを拒否する。しかし1944年、アメリカ軍の協力を得て、彼女はスロバキアの中枢部バンスカー・ビストリツァへと降下した。

　この頃、バンスカー・ビストリツァではナチス・ドイツに対する大々的抵抗であるスロバキア民衆蜂起が勃発しており、情勢は混乱、ハヴィヴァ・レイクと仲間達は生き延びるだけで精一杯に近い状態で、時間を浪費することになったが、それでもどうにかユダヤ人パルチザン40人の支援を集めることに成功した。ナチス・ドイツがスロバキア民衆蜂起を鎮圧すると、ハヴィヴァ・レイクたちは山岳地帯へと逃げ込み、武器集めと防御拠点作りに力を注いだ。

　しかし防御拠点を築き始めて6日後、同拠点はナチス親衛隊ウクライナ・ガラキア師団の襲撃を受け、ハヴィヴァ・レイクは捕獲され、尋問と拷問の後、クレムニカでスパイとして死刑に処された。

　ハヴィヴァ・レイクの遺体は、共同墓

地へと投棄されたが、その後、1952年にイスラエルへと移され、エルサレムのヘルツル山軍人墓地に埋葬された。

ハヴィヴァ・レイクはイスラエルでは国民的英雄と見なされている。その功績を記念して彼女の名は、キブツ・ラハヴォト・ハヴィヴァ（ラハヴォト・ハヴィヴァ農業共同体）や、二次大戦後ユダヤ人移民をパレスチナへと運んだ船ハヴィヴァ・レイク号、ギヴァト・ハヴィヴァ教育センターに残されている。

スロベニア

ヴィダ・トムシチ

Vida Tomsic
1913～1998

ヴィダ・トムシチはスロベニアの女性政治家である。

ヴィダ・トムシチは1913年、オーストリア・ハンガリー帝国領時代のスロベニアで、中心都市リュブリャナの教師の家庭に生まれた。スロベニアは第一次大戦後は、セルビアやクロアチアとともに、ユーゴスラビアを形成していくことになる。

ヴィダ・トムシチは1933年よりリュブリャナ大学文学部で歴史学と地理学を学んだが、1935年に法学へと転向、1941年に同大学法学部を卒業している。彼女は社会の不公正に敏感な性格であり、この間、カトリック教会で同じ思いを抱く人を探したが果たせず、1934年には非合法のユーゴスラビア共産党に加入することになった。1935年には9ヶ月の投獄を受けている。1937年、ヴィダ・トムシチは彼女より3歳年上の法学部生で、スロベニアの共産主義者の中で指導的な地位にあったトネ・トムシチと結婚した。1940年には彼女はスロベニア・ユーゴスラビア共産党指導部の一員となった。

1941年、スロベニアとユーゴスラビアがドイツ、イタリア、ハンガリー軍の占領を受けると、ヴィダ・トムシチは国家解放運動に参加した。同年の解放運動への参加後、彼女は子供を産んだが、その年のうちに彼女は夫とともにドイツの秘密警察によって拘束されてしまう。彼女たちは厳しい拷問を受け、イタリアの軍事法廷によって、彼女は25年の投獄、夫は死刑との判決が下された。1943年のイタリア降伏後、ヴィダ・トムシチはユーゴスラビアへと帰還、対ドイツ武装闘争で指導的な役割を果たした。

戦後、ヴィダ・トムシチはスロベニアおよびユーゴスラビアにおいて高い政治的地位を占めた。彼女は1945年にスロベニアの社会政策大臣となったし、戦前の1940年以来のスロベニア・ユーゴスラビア共産党連盟中央委員会委員の地位を1982年まで占め続けた。またスロベニアおよびユーゴスラビアの議会に席を占め、様々に活躍した。諸外国や国連等への代表団に参加したこともあり、無数の非政府会議へも精力的に関与した。彼女の政治活動の中ではとりわけ女性問題への貢献が大きく、彼女は共産党時代のスロベニアの女性問題に関する立法に理論的基礎を与えたとされている。

なおこの間ヴィダ・トムシチは1946年に、国家解放闘争を戦った元パルチザン医師で国際的な婦人科医であったフランク・ノヴァクと再婚、二人の間には子供が二人生まれている。

ヴィダ・トムシチは多くの論文や著作を残し、女性問題や家族計画から政治体制、国際政治まで様々な問題を取り扱った。彼女は1970年代後半にはリュブリャナ大学法学部の家族法の教授を務めた。

ヴィダ・トムシチの様々な功績は、ユー

ゴスラビア国家英雄の称号や、諸外国からの勲章の授与などによって讃えられた。

1984年、ヴィダ・トムシチは引退した。ユーゴスラビア解体と共産主義崩壊を経た後の1998年、彼女は死亡した。

セルビア

リュビツァ・マリッチ

Ljubica Maric
1909〜

リュビツァ・マリッチはセルビアの音楽家である。

リュビツァ・マリッチは1909年、セルビアのクラグイェバツに生まれた。

リュビツァ・マリッチは1929年から1930年代初めにかけてセルビアの首都ベオグラードの音楽学校で学び、しかる後にチェコのプラハ音楽院に移った。彼女はプラハ音楽院では、近代チェコ音楽の中心的存在であるヨセフ・スークと、チェコの民族音楽の素養の上に音階の理論的深化に取り組んだアロイス・ハーバに師事した。また指揮法について、プラハにおいて、ロシアの代表的交響楽団レニングラード・フィルハーモニーの常任指揮者を務めたことのあるニコライ・マルコの教授を受け、フランスのストラスブールにおいて、名著『指揮法』の著者であるドイツの指揮者シェルヘンの指導を受けた。

リュビツァ・マリッチが音楽を学び終えて間もなく第二次世界大戦が勃発、1941年にはセルビアもナチス・ドイツの占領を受けたが、彼女は他の多くの若者と同じようにパルチザンに参加、ナチス・ドイツと戦った。

戦後、リュビツァ・マリッチは教職に就き、1957年からはベオグラード音楽院で教鞭を執った。

リュビツァ・マリッチは作曲家として名声が高く、現代セルビアの最重要の作曲家の一人とされる。セルビアの民俗音楽および正教会典礼音楽の影響を受けて、斬新な新旧の結合と評される作風を形成した。

チェコ

リブサ

Libussa（Libusa/Libuse）
680頃〜738頃

リブサは8世紀のチェコ西部ボヘミア地方にいたとされる女王である。

リブサはボヘミア王クロクスの娘であった。彼女は680年頃の生まれと推測され、やがて700年にクロクスの後を継いで王位に就いた。彼女は優れた洞察力の持ち主であり、また優秀な軍人であった。リブサは、彼女の二人の姉妹、カシャおよび正義の剣の使い手テトカの補佐と助言を受けつつ統治を行った。

リブサの統治下では、女性のみが高位に就き、女性達に軍事訓練を施したと言われている。この様なリブサの統治体制には男性の反発も強く、反乱も起こっているが、彼女はこれを鎮圧している。彼女はその生涯を戦いに明け暮れ、ほとんどが女性から構成された軍勢を率い、近隣諸勢力を相手に幾多の勝利を重ね、領土を拡大していったという。

その後、リブサは長きに亘る治世の果てに、彼女が誇る女将軍の筆頭であったヴァラスカに反乱を起こされる。リブサとヴァラスカの争いは「ボヘミア乙女戦争」と呼ばれた。当初はリブサが優勢であったが738年、戦いはヴァラスカの勝利に終わり、リブサは王国の支配権を奪

われることになった。ヴァラスカはその後、数年間に亘る暴政を敷き、全ての公職を女性で占めさせるとともに、全女性に軍事奉仕の義務を課し、男性に対しては戦闘能力を無くすため、右目をえぐり両親指を切断してしまったという。ヴィドヴォレ山中の「処女の街」の名で知られる遺跡は、ヴァラスカの本拠地であったと信じられている。

ちなみにリブサについて語る資料は極めて不十分で、上記の事績も相当後世になってからの資料によって語られているものであり、彼女に関する伝承に、相当の誇張と伝説的要素が付加されているのは確実である。

なおリブサはプシェミスルという農夫を夫としたとされ、リブサとプシェミスルは、都市プラハを創建したと伝説されている。プシェミスルは14世紀まで続くチェコ最初の王朝プシェミスル朝の開祖とされている。

リブサはチェコの国民音楽の基礎を築いた作曲家スメタナの創作の題材ともなり、彼女と彼女の夫によるプラハ創建を壮大に描写するオペラが作成されている。

デンマーク

マルグレーテ1世

Margrete I
1353〜1412

マルグレーテ1世は北欧諸国を事実上の女王として統一支配下に置いたデンマークの女性政治家である。

マルグレーテ1世は1353年デンマーク王ヴァルデマー4世の末子としてセーボーで生まれた。彼女は6歳の時に当時18歳のノルウェー王ホーコン6世と婚約し1363年、10歳の時にデンマークのコペンハーゲンで挙式、少しでも早くノルウェーについて知るようにと、間もなくノルウェーへと送られた。とはいえ彼女は床入りには幼すぎたので、しばらくはスウェーデン出身の貴族女性メレテ・ウルフスダッテルの後見を受け、その娘インゲゲルドと共に育てられることとなった。ちなみにホーコンの父マグヌス・エリクソンはこの時スウェーデン王であったが、この年、メクレンブルク公アルブレクトを推戴したスウェーデン貴族の反乱によって王位を追われている。後にマルグレーテ1世はデンマーク、ノルウェー、スウェーデンの北欧三カ国を統一支配下に収めることになるが、彼女の成育環境はそれに相応しい国際的なものだったのである。

マルグレーテ1世はやがて1370年、彼女の唯一の子である息子オーラフを産んだ。ちなみにこの頃には彼女は、留守をするホーコン6世の宮廷の管理を担えるほどに成長していたらしく、1369年あるいは1370年に彼女が旅先のホーコン6世に宛てた手紙として、宮廷の経済

的窮状を知らせ、商人から支援を得るための取り計らいを要請しているものがある。

1375年、マルグレーテ1世の父ヴァルデマー4世が死亡、父王には後を継ぐべき息子が生き残っていなかったため、彼女の息子オーラフと、北ドイツのメクレンブルク公ハインリヒに嫁いだ姉インゲボーの息子の間に王位継承権問題が発生することになった。ここで父の死を知ったマルグレーテ1世は5歳の幼子オーラフの手を引いて、直ちにデンマークに姿を現し、オーラフの王位獲得のために積極的な運動を展開、有力貴族や高位聖職者達を味方に引き入れていった。そして彼女はメクレンブルク公を排除することに成功、彼女を摂政としてオーラフがデンマーク王位に就くこととなった。

その後1380年にはマルグレーテ1世の夫であるホーコン6世が死亡、息子オーラフはノルウェー王位も継ぐこととなり、ここでも彼女は息子の摂政となった。そしてその後、彼女は北欧二カ国を束ねた力で、北欧を経済的に牛耳って、北欧諸国内の多くの土地を制圧下に置いている商業都市連合、ハンザ同盟との闘争に乗り出した。1385年、彼女はかつてデンマークが保有していたスウェーデン南西バルト海入り口の経済要地スカニアの奪回を図る。彼女は王の名で返還を求める書簡を送って激怒を見せつつ、彼女自身の名で息子の要求を飲めば平穏な事態解決に助力すると申し出た。それと同時に、海賊を用いたハンザ同盟商船への襲撃が行われ、ハンザ同盟はマルグレーテ1世に、海上の平和維持はデンマーク王国の責務であると訴え出ねばならなくなった。これに対しマルグレーテ1世が、それには同意するが、スカニア地方の諸要塞がなければ何もできぬのだと自分の無力を告白して見せると、さすがにハンザ同盟諸国も彼女の謀略に気づいたものの、しかし戦争を避けたいばかりに、ついにスカニアをデンマークへと明け渡したのである。この結果、デンマーク王国はバルト海入り口の南北両岸を掌握し、そこを通行する商船から通行税を取り立てることが可能となったのである。

更にこの1385年にはマルグレーテ1世はスウェーデン王位へもその手を伸ばしていく。スウェーデン国内ではしだいに国王アルブレクトと貴族の間に対立が生じ、対立はこの後も益々強まっていくのだが、この情勢を見たマルグレーテ1世は息子オーラフこそスウェーデン王位継承者であると宣言する。そしてこれを聞いたスウェーデン貴族はマルグレーテとの提携の道を探り始めるのである。

ところが1387年、マルグレーテ1世の息子オーラフが急死する。ここでデンマークはメクレンブルク公が再度王位に介入してくるのを防ぐため、急遽、彼女を「国土の女主人および王室の長にして防衛者」すなわち事実上の女王であると宣言する。さらにノルウェーは彼女のことを「終身摂政」と宣言した。彼女はスウェーデンに対しては貴族との接触を継続、翌1388年、スウェーデン貴族は彼女を「主権者たる貴婦人にして正当な統治者」と宣言する。そして1389年、彼女はアルブレクトを戦闘で撃破して捕虜にし、世を驚かせて見せた。

その後マルグレーテ1世はわずか6歳の姉インゲボーの孫エーリクを養子に迎え、同年にノルウェー王位、1396年にデンマーク王位およびスウェーデン王位に据える。そして1397年、この三ヶ国の有力貴族と高位聖職者による会議を開き、エーリクを君主とする三ヶ国の同君連合、カルマル連合を結成した。もちろんマルグレーテ1世こそが事実上の支配者であった。

その後、マルグレーテ1世はドイツ勢力の北上を阻止し、デンマーク南部国境

を拡張・安定化するための政略を展開した。ところがその最中の1412年、ドイツ・デンマーク境界の街フレンスボーに、街の人々のデンマークへの忠誠の宣誓を受けるため訪れた際、彼女は街を襲っていた疫病にかかり、フレンスボー港に停泊中の船上で死亡した。

狡猾さを史書に特筆されるマルグレーテ1世の卓越した政治手腕はデンマーク史上で最も偉大な政治家と評価されており、また彼女は古代中東を統一し覇者となったとされる伝説上の女傑セミラミスに例えられ、「北方のセミラミス」と呼ばれる。

ドイツ

アーデルハイト

Adelheid(Adelaide)
931～999

アーデルハイトは神聖ローマ帝国（ドイツ）の皇后である。

アーデルハイトは931年、現在のフランス中東部に当たるブルグント王国の王ルドルフ2世の王女に生まれた。ルドルフ2世とイタリア王ウーゴの和平のために、彼女は2歳にして2歳年上のウーゴの息子、後のロタール2世と婚約した。937年にルドルフ2世が死ぬと、彼女の母ベルタはウーゴ王と再婚したため、彼女の婚約者は彼女の義兄でもあることになった。

アーデルハイトは947年、その2年前にイタリア王位に就いていたロタール2世と結婚し、同年、娘を出産した。950年、ロタール2世が死亡、おそらくは彼の補佐役であったイブリア侯ベレンガルによって毒殺されたのだと考えられているが、この結果、イタリア王位継承をめぐって紛争が勃発することとなった。慣習法上アーデルハイトは王位継承者を指名できるはずであったが、彼女の前には息子アダルベルトと共に王位を宣言したベレンガルが立ちはだかる。ベレンガルは自分たちの王位の主張を合法化するため、まずアーデルハイトに息子アダルベルトとの結婚を提案する。ところがアーデルハイトはこれを拒否。すると951年、彼女はベレンガルの支配するガルダ城の地下牢に幽閉されることとなった。

それから4ヶ月後、アーデルハイトは自分の持てる富と地位と人脈、そして彼女の美しさに惹かれて差し出される数々の助力を使って、囚われの身からの脱出とベレンガルへの逆襲を図る。ここで彼女の救い手として選ばれたのはイタリア北隣に強大な軍事力を持つドイツ国王オットー1世であった。オットーと彼女の間には、オットーがかつて彼女の父の生前、彼女の兄コンラートの家庭教師を務めたことがあり、父の死後にはコンラートのブルグント王位後継者としての立場を守るのに協力したという、個人的な縁故があった。そしてオットー1世はドイツとイタリアを合わせてローマ教皇から戴冠され、皇帝位に就くという野心を持っていたが、アーデルハイトの救出は、彼にイタリア侵攻の大義とイタリア王位への指名を与えてくれるものであった。

忠義の召使いと共に何時間も掛けて抜け穴を掘り、アーデルハイトは地下牢を抜け出した。メイド姿に変装した彼女は、追っ手の軍靴の音を聞きながら麦畑の陰に隠れ潜み、追っ手の剣が間近の麦を薙ぐという危機を越えて、逃走を続けた。僧侶や漁師の助けを受けつつ、丘陵地と沼地を抜け、北イタリアに進出してきたオットー1世との合流を目指した。

そしてこの年、アーデルハイトはオットー1世と結婚、オットー1世はイタリ

ア王位の要求を開始した。以後、アーデルハイトはオットー1世の密接な助言者となり、彼女の影響力と人気がオットーのイタリア政策を支えることとなる。そして11年の月日の末に、オットーのイタリア政策は成功を収めた。962年、オットー1世はローマ教皇から皇帝として戴冠され、神聖ローマ帝国を創始したのである。ちなみにこの間、二人の間には息子オットー2世と娘マティルダが生まれている。

その後、アーデルハイトは夫を補佐して統治の任務を分担したり、皇帝と教会の連携の強化に務めるなどして過ごし、王国の母、ヨーロッパの母と讃えられる日々を送っていた。それが973年に夫オットー1世が死んだ後は、彼女はその精力と財産の多くをキリスト教会に捧げるようになる。既に夫存命の頃よりクリュニーの修道院改革の支援を行うなど、キリスト教への貢献の意志の強かった彼女であるが、夫の死後、彼女は修道院改革に加えて多くの宗教的基金の後援を行い、さらにそれどころか彼女は自ら貧者の世話にまで当たった。彼女は下女の服に着替えて修道院の門に立ち、手ずから貧者への衣食の配給を行った。

とはいえ息子オットー2世はアーデルハイトの財産は政治目的に使用されるべきと考えており、息子との考え方の食い違いから978年、彼女はドイツ宮廷を去ることになる。そして彼女はブルグントに帰り、兄コンラートの元で過ごしたが、980年、親子の間には和解が成立した。オットー2世は動揺する北イタリア情勢の鎮静化のためにアーデルハイトの助力を懇願し、彼女はその影響力で危機を鎮定、さらに引き続きイタリアで政治的役割を担うことも承知したのである。

983年オットー2世が死んで、わずか3歳のオットー3世が即位すると、これを好機と反対勢力のうごめく不安定な政治情勢下、アーデルハイトは義理の娘であるオットー2世妃テオファノ、実の娘であるマティルダの三人で共同し、テオファノの摂政としての地位を確立して帝国の政治を支えた。とはいえこの頃は、テオファノが中心的な地位を占めて強力な指導力を発揮する余り、アーデルハイトとの間に、テオファノが老いたアーデルハイトを謀略で負かして侮辱したと言われるほどの緊張が走ることもあったらしい。しかし三人はそれでも関係を破綻させることなく良く協調を続け、反対者に対して、帝権を守り通した。991年にテオファノが死ぬとアーデルハイトが帝国政治の責任者となり、オットー3世が十分な年齢となる995年まで、マティルダの協力の下、帝国の安定と平和を守り通した。

この年、アーデルハイトは政治の場から引退し、宗教に力を注ぐ生活へと戻った。やがて彼女は999年には、娘マティルダの死という悲しみに耐えねばならなかった。さらに同年、彼女は数ヶ月を費やして、北イタリア、ブルグント、ドイツの聖地への巡礼を行う。この巡礼の旅の途上、アーデルハイトはどこにおいても慈悲を求める多くの貧者と共にあり、それまでと同様、手ずから貧者への施しを行っていた。彼女の巡礼は、かねてより彼女が自分の墓を建設させていた現在のフランス北東端近くの町ゼルツに到着して終わった。そしてこの年の年末、この地で彼女は眠りながら安らかな死を迎えた。

アーデルハイトは1097年聖人に列せられている。

ノルウェー

ルシラ

(Rusila/Rusla)
9世紀頃

　ルシラはノルウェーの勇名を轟かせたバイキング女性である。

　ルシラは女ながら飽くことなく戦を求めたことで知られ、バルト海から北海にかけて勢力を振るった。彼女はノルウェーやデンマーク、スウェーデン東南の島エーランドなどの諸王と激しく争うと共に、アイルランドの沿海部を脅かした。

　ルシラの襲撃を受けたアイルランドでは彼女のことを「赤の乙女」として記録している。

　古代スカンジナビアの伝承においては、しばしば戦士が盾の乙女といわれる女性戦士を同伴しているが、ルシラも盾の乙女を同伴している。彼女はスティクラという名の盾の乙女をしばしば同伴して戦いに望み、二人して勇名を轟かしていたのである。そして彼女たち二人の名は地名に残ったと言われている。そのうちルシラが名を残した土地は現在不明だが、スティクラが名を残した土地は分かっており、トロンヘイムフィヨルドのスティクラスタードがそれである。

　ルシラはやがてノルウェー東南のテレマーク地方を領有し、そこを基盤にいっそう猛威を振るった。彼女は配下で最も有能な部将トーリアスとベロを送ってアイルランドを攻撃する一方で、ノルウェー人の多くの部族へと支配を及ぼしつつあったデンマーク王オームンドに抵抗、デンマーク及びデンマークに隷属する全ての者に対する戦いを宣言して、デンマーク王に仕える自分の兄トロンドとノルウェーの支配権をかけて争いを繰り返した。デンマーク王はルシラを押さえ込むために、二人の勇将ホモートとトーラを差し向けたが、ルシラはこの軍勢を撃破、勢いづいてデンマーク本土へと逆襲をかけ、デンマークの支配権の奪取を図った。ルシラのデンマーク攻撃は失敗に終わり、彼女は30艘に打ち減った船団とともに敗走したが、その敗走の途上、彼女を迎え撃ちに現れた兄のトロンドを撃破、その軍に壊滅的な打撃を与え、敗北を勝利で償い、テレマークへと戻った。

　その後、デンマーク王はルシラの本拠テレマークの攻略を開始、ホモートとトーラを送り込んで住民を煽動、ルシラの支配に対して決起させた。これによってルシラは国を追われることになり、島へと逃げたが、そこにデンマーク軍が襲来、ルシラはさすがにこれと戦おうとはせず、逃亡を図った。しかしデンマーク王は執拗に追跡し、ルシラの船団を壊滅させてしまった。ルシラはわずかな船とともに逃れたが、デンマーク軍を避けている間に兄トロンドの軍の攻撃を受け、殺された。

　アイルランドを荒らし回っていた彼女の部将トーリアスとベロは、ルシラの死を知るとこの女主人の復讐を果たそうと、デンマーク王の軍に戦いを挑み、ホモートとトーラに敗れた。ベロは死に、トーリアスは重傷を負った。デンマーク王はトーリアスの傷を治療して、部下に取り立て、その後、トーリアスはデンマーク王の元で勇名を轟かせた。

📖 北欧の女バイキング

本書で取り上げた女バイキング、ルシラおよびその部下スティクラの物語はサクソ・グラマティクスの著作『デンマーク人の事績』(13世紀初め頃)によって伝えられるものであるが、同書では他にも何人か女バイキングが記述されている。

以下、サクソの伝える女バイキングたちについて、一通り、触れておこう。

アルヴィルダ：男装して、志を同じくする一群の少女を率いて戦に乗り出し、美貌の故に、ちょうど首領を失っていた海賊団の頭目に選ばれ、暴れ回った。かつて彼女に求婚した男の率いる船団に制圧され、男装をやめてその妻となった。

ヴィスナ：冷徹で軍事に習熟したとされ、北欧伝説最大の戦いブラーヴィークの戦いで部隊を率いて活躍、軍の旗手を務めた。その際、片腕を切り落とされた。

ヴェービョルグ：ブラーヴィークの戦いで部隊を率いて活躍、敵の戦士を討ち取ったが、矢で体を貫かれた。

ヘータ：完全武装の百人隊を率いてブラーヴィークの戦いで活躍した。戦いの後シェラン島を支配したが、住民は女の支配に反発した。

ラートゲルタ：戦の熟練を謳われた。一時デンマーク王妃となり、離婚後も、王の窮地に120隻の援軍を出した。この際、王のために野戦にも参加、迂回作戦で敵の背後を襲い勝利をもたらした。

なお、『デンマーク人の事績』の成立年代が女バイキングたちの時代から遠いこと、女バイキングの物語が現実味を欠く内容を含んでいることから言って、その伝承を歴史的事実と信じて良いかは、実はかなり怪しい。そのため現代の歴史家の見解の中には、サクソの伝える女バイキングは全く空想の産物で、歴史と言うより神話に属するとの推測さえある。

バチカン

マティルダ・ディ・カノッサ

Matilda di Canossa
(Matilda of Canossa/Matelda/Mathilda/Mathildis)
1046～1115

マティルダ・ディ・カノッサはイタリアのトスカナ辺境女伯で、イタリア中部から北部にかけて大勢力を誇った。グラン・コンテッサ(大女伯)と呼ばれた。

マティルダ・ディ・カノッサは1046年にトスカナ辺境伯ボニファチオの娘に生まれた。彼女は学問を愛する母ベアトリーチェによって、優れた教育を与えられ、イタリア語、ドイツ語、フランス語を習得、さらにラテン語の読み書きについても書記官並の力量を身につけていった。またマティルダは母の素質をよく受け継いで、幼少時より学問を愛したが、やがては文化教育の良き支援者となって読み書きと文芸作品の普及に貢献することになる。

マティルダの父ボニファチオは1052

年に暗殺に倒れたが、その上彼女の兄弟も早死にしたため、マティルダは父の広大な領地を単独で相続した。1054年、彼女の母ベアトリーチェは、我が子の財産を北イタリアに野心を持つ神聖ローマ帝国（ドイツ）皇帝ハインリヒ3世から守るため、皇帝の敵であった上ロートリンゲン公ゴットフリート髯公を同盟者に選び、彼と再婚した。1055年マティルダと母はドイツ皇帝に捕虜とされ、ドイツへ連れ去られることになったが、翌年皇帝とゴットフリートが和解して、彼女たちは解放されている。

1056年のハインリヒ3世の死と幼帝ハインリヒ4世の即位により、マティルダの領地はひとまず皇帝の脅威から解放された。しかしその後にキリスト教会勢力との関係を深めていったマティルダおよび両親は、キリスト教会の長、ローマ教皇の位を廻ってドイツ帝国と対立することになる。1061年、ドイツ帝国は教皇アレクサンデル2世に対抗して、対立教皇ホノリウスを立てたが、アレクサンデル2世を支持するマティルダ一家はホノリウスの勢力との武力闘争に突入した。そしてこの闘争でマティルダは母に伴われて戦場に姿を現し、軍を統率して勇気と力を示した。マティルダは騎士アルドゥイノ・デラ・パルダの教育を受けて、馬術や、馬上槍、歩兵用の斧等の武器操作に熟達しており、この師の補佐を受けつつ多くの戦いに参戦したという。なお彼女が武装したことを伝える資料は相当後世のものであり、現在、彼女が武装したことを否定する見解も存在しているのだが、その様な論者によっても彼女が軍を指揮したことまでは否定されていない。

1069年にゴットフリート髯公が死ぬと、マティルダはその息子せむしのゴットフリートと結婚した。マティルダはこの夫のことを嫌悪していたし、また外国にまで知られた美貌にもかかわらず、彼女は結婚せずキリスト教に身を捧げて生きることを望んでいた。さらにこの夫はマティルダが望む、イタリア政治とローマ教皇への支援を十分に与えなかった。そのためこの結婚関係は不幸なものとなり、難産の末生まれた息子が生後まもなく死亡した後、1071年、マティルダは夫を捨てイタリアの母の元へと逃走してしまった。以後、彼女は結婚生活をやりなおそうと懸命な夫を拒絶し、イタリアで母と共同で領土の統治を続けた。なお夫ゴットフリートおよび母ベアトリーチェは1076年に死亡している。

この1076年に、神聖ローマ（ドイツ）帝国皇帝ハインリヒ4世とローマ教皇の間に激しい衝突が生じる。帝国と教会は歴史的に密接に協力・癒着して強大な勢力を維持してきたのだが、この頃、幼帝の即位によるドイツ帝国の弱体化の隙を突いて、教会は帝国離れ脱聖俗癒着を押し進めていた。それが、ハインリヒが成人し帝国の支配力の再建を始めたことで、皇帝と教皇の間にかつてなく激しい対立が生じて来たのである。この年、皇帝はグレゴリウス7世の退位を要求し、対する教皇は皇帝をキリスト教から破門した。すると皇帝権力強化を疎むドイツ諸侯はこれを口実にハインリヒに対して反抗、ハインリヒはたちまち政治危機に陥ってしまった。ここでハインリヒは破門を解いてもらおうと、同年末、僅かな供を連れてイタリアにいる教皇の元を目指した。これをイタリアでは皇帝軍の進撃と誤解して恐れ、マティルダは進言して、教皇を自分の持つ岩山上の堅城カノッサに退避させた。ところが1077年ハインリヒは軍を伴わずにカノッサを訪れ、真冬にもかかわらず裸足で城門の前に立ちつくして教皇の許しを請うた。これに教皇はなかなか許しを与えなかったが、マティルダはキリスト教徒に相応しくない頑なな態度を止めるよう教皇に諫言、この取

り成しで、皇帝は破門を解かれることになった。

この後もマティルダはローマ教皇との密接な関係を維持し、忠実な盟友として教皇とキリスト教会を支え続けた。1080年までに彼女は自分の死後、所領を教皇に遺贈することを決めている。

ところで1080年、教皇と皇帝の対立が再燃し、教皇は皇帝を再度破門する。ところが今度は、皇帝は屈服せず、戦勝を重ねてドイツ諸侯を束ね、翌年イタリアへの攻勢を開始、1082年にはマティルダの所領トスカナも攻撃・掠奪を受けた。教皇の支持者はしだいに皇帝に屈服し、皇帝はついに1084年、ローマの支配権を奪取して教皇グレゴリウスをローマから追放した。しかし、このような皇帝の勢威を前にしても、マティルダが皇帝に屈することはなかった。1085年には彼女は敵対したレッジョとパルマの司教の軍に夜襲をかけ、両司教および6人の貴族、騎士100人と馬500頭を捕獲する戦果を上げている。そして同年のグレゴリウスの死後も彼女は後継のウルバヌス2世を支持して、戦いを続けた。その奮闘を讃えて、彼女は教皇の娘と呼ばれるようになっている。やがて皇帝に対抗する必要上、1089年、彼女は皇帝に反抗していたドイツ貴族、彼女より26歳も年下のバイエルン公ヴェルフと再婚しているが、これはウルバヌス2世の工作によるものであった。なお夫婦は6年後、別離する。

1090年、ハインリヒ4世はトスカナへと侵攻を行う。これに対してマティルダは善戦はしたものの敗戦を重ね、次々城を奪われて、ついにカノッサへと逃げ込むことになった。彼女は軍の半分をビアネロ砦に置き、自らは残りを率いてカノッサに籠城した。彼女は皇帝の持ちかけた和解を拒否し、反撃の機会を窺い、やがて深い霧の日、秘密の出口から出撃してハインリヒの軍勢に奇襲をかけた。皇帝軍は潰走したが、さらに奇襲前にマティルダの指示を受けていたビアネロの部隊が、逃げる皇帝軍に襲いかかる。こうしてハインリヒは皇帝旗を奪われるほどの大敗を蒙り、イタリアでの勢力を失うことになった。

その後も、マティルダはキリスト教と教皇に尽くした。彼女はハインリヒに対抗する戦略としては、北イタリア諸都市の同盟を組織し、さらに父ハインリヒに対する長子コンラートの反乱の後押しを行っている。また1099年、彼女はキリスト教勢力による対イスラム攻勢作戦、十字軍にさえ参加している。やがて1106年、ハインリヒが死ぬが、これを聞いた彼女は「感謝します神よ、ついに教会に平和を与え給うたことに」と喜びの声を上げた。

その後の最晩年のマティルダは、神聖ローマ皇帝ハインリヒ5世と良好な関係が成立する一方で、教皇パスカリス2世とは疎遠であった。そのため1111年には彼女は、どうもかつて決めた教皇への遺贈を取り消したらしい。最晩年の彼女は修道院訪問に熱中する一方で、政治家としての精力は失わず、65歳にして支配下都市の反乱の懲罰戦争を遂行している。

マティルダは1115年、北イタリアのポリローネで死亡した。遺体は北イタリアのマントヴァに埋葬されたが、1634年、カトリック教会の中心、現在のバチカン市国にほぼ相当するサン・ピエトロ大聖堂に移された。

ハンガリー

ズリーニ・イロナ

Zrinyi Ilona（Helena Zrinyi）
1643～1703

ズリーニ・イロナはオーストリアの王家ハプスブルク家のハンガリー支配に抵抗した貴族夫人である。

ズリーニ・イロナは1643年、ハンガリー及びクロアチアの地方貴族の家系に生まれた。彼女の一族は優れた戦士を輩出する民族主義者の家系として知られており、東西からハンガリーに支配を及ぼしてきたオスマン・トルコおよびオーストリアの二大国に対して、ハンガリーの独立を図る闘争を繰り返した。

1667年ズリーニ・イロナは、トルコの保護下に入りつつも自治を保ち、中央ヨーロッパに富強を誇っていたトランシルバニア公国の支配者ラーコーツィ・フェレンツ公と結婚した。この頃、ズリーニ・イロナの父であるクロアチアのバン（太守）ペータル・ズリンスキーは反オーストリアの反乱計画の指導者となっており、彼女の夫ラーコーツィ・フェレンツもまたこの陰謀の有力な賛同者となっていたが1670年、ペータル・ズリンスキーの蜂起はオーストリア帝国によって簡単に鎮圧され、1671年、ペータル・ズリンスキーは斬首されてしまった。なおこの時、彼女の夫ラーコーツィ・フェレンツは、母親がハンガリーにおける反宗教改革の指導者にして、ハプスブルク家への巨額の資金提供者として絶大な名声を誇っていたことから、この母親に配慮して助命されている。その後1676年、ズリーニ・イロナは息子を出産したが、同年に夫フェレンツ・ラーコツィは死亡した。

父と夫を失った後、ズリーニ・イロナは彼等のオーストリア・ハプスブルク家への憎悪を受け継いだ。とりわけ父の処刑に対する復讐の思いが彼女を駆り立てた。そうして彼女は、対オーストリア抵抗運動の中で重要な地位を占めるようになっていく。裕福な未亡人であった彼女は、その資力を活かしてハンガリー、トランシルバニア、クロアチアにおける反オーストリア政治運動の中で、大きな役割を果たしていったが、やがて1681年には彼女は反オーストリア武装闘争の指導者としてゲリラを率いるテケイ・イムレと結婚、これ以後、彼女の資力は武装闘争へと向けられることになる。テケイ・イムレは力と権謀術数の限りを尽くしてオーストリアに抵抗、異教徒でヨーロッパの一大脅威であったオスマン・トルコとさえ手を結んでオーストリアと戦い続け、ズリーニ・イロナもその資力の限りを尽くしてこれを後援し続けた。しかし1683年にオスマン・トルコがオー

ストリアの首都ウィーンを攻囲して敗北すると、ハンガリーの反オーストリア運動は退潮、それでもテケイ・イムレは戦いを続けたが、ついにはトルコにも見限られ、1685年、トルコの地方長官に逮捕されてしまった。そしてズリーニ・イロナはというと、この夫テケイ・イムレの逮捕の後も、闘争を続けていくことになる。

1685年より、ズリーニ・イロナは幼い息子ラーコーツィ・フェレンツ2世を伴い、ムンカクス城塞の防衛戦を統率した。彼女は4千の兵とともに、2年以上に亘ってオーストリア軍の攻囲を防ぎ続けたが、1688年ついに降伏へと追い込まれた。降伏した彼女はウィーンの修道院に幽閉されることになったが、やがて1691年、オスマン・トルコに再起用されていた夫テケイ・イムレが賠償の支払いおよび捕虜としていたオーストリア軍指揮官2名の解放を交換条件に、彼女をそこから解放した。その後、ズリーニ・イロナと夫テケイ・イムレはトランシルバニアでの勢力再建に取り組んだ。しかし1697年のゼンタの戦いでトルコを大破し、勢力を躍進させたオーストリアが1699年、カルロヴィッツ条約によりトランシルバニアを含む全ハンガリーを支配するようになると、彼女と夫は1500人の臣下たちとともにトルコへと亡命することになった。

1703年、ズリーニ・イロナはトルコ北西部のニコメディア(イズミット)で死亡した。

やがて1906年、彼女の遺骨は夫らの遺骨とともにハンガリーへと移送され、カッサ大聖堂に厳かに埋葬された。ズリーニ・イロナはハンガリー独立運動の母として、ハンガリー史最大の英雄の一人に数えられ、絵画や切手など、様々な形でその功績を讃えられている。

フィンランド

ミーナ・シランパー

Miina Sillanpaa (Miina Silanpaa)
1866〜1952

ミーナ・シランパーは20世紀前半のフィンランドの最有力政治家の一人であり、フィンランドの女性政治家の先駆的存在である。

ミーナ・シランパーはロシア帝国自治領時代のフィンランドで、1907年の選挙に当選、フィンランド初の女性国会議員となった。彼女はこれ以後40年に亘って議員を務め、女性の権利や労働問題に関する取り組みを続けた。

第一次世界大戦後にはミーナ・シランパーは、国会議員に加えてフィンランドの首都ヘルシンキ市議会議員も兼職した。それと同時に彼女は労働組合機関誌『働く女性』を編集してもいる。

1926年、ミーナ・シランパーは社会事業担当大臣となりフィンランド初の女性大臣となった。1931年には彼女は

社会民主女性連盟の議長となった。そして1936年には彼女は国会の議長となり、政界を引退する1947年までこの地位を保ち続けた。

　政界引退前の1945年から引退後の1952年まで、ミーナ・シランパーは生活協同組合運動に関与した。

　ミーナ・シランパーの死後の1968年、ヘルシンキには彼女の功績を記念して、「灯火」と題された銅像が建てられた。

フランス

ジャンヌ・ダルク

Jeanne d'Arc（Joan of Arc）
1412頃～1431

　ジャンヌ・ダルクはフランスの英雄である。

　ジャンヌ・ダルクは1412年頃、フランス東部のドンレミ村の富農の娘に生まれた。この村で彼女は気立ての良い普通の娘として成長していった。宗教心が強い以外は取り立てて変わったところのない娘であった。彼女に求婚する恋人もあったらしい。

　ところがジャンヌは13歳の時から、天の声の様々なお告げを聞くようになる。この声は彼女に様々に行いを正すよう命じ、その天の声に従って彼女は処女を守ることを誓約、ラ・ピュセル（処女）を自称するようになった。そしてその結果、恋人の男は捨てられ、男は結婚の履行を求めて裁判所に訴え出ることになるのだが、結局、結婚の約束などしていないという彼女の言い分が通って、彼女は裁判に勝利している。

　その後もジャンヌへのお告げは続いて、彼女にフランスの危機を救うように命じるようになる。当時フランスはイギリスとの百年戦争の最中であり、北部に侵入したイギリス軍および、東部でイギリス寄りの態度を取って王に反抗する大貴族ブルゴーニュ公によって、国土を引き裂かれていたのだが、声は、この危機的状況下にあるフランスのために、未だ戴冠できずにいる国王、すなわち王太子シャルル7世に会い、軍を率いてイギリス軍を駆逐し、シャルル7世をフランス王戴冠の地ランスで戴冠させるよう命じるようになっていったのである。そして1428年、ジャンヌは声の導きに従い、故郷を離れることにするが、この頃には声はイギリスに攻囲されたオルレアン市を解放せよと具体的に命じるようになっていた。ところでこの天の声の正体であるが、奇跡を排し合理性を求める解釈としては、声が彼女の右側面から聞こえていることを捉え、強度のヒステリー患者に見られる扁側幻聴とする説や、彼女を操った黒幕の声とする説がある。

　ジャンヌは彼女が叔父と呼ぶ年の離れた従兄弟デュラン・ラクサールの住む

ヴォークールールの町を叔父の妻のお産を手伝うと称して訪れ、この地で叔父の案内により守備隊長ロベールと面会する。彼女はロベールにシャルル7世との面会への協力を求めたが、二度に亘って拒否され、それでもなお協力を求めた。そして1429年、ロベールは遂に折れ、ジャンヌに護衛を付けてシノンのシャルル7世の元へ送ったのである。シャルル7世と面会した彼女は、「私は神の使命により貴方と王国を救うためにここに到り、天の王は、私を通じて、貴方にランスで聖別と戴冠を受けることを命じています」とシャルルに告げ、シャルルと二人きりで面談して信頼を獲得した。大言壮語する怪しげな小娘に王が信頼を与えた理由であるが、玉座に偽の王を置きつつ自らは群臣に紛れたシャルルをお告げで瞬時に見つけ出すという奇跡をジャンヌが示し、また二人きりの面談で母から不義の子と呼ばれ、自らの王位に確信の持てなかったシャルルに対し、ジャンヌが何か希望と自信を持たせるようなことを語った故であるという。もっとも、現場に居合わせた人間の証言を照らし合わせると、群臣からシャルルを見つけ出した奇跡については、ただの伝説である可能性が高いらしい。なおこの後、ジャンヌが真に神のお告げを受けた人間なのか魔女なのかが検査され、彼女が神のお告げを受けた人間に相応しい清い身体の処女であることが二人の産婆の手で確認される。これにより彼女はシャルルのみならずシャルルの周りの人々の信頼も得ることになった。

シャルル7世の信任を受けたジャンヌは増援軍を付けてオルレアンへと派遣された。ジャンヌは瞬く間にオルレアンを解放、以後連戦連勝であった。味方は彼女の存在に士気を喚起され、敵であるイギリス兵は彼女を魔女と恐れ、逃げまどったという。そしてこの年のうちに、ジャンヌはシャルル7世をランスで戴冠させることに成功したのである。

ところで女性戦士の代表者のように見られているジャンヌ・ダルクであるが、軍事史的には、彼女は軍事に関する理解を欠いていて、真の意味で軍事的な人物ではなかったとされている。確かに彼女の率いた数々の戦いの基本的な性格は、自らの負傷も戦況も構わず神懸かった情熱で果敢に猪突する彼女の健気とカリスマに兵士達が巻き込まれ、結果として勝利してしまうというものであったらしい。そして一個の戦士として見ると、彼女は武装していたものの、誰も殺さず誰も傷つけていないことを誇っており、戦士と呼んで良いのかどうかよく分からない存在でもあった。そもそも古来より戦場に女性が同行し、兵士達に激励を送り、あるいは歓声を上げるということは、まま見られ、ジャンヌの時代には軍に同行して霊的なカリスマを示す巫女的な女性が少なからず存在したそうである。おそらくはジャンヌという存在は、女性戦士という例外的存在の代表者と言うより、戦場における通常の女性の、一変種として捉えるべきではないかと思われる。

シャルルの戴冠後、ジャンヌの運命は暗転する。戴冠後、シャルルは戦略を武力による決戦から外交戦へと転換していたが、聖戦意識に凝り固まって好戦派の御輿となり、ひたすら戦いを主張するジャンヌは、シャルルに持て余されるようになったのである。彼女は彼女の信じる神のお告げもないまま好戦派騎士に担がれてパリ攻撃に失敗しているが、このことが彼女のはまり込んだ状況を端的に表していると言えよう。そして1430年には彼女はコンピェーニュの城から出撃して敗北、猪突猛進する隙に退路を断たれ、城に戻ることができずに捕虜となった。

この時ジャンヌを捕らえたのはブル

ゴーニュ軍であったが、ブルゴーニュ軍はイギリスへとジャンヌを引き渡し、1431年、ジャンヌはパリ大学からイギリスに出された要求により、フランス北西部ルーアンで宗教裁判にかけられることになった。教会の聖職者を介さず直接神と接触したとする彼女の主張は神との媒介者たる教会に対する挑戦となるもので、カトリック教会から見て異端と見なされるものであったからである。また彼女のパリ攻撃がパリ市民の聖母降誕祭の最中に強行され、聖母にジャンヌ撃退を祈るパリ市民の前で彼女は敗北、パリでの彼女の評判が頗る悪化していたという事情もあった。

宗教裁判においてジャンヌは聡明かつ堂々とした態度で戦ったが、ついには拷問と火刑の脅しに屈し、自らの異端の信仰と、自然の掟を踏み破って武器を手にし男装したことを公に悔悛させられる。そしてこれにより彼女は死刑を減じて終身禁固の判決を受けたが、悔悛に従い女の服を着用したところ、彼女を犯そうと牢番やイギリス貴族が何度も襲いかかり、彼女は打ち続く暴行で顔立ちが変わってしまうほどであった。彼女は獄中で男達にの暴力に弄ばれる日々に涙し、ついには男達の情欲を避けようと男装をし、悔悛の誓いを破ることになった。そしてこの誓約違反により彼女は戻り異端の罪を問われ、火刑に処されることになった。

ジャンヌはルーアンの火刑台で「イエス様」と呟きながら死んだ。

ジャンヌ・ダルクは現在フランスの救国の英雄としてかなり広く崇拝されている。もっとも彼女の功績は戦略的戦術的なものというより、敗北続きで意気消沈するフランス人の戦意を蘇らせるという精神的なものであり、その影響の程度も戦争の流れを確定するほど決定的なものではなかったとされている。そして実のところ、彼女は長らくオルレアンの地方的な英雄に過ぎなかった。彼女が国民的英雄となったのは1803年にフランスの支配権を握るナポレオンが、彼女に賛辞を呈して以降であった。1920年、彼女はローマ教皇庁により、聖女に列せられた。

ブルガリア

ツオラ・ドラゴイチェヴァ

Tsola Dragoicheva
1893〜1993

ツオラ・ドラゴイチェヴァはブルガリアの革命家である。

ツオラ・ドラゴイチェヴァは1893年、ブルガリアの都市ビアラ・スラティナの労働者階級の家庭に生まれた。

ツオラ・ドラゴイチェヴァは教師になるために勉学を積んでいたが、その間、しだいに彼女は革命運動に関与するようになっていき、1919年にブルガリア共産党に加盟した。1921年に彼女はブルガリア国立教育大学を卒業したが、その後1923年、彼女は共産党の武装蜂起に参加、ビアラ・スラティナの革命委員会と周辺諸村間を繋ぐ連絡担当者として活動した。だが武装蜂起は鎮圧され、逮捕された彼女は教職からの追放と、15年間の投獄に処されることとなった。

翌1924年、ツオラ・ドラゴイチェヴァは恩赦によって釈放された。ところが1925年、首都ソフィアのスヴェタ・ネデリア大聖堂における、123人の死者と300人を超える負傷者を出した大規模爆弾テロにより、共産党はその非道を非難され、共産党員であった彼女も逮捕される。そして拷問と裁判の末、彼女は死刑判決を受けることになったが、この時彼女は妊娠していたため、判決は重懲役刑

へと差し替えられることになった。なお彼女の息子はソ連へと送られた。

1932 年、ツオラ・ドラゴイチェヴァは一般恩赦によって釈放されたが、より一層革命の必要を痛感するようになっていた彼女はモスクワへ移って、インターナショナル・レーニン学院で学ぶことにした。これによって彼女は息子と再会することもできた。そしてそこで共産主義革命の理論と実践を習得した彼女は 1936 年にブルガリアに帰国した。

ブルガリアに戻ったツオラ・ドラゴイチェヴァは、非合法の地下組織となっていた共産党において、謀略に長けた活動家として活躍、政府による拘束を巧みに回避しつつ、運動を続けた。彼女の革命への献身と冷静さは周囲の尊敬を獲得し、翌 1937 年には彼女はブルガリア共産党中央委員会委員となった。そして 1940 年には彼女は共産党政治局員となり、同党の指導者の一人に数えられるようになった。

1941 年、ブルガリア政府は反共産主義を掲げるファシズム国家ナチス・ドイツと結び、国内では共産党を徹底的に弾圧したが、この年、ツオラ・ドラゴイチェヴァはついに逮捕され、強制収容所送りとなった。そして彼女は死刑判決を受けたが、しかし彼女は脱走に成功、1942 年の左翼勢力大同団結による祖国戦線結成、反ファシズム・パルチザン運動展開に際しては、彼女は同戦線における共産党代表を務めた。1944 年にドイツの占領軍が逃走し、祖国戦線が政権を奪取すると、彼女は戦線の副書記長となった。

1947 年、ツオラ・ドラゴイチェヴァはディミトロフ内閣の交通大臣となり、1957 年までこの地位を保ち続けた。しかしこの間彼女の影響力は低下し続け、1948 年には彼女は政治局や中央委員会での地位を降格させられている。とはいえ彼女はこの間政府内で幹部批判を行うことで国民の人気を獲得し、「ブルガリア共産主義革命のお婆さま」と呼ばれるに至っている。なお 1957 年に彼女は大臣と党の職から退くことになったものの、1960 年代には政界復帰、政治局での地位も元に戻っている。

その後、ツオラ・ドラゴイチェヴァはブルガリア・ソビエト友好協会の会長としてモスクワを度々訪問するなどして過ごしていたが、1970 年代には自らの長きに亘る革命家としての経歴を綴った回想録『義務の呼び声』を出版した。また晩年の彼女は、ブルガリアとソ連（ロシア）から様々な勲章を授与されている。

ツオラ・ドラゴイチェヴァはブルガリアの共産主義崩壊を越えて生き続けたが、そのことについて公的に発言することはなかった。1993 年、ツオラ・ドラゴイチェヴァは死亡した。

> 📖 **ジャンヌ・ダルクと呼ばれた女達【ヨーロッパ編】**
>
> 戦いで活躍した女性が、同時代人、あるいは民族的英雄に祭り上げようとする後世の人々に「〜のジャンヌ・ダルク」という異名を奉られることは少なくない。以下では、ヨーロッパ各国の「ジャンヌ・ダルク」達を挙げておこう。
>
> **ブリテス・デ・アルメイダ**：ポルトガルのジャンヌ・ダルク。（詳しくは本文参照）
>
> **エカテリナ・テオドロイウ**：ルーマニアのジャンヌ・ダルク。第一次世界大戦において、志願して兵士達の看護に当たっていたがジウの戦いで、ルーマニア女性として初めて、祖国のために武器を取った。彼女はルーマニアの国民的抵抗の象徴となった。その後少尉として小隊を率いたが戦死した。23歳の若さであった。
>
> **ケナウ・ハッセラール**：オランダのジャンヌ・ダルク。16世紀、スペイン支配に対する反乱において、ハールレムの町がスペインの攻撃を受けた際、300人の女性を集めて防衛戦に参加した。女性達は煮えたぎるタールを城壁上から敵兵に撒くなどして活躍した。ハッセラールは後に実業家として成功。
>
> **ラスカリナ・ブーブリーナ**：ギリシアのジャンヌ・ダルク。19世紀に起こったギリシア独立戦争に財産を捧げ、50歳にして参戦、4隻の軍艦と小規模な陸軍を率い、ギリシアを支配するトルコと戦った。沿海の町々を攻囲解放し、海を行くトルコ船を襲った。トリポリ攻略戦の後には真っ先に馬で街に乗り込み、トルコのハーレムの女性達を兵士の暴行から守った。親族内の諍いの末に、流れ弾に当たって死亡した。

ベラルーシ

ヴェーラ・ホルジャヤ

Vera Khoruzhaya (Vera Khoruzhaia)
1903〜1942

　ヴェーラ・ホルジャヤはベラルーシの革命家であり、第二次世界大戦ではレジスタンスとして活躍した。

　ヴェーラ・ホルジャヤは1903年ロシア帝国領時代のベラルーシのボブルイスクの町に生まれ、モズィリで育った。ロシア帝国が共産主義を掲げるソ連に取って代わられた後の1919年に彼女はモズィリの労働者学校を卒業して小学校教師となった。内戦期の1920年には彼女は準軍事組織に参加して、戦火を経験することになった。

　1921年にヴェーラ・ホルジャヤは共産党の青年団体コムソモールに加わり、さらに共産党に入党することになった。以後、彼女は優れた文才で青年新聞の編集者や寄稿者として活躍し、また党の地下活動にも参加した。彼女は優れた組織形成者、カリスマ的な理論家として、その才能を発揮した。彼女はベロルシア・コムソモールの創設者の一人となっている。

　1924年ヴェーラ・ホルジャヤはポーランドへと移動、以後、西ベロルシア・コムソモール中央委員会の一員として働き、ポーランド人教師に偽装して地下活動を展開した。彼女は西ベロルシア共産党やポーランド・コムソモール中央委員会にも参加した。彼女は新聞を創刊したり、コムソモール会議を組織したり、ベラルーシとポーランドの共産党の会議における代表を務めるなどした。

　1925年にヴェーラ・ホルジャヤはポーランド当局に拘束されて裁判を受け、以後、長らく獄中で過ごした。その間の

1930 年に彼女は地下活動の功績で、労働者赤旗勲章を受けている。1932 年、彼女はポーランドとソ連の政治犯の交換によって釈放された。

その後ヴェーラ・ホルジャヤは政治的な業務に携わったが、ポーランド時代の行動や、皇帝支持者を父に持つことで告発されるなど、多難であった。そして 1937 年には粛正を受け投獄されるが、運良く生き延び、1939 年解放された。

1941 年、ソ連にドイツが侵攻すると、ヴェーラ・ホルジャヤと元軍パイロットの夫セルゲイ・ガヴリロヴィッチ・コルニーロフはレジスタンス部隊に参加、ドイツ軍に対する抵抗戦に参加する。もっとも彼女はこの時妊娠中で部隊と行動をともにすることはできず、ベロルシア共産党中央委員会との連絡業務等を担当、その間に夫は彼女を残して戦死した。出産の後、身体の回復した彼女は、地下運動家として国際的に活躍した経験、語学力を力に活かして情報収集を行うことになった。1942 年、彼女はドイツ軍の物資集積所や軍用飛行場の配置を探って空軍の爆撃を助けるため、ドイツに占領されたベラルーシの重要都市ヴィテプスクへと送り込まれた。彼女はそこで無数の隠れ家を確保し、軍用飛行場や鉄道乗換駅など重要地点で 20 人もの信頼できる人々と連絡を取り、巨大な諜報網を構築した。また彼女自身も情報収集を行い、優れた観察力で爆撃の目標や爆撃の効果についての情報を集め、送り続けた。やがて彼女は拘束され、22 日に及ぶ拷問の末、処刑された。

ヴェーラ・ホルジャヤは死後、ベロルシア共産党から赤旗勲章を受け、さらにソ連英雄の称号も受けることとなった。多くの市や町の通りや広場、学校や船に彼女の名が付けられており、胸像や記念碑、詩や歌、映画によっても彼女の栄誉は称えられた。

ベルギー

マルガレーテ・フォン・エスターライヒ

Margarete von Oesterreich
(Margaret of Austria)
1480～1530

マルガレーテ・フォン・エスターライヒはネーデルラント（オランダ、ベルギー等）を治めた女性政治家である。

マルガレーテは 1480 年、フランス中東部からネーデルラントにかけて勢力を誇るブルゴーニュ公国の領土であったベルギーのブリュッセルで、オーストリア大公マクシミリアン、後の神聖ローマ帝国（ドイツ）皇帝マクシミリアン 1 世（在位 1493～1519）を父、ブルゴーニュ女公マリーを母として生まれた。1482 年

に母マリーは落馬事故で死亡したが、その結果、妻を通じて公国を支配するに過ぎなかったマクシミリアンは、外国人として公国から追い出されてしまう。ブルゴーニュ人はマルガレーテの兄フィリップを君主に推戴し、マルガレーテを人質として確保した。するとここでフランス王ルイ11世が情勢に介入し、ネーデルラントを除いてブルゴーニュ公国領を吸収、王子シャルルの妻にしようとマルガレーテを拉致した。そしてブルゴーニュ人はフランスとの友好関係を求めて、喜んでこの措置に同意した。この情勢下、マクシミリアンには反撃の手が無く、1483年、ルイ11世との交渉で、マルガレーテはシャルルの婚約者となり、フランスのアンボワーズでフランス式に教育されることが決まった。なおこの婚約後間もなくルイ11世が死に、王子シャルルはフランス王シャルル8世となった。

フランスにおいてマルガレーテは、ただ一人の乳母を除いて、全く故郷の人間と切り離され、シャルルの姉でフランス宮廷の政治的実力者アンヌ・ド・ボージューの保護下に未来の王妃として教育を受けて過ごした。この間彼女はハプスブルク家の一員の自覚と故郷への愛を失わず、しばしば父に手紙を送り、帰郷の望みを漏らしている。とはいえ彼女は強靱かつ明朗な精神の持ち主であって、望郷の念はありつつも、フランスで幸福に日々を送っていった。明るく利発なマルガレーテは楽しげな雰囲気を周囲に振りまき、人々は思わず微笑まされたという。

ところがやがて、マルガレーテには帰国の日が訪れる。1490年、フランスを挟撃しようとフランス西部ブルターニュの公女とマクシミリアンが再婚、挟撃される状況を嫌ったフランス王シャルルは翌年ブルターニュに侵攻して力ずくで公女を娶ってしまう。そのため離縁されることになったマルガレーテは最終的に1493年、ブリュッセルへと帰還することになった。この屈辱的な離縁によって、マルガレーテはフランスへの強い敵意を抱くようになったという。

その後、マクシミリアンはスペインと接近し、1496年、マルガレーテと彼女の兄フィリップ美公を、それぞれスペイン王子および王女と結婚させる。マルガレーテはスペイン王女ファナをベルギーまで運んで来た艦隊に乗り、スペインへと旅立ったが、途上の嵐で沈没さえ懸念される中、平静を保った彼女の勇気は、熟練の船乗り達をも感心させた。彼女は嵐の中、ただ震えて神に祈っているのもつまらないからと、自分の墓碑銘を考え、それを死んだら誰かに見つけてもらえるようにと手持ちのリボンに刺繍して遊び、1497年のスペイン到着の際には、迎えに来ていた夫と舅にそれを面白そうに語っているのである。細面で色白長身、波打つ豊かな金髪を誇る輝くような美貌と利発さ、明るさで、彼女はスペインを共同統治するフェルナンドとイサベルの両国王夫妻および夫ファン王子の心を強く捉えた。そしてファン王子は彼女と片時も離れようとしないほど彼女のことを愛したが、1497年、ファンは病没した。この時マルガレーテは妊娠していて、スペインの跡取り誕生が待望されていたが、この妊娠は死産に終わる。その後も国王夫妻は彼女へ厚遇を続けたものの、もはやマルガレーテにスペインに留まる理由はなく、彼女は1499年、マクシミリアンの意思に従い、イサベル女王の慰留も断って、故郷ブリュッセルへと帰還していった。

1501年、マルガレーテはサボイ公フィリベールと再婚した。フィリベールは政治に甚だ興味が薄く、統治をマルガレーテに委ねてしまっていたが、その一方で趣味の狩りと美しい妻に大いに入れ込み、ここで彼女は幸福に過ごした。ところ

が1504年フィリベールが高熱で死亡し、子供もいなかった彼女は二年後の1506年マクシミリアンの希望でブリュッセルへの帰還を決定した。ちなみにこの間マルガレーテは父マクシミリアンに二度と結婚する気がないことを告げている。

マルガレーテがブリュッセルへと戻されたのは、ネーデルラント住民の意思で将来の支配者として同地で養育されていた彼女の甥カールを後見して、同地の統治に当たるためであった。カールの父でマルガレーテの兄であるフィリップ美公がこの年死亡し、しかし1504年のイサベルの死によってスペイン王位を継いだカールの母フアナは狂疾持ちでもあってカールの養育に戻ることができず、幼いカールはこの時ネーデルラントで孤立していた。とはいえ同地住民に摂政に選ばれたカールの祖父マクシミリアンはドイツの政治に手一杯で、摂政権の行使者としてマルガレーテを強く求めたのである。1507年、帰郷した彼女は賢明な統治者としてネーデルラントを支配し、愛情溢れる養育者として甥カールの後見・教育に当たった。1508年には彼女は優れた外交能力で、戦争中であった父マクシミリアンとフランスの和平を仲介、フランスというネーデルラントへの外からの脅威を取り除いた。これによって彼女はネーデルラントの力を反乱への対処など、国内問題に集中した。ただし彼女はネーデルラント自体は対仏外交戦争の局外に置きつつも、その一方で父マクシミリアンにスペイン、イギリスの対仏同盟への参加を説得している。

やがて1515年、マルガレーテに反発するネーデルラント貴族中の親仏派が、マクシミリアンに、15歳になったカールの成人を宣言して摂政を辞任するよう秘かに説得、マルガレーテもその任を解かれてしまう。しかしこの決定は、マルガレーテにとって腹立たしい屈辱であり、マクシミリアンにとっては失策であった。この結果、ネーデルラントでは親仏派が勢力を強めてしまったのである。

しかしその後、マルガレーテは政治的影響力を回復する。1516年に祖父であるスペイン王フェルナンドの死によってスペイン王位を手したカールは、その地位の確立のため1517年スペインへと赴くことになったが、自らが留守とするネーデルラントにおける、叔母マルガレーテの助力を求め、彼女の政治的地位を回復させていった。さらにマクシミリアン帝の健康悪化を受けて、カールはマルガレーテを参謀に、選挙制である神聖ローマ帝国（ドイツ）皇帝位の獲得に乗り出し、マクシミリアンの死んだ1519年、神聖ローマ帝国（ドイツ）皇帝カール5世となった。そしてカール5世は同年、マルガレーテをネーデルラント摂政に任命、翌年には彼女をネーデルラント総督としたのである。

マルガレーテはネーデルラント総督として愛する甥カール5世の政策によく協力した。彼女は富裕な先進地ネーデルラントを、反乱分子を手なずけ、産業を育んで見事に統治、その経済力でカールの政策を財政的に支えた。また彼女は外交面でもカール5世をよく助け、1529年には膿瘍で痛む脚に鞭打って、かつての夫フィリバートの姉妹でフランス王フランソワ1世の母であったルイーズ・ド・サボイを訪問、カール5世の対フランス戦争に有利なカンブレーの和約をもたらした。

1530年、マルガレーテは脚の感染症による壊疽と高熱の中、死亡した。

マルガレーテの統治期はネーデルラントの平和と安定の時代として知られ、彼女が宮殿を営んだブリュッセル近くのメッヘレンは芸術の都として栄えた。現在メッヘレンの町の中心には彼女の銅像がそびえている。

ポーランド

ヤドヴィガ

Jadwiga
（Hedwig/Hedwiga/Hedvigis）
1374～1399

　ヤドヴィガはポーランドの女王である。
　ヤドヴィガは1374年、ハンガリー王兼ポーランド王ラヨシュ1世の末の娘として、おそらくハンガリーの宮廷のあったブダで生まれた。ラヨシュ1世はハンガリーの名君かつキリスト教擁護の勇士として名声があり、彼の宮廷には学者や芸術家がヨーロッパ中から集まっていたが、そのためヤドヴィガも自国人のみならず、外国人の子供たちに囲まれて成長し、国際色豊かな教養を身につけていった。彼女はハンガリー語、ポーランド語、ラテン語、フランス語、ドイツ語を身につけ、おそらくはイタリア語も学んでいた。また彼女は本や音楽、踊りを愛し、父もそれを奨励した。
　ヤドヴィガの父ラヨシュ1世は、男子を得る見込みが無いために、1374年にハンガリーとポーランド王位を娘に継承させることを決めていたが、1378年の上の姉カタリンの死によって、下の姉マリアがポーランド、ヤドヴィガがハンガリーの王位継承者に指名された。そして同年、娘達の王位継承の後ろ盾とするため、ラヨシュは政略結婚を展開、ヤドヴィガにはオーストリア大公レオポルト3世の息子ヴィルヘルムとの婚約を決めた。8歳のヴィルヘルムと4歳のヤドヴィガの婚約式はオーストリアのハインブルク大聖堂で行われた。彼女が12歳となった時に床入りし、結婚は完成すると定められていた。教育のためヴィルヘルムはブダに留まり、ヤドヴィガはウィーンへと送られた。ウィーンで彼女はオーストリア大公の教養豊かな賢弟アルプレヒトの保護下に幸福に過ごした。時折の交互訪問によってヴィルヘルムとも面会し、彼女は彼のことを愛するようになっていった。
　1382年、父ラヨシュ1世が病死し、ヤドヴィガはブダへと呼び戻された。ヤドヴィガの母のエリザベトは幼いヤドヴィガではなく姉のマリアをハンガリー王位に就けたが、ポーランド人はハンガリー王となったマリアを共通の王に戴いて、両国の連合を維持することを嫌った。ポーランド貴族達はヤドヴィガを女王に選出し、母エリザベトもこれを承諾、1384年にヤドヴィガはポーランドへと旅立った。
　ポーランド入りしたヤドヴィガは当時の首都クラクフで戴冠し、女王として市民の歓迎を受け、戴冠後数日のうちに、公文書への署名と修道院建設のための寄付を行い、女王としての勤めを開始した。しかし彼女の婚約者ヴィルヘルムまで同じく歓迎を受けはしない。ポーランド貴族達はドイツ人を王に迎えることを嫌がり、ヤドヴィガの結婚が完成するまでに、

別の結婚相手を見つけ出そうと動きだす。結果、国益に叶う連合対象、新たな結婚相手として非キリスト教徒ながら勇猛な隣国の主、リトアニア大公ヤゲウォが提案された。そして妻とともにポーランドに君臨せんと、クラクフ市を訪れたヴィルヘルムは城門で入城を拒否されたのである。

ここで伝説によれば、ヤドヴィガは愛する婚約者を捨て、はるかに年の離れた36歳の異教徒ヤゲウォと結婚させられるのに抵抗、修道院を密会場所に使ってヴィルヘルムとともにオーストリアへ脱走する計画を練っていた。ところが彼女の賢明な助言者ゴラジュのデメトリウスの介入で彼女の計画は妨害され、彼女はクラクフ大聖堂に押し込められてこの軽挙について再考を促された。それでも彼女は開けてもらえぬ扉を壊そうと、斧を探し求めたが叶わず、十字架の下で祈りの一夜を過ごし、しかる後彼女はヤゲウォとの結婚に同意することになった。もっとも、これはただの伝説らしく、幼少時より統治者としての責任を教え込まれていた彼女は、その意思力でヴィルヘルムへの未練を断ちきり、静かに義務と国益に叶うヤゲウォとの結婚を受け入れたものらしい。

1385年、ヤゲウォは自身とリトアニア人のキリスト教改宗、ハンガリーに奪われている元ポーランド領の奪回、婚約破棄の罰金の肩代わり、リトアニアとポーランドの恒久的統合による東欧の大国への発展など、ポーランド貴族にとって好ましい公約を掲げるが、このうちヤゲウォのキリスト教受容は、キリスト教世界の勇者であったラヨシュ1世を父に持つ敬虔なキリスト教徒ヤドヴィガにとってとりわけ好ましいものであった。そして1386年、二人の結婚が行われ、二人は共同統治者となった。以後、彼女はヤゲウォに誠実献身の限りを尽くし、勇将ヤゲウォと平和的な性格の彼女は、よくお互いを補い合ってポーランド・リトアニアを統治した。同年の国内巡行の際、力の誇示が必要との誤った献策を受けたヤゲウォが、グニェズノの街の掠奪を行った際、取り乱す彼女をなだめるために補償が行われ、それでも彼女は納得せず「彼等の悲しみを癒してやることが誰にできるというのですか」といってヤゲウォの軽率を叱りつけているが、ここにヤゲウォの不足を補う、ヤドヴィガの姿を典型的に見ることができよう。

謙虚なヤドヴィガは政治活動よりも信仰生活への関心が高かったが、政治的な功績も大きく内外に対する平和的な施策を打ち出した。彼女はハンガリーに対しては、1387年に自ら兵を率いてガリツィア地方の統治権を奪回したものの、それ以後は平和的な態度を貫き、同年の和約の締結以降、彼女の存命の間はハンガリー、ポーランド間の平和が維持されることになった。また彼女はリトアニアに対しては、諸侯の紛争の仲裁を行ったり、ヤゲウォと彼への反抗勢力となっていた従兄弟ビトルトとの紛争の仲介を行うなどしている。さらに彼女は北方からリトアニアを脅かしていたドイツ騎士団との関係においても平和の可能性を探り、1397年、自ら騎士団長コンラート・フォン・ユンギンゲンを訪れ、平和的な関係を実現している。もっとも彼女は、この騎士団長に「私が生きている限りは、王は忍耐を持って貴方の無法に耐えて下さいましょう。ですが私が死ねば貴方がポーランドに対して犯した過ちのことごとくに対し、天の裁きが下るでしょう。戦は避けられなくなり、貴方は破滅させられますよ」と、その無法に対する諫言を呈したが、この警告は活かされることなく、彼女の死後の1410年、タンネンベルクの戦いで、ドイツ騎士団はヤゲウォに叩きのめされることになる。

ヤドヴィガは文化支援の功績も大きい。彼女はその豊かな教養を活かして書籍の現地語翻訳に取り組み、あるいは教会音楽を開始するなど、自ら直接にポーランド文化に貢献した。さらに彼女は無数の教会、図書館、学校を建設するという文化支援によっても大きくポーランドに貢献した。中でも彼女が再建を始めたクラクフ大学は重要で、同大学はポーランド文化の中心となった。

1399年、ヤドヴィガは娘を出産した。しかし信仰心から極度の粗衣粗食に耐える生活を送るようになっていた彼女は体力を衰えさせていた。しかも待望の子供を授かったことに対する神への感謝の証として、彼女はさらなる粗食に励むことまでしていた。結果、生まれた赤ん坊は弱く、産んだ母親は消耗しきっていた。彼女は平和的な態度、美貌、信心深さ、謙虚な人間性によって、非常な人望を得ていたため、彼女とその娘の危機はポーランド人を大いに悲しませ、ポーランド人は丸石敷きの街路に跪き、教会を取り囲み、二人の回復を必死に祈った。しかし赤ん坊は間もなく死に、それから数日後にヤドヴィガも死んだ。

ヤドヴィガは自分の宝石を売り、その代金の半分を貧者への施しし、半分をクラクフ大学再建のため遺贈したが、同大学は彼女の死の翌年1400年再建が成った。

死後ヤドヴィガは、たちまち人々の崇拝の対象となり、墓は巡礼の対象となった。彼女は聖人として崇められ、教会による列聖を求める動きは15世紀より続き、1997年には遂に彼女は列聖された。

ボスニア・ヘルツェゴビナ

カタリナ・コサチャ

Katarina Kosaca
1424～1478

カタリナ・コサチャはボスニアの王妃である。

カタリナ・コサチャは、ボスニアの有力貴族スティパン・ヴクチチ・コサチャの娘に生まれた。父スティパン・ヴクチチ・コサチャはフム地方一帯に支配を確立してボスニア王に反抗し続けた人物で、彼の称したヘルツェグ(公)の称号からフム地方はヘルツェゴビナと呼ばれるようになっている。

カタリナ・コサチャはボスニア教会信徒として育ったが、独身時代のうちにローマ・カトリックへと改宗している。彼女のカトリックへの支援、とりわけフランチェスコ修道会への支援は有名で、彼女は修道会の会員として名を連ねてさえいる。

1446年、カタリナ・コサチャはボスニア王スティパン・トマシュと結婚、二人の間には息子一人と娘一人が生まれた。1461年にスティパン・トマシュが死亡すると、彼女にとって継子にあたるスティパン・トマシェビチが王位を継ぎ、この新王の元で彼女とその子供達は丁重な処遇を受けた。そして先王と対立していた彼女の父ヘルツェグ・スティパンも、この新王とは和約を結んだ。

1463年にオスマン・トルコによってボスニアが征服され、それに続いてボスニアが混乱に陥ると、カタリナ・コサチャは国外へと脱出せねばならなくなり、困難な逃避行の末、彼女はクロアチア南部で商業的に繁栄する自由都市ドゥブロブニクに逃げ込むことが出来た。しかしこの時、彼女の子供達は不運にもトルコに

よって捕らえられている。
　ドゥブロブニクの商業貴族はカタリナ・コサチャを厚遇したが、しかし彼女の存在はトルコとも平和的な関係を築くことを望むドゥブロブニクにとっては大きな負担であった。そこで彼女はこの事に配慮し、また祖国解放の大義実現を図る王妃として支援者を外に求めるため、カトリック教会の総本山ローマ教皇庁のあるローマへと移動する。彼女はここでも教会当局により厚遇されたが、しかしローマ教皇にボスニア解放を援助してほしいという彼女の願いに対しては、何らの有形の支援も与えられることはなかった。なお彼女は子供達をオスマン・トルコの元から解放しようとも試みたが、これも果たせず、息子はボスニア解放の大義から離れて、オスマン・トルコの高官となっている。
　1478年、カタリナ・コサチャはボスニア王国を教皇庁へと遺贈し、死亡した。遺体はローマのサンタ・マリア・イン・アラコエリ聖堂に埋葬された。
　ボスニア・ヘルツェゴビナの民話においては、彼女は徳の高い一般民衆の保護者として非常な尊敬を受け続けている。

ポルトガル

ブリテス・デ・アルメイダ

Brites de Almeida
1385頃

　ブリテス・デ・アルメイダはポルトガルの国民的英雄である。
　ブリテス・デ・アルメイダはポルトガル中部の小さな町アルジュバロタに生まれた。やがて彼女はアルジュバロタのパン屋で働くようになった。
　ポルトガルは1383年、国王フェルナンドが死亡した。これにより先王フェルナンドの娘ベアトリスを妻とし、妻をポルトガル王位に就けようとするスペインのカスティリャ王国国王フアン1世と、カスティリャによって祖国の独立が奪われることを恐れるポルトガル民衆によって担がれたフェルナンドの異母弟ジョアンの間に、王位継承をめぐる争闘が発生することになった。1384年、ポルトガルはカスティリャの侵略を撃退、翌1385年にはジョアンが王位に推戴されアビス朝を創設する。しかしこの年、カスティリャはまたもポルトガルへと侵攻、ジョアン王はカスティリャ軍のリスボン進撃を阻むべく出撃し、両軍はアルジュバロタで激突することになった。
　このアルジュバロタの戦いの最中、ブリテス・デ・アルメイダはアルジュバロタの町民達を率いてカスティリャ軍を攻撃、彼女もパン焼きシャベルでカスティリャ兵を7人も殺した。このブリテス・デ・アルメイダらアルジュバロタ住民の力添えもあって、ジョアン王はカスティリャ軍に決定的な敗北を与えることに成功、カスティリャ軍は撤退し、ベアトリスの王位継承の要求を撤回した。
　この勝利によって独立を守ったポルトガルは以後、アビス朝の元で同国史上の最盛期を迎えることになる。
　なおブリテス・デ・アルメイダの英雄的行為はポルトガルの国民詩人カモンイスの詩に歌われている。

マケドニア

オリュンピアス

Olympias
前375頃〜前316

　オリュンピアスは古代マケドニア王国の王妃である。なお現在のマケドニアと古代マケドニア王国は民族的には別物とされているが、現代のマケドニアは地理的には古代マケドニア王国本土に含まれている。
　オリュンピアスは前375年頃、現在のギリシア北西部のエペイロス地方でモロッソイ王ネオプトレモスの娘に生まれた。
　やがて前360年代後半、オリュンピアスはギリシア北東部のサモトラケ島で、酒神ディオニュソスを崇め、忘我して蛇を身にまとわりつかせる密儀宗教に入信するが、この密儀で彼女は誰よりも激しく忘我の境地を求めたという。そしてこの密儀の場で、彼女はマケドニア王フィリッポス2世と出会い、彼女に恋したフィリッポスはオリュンピアスを妻にしたとされている。もっともマケドニアとモロッソイは隣国であり、結婚の主たる動機は同盟であったと考えられる。ところでオリュンピアスは、結婚後も蛇を飼い続け、寝台にも蛇を持ち込み、子を身籠もっていた時も、それは変わらなかったらしい。
　前356年、オリュンピアスはフィリッポスの世継ぎ、後に大王と呼ばれるアレクサンドロスを産んだ。やがて少年となったアレクサンドロスには教師団が付くことになったが、教師団を率いるのはオリュンピアスの親類のレオニダスであり、教育にはかなりの程度彼女の意向も反映されたものらしい。
　その後、フィリッポスとオリュンピアスの仲が、険悪なものへと変わる時が来る。フィリッポスの後宮には幾重もの諸外国との政略結婚の結果、多数の妻がおり、アレクサンドロスの知的障碍を持つ異父兄アリダイオスは、息子に世継ぎの地位をもたらそうとオリュンピアスが毒を盛ったせいで障碍を得たのだと囁かれるほど、後宮の雰囲気は緊張していた。それが前337年フィリッポスの新たな結婚によって後宮の緊張は激発に至る。この時フィリッポスが妻にしたクレオパトラは、これまでの妻とは異なりマケドニア貴族の娘であった。そしてクレオパトラの叔父アッタロスは結婚の宴席で、この結婚から正統な世継ぎが生まれるようにと祈って世継ぎたるアレクサンドロスに侮辱を加え、妾の子呼ばわりに激昂したアレクサンドロスはアッタロスに盃を投げつける。ところがここでフィリッポスは息子を庇わずアッタロスに味方して、剣に手を掛け息子に斬りかかろうとまでした。フィリッポスがかねてよりアレクサンドロスの将来を嘱望し、アレクサンドロスも世継ぎとして申し分のない才能、年齢に育ったことを思えば、世継ぎを生じるかさえ不確かなこの結婚が、彼の地位を脅かすはずはない。そしてアレクサ

ンドロスが後に狂暴な酒乱で名を残したことを思えば、父フィリッポスが剣に手を掛けたのも酒で荒れる血筋のせいではないかと思われる。しかし父の態度にアレクサンドロスは危機感と不信の念を生じ、彼は同じく危機感と怒りを感じた母オリュンピアスと共にモロッソイへと移り住んだのである。なおオリュンピアス母子とフィリッポスの対立は前336年、フィリッポスからの働きかけによって修復されることになった。

ところが同336年、フィリッポスは暗殺される。これはフィリッポスの取り結んだ男色関係における感情のもつれが原因であった。しかしこの直前まで不和が続いていたこともあって、これをオリュンピアス母子の煽動によるものとする伝説も残されている。なお夫の死を聞いて急ぎマケドニアに戻り、葬儀に参列したオリュンピアスは、例の敵対関係にある妻クレオパトラの娘を膝で挟んで殺し、クレオパトラを首つりに追い込んで、それを眺めつつ復讐を果たした。

その後334年よりアレクサンドロスは東方の大征服に乗り出し、マケドニアに帰らぬまま前323年に死亡、オリュンピアスはマケドニア本国で王室儀式を担当していたので、母子は二度と対面することはなかった。しかしこの間、二人は頻繁に連絡を取っており、息子は母に対して手紙や戦利品を送り、前331〜330年にオリュンピアスはギリシアの聖地デルフォイに対してその戦利品による豪華な奉納を行った。一方母は息子にしきりに手紙を送り、信頼できる料理人を紹介するなど、細々と息子の世話を焼いた。オリュンピアスは息子の交友までも気がかりで仕方なかったようで、息子が容姿のみが取り柄の無能者ヘファイスティオンを親友として過剰に寵愛し取り立てるのを問題視、ヘファイスティオンに脅迫の手紙を出して、ヘファイスティオンの反撃の手紙を受け取ったりもしている。

ところで以上からすると、ただの馬鹿親にも見えるオリュンピアスであるが、この間、政治面においても力を振るっている。彼女は息子が留守にしている間に本国を守る重臣アンティパトロスの権勢が増大、息子の脅威となることを警戒した。そのため彼女はアンティパトロスと対立し、政治に様々口出しにかかったのである。もっとも、女の支配を嫌うマケドニア人気質を熟知するアレクサンドロスは母のマケドニア政治への介入を認めなかった。そして前324年、二人の対立が極点に達したときには、アンティパトロスが解任されるとともに、オリュンピアスは故郷エペイロスへの帰還を申しつけられている。そしてその後、オリュンピアスは、しばらくエペイロスの統治を行っていた。

アレクサンドロスの死後、部下の将軍達が起こした戦乱の中で、オリュンピアスはアレクサンドロス大王の子アレクサンドロス4世の王座を守るため、戦いの渦中に身を投じる。前317年には、アレクサンドロス4世を擁する摂政ポリュペルコンに対抗して、将軍カッサンドロスが、フィリッポス3世を名乗るようになっていた大王の兄アリダイオスを担いでクーデターを起こし、王室が分裂したのだが、この時、エペイロスにいたオリュンピアスは、孫の王位を守るため立ち上がったのである。彼女はポリュペルコンの軍勢に加わり、太鼓のバチを持ち、ディオニュソスの密儀の巫女の姿で、兵士達を鼓舞した。一方、フィリッポス3世軍はオリュンピアスらを阻止しようと、他方面で作戦中の将軍カッサンドロス抜きで急ぎ出撃、フィリッポス3世を良いように操る妻エウリュディケが武装して兵の指揮を執っていた。両軍戦列を整えたものの、フィリッポス3世軍の兵士達は大王の母オリュンピアスへの敬意に揺ら

ぎ、戦闘を交えることなく降伏した。おそらく女に支配されることを嫌うマケドニア人を、女の身で指揮するというエウリュディケの失策も勝敗に影響したのであろう。オリュンピアスの大王の母としての威厳と、巫女として兵を鼓舞するに留めた思慮深さのもたらした勝利であった。

　フィリッポス3世はその場で捕まり、エウリュディケも追撃で捕獲された。オリュンピアスは二人を密室に閉じ込め、最低限の食料でしばらく生かした後、フィリッポス3世を槍で刺殺、エウリュディケには自殺方法を選ばせた。エウリュディケは短刀と縄と毒人参を差し出され、縄を選んで首をつった。この他、オリュンピアスはカッサンドロスの支持者100人以上に復讐を加えた。

　その後、オリュンピアスはマケドニア南部の港町ピュドナに入って、自分達に与する勢力の結集を待った。しかし彼女はカッサンドロスに包囲され、味方は思うように集まらず、あるいは集まらなかった。翌前316年、戦意を失った兵士達を解放した後、彼女は船で逃走を図るも取り押さえられ、降伏した。

　カッサンドロスはオリュンピアスの死刑を決め、兵士200人を差し向けたが、兵士達はオリュンピアスの威厳に打たれ、剣も抜けずに引き返した。そこでオリュンピアスに殺された者達の縁者が派遣されたが、オリュンピアスは逃げず、騒がず、毅然として死を迎えた。

マルタ

メイベル・ストリックランド

Mabel Strickland
1899～1988

　メイベル・ストリックランドはマルタの新聞社主、政治家である。メイベル・ストリックランドは1899年イギリス統治下のマルタ島の上流社会に生まれた。父ジェラルド・ストリックランドはマルタ人を母とするイギリスの男爵、海軍士官であり、この時、マルタ総督の秘書長を務めていたが、やがてはイギリス連邦各地で要職を務める人物であった。その後、彼女は子供のうちに父のオーストラリア赴任に伴われてマルタを離れ、タスマニアとオーストラリアで教育を受けたので、マルタ語を習得する機会が無く、このことを彼女は生涯残念がっていた。

　1921年、メイベル・ストリックランドはマルタで憲政党を率いて政治家となった父の秘書、助手となり、しだいにマルタ政治について深く理解するようになっていった。彼女は1940年まで、この役割を続けた。1927年から32年にかけて父がマルタの首相となった際には、彼女はその助言者として重要な役割を果たしている。1930年代マルタはイタリアのファシストの領土主張によって強く脅かされるようになってきたが、この情勢下、彼女はイタリアの総領事に、イタリア・ファシストがマルタに足を踏み入れることは「馬鹿な犬が追い立てられるのを待っているようなものだ」から、自動車にイタリア国旗を立てるのは止めるように脅しをかけ、総領事に「マルタの女悪魔」と敵意を込めて評されている。

　1935年より、メイベル・ストリックランドは一家の保有する英語新聞『ザ・タイムズ・オブ・マルタ』とイタリア語

新聞『イル・ベルカ』の編集者となり、その地位を活用してイタリアの野心を口撃し、あるいはマルタ島の社会経済問題に関する提言を行った。

第二次世界大戦中、1940 年より、イタリアに間近いマルタはイタリア空軍の激しい爆撃を受け、メイベル・ストリックランドの家の二つの新聞社の事務所も破壊される。しかしそれでも彼女は新聞の発行を維持し続けた。彼女は新聞が爆撃にも負けず勇敢な抵抗を続けるマルタ人の士気の維持、ひいては大英帝国の維持に重要であることを認識していたのである。彼女は島の中心都市バレッタ地下の防空壕で新聞の印刷を行い、一度の欠落もなく発行を続けたが、発行された新聞は幾度か隅が黒こげになっていることさえあった。1940 年には父ジェラルド・ストリックランドが死亡したが、父の勢力を受け継ぐことにより、メイベル・ストリックランドは憲政党の事実上の指導者となり、また二つの新聞を含めた一家の事業経営の責任者となった。戦争末期の 1944 年には彼女は戦中の功績を讃えられ、大英帝国勲章を授与された。戦争最末期には彼女は自分の新聞のため従軍記者となり、イギリス軍に同行している。なお彼女は園芸に強い興味を持っていたが、戦争中、彼女の育てた大量のオレンジやグレープフルーツがマルタ島の子供達に提供されている。

戦後、メイベル・ストリックランドは政治家となり、1945 年、1950 年、1951 年に国会議員の席を獲得している。この頃、彼女は地中海地域でもっとも力のある女性と評された。この間の 1946 年、戦後の大英帝国の急速な衰退の影響で、親英保守政党であった憲政党は解体しているが、彼女は 1950 年に憲政党を復興、1953 年には新政党、進歩憲政党を結成している。

1962 年にもメイベル・ストリックランドは議席を獲得した。しかし植民地人意識の染みついた親英主義者である彼女の政治観は、既にマルタ人一般に好まれるものではなくなっていた。また彼女はマルタ語を解さず、マルタ人への訴えかけでは常に不利な立場にあった。そのため彼女は政治的威信を急速に失っていく。彼女の政治的失速の原因としてはこれに加えて、女性の政治参加を好まないマルタ人の保守性が彼女の政治的野心を消耗させていったという事情もあった。彼女は自分の豊かな胸を指しながら「こうでなかったら、私はマルタの首相になっていたはずですよ」と漏らしたという。

そして 1971 年の選挙では、メイベル・ストリックランドは非常な苦戦に陥り、投石や口撃に耐えて選挙戦を戦ったが、彼女も彼女の政党の他の候補も議席を獲得することはできなかった。その後、彼女はこの年から政権を握った労働党ミントフ政権の強権政治を新聞を使って批判したが、それへの反撃として 1979 年『ザ・タイムズ・オブ・マルタ』の事務所が労働党の戦闘員の組織的襲撃を受けた。この襲撃が起きた際、ミントフは彼女に手書きのメモを送り、「一部の短気者」の行動に関する遺憾の意を表明するとともに、自分はこの新聞社を自分の物である以上の意識をもって保護してきており、「敵の粉砕は私の流儀ではない」と記していたが、その翌日までに事務所は完全に破壊されてしまった。彼女は愛する新聞社の破壊の衝撃で健康を悪化させ、二度と回復することはなかった。

メイベル・ストリックランドは最晩年の数年を半身不随で家から離れられない状態で過ごし、マルタ島のリジャで 1988 年死亡した。その後、彼女を襲った政治の狂熱が去った後、人々は彼女のことを懐かしみ、彼女のことを「ミス・メイベル」と親しみを込めて呼ぶようになった。

モナコ

グレース・ケリー

Grace Kelly
1929〜1982

　グレース・ケリーはアメリカの映画女優で、モナコ大公妃である。

　グレース・ケリーは1929年、アメリカのフィラデルフィアでアイルランド系の新興富豪一族の娘に生まれた。母は全国的な雑誌に紹介されたこともあるドイツ系の美女であった。彼女の一族、および一家には彼女の父ジャックを典型として、強烈な闘争心や支配欲、活動性、上昇志向の持ち主が多かったが、そのような一家にありながら、幼い日のグレース・ケリーは病弱・内向的で、そのために軽侮・冷遇され、愛情とりわけ父の愛情に飢えて育った。後に女優として大成した彼女について父ジャックが彼女の姉ペギーを引き合いに出し「私はいつも、何かをやりとげるとしたらペギーだと思っていました。グレースができることでしたら、ペギーのほうがうまくできますからね。まったく、信じられないことですよ」（ジェームズ・スパダ、仙名紀訳『グレース・ケリー　プリンセスの素顔』朝日新聞社、20頁）と語っているが、この言葉こそは彼女の家庭での位置付けを典型的に物語るものであろう。

　家族の中で孤立気味であったグレース・ケリーは、興味や嗜好を空想世界に向けていき、やがて演劇を趣味とするようになったが、そんな彼女の心の支えとなってくれたのは、行動的・闘争的な一族にあって読書趣味の物静かな人間性で厄介者扱いを受けていた伯父で作家のジョージであった。彼女は伯父ジョージの励ましを受けながら、女優の道を目指すようになっていった。彼女はその後、高校時代には奔放で活動的な人気者の少女に育っていたが、それでも空想嗜好と演劇趣味が変化することはなかった。

　やがて1947年、グレース・ケリーの人生に大きな転機が訪れた。この年、彼女はニューヨークのアメリカ演劇芸術学院に入学することになったのである。ちなみにこの時、彼女の願書提出は入学者登録に遅れてしまったのだが、彼女の伯母が彼女を連れて学院理事長秘書エミール・ディーステルに会い、彼女が作家ジョージ・ケリーの姪であると語ってくれたおかげで、彼女は特別にオーディションを受けることができた。そしてそこでエミール・ディーステルに見事好印象を与えた彼女は、学院に入学することができたのである。

　またこの1947年は、別の意味でもグレース・ケリーの人生における転機であった。彼女はこの年、ニューヨークへ発つ直前に、かなり年上の男と不倫して純潔を捨てているが、以後、8年に亘って同じ様な行動を繰り返した。彼女は多くの年上の男達と奔放な性関係を繰り返したのである。彼女が年上男性との関係に耽ったのは、父の愛情に飢えていたためだと言われているが、彼女の乱行の日々はむしろ、彼女が愛情を求めて止まない父親ジャックの彼女に対する激怒を引き起こすことになっている。なお奔放な性生活にもかかわらず、彼女は上品清潔な服装、礼儀正しく誠実な振る舞いによって、人々に与える印象は清楚なものであり続けた。もっとも時折、飲酒したときなどに、彼女の奔放な一面が他人の目に曝さらされることはあったという。

　アメリカ演劇芸術学院でグレース・ケリーは、モデルの職で生計を立てつつ真剣に演技を学んだ。そして二年間の学習の後、1949年、彼女は様々な演劇のオーディションを巡回するようになった。彼女は伯父ジョージの作品『たいまつ持

ち』でプロとして初めて舞台に立ち、さらに同年スウェーデンの劇作家アウグスト・ストリンドベリの悲劇『父』でアメリカ演劇の中心地ブロードウェーへのデビューを果たした。1951年からは彼女はハリウッド映画に進出し、1952年の『真昼の決闘』以降、その才能を花開かせ、世界的なスターへとのし上がっていった。彼女は1956年までに合計11本の映画に出演しており、1954年の『喝采』ではアカデミー主演女優賞を受賞している。

1956年グレース・ケリーはモナコ公国のレーニエ公と結婚する。彼女がこの結婚に踏み切った理由としては、彼女が家庭を持っていないことへの引け目や、女優としての将来に対する不安を感じていたことがあるという。またこの結婚がグレース・ケリーおよびレーニエ公双方にとって利益となると見込まれたという事情もあった。グレース・ケリーはこの頃も相変わらず父ジャックの愛情に飢えていたが、もし一国の支配者の妃となれば、彼女は父に自分の存在を強く見せつけることができるはずであった。ジャックは成り上がり者として、フィラデルフィアの上流社会で爪弾きされることに苦悩しており、この結婚はジャックに彼が望んで止まない社会的地位を付加してくれるからである。一方、レーニエ公はこの頃、カジノを柱とする観光産業の落ち込みよるモナコ経済の衰退に苦しんでいたのだが、世界的映画スターであるグレース・ケリーを公妃とすることで、モナコの名は世界に轟き、観光客がモナコに押し寄せ、観光地モナコが復活するという効果が期待できたのである。こうして、もちろんそれなりの惹かれ合いはあったにしろ、多分に打算込みでグレース・ケリーとレーニエ公の結婚が決まった。取材に押しかけ愚劣な狂態を繰り広げるマスコミ関係者と、大挙流れ込む観光客と、観光客相手にあこぎに商売に走るモナコ人、それらによって引き起こされる大騒ぎの中、二人の結婚式が行われた。グレース・ケリーはこれで映画界から引退することになった。

公妃となったグレース・ケリーはモナコへと多くの観光客を引きつけ、モナコ経済は復興へと向かった。モナコの観光収入は1950年代末には1954年のほぼ二倍まで膨れ上がったという。また彼女はモナコ公家に娘二人と息子一人をもたらした。彼女はこれだけで十分、公妃として役割を果たしたといえる。とはいえこれに留まらず、彼女は真剣に良き公妃たらんと務めた。彼女は病院や老人ホームの改善を行い、またモナコ赤十字の総長を務めるなど、福祉に思いやりを持って取り組んだ。その他、彼女は文化の振興にも力を注いだ。そして彼女は多少は政治的業績すら残した。モナコが経済摩擦のために極小国家の身で隣接する強国フランスとの激しい対立に陥った際には、両国間の最終的妥協案に彼女が一役買ったと言われているし、モナコが新憲法を制定するに際しては、彼女は婦人参政権を認めるよう主張し、彼女の主張は認められている。

グレース・ケリーは子供の存在によってレーニエ公との仲も深まり、しだいに国民にもよく慕われるようになり、1970年代始め頃までには、王妃として母としての立場に自信を持つようになっていった。しかし1970年代半ば頃から、彼女の人生は次第に落ち込み始める。成長した娘たちは、奔放な性格と無分別な乱行で、今や清楚貞淑な公妃であるグレース・ケリーを悩ませるようになっていった。またオペラやバレエ、芝居を好む彼女と、ダイビングやカーレース、考古学や動物の生態について興味関心を向けるレーニエ公は、根本的に性格や趣味嗜好が食い違っていたが、二人の性格の不一

致は、しだいに関係の険悪さをもたらしており、彼女は夫の不倫に苦しむようになった。その上、結婚後もなおくすぶっていた芸術的創造行為への渇望が限界を超えて膨れ上がり、彼女の精神は満たされぬ欲求によって、激しい消耗を強いられるようになっていた。

やがて1982年、彼女は乗っていた自動車が丘から落ちるという事故によって死亡した。彼女の生活が暗く沈み込んでいた時期でもあり、自殺説をはじめとして、事件の原因や経過につきマスコミによって様々に憶測が為されたが、真相は、自動車運転中の彼女が脳卒中に襲われ、そのために車が丘を転がり落ちたということであるらしい。

モルドバ

レオニダ・ラリ

Leonida Lari
1949～

レオニダ・ラリはモルドバの文学者、政治運動家である。

レオニダ・ラリはソ連（ロシア）領時代のモルドバにおいて1949年に生まれた。彼女は1974年に詩人として文学界にデビューし、その後、彼女が政治運動家として重きを成し始める1989年までに、数冊詩集を出版している。

1989年、レオニダ・ラリはモルドバ独立を目指す運動の中で重要な役割を果たし始める。当時モルドバでは、モルドバ語がローマ字を用いるルーマニア語の一方言であるにもかかわらず、ロシア人の用いるキリル文字を使用させられていた。ところがモルドバ人はこの頃、ローマ字復活へ向けて動いており、その様な情勢下、彼女はモルドバ初のローマ字による定期刊行物『グラスル』の創刊を地下出版によって実現した。また彼女は右派政党・モルドバ人民戦線の創設者の一人となり、さらに1990年から92年にかけてはモルドバ女性キリスト教民主連盟の指導者の地位にあった。なおこの間の1991年にモルドバは独立を達成している。

1992年、レオニダ・ラリは歴史的民族的にモルドバと密接な関係を有する隣国ルーマニアにおいて、キリスト教民主国家農民党から国会議員に当選した。その後、彼女は同党を去り、ルーマニアの右派政党・大ルーマニア党に加入した。

モンテネグロ

テウタ

Teuta
前260頃～228年以降

テウタは、古代バルカン半島西部に広がっていたイリュリア人の指導者であり、現在のモンテネグロ領内の都市リサンに当たるリゾンを本拠地として、アドリア海の海賊として猛威を振るった。

テウタは前260年頃生まれたと考えられている。テウタはイリュリア人を統一し、アドリア海東岸に広大な領土を築き上げたイリュリア王アグロンの妻となった。前231年、マケドニアの援軍要請に応えて派遣されたイリュリア軍の戦勝を祝う宴においてアグロンは酒を飲み過ぎ、肋膜炎を起こして急死する。そしてアグロンの別の夫人との息子ピンネスが新王となったが、ピンネスは未だ幼かったため、アグロンの宮廷の女性で中心的な地位にあったテウタがピンネスの摂政となって、群臣の補佐を受けつつイリュリアの統治に当たることとなった。

テウタの元でイリュリア人はギリシア各地を掠奪・侵略し、イタリアの商船を襲撃し、アドリア海に猛威を振るって一層イリュリアの勢力を拡大した。イリュリア領内の反乱も鎮圧され、前230年にはイリュリア中部の沖にあり、イリュリアの勢力圏内で唯一彼女への服従を拒んでいた島国イッサに対し、テウタ自身が攻囲を行った。ところがこの時、テウタの元にイリュリア人海賊に悩むイタリア半島の大国ローマから使節の船が到来する。

ローマの使節はテウタに対し、ローマ人がイリュリア海賊から蒙った不正を訴えたが、この頃の地中海最強国家であったローマの使節相手にはテウタも慎重に応対し、ローマの申し出に対して、イリュリア人の公的活動によりローマ人が不正を蒙らないよう、できる限り配慮するとの返答を与える。もっとも国土の貧しさから海賊が生業となっているイリュリア人に対し、政府の規制で私的な海賊行為を止めさせようとしても、それは到底不可能な話であって、テウタも先の返答にイリュリア人の私的な海賊行為を禁止することは、王の権限によってはできないと言葉を続けている。するとローマの使節の一人は、自分たちローマ人には私的な不正を公的に処罰し、被害者を助ける素晴らしい習慣があるから、イリュリア人の王権のあり方もローマ人の手でローマの習慣に則る形に改めてやると傲慢に言い放ち、ローマの使節は去った。テウタはこれに激しい怒りを感じ、この傲慢な発言をした者をローマ使節団のイタリアに向けた出港の前に暗殺する。こうしてローマ、イリュリアの関係は今や決定的に悪化して、ローマはイリュリアに対し、大々的な遠征準備を開始することになったのである。

前229年、ローマは軍船200隻、歩兵2万騎兵2千の大軍でイリュリアへと侵攻、地中海最強を誇る軍事力でイリュリアを圧倒していく。ローマ軍はイリュリアに支配された都市や住民を続々とローマの「保護」下に収め、イリュリア人の町を攻め落としながら、アドリア海岸をイリュリア奥深くへと進軍した。そしてイッサ攻囲中のイリュリア軍も撃破され、兵士達は散り散りになって逃走、テウタはリゾンへと落ちのびた。

翌前228年、テウタはローマと講和条約を結び、テウタはローマへの貢納金を課され、全イリュリアに及んでいたその領土を大きく縮減された。この年より後のテウタについては何も伝わっていないが、おそらくリゾンからかつての王国の断片の統治を続けたのであろう。彼女の没年についても不明である。

イリュリア人はその後、歴史の中でスラブ人に吸収され、民族としての実態を失ったのだが、現在アルバニア人が自らを古代イリュリア人の末裔と称しており、アルバニアではテウタを讃えて、多くの女性に彼女の名が付けられているという。

ラトビア

ヴァイラ・ヴィチェ＝フレイベルガ

Vaira Vike-Freiberga
(Vaira Vike-Freibergs)
1937〜

ヴァイラ・ヴィチェ＝フレイベルガはラトビアの政治家である。

ヴァイラ・ヴィチェ＝フレイベルガは1937年、ラトビアのリガに生まれた。彼女の子供時代に彼女たち一家は、ソ連（ロシア）赤軍の侵攻からドブに身を潜めつつ逃走、過酷な難民キャンプでの生活に耐えるうちに1945年冬、彼女の妹

は死亡した。その後、一家は北アフリカの大西洋岸の都市カサブランカに住み、さらにそこからカナダへと移住した。

カナダでのヴァイラ・ヴィチェ＝フレイベルガはトロント大学で学士と修士の学位を取得した後、1965年マギル大学で臨床心理学の博士号を取得した。ヴァイラ・ヴィチェ＝フレイベルガはトロント精神病院で勤務し、やがてはモントリオール大学で教授となった。

その一方でヴァイラ・ヴィチェ＝フレイベルガは祖国ラトビアのために献身し、ラトビア民話とラトビア文化の専門家となり、またソ連と対立する西側諸国の政府に対し、ラトビアを含むバルト海諸国のソ連による併合を承認しないよう陳情運動を行った。

ラトビアは1991年に独立を達成したものの、社会混乱が続いて行き詰まりに陥った。そのため1999年、ラトビアは変革を求めて、外来者であるヴァイラ・ヴィチェ＝フレイベルガを大統領に選出、彼女はラトビア新生の希望の象徴と見なされた。とはいえ外来者であるヴァイラ・ヴィチェ＝フレイベルガは権力基盤が弱く、また国民に普及率の高いロシア語を全く解さないなど、様々な困難を抱えていた。ちなみに彼女は東欧諸国で初めての民主的に選出された女性大統領であった。

リトアニア

エミリヤ・プラテル

Emilja Plater
（Emilija Plater/Emilia Plater）
1806～1831

エミリヤ・プラテルはリトアニアおよび同国と歴史的文化的に関連の深いポーランドをロシアから解放するため戦った、リトアニアの女闘士である。

エミリヤ・プラテルは1806年、ロシア領時代のリトアニアの中心都市ヴィリニュスにおいて、貴族の娘に生まれた。彼女は子供時代に父母が離婚して以降、リボニア地方（エストニア南部およびラトビア）にある親族の領地で成長した。

エミリヤ・プラテルは幼い頃より、リトアニア・ポーランドへの強烈な愛国心を持っており、軍事力によるロシアからの祖国解放を願って、武器の扱い方を学習し、馬術と射撃については熟練の腕前を手に入れたという。また彼女は戦略や

歴史についても熱心に学習し、ロシアからのポーランド独立を目指した軍人コシチューシコや、トルコに対するギリシア独立闘争に人生を捧げた女闘士ブーブリーナ、フランスにおいて侵略者イギリスと戦った女戦士ジャンヌ・ダルクなどに関心を向けていた。とりわけブーブリーナとジャンヌ・ダルクへの関心は強く、彼女の部屋にはブーブリーナの肖像が飾られていたというし、彼女はジャンヌ・ダルクを自らの理想として崇拝していたという。

またエミリヤ・プラテルはポーランドの文学や詩、民衆文化に関心を向けている。ポーランドとリトアニアは歴史的文化的に関連性が深く、この頃はリトアニアがポーランド文化の中心地となっていたのであるが、彼女はリトアニアの名門大学ヴィリニュス大学で才能を開花させたポーランド愛国詩人ミツキェビッチに感銘を受けている。また彼女はポーランドの民謡や民話を収集してもいる。そして1829年には彼女はポーランド中を旅し、ポーランドの中心都市ワルシャワやポーランド南部の中心都市クラクフを訪問した。

1830年、リトアニアとポーランドがロシアに対して蜂起すると、エミリヤ・プラテルは髪を切り、ラトビアのダウガフピルズ士官学校に通っていた従兄弟チエンとフェルディナンドの助けを借りて、60人の貴族騎兵と280人のライフル騎兵、草刈り鎌で武装した数百人の農民からなる反乱部隊を組織、蜂起へと参戦した。彼女はダウガフピルズ要塞を奪取しようと計画していたが、ロシア守備隊の前に大敗し、これは断念せざるを得なかった。その後、彼女は別の従兄弟ツェザリーとともに、各地の反乱軍に協力してリトアニアを転戦、その過程で敵の中隊を駆逐するという武勲を挙げたこともあった。

やがてエミリヤ・プラテルは、リトアニアに到着したフラポフスキ将軍に、ポーランド軍に女性の居場所はないと言って軍から去ることを勧められたが、これに対し彼女は「私は戦士で有り続け、そして戦い続けます、ポーランドが完全な独立を達成する日まで」と答え、軍に留まったという。そしてその後、フラポフスキが反乱諸部隊を正規軍に組み込んだ際には、彼女は第1リトアニア連隊の指揮官に任命されている。さらに彼女はリトアニアの重要都市カウナスとシャウレイにおける戦いで英雄的な働きを見せ、大尉の地位を与えられた。

その後、戦況が絶望的となり、フラポフスキ将軍は西方のプロイセンへと亡命するよう彼女に言ったが、彼女は「そのような屈辱に耐えるよりは死んだ方がマシです」とこれを拒否、反乱軍の多くがプロイセンへ亡命するか降伏する中、彼女と従兄弟のツェザリーはなおも戦い続けることを選んだ。彼女は農民に変装し、未だ戦いが続いているポーランドを目指したが、その途上で病に倒れた。彼女はまず農民の家に、続いて地主の家に宿泊したが、さらにそこからユスティナヴァに運ばれ、ポーランドに辿り着くことなく、死亡した。1831年の年末のことであった。

エミリヤ・プラテルは死後英雄視された。彼女がその作品を愛好した詩人ミツキェビッチは、1832年『大佐の死』という作品によって彼女のことを讃えた。第二次世界大戦では、彼女の名を採ったポーランド人女性志願兵部隊、エミリヤ・プラテル独立女性大隊が結成されている。

ジャンヌ・ダルクになりたがった女達

愛国の女戦士ジャンヌ・ダルクは近代になって非常に有名になったが、そのため世界各地で多くの女性が彼女の物語に影響され、彼女のようになろうと武器を取る女性さえも時に現れている。

例えば本書で大きく取り上げた19世紀のリトアニアの英雄エミリヤ・プラテルはジャンヌ・ダルクを自分の理想として崇拝し、自らも愛国の女戦士へと成長していった。この他、19世紀のアメリカ女性ロレータ・ベラスケスはお気に入りのヒロイン、ジャンヌ・ダルクのようになりたいとの理想を長らく抱いていたところ、南北戦争という絶好の機会を手に入れ、喜んで南軍に参加した。実際の戦場で長年の理想は甘い幻想に過ぎないと悟ったものの、男装の兵士として戦いを続け、スパイとしても南軍に貢献した。

東洋では清末20世紀初めの中国の政治運動家、秋瑾（しゅうきん）が短刀を身に帯び、清王朝打倒の革命を説いて回ったが彼女はジャンヌ・ダルクを自称していた。同志とともに蜂起を計画したが未然に発覚、捕らえられ処刑された。

ところで以上のような女性達とは少し毛色の異なるジャンヌ・ダルクになりたがった女、いや、ジャンヌ・ダルクになってしまった女がいる。その女の名はクロード。彼女はジャンヌ刑死5年後の1436年、乙女ジャンヌであると称してメッス近郊に現れ、そこで確認に呼び出された兄はなんと彼女を妹であると認めた。その後彼女は1439年に、ジャンヌが生前攻囲から解放し、ジャンヌに感謝の念を抱いているオルレアン市において、当局から金銭をかすめ取るなどしたが、祝宴の途中で姿を消した。

なおジャンヌと同時代頃にはジャンヌのなりすましや、ジャンヌの模倣者が何人もいたそうである。

リヒテンシュタイン

テオダ

Theoda（Theuda/Thiota）
847年頃

テオダは中世ヨーロッパに現れたカリスマ的な宗教運動家である。

テオダは9世紀半ばに、アレマンニ人の土地から姿を現した。アレマンニ人はこの頃、リヒテンシュタインを含む、スイス東部からドイツ南西部にかけての地域に広がっていたゲルマン人部族で、現在のリヒテンシュタイン人の祖先となった人々である。

テオダは同時代の年代記作者によると847年か848年にドイツ西部の町マインツを訪れた。彼女は自らを神の神秘の数々を知る者と主張して説教を行い、この年の末日に終末が到来するのだと宣言した。彼女は巧みな弁舌で民衆を惹き付け、無数の男女が彼女を信奉、彼女に随行するようになっていった。彼女に従う民衆達は彼女に贈り物を差し出し、自分たちのために祈ってくれるよう依頼した。それどころか多くの司祭達までもがテオダに魅了され、あたかも彼女を天界からの使者であるかのように崇め、自らの教会への服従を放棄して彼女に付き従った。これによりマインツの教会の支配体制は脅かされることになった。

この情勢下、マインツ司教は急いでテオダの抑圧に乗り出し、彼女を僧侶会議へと引っ立てて、彼女の掲げる教義について尋問した。尋問を受けて彼女は、自分の教義はある司祭から学んだものだと主張したが、僧侶会議は彼女の教義を弾劾し、彼女の布教活動を厳しく批判した。これに対して彼女は僧侶会議の判断を受容、不当に説教したことを認め、恥じ入りながら自分の宗教活動を放棄したとい

ルーマニア

マリー

Marie（Mary）
1875～1938

マリーは第一次世界大戦中および戦後にかけて優れた指導力を発揮したルーマニア王妃である。

マリーは1875年、イギリスのケントに生まれた。父であるサックス・コーバーグ公アルフレッドはイギリスのヴィクトリア女王の息子、母であるマリー・アレクサンドロヴナはロシア皇帝アレクサンドル2世の娘であった。父が海軍に勤務したため彼女は1885年から1889年までマルタに過ごしたが、その地で彼女は奔放活発に日を送り、島中を馬で乗り回すなどして過ごしていた。またこの地で彼女は後にイギリス王ジョージ5世となる従兄弟との間に初恋を経験している。その後、彼女の父が南ドイツの小国コブルク公国を継ぐことになり、彼女はドイツへと移り住んだ。

マリーが十代のうちに両親は彼女に相応しい伴侶を見つけに掛かり、金髪と青い目の素晴らしい美女であった彼女には、かつての恋人ジョージも求婚したが、両親はこれに許可を与えなかった。マリーの母はイギリスでの生活を余り快適に思っておらず、彼女の伴侶はドイツ人にしようと考えていたのである。そして彼女はドイツからルーマニアに入って王となったルーマニア王カロル1世の甥で、王太子のフェルディナントと結婚することが決まった。

内気で気の弱いフェルディナントは、結婚に多々ある不安要素が気に掛かったのか、彼の婚約者に対しルーマニアの後進性や、家族内での父カロルの圧倒的な支配力をほのめかした。しかしフェルディナントのそれなりの美貌と、結婚への漠然たる憧れから、幸福な未来を思い描いたマリーは、希望に溢れたまま結婚の日を迎えた。

1892年結婚式がドイツのジグマリンゲンで行われた。当時の風潮で結婚の肉体的方面について詳細な知識を与えられていなかったため、彼女は結婚の後、大変な衝撃を受けることになったという。そして結婚の数週間後、夫妻はルーマニアへと旅立ったが、辿り着いたルーマニアはマリーにとって全く快適な国ではなかった。後進的なルーマニアの光景と王宮の質素さは彼女に驚愕を与えたし、義父カロル1世の命令で彼女はルーマニア貴族達との交流を断たれ、ほとんど孤立

して生活しなくてはならなかったのである。しかも彼女の活発な気性は内気で静かなフェルディナントとは、あまりそりが合わなかった。とはいえほどなく彼女は妊娠し、1893年、息子カロルを産んだ。

マリーは陰鬱なルーマニアでの生活を送るうち、田舎道で馬を乗り回すことに息抜きを見出すようになり、ルーマニア特別騎兵連隊の名誉指揮官の地位を与えられるようになった。ちなみに彼女の馬術の腕前は、1896年のロシア皇帝ニコライ2世即位式に参加した際に、ロシア騎兵士官との競馬に勝利するほどであった。

1897年、フェルディナントは発疹チフスを患い、以後、身体を弱めてしまったのだが、彼の病気からの回復途上、マリーは若き陸軍士官との姦通に走り、やがてその噂が国内に広まって彼女は一時家族の元へと国外逃亡せねばならなくなった。その後、1899年、息子カロルが腸チフスに罹るという緊急事態に直面して、夫妻は和解を遂げることとなった。

1902年、イギリス訪問の際にはマリーはイギリスに移住していたアメリカの富豪ワルドルフ・アスターと恋に落ちた。そしてこの恋に肉体関係は伴わなかったものの1903年、次男ニコラス誕生の折にはニコラスは、フェルディナントに似ていたにもかかわらず、不倫の子であるとの噂がルーマニアを覆うことになった。なおこの頃、彼女は恋の道以外でも自由な振る舞いを見せるようになっており、しだいにルーマニア貴族との交友関係を広げて行っている。

1907年の農民反乱の際、マリーは身の安全のため首都ブカレストから避難することになったが、この逃避行の最中に彼女は貴族バルボ・スティルベイと恋に落ち、この関係は以後長く続いていくことになった。そして、彼女たちの関係の噂はヨーロッパ貴族社会に広まり、1909年と1913年にマリーが産んだ子はバルボ・スティルベイの子であるとささやかれることになる。なお不倫という褒められない行為ではあるが、この関係に関しては良い影響が無いでもなかった。バルボ・スティルベイはルーマニア経済の傑出した指導者であったため、彼の教えを受け、マリーはルーマニア国家の抱える問題に目を向けるようになっていったのである。そして1913年第二次バルカン戦争にルーマニアが参戦した際には、彼女は兵士達を訪問し、コレラにかかった兵士達のために救急センターを設置するよう運動し、身の危険を顧みずコレラ患者収容所の一つの運営に自ら当たるという責任感を発揮するようになっていたのである。

第一次世界大戦の始まった1914年、カロル1世が死に、フェルディナントとマリーがルーマニアを統治することになった。第一次大戦において、フェルディナントはドイツ等同盟国に個人的な親近感を感じつつも、生来の気の弱さから、これに反対する周囲の声との間で揺れていた。隣国オーストリア・ハンガリーからのルーマニア人居住地トランシルバニアの奪取を望む国民は、オーストリアのいる同盟国側を敵と見ていたし、政治家達もイギリス寄りの態度であった。この情勢下、マリーはスティルベイ、首相ブラティアヌとともに、英仏露等の連合国の側に立つことを説いた。そして1916年、フェルディナントはオーストリアに宣戦布告する。

ルーマニアはトランシルバニアへと軍を送り、当初は成功を収めたが、やがて強大なドイツ軍のルーマニア侵攻を受け、苦境に陥った。この苦境下でマリーはルーマニアの抵抗の象徴、国民のヒロインとなった。彼女は前線近くを回って軍病院で看護師として白の制服を着て働いたし、負傷兵の衛生状態の改善にも手を

尽くした。そして兵士達は彼女の写真を抱いて死に行き、彼女が訪問すれば「ママ・レジナ（母なる王妃）」の叫びで迎えた。また彼女は子供や避難民のための食糧配給体制や物資備蓄体制の確立にも力を尽くした。なお戦争中の1918年、彼女はルーマニアへ物資を運んだカナダ赤十字のジョー・ボイルと恋に落ちている。

戦後、和平交渉の間、講和会議に臨んでいるブラティアヌの要請もあって、マリーはルーマニアに有利な和平をもたらすべくイギリスやパリを訪れて活発な外交活動を展開した。彼女は記者会見を開き、各国首脳への陳情を行った。そして彼女の努力も相当の貢献をした結果、ルーマニアは多大な領土を獲得し、歴史的に「大ルーマニア」と呼ばれる版図を実現して、講和会議を終えたのである。これについて彼女は「私は祖国を生き生きとした顔にすることができた」と誇っている。

ところで戦後のマリーの私生活についてであるが、フェルディナントとの関係は大変落ち着いたものとなっていた。二人はお互いの不倫を寛大に受け入れつつ、よく協力して子供達と国のために働いた。

その後、1927年、夫フェルディナントが死んで以降、マリーは徐々に政治活動から身を引き、回想録の執筆などを行って過ごすようになったが、その間女絡みの私生活においても政治においても暴走がちな息子カロル2世について心を悩ませ続けた。やがて1937年になると彼女は肝臓病による内出血に苦しみ、1938年、シナイアで息子に「公正で強い君主」になりなさいと最期の言葉をかけて死んだ。彼女の遺体はクルテア・デ・アルジェスの王室墓地に埋葬されたが、希望により心臓のみは黒海に面した彼女の別荘、バルチク宮殿に収められた。

ルクセンブルク

シャルロッテ

Charlotte
1896〜1985

シャルロッテは1896年、ルクセンブルク北部のコルマル・ベルク城でルクセンブルク大公ギヨーム4世の娘に生まれた。六人姉妹の次女であった。彼女の教育は家庭教師によって為された。

第一次世界大戦中、ルクセンブルクはドイツに占領されたが、1912年よりルクセンブルク大公であったシャルロッテの姉マリー・アデレイドはこの間の親ドイツ的態度で国民に不人気であり、また病弱であったこともあって、大戦後の1919年国民投票によって退位させられた。投票によって圧倒的な支持を集めたシャルロッテは後を継いでルクセンブルク大公位につくこととなった。ちなみにこの頃、ベルギーがルクセンブルクの併合を主張しており、この国民投票はルク

センブルクがシャルロットの下で独立国家として存続することを望む、国民意思を示すものでもあった。なお同年、大公就任後に彼女はブルボン・パルマ公フェリックスと結婚しており、二人の間には子供が6人生まれることになる。

シャルロッテは、慎み深く賢明な態度でルクセンブルク大公家への国民の支持を再建し、ルクセンブルク国民とルクセンブルクの独立の象徴として国民に親しまれるようになった。彼女は進歩的開明的な国政改革を後押しし、彼女の治世下に行われた憲法改正によって、ルクセンブルクは大公に相当の力を残しつつも普通選挙制を実現することになった。そして彼女の治世下でルクセンブルクは、優れた首相の存在もあり、経済的繁栄と政治的安定が続いていくことになった。なお、彼女の治世下で、一日八時間労働制や退職年金、失業保険などからなる進歩的な労働法制が実現している。

第二次世界大戦中、1940年にドイツ軍がルクセンブルクへと侵攻すると、シャルロッテは国外へと脱出、イギリスの首都ロンドンに亡命政府を樹立した。それから彼女は夫と息子の逃亡先であるカナダのモントリオールへと移り、そこから放送を行って占領下にある国民を鼓舞した。また彼女はロンドンやワシントンをしばしば訪問し、アメリカやイギリスといった反独の連合国との密接な共同関係を維持した。彼女たち大公一家は自由と独立の回復を目指す国民の希望の象徴であった。やがてルクセンブルクが1944年にアメリカ軍によって解放されると、シャルロッテは帰国した。

戦後、大公一家はルクセンブルクを再建し、再び繁栄へと導いた。1964年、シャルロッテは引退したが、その後1985年に死亡するまで、彼女は国民の象徴として讃えられますます尊敬を集めていった。

ロシア

エカチェリーナ2世

Ekaterina II（Catherine II）
1729〜1796

エカチェリーナ2世はロシアの女帝である。大帝の尊称で呼ばれる。

エカチェリーナは1729年、ドイツ貴族アンハルト・ツェルプスト公の娘に生まれた。子供の頃より彼女は権力志向で精力に溢れ、人形遊びを嫌い、近隣の富裕市民の子供達を従えて、ガキ大将として暴れ回っていた。彼女は乱暴な遊びを好み、小鳥を撃ち落とすようなこともあったという。

エカチェリーナは10歳の頃、一歳年上の少年、ドイツ貴族ホルシュタイン公

ピョートルと知り合う。この少年はひ弱で不格好であったが、血筋的には将来のロシア皇帝としての即位が囁かれていた。この出会いの後、周囲が彼女と少年との仲を取り持とうと動いたのだが、これには彼女もまんざらでもなかった。少年は醜貌であったが、陰にちらつく皇妃という地位は彼女にとって何より魅惑的だったのである。貴族の娘として、エカチェリーナは特別な美貌を誇ったわけでもなく、また特別富裕なわけでもなく、貴族社会における社交上それほど有利な立場にいたわけではなかったのだが、それでも彼女は自分の将来に自信を抱き、結婚が囁かれた数ある男性の中でもっとも地位の高いこの少年との結婚を、心秘かに確信していたという。

やがてロシア帝国の後継者ロシア大公となったピョートルの妻となるべき候補者として、1744年、エカチェリーナはロシアへと呼び寄せられる。彼女はロシアの玉座を手中に収めるとの絶対の決意を持ってロシアへと赴き、その地で周囲の好意、高評価を掴むため、自分の中にあるドイツ人としての要素を捨て去り、立派なロシア人になりきるための努力を重ねる。彼女は睡眠時間も削り、体調を崩すほどの熱意と精励で、ロシア語とロシア正教を学んだが、これで見事にロシア女帝エリザヴェータおよびロシア国民の心を掴むことに成功した。この年ピョートルは天然痘を患い、一層その醜貌は程度を増したのだが、それでも彼女の皇妃の地位への意思は揺るがない。もともと彼女は自ら回想するように「ピョートルにはほとんど関心がなかったものの、ロシア皇冠には無関心ではいられなかった」のだから。そして1745年、エカチェリーナはピョートルと結婚、ロシア大公妃となった。

エカチェリーナはピョートルと結婚したものの、彼女たちの結婚生活は不完全なものであった。ピョートルは、オモチャの兵隊の戦争ごっこに耽る幼稚な軍隊マニアで、精神的には妻に性的関心を抱かず、また包茎のせいで妻との性交は肉体的に不可能であった。そのためエカチェリーナはその後8年間、23歳まで処女を保ち、そして処女を奪ったのはピョートルではなく、愛人セルゲイ・サルトゥイコフであった。なおピョートルの包茎は、このサルトゥイコフのおかげで治療される。童貞であることが周知の人物の妻の愛人という危険な地位を逃れるために、サルトゥイコフは巧みにピョートルを誘導して、包茎手術を受けさせたからである。もっとも包茎を克服したピョートルは義務感から妻との性交を行ったものの、結局妻に愛情を感じることはなかった。ちなみにピョートルの子作りの能力に疑いを感じた女帝の秘かな後押しもあり、エカチェリーナとサルトゥイコフの関係は、サルトゥイコフが飽きを感じるようになってからも続き、エカチェリーナは1754年、どちらの男の息子か分からぬ第一子パーヴェルを、ピョートルの息子として産んだ。エカチェリーナはサルトゥイコフとの関係が終わった後も、ポーランド貴族ポニャトフスキ、近衛将校グレゴリー・オルローフと順次愛人に入れあげ、一方、ピョートルも妻を放置して愛人に入れあげ、二人はまったくすれ違いの生活を送った。

その後、1761年女帝エリザヴェータが死に、ピョートルはロシア皇帝ピョートル3世、エカチェリーナは皇后となる。しかしエカチェリーナに愛情を持たぬピョートルは彼女を冷遇し、彼女を侮辱し、エカチェリーナの地位を奪って愛人エリザヴェータ・ヴォロンツォーヴァを皇后にしようとまで企てる。ここでエカチェリーナは強気な彼女に似合わず、決起を促す周囲の声も聞かず、ひたすら弱気に忍耐を貫き国民の同情の的となる

が、実はこの頃彼女は愛人オルローフの子を妊娠しており、この醜聞が表沙汰にならぬよう、妊娠隠しに全力を注ぎ、大人しくしているより他無かったのである。1762年、エカチェリーナは秘かに赤子を出産する。この時彼女の忠実な召使いが自分の家から火事を起こし、火事好きのピョートルが見物に出た隙にエカチェリーナは出産、召使いの親戚の元へと赤ん坊を送り出し、醜聞を回避したのである。そして出産の後、エカチェリーナはクーデター計画を推し進め、同志の一人が皇帝を侮辱して逮捕され、拷問による計画漏れの懸念が生じると、近衛将校であった愛人グレゴリー・オルローフおよびその兄弟等の補佐を受け、権力奪取に動き出す。

オルローフ兄弟を通じて近衛諸連隊を掌握したエカチェリーナは、兵士達のわれらが母エカチェリーナ万歳の歓声を浴びて進む。ウォッカの配給の約束もあり、進む兵士達の意気は軒昂。そして皇帝の愛人の実兄シモン・ヴォロンツォーフが率いる連隊すら、連隊長の命令を無視してエカチェリーナ万歳を叫んで、エカチェリーナに跪く。ドイツ生まれで軍隊マニアのピョートル3世は、偉大な軍人の誉れ高いドイツのプロイセン王フリードリヒ2世に異常な崇敬の念を示し、国益を無視した極度の親ドイツ政策を採って、国民の信頼を失っていたのだ。彼女は帝位を称し、容易く宮殿を制圧し、宮殿の窓辺に立って、群衆の歓呼を浴びた。

この時点でエカチェリーナの勝利はまだ確定していない。この時、ピョートルは故郷ホルシュタインのためにデンマークを攻撃すると言って首都を離れており、ピョートルが外征に向かわんとしていた部隊と海軍を掌握して反撃すれば、エカチェリーナの再転覆は容易なことであったのだ。ここでエカチェリーナは迅速に使者を送ってピョートルを出し抜き、海軍の忠誠を確保、さらに士官服で男装して自ら軍の先頭に立ち、ピョートルの部隊との対決に向かった。兵士達はピョートルに押しつけられたドイツ風軍服を脱ぎ捨てて、古いロシア風軍服を着用、颯爽と馬を乗りこなすエカチェリーナに続いた。惰弱なピョートルはまともに戦略を展開することもなくあっさりと戦意を失い、エカチェリーナに譲位した。

帝位に就いたエカチェリーナは、ポチョムキンなど有能な人材を活用し、大いに治績を挙げた。彼女は西はポーランド、南はオスマン・トルコを相手に拡張主義政策を採り、大いにロシアの領土を拡大した。彼女の治世下でロシア帝国の人口は2千万から3千6百万まで増加している。また彼女は啓蒙主義思想すなわち自由主義思想を愛好し、ヴォルテールやディドロといった西欧の著名な啓蒙主義思想家と親しく交流した。彼女の対外政策、著名思想家との交流はロシアのヨーロッパにおける存在感を大いに高め、ロシアは国際社会においてヨーロッパの強国としての認知を受けるようになった。彼女は伝説の大女傑セミラミスにちなんで、北方のセミラミスと、ヴォルテールにその帝王ぶりを賞賛された。もっとも晩年の彼女は、自由主義思想に基づくフランス革命の野蛮さを目の当たりにし、自由主義思想への軽蔑を露わにするようになっている。

ところで精力的に働き公的に華やかに治績を挙げ続ける一方、彼女は私的にも華やかな生活を続けた。オルローフに続き、ポチョムキンや、ポチョムキンが続々送り込む美青年に彼女は入れ替わり熱を上げた。政治家としての目が愛欲で曇ることはなかったものの、彼女の愛人達への想いは常に真剣で、彼女は盲目的なほどの愛で愛人達を愛でた。彼女の愛欲生活は、彼女が肥満して歯の抜けた老婆になり、完全にその容姿が衰えきった後で

も続いたが、彼女が愛人に与える権勢と富に惹かれて、老いた彼女相手でも愛人志願者は無数に存在した。

1796年、エカチェリーナは卒中を起こして便所で倒れ、数日後死亡した。

📖 ソ連の女性兵

歴史上女性が兵士となる例は少なくないが、中でもソ連（ロシア）の女性兵は特筆すべきであろう。既に一次大戦でロシア社会は女性兵マリーヤ・ボチカリョーヴァの提案により女性決死隊を結成、そこに2千人もの女性が志願するという、女性兵の大規模採用の歴史的実績を有していた（もっとも隊長となったボチカリョーヴァの専制的な態度を嫌って多くの女性が隊を離れた）。ところが二次大戦中のソ連の女性兵は、それさえ全く比べものにならない。

二次大戦でソ連は他国では考えられないほどの、圧倒的な質と量の女性兵を戦場に投入した。女性達は狙撃兵、機関銃兵、砲兵、飛行士、戦車兵等として戦闘に参加、功績によりソ連英雄の称号を得る者さえいた。同時代のアメリカ女性兵が職務を非戦闘行為に限定されていたのと比べれば、実に驚嘆に値する。中でも女性航空隊の活躍は素晴らしく、急降下爆撃連隊は敵であるドイツ軍に「夜の魔女」として恐れられたし、ソ連英雄を受賞した92名の女性の内、3分の1は航空隊員である。そして量についてはソ連の女性兵の数は最大となった1943年で80万人～100万に達したという。

ところでこれほど大規模に女性兵を活用したソ連であるが、それでも全軍人に占める女性兵の割合は8パーセントに過ぎなかった。そして軍医や看護兵、タイピスト、料理番といった形で服務した女性の数は、実戦に携わった女性よりも多かった。また女性兵士の多くが祖国が危機に直面したため武器を取っただけで、女に戦闘は似合わないと考えていたことも後のインタビューで分かっている。ソ連ですら女性兵は例外事象であり、二次大戦後ソ連は女性に戦闘を担わせることを厭う社会体制へと回帰していく。

📖 ソ連女性兵士英雄伝

　第二次世界大戦中のソ連は女性兵士を大々的に活用、多くの女性が戦場で活躍することになったが、そのような女性のうち代表的な人物を、幾人か取り上げておくことにしよう。

ヴァレンティナ・グリゾドゥボヴァ：飛行士。二次大戦中、第101長距離航空連隊の司令官となり、約300人の男達から成る航空団（空軍の戦略単位で連隊がこれに該当する場合が多い）を統率した。女性が構成員が全て男性の航空団の司令官となった二次大戦中の唯一の例。

マリナ・ラスコヴァ：飛行士。二次大戦開戦後、女性航空連隊の創設を唱えて、最高指導者スターリンにこれを認めさせた。結果3つの女性航空連隊が創設され、自らもそのうちの一つ第587急降下爆撃機連隊の司令官となった。この連隊は後に彼女の名を取って第125M.M.ラスコヴァ・ボリソフ護衛急降下爆撃機連隊と改称した。

リディア・リトヴァク：飛行士。女性航空連隊から、男性の第437戦闘機連隊に移り、激戦地スターリングラードを舞台に華々しく活躍した。敵機は「気をつけろ！　リトヴァクだ」と言って彼女を恐れたと言う。彼女がスターリングラードの白薔薇の異名を取り、戦闘機の胴に一輪の白薔薇を描き、撃墜数を操縦室の下の小さな白薔薇で示した、との伝説があるが実際には、あだ名がリリーであったことから機体には百合が描かれ、撃墜数はソ連の慣行通り小さな星で示されていたそうである。

リュドミラ・パヴリチェンコ：狙撃兵。309人射殺という戦果を誇る。ちなみに、そのうち36人は敵の狙撃兵であった。後進の育成にも長け、彼女の訓練した80名の狙撃兵は合わせて2千人以上射殺という戦果を挙げた。

アフリカ

アルジェリア

ララ・ファティマ

Lalla Fatima (Fathma/Fadhma)
1850年代頃

ララ・ファティマはアルジェリアのベルベル人の一派、カビール人の女性で、フランスによるアルジェリア植民地化に対する抵抗運動を率いた。

フランスは1830年代よりアルジェリアの植民地化を推し進め、これに対してアルジェリア人はアブデル・カーデルを指導者として抵抗、1832年より聖戦(ジハード)を宣言して激しく戦った。アブデル・カーデルは一時優勢に戦いを進めたものの、1847年にはついに降伏を余儀なくされ、これにより全アルジェリア規模の抵抗運動は終わった。

しかしこの後もフランスに対する地方的な抵抗は続き、とりわけアルジェリア北東部の山岳地帯カビリー地方に住むベルベル人の一派、カビール人は山岳の地勢を支えに恐るべき頑強さで抵抗戦を戦った。そして予知を行う聖者としてカビール人全体の間で高い名声を有していたララ・ファティマは、この戦いで大きな役割を果たし、抵抗戦の象徴として尊敬を集めることになる。

1851年より、カビール人はブー・バグラに率いられてフランス人に対する抵抗戦争を戦ったが、ララ・ファティマはこれに加わった。やがて1854年にブー・バグラが戦死すると、彼女がこの抵抗戦争を引き継ぐことになった。実のところ、彼女は戦いが決着する数年前より結果を予言していたといい、この頃には既に最終的な敗北を悟っていたと思われるが、それでも彼女は指導者を失った抵抗運動の新たな象徴となって運動を支え、モスク(イスラム寺院)から戦争を指導してカビール人を大いに奮い立たせた。とはいえ、圧倒的な力を持つフランス軍を打ち破ることはできず、1857年、彼女は200人ほどの生存者とともに降伏することになった。この200人の大半は女性であった。

降伏したララ・ファティマは彼女に従う女性達が泣き声を上げる中、ただ一人、一切取り乱すことなく落ち着きを保っていた。彼女を捕虜にしたフランスのランドン元帥との対面でも、彼女は毅然とした態度で対応し、その誇りを保った。彼女を外国の君主扱いして敬意を表し、彼女の現況に謝罪を述べるランドンに対し、彼女は堂々とした態度で、今こうなることも神の御意志であると応え、敗北と虜囚の境遇を静かに受け入れる毅然たる態度を示している。

この1857年、カビリー地方へのフランス支配が確立された。

なおララ・ファティマは収容所でその人生を終えた。

現在、ララ・ファティマはアルジェリアの国民的英雄の一人とされている。

アンゴラ

ンジンガ

Nzinga（Njinga/Nzingha/Zinga/Jinga/
Zhinga/Ann Zingha）
1582〜1663

　ンジンガはアンゴラにかつて存在したムブンドゥ人の国ンドンゴおよびマタムバの女王である。

　ンジンガは1582年、ンドンゴのンゴラ（国王）カレンシの娘として首都カバサで生まれた。彼女は美しく教養ある女性に成長した。アンゴラの地には1570年に黒人奴隷を求めるポルトガル人が到達しており、この頃にはンドンゴ王国はポルトガルとの長きに亘る戦いに突入していたが、ンジンガはポルトガル語やポルトガル文化をも習得していった。彼女はヨーロッパ人を迎える際にはポルトガルのドレスを着て、召使い達にヨーロッパ式の給仕をさせることで、ヨーロッパ風の食事会を催すこともできたという。また彼女は男装して優れた女性戦士としても活躍したが、ヨーロッパ流の戦争術をも学んでいたという。

　ンジンガが歴史上で重要な役割を果たすようになるのは1621年頃のことであった。この頃、彼女の兄ムバンディは銃砲を備えるポルトガル人に対し伝統的な武装で会戦を挑もうとしたのだが、彼女は軍議の席でその無謀を諫める。「兄上、貴方の戦士は数は多いものの、胴体は裸ではありませんか。これでは、貴方は負け、それとともに国全体も敗北することになります」。これに対して兄王は激怒し、彼女の一人息子の首を切り、彼女も不妊処置を施されてしまう。彼女は焼けた鉄棒あるいは熱湯により、子宮を損傷されたのだという。

　こうして諫めを無視し出撃した兄王は、果たして、彼女の予期したとおり敗北に敗北を重ね、1622年、ポルトガル語を知る彼女に、和平交渉を行ってくれるよう嘆願することになる。ここで彼女は自分と息子の受けた仕打ちは恨めしいものの、国と国民の大事ということで、ポルトガル人の元へと旅立つことになった。

　ンジンガは大勢の随員を従え、輿に乗って悠々とポルトガル人入植地ルアンダを目指した。アンゴラ人は馬やロバをほとんど保有しておらず、貴人の移動手段としては輿が使われていたのである。そしてルアンダの要塞に着いた彼女は、僅かな供のみを連れて要塞内に入ったが、この時、ポルトガル側はこの女性に対する歓迎というより威嚇の意味で、21門の礼砲を鳴らした。とはいえ女性ながら戦士として鳴らす彼女にとって、大砲の音が恐れをかき立てることなど当然なかった。

　多数の武装兵の並ぶ謁見の間で彼女はポルトガルの総督と会談した。総督は横柄な態度を取って彼女に椅子も与えなかったが、すると彼女の合図で従者が直ちに膝と肘を突いて身をかがめ、彼女はその上に腰掛けて椅子に坐す総督と台頭の姿勢で交渉を行った。降伏の条件を尋ねる総督に対し、彼女は「私は独立した

国民を代表しており、かかる前提の元でのみ対話を続ける用意がある」といって交渉を続けた。そしてこの日の会談の終わり際、彼女はその日使った椅子、すなわち従者の一人を殺害させ、二度と同じ様な椅子には座らないこと、つまり横柄な態度での交渉は許さないことを、総督に容赦ない態度で見せつけ、総督を震え上がらせたという。その後彼女はキリスト教への改宗を行ってポルトガルの好意を獲得、交渉を上手く進めた。そして1623年に和平が成立し、ンドンゴ王国は独立を保持し、以後ポルトガルとの友好関係に入った。

1624年、兄王がその一人息子共々不審な死を遂げた。これは恐らく王位を狙うンジンガが糸を引いたのだと考えられており、ンジンガは個人的に好意を獲得したポルトガルの実力をも背景にしながら、兄王の後を継いで王位に就くことを宣言した。とはいえ当時のアンゴラ社会は、必ずしも王家の権力世襲が確立していたわけではなかった。その上、多くの女性首長を産んだ他のアフリカ諸民族とは異なり、ムブンドゥ人は女性が王位に就くことを嫌っていた。そしてなによりンジンガには王の死にまつわる疑惑があった。結果、ンジンガの王位は不安定であったが、それ故、彼女は自己の権力を固めるため、王家所有の奴隷エリートを基盤とする政治を行い、中央集権化政策を展開していくことになった。

ところでンジンガにとって、王国の独立を保ち、王位を獲得した今、ポルトガルの侵略者との友好はもはやそれほど必要ないものであった。そのため彼女はキリスト教の信仰は捨てたし、ポルトガル人の農園で酷使される奴隷達に避難所を提供して逃亡させ、自らの権力基盤に組み込むようにもなった。解放された奴隷達は彼女に感謝し、彼女の権力を支える忠実な臣民となるからである。一方、ポルトガルの側もンドンゴ王国内に要塞を保有して独立を踏みにじり、あげくにはンジンガの権力不安定を突いて、傀儡王の擁立を目指すようになる。そしてその後、ンジンガはかつてポルトガルに協力していた傭兵部族イムバンガラを味方に付けて、ポルトガルの奴隷商人への攻撃を繰り返すなどしていたが、1629年、国外逃亡を余儀なくされることとなった。

ンドンゴ王国を逃れたンジンガは、北東へと赴き、かつてポルトガルの攻撃で崩壊したマタムバ国の元領域へと入る。マタムバ人に女王を持った経験があることもあって、同地で彼女は権力の掌握に成功、女王としてマタムバ国を復興した。そして彼女はポルトガル人の奴隷産出地への進入を遮断して、自ら奴隷貿易路を掌握、奴隷の一部はヨーロッパ人に売りさばきつつも、多くを自らの傭兵として手元に残留させ、権力を強大化させた。やがて1635年、彼女はンドンゴ、コンゴ、その他諸々の諸国を連盟にまとめ上げ、その連盟の頂点に立ってポルトガル人を駆逐することに成功した。さらにポルトガルと対立して1641年にルアンダを占領した新たなヨーロッパ勢力オランダと彼女は提携した。これらの結果、マタムバは近隣で最大の国家へと成長を遂げた。

1640年代、ンジンガは自分は「男になる」と決定する。彼女は何人もの夫を持ち、この夫達には女装して暮らすことを要求した。夫達は彼女の侍女の間で眠り、侍女に性的に接触すれば殺すとの脅しの下、暮らしていた。彼女は30人以上の奴隷を性交の相手として保有し、用が済むと殺したとも言われている。そして元々戦士であった彼女は女王としても当然自ら軍勢を率いて戦闘に臨んだ。戦場での彼女は獣皮を纏い、剣を首に下げ、帯には斧を差し、手には弓矢を持っていた。彼女はさらに女性達を大いに登用し、

女性達を政府の高位に付け、あるいは軍隊に雇い入れたり、個人的な護衛として活用したりした。彼女の妹、キフンジとムクンブも戦士であった。

　1650年、オランダ勢力はアンゴラを去り、ポルトガルの勢力が復活した。このためンジンガは20年来の敵対関係を越えて、ポルトガルとの提携を再開、1656年には条約を締結するなど、この友好関係を維持し続けた。そのためには彼女はキリスト教の信仰を再開し、キリスト教宣教師の王国への受け入れも行った。

　1663年、ンジンガは死亡した。彼女はマタンバを女王の支配する強力な独立国として死後に残し、マタンバでは彼女の死に続く104年間のうち、少なくとも80年は女王が支配した。

　ンジンガの業績はアンゴラで敬愛をもって語り継がれたが、近代になると彼女はアンゴラの愛国者達から英雄視されるようになった。

ウガンダ

ニャカイマ

Nyakaima
16世紀頃

　ニャカイマはウガンダで16～19世紀にかけて繁栄したブニョロ王国の創始者である。

　ニャカイマは15世紀末から16世紀初め頃の南スーダンに住んだ牧畜民、ルオ人の一集団の首長であった。やがて彼女の支配する領域に、南のウガンダ方面からムチュウェジ人の一部が移住してきた。ここで彼女はムチュウェジ人を夫とし、夫とともに新部族バビト族を立ち上げた。

　ニャカイマとその夫はその後、このバビト族を率いてスーダン南部からウガンダへと南下侵入、同地でバチュウェジ人の勢力を支配下に収め、ヴィクトリア湖の西、ウガンダ西部にブニョロ王国を建国した。ブニョロ王国では、ルオ人が現地の農耕民を支配する階級社会が構成された。ブニョロ王国はウガンダ地域における最有力国として、その後長く繁栄した。

　ブニョロ王国の首長は世俗の指導者と宗教的指導者を兼ねたが、現代までニャカイマの子孫を称する女神官が存続している。ウガンダ西部のムベンデは当時の宗教的中心地であったが、ムベンデの丘にはニャカイマの栄光を讃える霊廟が設けられた。そしてニャカイマの子孫を称する神官達は丘の頂の樹齢400年、高さ40メートルの「魔女の樹」の根本にあるこの霊廟に参拝し、供物を納め、白い鶏を生け贄に捧げるという。

エジプト

ハトシェプスト

Hatshepsut（Hatasu）
前1515頃～1468頃

　ハトシェプストは古代エジプトの女王である。

　ハトシェプストは前1515年頃、おそらくはエジプトの王都メンフィスの宮殿で生まれた。父はエジプト第18王朝の王（ファラオ）トトメス1世、積極的な軍事力行使で動揺していた王朝の威信を回復し、領土を拡張、王国に安定をもたらした名君である。母はその正妻アハモセであった。ハトシェプストはその盛りには、澄み渡った美貌を誇ったと言われ

トトメス1世と正妻アハモセの間にできた二人の男子は全て早死にしたため、トトメス1世は側室との間に後継ぎトトメス2世をもうけた。そしてトトメス1世とアハモセの間に生まれた長女であったハトシェプストは、この異母弟トトメス2世の王位継承権を補強するために、その妻とされた。兄弟姉妹間の婚姻は古代エジプト王室では普通に見られた行為であった。ハトシェプストとトトメス2世の間には娘が一人生まれた。

やがてトトメス2世は王位に登り、何年かの統治の後、おそらく1490年頃に死亡した。側室の子トトメス3世がハトシェプストの娘ネフェルウラーを妻として後継者となることが決まったが、トトメス3世はこの時はまだ幼く、代わって、ハトシェプストが王の摂政として統治に当たることになった。そして数年のうちに、彼女は王を称するようになり、その後もずっと統治権を手放すことなく、トトメス3世の成長後も共同統治者の名目下、実権をほぼ単独で掌握してエジプトに君臨した。なお彼女の統治は、下層出身ながら優れた行政官にして建築家、科学者であった、多才な黒人執事センエンムトの補佐を受けていたが、彼女の即位にはこの男の手腕が一役買ったとも言われている。ハトシェプストのこの男への信頼は篤く、彼女が王を称した直後にディル・アル゠バハリに建造した自身の葬祭殿には、扉の裏にこの男の肖像が刻まれているという。これは王室以外の人間に対する扱いとして、前例のない厚遇であった。このセンエンムトはハトシェプストの娘ネフェルウラーの養育係でもあった。

ハトシェプストの時代のエジプトは、彼女の父トトメス1世の軍事的成功のお陰を蒙って、広大な国土と政治的安定を享受していたが、彼女はその領土と安定を維持し、さらなる繁栄をもたらすために力を注いだ。彼女は必要とあらば自ら軍の統率にさえ当たり、彼女と彼女の軍隊が黄金を産する南のスーダンへ遠征し、あるいは東方国境を防衛したことが今に伝えられている。とはいえ彼女の治世は概して言えば、非軍事的な平和の時代であり、彼女は軍事力行使よりも平和的な経済開発に頼って王国を繁栄させることの方を好んでいた。彼女は平和な交易を振興し、彼女の商隊や商船はアジア奥地や地中海へと進出していた。そして交易面でのより大きな業績として、現在のソマリアと考えられるプント地方への使節派遣があった。彼女は紅海に五隻の船団を送り込んで南下させ、プントとの海上交易路を切り開いた。これによってエジプトは化粧や医薬品、祭礼に用いられる薫香等のプント物産を、敵対勢力のいるスーダンを経由せず手に入れることが可能となった。この他、彼女によって行われた経済開発としては、シナイ半島のトルコ石鉱山の開発などがある。なおハトシェプストの時代は、文化の盛期としても知られ、神殿の建設や、旧来の神殿の修復が盛んに行われた。

ハトシェプストは統治を行うこと22年、1468年頃に死んだと考えられている。彼女の残した豊かさの上に、トトメス3世は活発な外征を行い、エジプトの勢威を輝かせることになる。

ところでハトシェプストは、文書や肖像でしばしば男性として表現されたが、これは彼女が性別をごまかそうとしたわけではなく、王や王権を表現する際の慣行にしたがっただけのことであるらしい。もっとも、エジプト人の間に女性がファラオとして男性的な役割を担うことへの葛藤が無かったわけではなく、彼女の死後、彼女の男装の肖像はトトメス3世によって、おそらくは女性が男性の役割を担うという異常を正すために、毀損されている。ちなみにハトシェプストの肖像の毀損について、かつては統治権を奪われていたトトメスが彼女を憎む余り行ったことであると言われてきたが、毀損がトトメスの治世初期には行われず後期になってようやく行われていること、女性衣裳を着用したハトシェプストの肖像は毀損されていないことから見て、憎悪を原因とする見解は疑わしいそうである。

📖 アフリカの戦の女王達

本書で大きく取り上げた人物の中にはアフリカの軍人女王が多く含まれているが、それ以外にも興味深い軍人女王がアフリカには少なくない。そういった人物を紹介しておこう。

ベレニケ2世：古代リビアに栄えたギリシア人都市キュレネの王女。美しく勇敢で、人々の敬愛を受けた。戦車を操る達人で、ネメアやオリンピアで開催された戦車競技会に勝利、並み居る男の戦車乗りを打ち負かした。前247年、彼女の母はベレニケの夫とするためマケドニア王子デメトリオスを招いたが、この男を嫌う彼女は、軍を集めてデメトリオスを殺害した。同年彼女は従兄弟であったエジプト王プトレマイオス3世と婚約、前245年に結婚した。エジプト王妃となって後も、しばしば自分の軍を統率した。多くの敵を殺し、敵軍を潰走させた。

マンサリコ：アフリカ西部に栄えたマリ帝国の女性で支持者を引き連れ、マリを離れた。王に追放されたと考えられている。1540年代半ばにリベリア北西部に基地を築き、そこからシエラレオネ方面に征服軍を派遣、支配地を広げ、朝貢国を増やした。

テムバンドゥムバ：17世紀初め頃にアンゴラを流れるクネネ川流域で王国を支配した女王。軍人女王であった母ムササに軍人として教育され、凶暴な性格に育った。結婚を拒み、愛人を持っても短期間の戯れの後には殺害した。反乱を起こして母王から王位を奪った。女性軍隊を訓練し、女の国を創造しようとした。母親達に女児を兵士とし、男児を磨り潰して兵士を不死に変える魔法の塗り薬の原料とするよう命じたが、母親達が反乱を起こしたため、命令を緩和、薬にするのは捕虜の男児のみとした。戦傷で片目を失っていた。最後は愛人に毒殺された。

エチオピア

タイトゥ

Taytu (Taitu)
1850頃〜1918

タイトゥはエチオピア皇帝メネリク2世の皇后である。

タイトゥはおそらく1850年か1851年にエチオピア北部の有力家系の娘に生まれた。誕生の地はベゲムデル州のマフデレ・マルヤムだと考えられている。父のベトゥルが1853年に戦死すると母はデブレ・メウィの俗人修道院長と再婚、おそらくこの地でタイトゥは教育を受けることになった。彼女は当時のエチオピア女性としては例外的な高度な教育を受け、エチオピアの主要言語であるアムハラ語の読み書きの他、千年以上前の古典語ゲエズ語の読み書き、作詩、ベガワという名の竪琴の演奏、チェスを身に付けた。さらに彼女は神学論争すら行うことができたという。

タイトゥは10歳の時に軍の士官と結婚したが、結婚後数日で夫は出征することになり、彼女も徒歩で従軍して兵士達の食事の用意に当たることになった。当時の慣習でレイヨウの角による破瓜を受け、不妊に陥っていた彼女は、結婚で子供を得ることはなく、この結婚はやがてあっさりと解消されることになる。そして1881年頃に彼女は再婚することになったが、今度の夫は彼女に暴力を振るうので、彼女はあっさりと母の元に帰ることを宣言、立ち去る際には暴虐な夫の財産の相当部分を持ち去り、大勢の召使いを連れ去ってしまった。

その後タイトゥはさらに3回結婚し、1883年にはエチオピア一の大諸侯、ショア王メネリクと政略結婚することになった。彼女の兄は皇帝ヨハネス4世の信任篤く、ヨハネスは信頼する臣下の妹をメネリクに嫁がせることで、大諸侯メネリクとの関係が深まることを期待した。一方、メネリクにとっては、エチオピア北部の有力家系の出の彼女との結婚は、妻を通じて自分の宮廷内の北部出身者を押さえ込むことを可能としてくれるので、非常に有益なものであった。さらにメネリクと彼女の兄たちがかつて時を同じくして時の皇帝テオドロス2世の捕虜となり、1865年に一緒に脱走したという縁もこの夫妻の間には存在したのである。こうして政略として結婚した二人であるが、その絆は、極めて強固なものへと育っていくことになり、メネリクは非常に妻を愛することになった。彼は愛する妻の好むエチオピア中部の爽やかな気候の温泉地に1886年、新たな都市を建設、この街はアディス・アベバ（新しい花）と名づけられ、後にはエチオピア帝国の首都となることになる。

結婚後、タイトゥはメネリクの良き助言者となり、夫に強く影響力を及ぼし、大きな政治力を行使した。彼女は5千もの自分の軍隊さえ持っていたという。そして彼女は夫の出征時に首都に残って、反乱に苦しむ地方の悲鳴に応えて、援軍を組織して送り込むような作業も行っている。

　やがて1889年、皇帝ヨハネス4世が死に、メネリクは皇帝位を宣言、エチオピア皇帝メネリク2世となった。ところがこの頃エチオピアは危機の時代を迎えており、エチオピアには西欧列強の侵略の魔の手が迫っていた。この年、エチオピアはイタリアと友好条約を結ぶが、イタリアは条約のイタリア語版を秘かにエチオピア版と異なる文言に記述、エチオピアにおけるイタリアの主権が認められたかのような不当な表現を作り上げ、その条約を盾にエチオピア侵略を始める。そしてこの条約をめぐり両国は折衝を行ったが、そこでタイトゥはイタリアの不当な態度に対抗、条約に潜むイタリアの術策を指摘するなどして、条約の不当な箇所を削除させるという功績を挙げた。もっともこれでイタリアの侵略が止まるものでもなく、1893年、エチオピアは友好条約を破棄することになった。そしてメネリクの破棄の決断には、タイトゥが大きな影響を及ぼしている。

　この時、柔軟な現実主義者であるメネリクがイタリアとの妥協を志向して、慎重優柔な態度に出ていたのに対し、タイトゥはもはやイタリアとの交渉が限界であると認識していたようである。彼女はイタリアの全権大使アントネリに「貴方にエチオピアを脅かすことなどできません、どうぞお引き取り下さい」と冷たく言い放つ。アントネリはイタリアを侮辱したことに賠償を求めると言って横柄な態度でやり返すが、タイトゥはこれにも冷たく応じた。「お引き取り下さるよう忠告いたしますわ、浮浪者のように叩き出されることを望まぬのであれば」。

　大使は去り、直後の大会議でメネリクたちはイタリアをいかになだめるか妥協方法を検討した。ところがタイトゥはここでメネリクに戦って、隷属への道を断ち切ることを決心させる。

　「ああメネリク、王の中の王よ、貴方様の卑しい召使いに過ぎぬわたくしではありますが、あえてお願い申し上げますに、どうぞ白人たちには寸土たりともお与えになりませんよう。わたくしは、メネリク、貴方様が、エチオピア全土を束ねて君臨されるようお願い申し上げます。貴方様が今あの者達にお与えになろうとしているものは、貴方様の砦の壁を越えるハシゴとなるもの、明日にはあの者達は、貴方様の庭へと躍り込んでくるでしょう。貴方様が何かを失うのだとしても、武器を手にしてからのことであるべきです」。

　こうしてエチオピアはイタリアとの戦争に向かった。1896年、イタリア軍はエチオピアに侵入した。タイトゥも軍を指揮して戦いに加わった。彼女はモレレの戦いでイタリア軍の攻撃を迎え撃ち、敵の水の備蓄を奪い取って、イタリア兵に降伏を余儀なくさせた。さらに彼女は戦争の行方を決したアドワの戦いでも、大きな役割を果たした。彼女はアドワの戦いでベールを脱ぎ、ロバを降り、黒い絹の傘以外に身を守るものの何もない状態で敵の射撃の中、前方へと平然と歩みを進め、尻込みする兵士達を叱責した。「勇気を出しなさい。勝利は私たちのものです。かかれ！」。そしてここまでやられて男の兵士達がどうして、逃げだせよう。兵士達は大いに奮い立ったという。さらにタイトゥは大勢の女性達を指揮して、負傷者の救助に大いに力を尽くした。

戦いはイタリアの惨敗であった。エチオピアは世界を覆い尽くさんとする白人列強の軍事力を粉砕して独立を守り抜き、白人列強と世界中に大きな衝撃が走った。イエロージャーナリズムはこの衝撃を前に、エチオピア皇后は処女の血の風呂に入る、死体を切り刻んだ、イタリア人捕虜を殺害すると脅しているなどといった話を捏造し、有色人種の勝利に対する動揺と反感を露わにした。

戦後、タイトゥは益々その力を増した。彼女は親族、姻族を通じて勢力を広げ、大きな権勢を誇った。

1906年メネリクは脳溢血に倒れ、回復はしたものの以後は健康が悪化、タイトゥはますます権勢を振るうこととなった。しかしそれに対する反発も大きく、1910年彼女の反対派が権力を奪取、彼女は病身のメネリクの世話だけに役割を制限される。その後、1913年メネリクが死亡、タイトゥは宮廷を退いてお気に入りであったマリヤム聖堂に移った。この間、タイトゥは権力への意思を全く失ってはいなかったが、権力を勝ち取ることはできず、半隠遁の生活を強いられた。

1918年タイトゥは心臓麻痺で死亡した。

タイトゥの記憶はその後も生き続け、彼女は現在エチオピアで戦士として、愛国者として讃えられ、闘志と勇気が何をもたらすかを教えてくれる象徴的存在と見なされている。

エリトリア

イレニ・ハゴス

Ileni Hagos
1805頃〜1851

イレニ・ハゴスは首長たちが相争い、血で血を洗う復讐の連鎖に陥っていた、19世紀のエリトリア中部で活躍した女性である。

イレニ・ハゴスは1805年頃、エリトリア中部のハマシエン地方のザゲル地区のカンティバイ（伝統的領主）アイテ・ハゴスの娘に生まれた。

イレニ・ハゴスは1815〜20年頃、同地方のハゼガ地区のカンティバイ、ソロモン・テウォルデメドヒンの妻となった。1837年に夫が死ぬと、彼女は若年の息子ウォルデ＝ミカエル・ソロムンの政治的権利を保全・拡充するために、苦闘することになった。

これに先立つ時代、ハゼガ地区とツァゼガ地区の間でハマシエン地方の支配権が行き来していたのだが、イレニ・ハゴスは、この時ツァゼガ地区に移っていた同支配権の獲得を目指しており、1840年、同支配権を握るツァゼガのデジャズマッチ（太守）・ハイル・テウォルデ＝メドヒンが死ぬと、エチオピア北部のティグレからエリトリアに勢力を及ぼす大諸侯ウーベの元へと代理人を送り、息子への支配権回復を主張した。そしてこの試みは見事成功を収め、彼女は息子の摂政として統治を行った。彼女が女性であることで、その支配に対する反発もあったが、ウーベの派遣した軍政長官が彼女の支配権確立を支援した。

1841年、ウーベの軍が去ると、イレニ・ハゴスとツァゼガ領主家との間で戦争が勃発、彼女は敗北した。

イレニ・ハゴスはその後も、勢力拡大

を目指し、住民に重税を課してデムベザン地区のカンティバイ、ウォルデ・ガベルと闘ったが、結果彼女は住民の支持を失った。そして 1842 年、ウォルデ・ガベルの義兄弟アイテ・ゲブライによって、彼女はその地位を追われることになった。それが 1851 年、彼女の息子たちは不注意にもハゼガに姿を現したアイテ・ゲブライを殺し、さらにデムベザンに報復攻撃を敢行、彼女およびその孫をデムベザンのカンティバイの地位に就けた。これに対してはウォルデ・ガベルの兄弟ギルウェトによる報復が為され、彼女と孫たちは拷問され、殺害された。

イレニ・ハゴスの息子達はさらに報復して、1855 年ギルウェトを殺害、その後、報復の連鎖はウォルデ＝ミカエル・ソロムンの娘とギルウェトの甥の政略結婚によって、ようやく決着を見た。

ガーナ

ヤー・アサンテワー

Yaa Asantewaa（Yaa Asantewah/Yah Asantiwa/Yaa Asantuah/Yaa Asantewa）
1850 頃～1921

ヤー・アサンテワーは黄金海岸と呼ばれたガーナの地に栄えたアシャンティ族の女王の一人である。

アシャンティ族は 18 世紀にオセイ・ツツ王が天から招来した黄金の椅子を国民統合の象徴に掲げ、王の王を名乗って以来、諸王国が連合して統一王国を構成していた。そして 1850 年頃、この統一アシャンティ王国のうちの一国エドウェソ（エジス）のベアセアセ村でヤー・アサンテワーは生まれた。ヤー・アサンテワーの母は王の家系の女性であった。ヤー・アサンテワーの幼少時や青年時代についてはほとんど伝わることはない。容姿については彼女は小柄で、輝く目と

真っ黒な肌を持っていたという。1884年、彼女の兄弟アフラネ・パニンの王位就任の際に、彼女は、王族女性から選ばれる王の協同統治者「王母」に選出されている。

ヤー・アサンテワーは娘を一人生んだ。しかし「王母」は公式には結婚せず、子供を作ってもその父はほとんど無視された状態に置かれるという立場であったので、彼女の娘の父親についてはほとんど何も知られていない。ヤー・アサンテワーの娘は息子コフィ・テングを生み、ヤー・アサンテワーはこの孫息子を溺愛したという。

1888年、ヤー・アサンテワーの兄弟アフラネ・パニンが死に、ヤー・アサンテワーが王位に就いた。彼女は孫息子が王位に就く1892年まで、その地位にあった。そして彼女は孫息子の「王母」を務めた。

ところで19世紀、アシャンティ族はイギリスの侵略を受けており、1896年、統一王国の首都クマシが占領を受け、統一国王プレンペ1世や多くのアシャンティ族諸王が国外追放の憂き目にあう。そしてヤー・アサンテワーの孫息子もこの時放されることになり、これは孫息子を溺愛していた彼女を非常に悲しませることになった。なおここで彼女は王位に復帰したが、彼女の統治下でエドウェソが繁栄を保っていたことが、イギリスの報告から判明している。

アシャンティ王を追放したイギリスは重税を課し、あるいは国有金山を奪い取り、アシャンティ族を様々に圧迫した。地方にキリスト教宣教師が送り込まれ、宣教師は地方政治や住民の私生活に好き勝手な介入を始めた。

やがて1900年、イギリスの黄金海岸総督ホッジソンはアシャンティ族の心を完全に叩きのめそうと考え、アシャンティ族がイギリスの魔の手から隠し、ひそかに心の支えとしていた黄金の椅子を引き渡すよう要求する。首都クマシに集められ、総督の横柄な要求に直面したアシャンティの諸王はその晩、意気消沈していたという。ところがイギリスの横柄な要求を、かえってアシャンティ族が立ち上がる好機となると見ていたヤー・アサンテワーは、他の王たちに向けて宣言した。自分はアシャンティ民族を守ることにためらいを感じている諸王と自分の性別を取り替えてやる用意があると。そしてこの挑発に奮起した男の王たちは、イギリスの横暴に対して挙兵することを決心、翌日ヤー・アサンテワーの統率下、彼女の部隊を先頭にホッジソンを攻撃したのである。

ホッジソンと護衛隊はクマシ要塞に籠城したが、3ヶ月の籠城の末に、イギリス人たちはクマシを脱出した。それからはヤー・アサンテワーは援軍を送り込んできたイギリス勢力に対し、4ヶ月に亘ってゲリラ戦で対抗、敗色が濃厚になってもエドウェソに移って再起、3500の軍勢を新たに組織して勇敢な抵抗を続けた。そこが破れてもヤー・アサンテワーはなお逃れて新たな反乱を立ち上げ、戦いを続けた。

しだいにアシャンティ族の王たちは降伏を始めたが、それでもヤー・アサンテワーは屈せず、4日の猶予を与えるので単身出頭せよとのイギリス軍の要求に対して、最後まで戦うことを宣言した。彼女は他の王たちがみな降り、あるいは捕らえられても、まだ戦いを続けていたが、ある朝、裏切りにより入浴直後に逮捕された。逮捕の際彼女はイギリス人将校の顔をめがけて唾を吐きかけたという。

1901年ヤー・アサンテワーはセーシェルへと追放された。この地には彼女の孫息子も追放されてきていたはずであったが、彼女は孫息子と再会することはできず、彼女は大いに悲しんだ。彼女はこの

地でキリスト教に改宗したともいう。やがて 1921 年、彼女はこの地で死亡した。

ヤー・アサンテワーとアシャンティ人の勇敢な抵抗は、後々までイギリスに警戒感を抱かせた。彼女はガーナの民族的英雄として民話や民謡の題材となり、アシャンティでは今も「万歳、我らがヤア・アサンテワ、銃と剣を持ちて、祖国を戦いに導いた勇者」(宮本正興、松田素二編『新書アフリカ史』講談社現代新書、430 頁) との歌で彼女の功績を讃えている。なお彼女の戦った戦争はヤー・アサンテワー戦争と呼ばれている。

カーボベルデ

エルネスティナ・シラ

Ernestina Silla
～1973

エルネスティナ・シラはカーボベルデとギニアビサウの対ポルトガル独立闘争の英雄となった女性である。

エルネスティナ・シラはポルトガル領であったギニアビサウのトムバリ地方で生まれた。彼女は未だ 10 代であった 1962 年、カーボベルデ出身の農学者アミルカル・カブラル率いるギニア・カーボベルデ独立アフリカ党 (PAIGC) と接触、家を出て両地域の独立闘争に参加していくことになった。

ギニア・カーボベルデ独立党は 63 年より武装闘争に突入して解放地区を拡大していったが、エルネスティナ・シラの任務は主にギニアビサウ北部の解放地区で公衆衛生を支援することであった。なお独立運動に精励する一方で、彼女は結婚と出産も行っている。

その後 1973 年、独立運動指導者アミルカル・カブラルはギニアビサウの隣国ギニアのコナクリで暗殺され、エルネスティナ・シラは、同地で行われる葬儀に参列しようとした。ところが葬儀に向かう途上、彼女はギニアビサウ北部のファリム川における戦闘で死亡した。

エルネスティナ・シラはカーボベルデとギニアビサウの独立運動に参加した女性の模範的存在として英雄視されている。彼女の遺骨はギニアビサウの首都ビサウの軍事博物館に埋葬され、同国のボラマ島にはティティナ・シラ・ジュース工場が開設されて、彼女の名前を冠し、その記憶を留めている。

なお共にギニア・カーボベルデ独立アフリカ党の指導下で独立運動を戦い、密接な関係をもってポルトガルからの独立を果たしたカーボベルデ (1975 年) とギニアビサウ (1974 年) は、その後合併を目指して動いていたが、1980 年、ギニアビサウでカーボベルデ系の政府指導者に反対する勢力がクーデターを起こし、両国の合併の可能性は潰えた。

ガボン

イヤサント・アンティニ

Hyacinthe Antini
1878～1952

イヤサント・アンティニはカトリックが人口の過半を占めるキリスト教国ガボンの歴史上において、初めてカトリックの修道女 (シスター) となったガボン人である。

イヤサント・アンティニは 1878 年、ガボン全域に広がるオゴウエ川の上流地域でンドウモウ族の子供に生まれた。彼女は孤児となったが、8 歳の時にフランスの探検家ド・ブラザに発見された。ド・ブラザは彼女をガボンの中心都市リーブ

ルヴィルに連れて行き、カトリックに属する無原罪受胎信仰修道女会で、院長であるマザー・ルイーズ・レイノーの監督下に、生活させることにした。イヤサント・アンティニはそこでキリスト教に入信したがその後、1890年、ド・ブラザの見守る前で修道女となった。

シスター・イヤサント・アンティニは1894～1919年までリーブルヴィルの東南ドングイラで勤務、その後、東南の隣接地方に移ってフェルナン・ヴァズに勤務した。

1952年シスター・イヤサント・アンティニはフェルナン・ヴァズでその生涯を終えた。

シスター・イヤサント・アンティニの死後、ガボン初代大統領ムバは、首都リーブルヴィルのノムバケレ地区に彼女を記念する社会福祉施設を建設した。

カメルーン

デルフィーヌ・ツァンガ

Delphine Tsanga
1935～

デルフィーヌ・ツァンガはカメルーンの女性政治家の先駆けである。

デルフィーヌ・ツァンガは1935年、カメルーン東部の上ニョング地区のロミエで生まれた。彼女はカメルーン最大の都市ドゥアラやカメルーンの首都ヤウンデ等を転々としつつ初等教育を受け、ドゥアラで中等教育を受けた。やがて1955年に大学進学のためにドゥアラのリセー（後期中等教育機関）に入り、それから奨学金を受けてフランスで学んだ。彼女はフランス南西部トゥールーズのカトリック研究所および赤十字看護学校で学び看護師となった。

デルフィーヌ・ツァンガは1960年にカメルーンに帰国し、ヤウンデやドゥアラの病院に勤務したが、その一方で政治活動にも携わるようになっていき、1964年、彼女はカメルーン女性国民会議議長に指名された。1965年には彼女は国会議員に当選、1970年には再選されている。この間の1969年には彼女はカメルーン民族同盟（CNU）の女性部部長になっている。1970年、デルフィーヌ・ツァンガは厚生副大臣に任命され、1975年には社会問題担当大臣となった。彼女はカメルーン初の女性大臣であった。

1960年のカメルーン独立後、カメルーン民族同盟一党体制を率いて安定政権を保ち、長らく権力の座にあったアヒジョ大統領が1982年辞任。アヒジョを強く支持し、アヒジョ体制への女性の共感を確保するのに貢献していたデルフィーヌ・ツァンガは、その強いアヒジョ支持の故に、1984年大臣の地位を失い、1985年には政党の女性部部長の地位も失った。

ガンビア

ママ・アダメ

Mama Adame
年代不明（12、13世紀以降）

ママ・アダメはガンビアの口頭伝承に残る、古の女王である。

12、3世紀以降アフリカ西部ではいくつかの大王国が現れ、ガンビアもマリ帝国の支配を受けるなどしていたが、そうなっても西アフリカの多くの村々は依然として土着の小王による支配体制を温存しており、ママ・アダメもそのような土着の王の一人であった。

ガンビアにソンコ族が到来した時代、

そこには既にジャメー族が居住していたが、ジャメー族の営むバキンディキ村にはママ・アダメという名の女性がマンサ（王）として君臨していた。

ママ・アダメはソンコ族を迎え入れて住まいを与えたが、ソンコ族はこの時ジャメー族が、天性の策略家にして戦士であるサロウム族との戦争の最中であったのを見て、戦いへの助力を申し出た。彼女はこれに対し、「ご提案には感謝しますが、ご助力は、彼らが我らを滅ぼしそうになるまで不要です」と応えた。ソンコ族はこれを危険な考えであるとして、ジャメー族が自分たちと連携することを提案した。結局、ジャメー族はソンコ族と連携することになり、さらに別途到来していたマネー族も加えて連合、三部族が交替で支配権を行使するようになった。連合関係は友好的に維持された。

やがてママ・アダメは自分の後は女性が統治を行わぬよう決定した。彼女は「ズボンに覆われねば、下着は脆いものです」と語っているが、おそらくは戦いに長けた敵部族との戦争の時代を過ごして、部族の守り手として強い男性支配者が必要であると痛感したものであろう。

ギニア

ムバリア・カマラ

Mbalia Camara
1929〜1955

ムバリア・カマラはギニアの独立運動家で、国民的英雄とされる女性である。

ムバリア・カマラは1929年フランス領時代のギニアに生まれた。彼女は、第二次世界大戦の熟練兵で独立運動家でもあったティエルノ・カマラの妻となり、自身も独立運動に参画した。夫妻はギニア西部ラバヤ郡の行政中枢、トンドン村で活動した。

西アフリカで広域に展開された解放運動、アフリカ民主連合（RDA）は、ギニアでも支部としてギニア民主党（PDG）を設置、独立運動を推進していたが、ティエルノ・カマラはアフリカ民主連合のトンドン地区長であり、ムバリア・カマラはアフリカ民主連合トンドン女性委員会の幹部であった。ギニアにおいて、アフリカ民主連合は、植民地政府の課す強制労働や税金および植民地政府の指名した地方首長が行う中間搾取に対する民衆の反発を取り込んで勢力を拡大しており、地方首長はアフリカ民主連合を敵視・抑圧していた。そしてラバヤ郡長のシュラも郡内のアフリカ民主連合を弾圧、1955年の年初には一度、首長を迂回する形の納税を推進して中間搾取の妨害を行ったアフリカ民主連合の指導者たち、地区長ティエルノ・カマラと他8名を、行政権の侵害者として逮捕するに至った。

そして同年、シュラがトンドンから6キロメートルの所にあるベムバヤ村で徴税を行おうとしたところ、村はシュラを通さずに納税を済ましたと主張して納税を拒否、シュラは村の女性達に取り囲ま

れ、銃を奪われ、トンドンへと追い返されてしまった。そのため翌朝、シュラは徴税拒否の根源にいる地区長ティエルノ・カマラらアフリカ民主連合幹部の再逮捕に乗り出し、ギニアの中心都市コナクリから来た憲兵隊および40人の援兵とともに、その姿を現した。

この時、800人あまりの群衆は憲兵隊に投石し、憲兵隊のトンドン侵入を阻止しようとした。しかし憲兵隊は群衆に催涙弾を打ち込んで突入、軍刀と銃で武装したシュラは、群衆を痛めつけて回った。この時、37人の村人が負傷し、そのうち4人が重傷を負った。負傷者の半数は女性であった。

群衆を蹂躙したシュラはティエルノ・カマラの家に入り、そこに妊娠中のムバリア・カマラ、すなわち地区長の妻にしてアフリカ民主連合トンドン女性委員会の幹部が居るのを発見、軍刀で彼女の腹部を切りつけた。その場にいた女性達は自分たちの衣服を脱いで、ムバリア・カマラの腹部と胸部に巻き付け止血に努め、ムバリア・カマラをコナクリの病院へと運び込んだ。病院でムバリア・カマラは死産し、その一週間後に彼女自身も死んだ。投獄された夫は彼女の葬儀に出席することもできなかった。彼女の埋葬にはアフリカ民主連合参加者が大勢参列し、その数は警察の見積もりでは1500、アフリカ民主連合に共感を寄せるジャーナリストの判断では1万人以上に上った。

ムバリア・カマラは、植民地支配とそれに与する地方首長に対する闘争において究極の犠牲を払った模範的女性として、瞬く間に国民的英雄に祭り上げられた。ムバリア・カマラは女性の政治的覚醒と闘争心の象徴とされた。その後、彼女を讃えてその名がコナクリの中央市場に付けられており、また彼女の傷つけられた日、2月9日はギニア中で記念日とされている。

ギニアビサウ

ビビアナ・ヴァズ

Bibiana Vaz
17世紀後半

ビビアナ・ヴァズはギニアビサウ北部のカシュから一大交易網を運営した女性であり、一時は交易国家を建設することまで行った。

ビビアナ・ヴァズはギニアビサウにあるポルトガル支配下の町カシュの富裕なムラート（ヨーロッパ系白人と黒人の混血）の家に生まれた。彼女は当時のアフリカ西部地域で最も成功を収めたポルトガル大商人で、町の支配者を務めた経験もある、アンブロシオ・ゴメスと結婚した。

ビビアナ・ヴァズは1679年の夫アンブロシオ・ゴメスの死後、夫の前妻の子ロレンソ・マトス・ゴメスを排除して夫の冨を手中に収め、周辺地域に大きな力を振るった。彼女は2本マストの帆船を中心とする交易船団を運営し、北はガンビアからセネガル、ギニアビサウ、ギニアを経由して、南はシエラレオネに至る広大な地域に交易網を張り巡らせた。そしてヨーロッパ人の貿易網とアフリカ人の貿易網の間に立って、両者の仲介者として機能、奴隷貿易などに成功を収めた。

もっともビビアナ・ヴァズのような土着の交易仲介者の存在は、アフリカ地域との直接交易を望むヨーロッパ人にとって目障りな存在であり、やがて彼女はポルトガル人と衝突することになる。1683年、ポルトガルのカシュ商会長ホセ・ゴンサルヴェス・ドリヴェイラは、非ポルトガル船には、たとえ停泊料を支払ってもカシュにおける交易許可を与えないことを決定、これに対して土着のムラート商人たちは、ビビアナ・ヴァズに率いられ、団結してポルトガルへの反抗に出た。

彼女たちはドリヴェイラを捕らえ、ギニアビサウ中部のファリムの町に移送・監禁、三人の執政が人民の名において統治する交易共和国を建設した。そしてビビアナ・ヴァズの兄アンブロシオ・ヴァズがこの三執政のうちに一人に選ばれていた。

1685年、ポルトガルはこの共和国に対し遠征軍を派遣、共和国は崩壊した。アンブロシオ・ヴァズはこの時捕獲されたが、ビビアナ・ヴァズはその後も長らく、捕獲を逃れ続けた。

1687年、ビビアナ・ヴァズは捕獲され、カーボベルデのサンティアゴ島に監禁された。そこで彼女はカーボベルデ人商人によって安全と生活を保障されて過ごした。彼女の莫大な富はアフリカのポルトガル支配の及ばない領域にあり、ポルトガルは彼女の財産を没収することを望みつつも、果たせなかった。彼女は形式的な賠償金を払って服従の意思を示すとともに、再び財産を動かせる立場になれば莫大な支払いを行う旨約束、ポルトガル王の恩赦を得た。

ケニア

ムトニ・キリマ

Muthoni Kirima
1920年代末頃～

ムトニ・キリマはイギリス領時代のケニアで祖国の白人からの解放を目指してゲリラ戦指揮官として戦った女性である。

ムトニ・キリマは1920年代末頃にケニアの中南部のニエリ県の村に生まれた。父キリマは二人の妻と幾人かの子供を持ち、村では裕福かつ賢明な人物と見なされていた。

ムトニ・キリマは細身で美しい女性に成長していったが、それに加えて彼女は機敏で勇敢、賢明な女性でもあった。1930年代、11歳の彼女が父のヤギを放牧していた時のこと、彼女はヤギが草を食べている間、森に足を踏み入れ、香草を集めていたのだが、すると突然ヤギの悲鳴が上がった。サイがヤギたちを襲撃したのであった。サイは子ヤギを突き倒し、さらに他のヤギを襲おうとしていたが、ここでムトニ・キリマは父のヤギたちを守ろうと短刀を手にしてサイを追い、ヤギへ向かって突進しようとするサイの後ろ足を斬りつけ、サイが弾みがついて直ちに彼女の方へ旋回することができないうちに、離脱した。しばらくしてサイは血を流して死に、ヤギたちの多くは守られ、彼女はこの出来事のあらましを知った村人達から英雄と讃えられた。少女が見事な戦いを行ったことについて、村人達は、人は筋肉の大きさではなく、知恵と勇気によって英雄になるのだと語り合った。

ムトニ・キリマの家は白人の除虫菊農場の近くにあったので、彼女は結婚までの青年期を除虫菊の花摘みを強いられて過ごした。白人侵略者が彼女の住む地区に現れ、彼女の家族から土地を奪い、強制労働を課してきたのである。その上、白人農園主は彼女たち労働者に口汚く怒鳴り散らし、理由もなく鞭打った。彼女はこのような境遇の中、白人への怒りを蓄積していった。

やがて1940年代後半、ムトニ・キリマはムトゥンギという若者と結婚、夫の村へと移った。その村はアフリカ人用の土地と定められた地区にあり、白人の進出を免れていたため、彼女はこれで除虫菊の花摘みをしなくても良くなった。とはいえ、白人への怒りは彼女のうちに十二分に蓄積しており、彼女は白人への抵抗運動に心を寄せるようになっていった。この頃、ケニア人農業労働者たちは

白人に対する民族主義抵抗運動を展開、白人への攻撃を行って、白人から秘密結社マウマウ団と呼ばれ警戒されていたが、この運動の参加者は団結を図るための宣誓の制度を持っており、ムトニ・キリマはこのマウマウの宣誓を行ったのである。そして彼女の導きにより、夫もマウマウの宣誓をすることになった。

やがてムトニ・キリマと夫ムトゥンギは1951年、マウマウが白人農園への嫌がらせ的な攻撃を行うだけでなく、ケニア土地自由軍という一大組織を形成しており、近くの森の中にはデダン・キマティ元帥の統率下に強力な戦士団が潜んでいるということを知った。そこで夫ムトゥンギは森へ入ってフリーダム・ファイターあるいはフォレスト・ファイターと呼ばれる自由軍戦士となることを決め、彼女の方は自由軍に対する物資や情報の提供活動を始めた。彼女は薪集めのふりをしては、物資や白人の手先として暴れる黒人警備隊の動きに関する情報を、戦士達に届けた。彼女は戦士達に間近に迫った警備隊の情報を素早く知らせ、その帰りに警備隊に意識を失うまで殴られたということもあったという。

ところで夫ムトゥンギの失踪は警備隊に怪しまれた。ムトゥンギの居場所を吐かせようと警備隊は彼女にしつこく嫌がらせを行った。警備隊が彼女の屋敷に侵入、彼女を殴り回し、ついでに略奪して去ったということさえあった。そしてこのような警備隊の攻撃に耐えかねた彼女は1952年、警備隊の攻撃を避けるため、ひいては周りの人を危険にさらさないため、自分も森へと入ることを決めた。彼女は水場の付近で給水に来る戦士達を待って、敵兵や野獣のうろつく森の中、二週間以上の日々を過ごし、土地自由軍に合流できた。彼女はたちまち一人前の戦士として認知された。

「マウマウ団」の抵抗にいらだちを募らせていたイギリスはこの年、非常事態宣言を出し、ケニア人の独立運動、抵抗運動を穏健派を含めて徹底的に弾圧、これに反発する土地自由軍は以後、山地帯へ籠もってゲリラ戦による激烈な武力独立闘争を展開、最盛期には勢力20万を数える程の猛威を振るうことになる。この激しい闘いの中、ムトニ・キリマは巧みな戦略能力で大いに活躍、仲間達は彼女の戦略能力を精巧な巣を作るハタオリドリに譬え、彼女を「ハタオリドリの母」とあだ名した。戦略を織るハタオリドリ、ムトニ・キリマは戦うごとに優れた指導力を発揮してその地位を高め、ついには大将、元帥と最高の地位にまで昇進した。続々増強され、イギリス本国からの正規軍さえ加えて、5万を超えたイギリス軍および警察を相手に土地自由軍は善く戦い、死者2千、負傷者5千近くという損害を与えた。もっとも土地自由軍の方も死者1万人以上、逮捕者3万人近くの被害を受け、1955年頃までに失速してしまう。それでもこの失速後もムトニ・キリマは森に留まり戦いを続けた。森林限界を超えた高地に追い込まれ、身を隠すにも苦労し、飢えに悩んで獣皮のスカートまで食べ、木の葉を衣服に使うところまで行っても、彼女は決して挫けなかった。最高指導者となっていたキマティが1956年に逮捕されても、彼女はやはり挫けなかった。「我々の愛した指導者は、ここにまだ我々を遺しており、我々が偉大なる戦いを続けることこそ何よりも重要なのです」と彼女は戦士達を鼓舞した。罠として用意された毒入り食料を食べて病み、抜け穴を掘って鉄の壁に囲まれた農園から食料を盗み出し、沼の泥に潜りながら飛行機の攻撃から逃げ、幾多の苦難を越えながら彼女は戦い続けた。ケニア独立の年、1963年まで彼女の戦いは続いた。

1963年、独立を控えるケニアの首都

ナイロビで、独立後の初代大統領となることが決まっていた首相ケニヤッタとムトニ・キリマは面会した。ケニヤッタは切る暇もなく伸びきった彼女の髪に触れながら、彼女のことを「貴方は私の知る最も勇気ある女性であり、献身的で勇敢な戦士だ」と言い、彼女が祖国のために示した労苦と勇気と献身に落涙した。

同年末、ケニアは独立を果たした。ムトニ・キリマは武器を棄てた。とはいえ、それで彼女にとって全てが満足に終わったわけではなく、やがて彼女は土地自由軍のケニア独立への功績がほとんど認知されないことに幻滅を味わうことになった。

その後のムトニ・キリマであるが、1976年の象牙貿易の禁止までは、象牙を集める許可を与えられていた。また1990年には彼女はニエリ県会の議員に任命された。

マウマウの反乱の女性達

キクユ人が中心となって起こしたケニアの反植民地闘争マウマウの反乱では女性の活躍が顕著である。

例えばマウマウの反乱では多くの優れた女性幹部が活躍しているが、そのうち幾人か紹介しておくと、

ワンジル・ニャルマラトゥ：十代で反乱に参加、初めは武器の材料となる屑鉄、衣服、医薬品といった物資や資金を集め、ゲリラ部隊に補給する仕事を担当した。やがてその能力を認められ、兵士を集め、しかるべき部隊に送り届ける役割を与えられた。その後、マウマウの法廷の判事に任命された。

ワムブイ・ワイヤキ：女性スパイのネットワークを作り上げ、イギリス軍の基地や作戦計画に関する情報を収集した。逮捕され、数年間を獄中で過ごした。

この他、マウマウの女性部門の指導者であったレベッカ・ンジェリ・カリなども著名である。

また本書で大きく取り上げたムトニ元帥のように、上記のような活動に参加するのみならず、戦闘に参加した女性もおり、しかもその数は非常に多い。キクユの伝統では女性は戦闘員とはならなかったが、女性達は武力闘争の初期から戦士として活躍、1953年には女性の大佐への昇進が認められるようになった。イギリスが戦闘員であることを理由に投獄した女性の数は数千人に上っている。

ちなみに女性戦闘員の多さという点では、マウマウの反乱は世界的な注目を受けている。1960年代に女性戦闘員の多さで知られるベトナム戦争を観戦した西洋人は女性の戦闘参加の点で、二次大戦後では、唯一マウマウの反乱におけるキクユ人女性のみが、ベトナム戦争のベトナム女性に匹敵すると評価している。

コートジボワール

アウラ・ポコウ

Aura Pokou（Awura Pokou/Abla Pokou/Aura Poku/Awura Poku）
1702～1760頃

　アウラ・ポコウはコートジボワールに大きな勢力を誇ったバウレ人の女王である。

　アウラ・ポコウはガーナに分散するアシャンティ族の諸王国を連合させた偉大な統一王オセイ・ツツの姪であった。彼女は水辺の花のような面長の美しい顔を持ち、瞳は湖のゆらめきのようであったという。

　アシャンティでは母系制の王位継承が行われ、王の姉妹か姪の子が王位を継ぐことになっていたので、1718年にオセイ・ツツ王が死ぬと、アウラ・ポコウの兄ダコンが王位に就くことになった。そしてこの兄の治世において、アウラ・ポコウは後継ぎとなり得る子供を生むことを期待されたが、しかし20年の月日が流れても彼女に子供は授からなかった。人々は彼女が神に対する罪を背負っていると囁き、国の女性達は自分の腹の子に害が及ぶのを恐れて、彼女の視線を避けるようになった。彼女自身ももはや子供は望めないと考えるようになっていった。

　ある時、兄王ダコンが軍を率いてアシャンティの首都クマシを離れたとき、敵軍がクマシを占領する。他の王族女性が皆殺しとなる中、アウラ・ポコウは死を覚悟して住民の避難の準備を整えていたが、結局敵軍によって捕虜とされてしまった。やがてクマシへと戻ったダコンは戦士タノに軍を率いさせ、妹の奪回に成功するが、救出されたアウラ・ポコウは間もなくタノと結婚することになった。そしてこの結婚によって1742年、アウラ・ポコウは待望の男子を得ることになった。彼女は息子クワクに強く愛着し、クワクから決して目を離すことなく過ごしたという。

　やがて1752年、兄王ダコンが死ぬが、この時彼が指名した後継者はダコンの政敵クウィシによって暗殺されてしまい、残る後継者はアウラ・ポコウの子クワクのみとなった。クウィシは王位継承者の母であるアウラ・ポコウと結婚して権力を掌握することを望んだもののようであるが、しかし彼女はこれを拒否する。そして彼女は王族の希望者や彼女に忠義を尽くす臣民たちを率いてクマシを脱出、新天地を求めて逃避行に旅立ったのである。

　アウラ・ポコウは敵軍の追跡を受けながら草原を越え、密林に入り、象や蟻、蛇、ヒョウ、病といった自然の脅威に脅かされつつ、数ヶ月に亘る逃走を続けた。それがやがて彼女たちは現在のガーナとコートジボワールの境界付近を流れるコモエ川に到達した。この時、付近に渡河できる浅瀬はなく、敵軍の追跡は間近に迫り、間もなく彼女の率いる群衆は、虐殺の餌食となるかと思われたが、生け贄を捧げることで、川に橋が架かる奇跡が起こり、彼女たちは川向こうのコートジボワールの地へ逃げ切ることに成功したと伝説されている。

　すなわち、コモエ川に行く手を遮られ途方に暮れる中、僧侶は川の精に子供を生け贄に捧げれば渡河が可能であると告げる。アウラ・ポコウは最初、病気の子供を生け贄に使おうとしたのだが、誰も子供を差し出さない。そのため止むなく彼女は自分の子クワクを生け贄に決め、クワクを抱きしめた後、川岸から突き落とした。人々は悲鳴を上げたが、アウラ・ポコウは静かに悲しみに耐えた。樹木が曲がって橋となって彼女たちを川向こうへ渡した。あるいはワニやカバが背を連

ねて橋となったのだという。そして最後に橋を渡った彼女は泥に膝を落とし、手で川の水を触れながら、「死んでしまった」と漏らしたという。彼女たちが渡り終えると橋は消え、彼女たちは敵の追跡から逃れることに成功した。

コートジボワールに入ったアウラ・ポコウは、彼女の率いる群衆をバウレ人と名付けた。彼女はバウレ人を率いて周辺諸部族を征服し、バウレ人はコートジボワールで最大勢力を有するに到った。彼女の軍が銃を保有し、敵が保有していなかったことが勝因であるとも言われる。彼女はバウレの国を確立して女王を名乗り、賢明な王として部族や個人の間の不和をよく抑えて統治した。そして王国確立後、間もなく彼女は死んだ。彼女の死は1760年頃と考えられている。彼女の死後もバウレは大いに繁栄し、交易等で名を成した。

コモロ

ジョウムベ・ファティマ

Djoumbe Fatima
1837～78

ジョウムベ・ファティマはアフリカ東方海洋上に交易で繁栄したコモロ諸島の一島ムワリ島の女王である。

ジョウムベ・ファティマは1837年にムワリ島の王（スルタン）ラマナタカの娘に生まれた。

1842年父ラマナタカが死に、未だ5歳のジョウムベ・ファティマが女王（スルタナ）となったが、彼女は未だ幼かったので、彼女の母ロヴァオがラマナタカの助言者の一人であったツィヴァンディニと再婚して、統治を行った。コモロ諸島は長らく12もの小国が分立拮抗する情勢にあったが、このような中ムワリが生き残っていく術として、父ラマナタカは生前、幼い彼女に当時コモロ諸島に勢力を及ぼし始めたフランスを頼るよう助言を残していた。ところが彼女の母と継父は、ラマナタカが一時的に従属していたザンジバルと関係を維持する政策を採った。

やがて1847年、ジョウムベ・ファティ

マの母と継父はフランスによって追放され、フランスは彼女の母の友人であった女性、マダム・ドロイトを行政長官とし、ジョウムベ・ファティマの戴冠の準備をさせた。そして1849年、ジョウムベ・ファティマは戴冠した。

この後、彼女は有利な提携相手を求めて様々な政略結婚を繰り返していくことになった。1851年、ジョウムベ・ファティマはマダメ・ドロイトを追放して、ザンジバルに接近、ザンジバルのスルタンの甥モハメド・ナセル・ムカダルと結婚、統治を委ねた。やがて1860年フランスがモハメド・ナセル・ムカダルを追放すると、彼女は隣島のンズワニのスルタンと結婚、急な代替わりがあったので、同島の王との結婚は二度に亘った。

1865年ジョウムベ・ファティマはフランスと再接近し、フランス人ジョセフ・フランソワ・ランベールと結婚、フランスとの通商関係を発展させて、そこから利益を受け取った。その後1867年、彼女はランベールとの関係を破棄し、ザンジバルのスルタンの保護下に入った。

ジョウムベ・ファティマはその後、退位して息子のモハメド・ベン・サイード・モハメドに位を譲ったが、1871年、フランスによって彼女は復位させられ、1878年の死まで統治を行った。彼女の死後は次男のアブデラフマンが後を継いだ。

コンゴ共和国

ンガリフォウロウ

N'Galifourou
1864〜1956

ンガリフォウロウは後にコンゴ共和国となる地にあったバテケ王国の女王である。

ンガリフォウロウは1864年、バテケ王国北部のエンセナ村で生まれた。彼女は三家の血を引いており、高貴な生まれの女性を育てる際の慣習通り、寺院で宗教的な楽人としての教育を受けた。

やがて美しく上品な少女に育った彼女は12歳の時、国内巡幸を行っていたマココ・イロー王に拝謁する機会を得た。美しい女性を見慣れている王は、彼女の容姿にはさほど心を動かされなかったが、彼女の余りに美しい声は王の心を揺り動かした。そしてまもなく人々は王は女ではなく、女の声に対して恋に落ちたと囁くようになった。そして3年後の1879年、彼女はマココ・イローの王妃に迎えられた。

この頃コンゴにはヨーロッパ人が進出してきていたが、1880年、マココ・イロー王はフランスの探検家ド・ブラザとの間でバテケがフランスの保護下に入る協定を結んだ。これは後にコンゴ共和国となるフランス領コンゴを成立させるものであった。ちなみにこの協定を結んだ王の意図であるが、ド・ブラザはアフリカをよく治めて諸部族を調和させ、ヨーロッパとアフリカの共益を図ろうと考える、一応は善意の人であり、このような男を協定相手としてフランスの保護領となることは、ヨーロッパ勢力の進出の避けられない今、バテケの民を守るために有益であろうとの考えであった。そしてこの考えは、妃であるンガリフォウロウ

も深く共感するところであった。
　1892 年、マココ・イローが死ぬと、彼女は後継者のンガアウユオの第二夫人となった。
　やがて 20 世紀に入る頃より、フランス人はコンゴ人を強制労働で酷使し始める。その酷使の残酷さについては、調査を行った善意の人ド・ブラザが全世界に向けてその非道を暴き立て非難したほどであった。そしてこのド・ブラザの行為にンガリフォウロウは深く感謝し、彼女はフランスへの信頼をその後も保ち続ける。もっとも強制労働はその後半世紀近くも続くのであったが。
　その後 1918 年、ンガリフォウロウの第二の夫ンガアウユオが死亡する。ここで王家には王位を継げる者が彼女しか残っていなかったのだが、かつてバテケの民は女性を王位に戴いた経験がなかった。そのため女性を王位に就けて良いものか、バテケ人は困惑し、議論が延々と続いた。そしてその果てに、バテケの諸族長は彼女に国の指導を任せることを決め、王権の象徴である水牛の尾の蠅払いを彼女の手に渡した。こうしてバテケ王国初の女王が誕生することとなった。
　女王となったンガリフォウロウは優れた指導力を発揮して、王権は安泰を保った。女王を倒そうと企む者もいたが、彼女はそのことごとくを次々に謎の死に追い込み、自己の支配権を守り通した。彼女は魔術師として、小宗教の高位聖職者として高い名声を得ていたので、人々はこれを彼女の魔力によるものだと恐れた。彼女は見えないライオンの群れを従えて国土を巡回させ、反逆者を討っているとの伝説が広まっていった。
　1956 年ンガリフォウロウは死んだ。彼女の葬儀にはフランス領コンゴ中から人が集まり、その中には伝統社会に暮らす者も、西洋文明の影響下、近代化した社会に暮らす者も含まれていた。

コンゴ民主共和国

キムパ・ヴィタ

Kimpa Vita
1684頃～1706

　キムパ・ヴィタはコンゴの宗教指導者、政治指導者。彼女と対立したポルトガル人にはドナ・ベアトリーチェの名で呼ばれた。
　キムパ・ヴィタはコンゴ王国がポルトガルの侵略を受けて国王をさらわれ衰退分裂し、部族対立と飢饉によってコンゴ人が困窮していた時代、1684 年頃にコンゴの中心部のムブリガ渓谷の村に生まれた。コンゴにおける最も古い貴族の家柄の生まれであった。彼女は若くして小宗教の聖職者として頭角を現した。
　1702 年、キムパ・ヴィタは病で命の危機に陥ったが、その際、キリスト教の聖人アントニオが彼女の身体に入り込み、彼女を導いていると主張するようになった。彼女は聖アントニオが新たな宗教を興し、ポルトガルの支配下でキバング山の高みに押し込められている国王の元に赴き、国家を再統合するよう彼女に教えを垂れたと主張した。
　キムパ・ヴィタはアントニオ教と呼ばれる独自のキリスト教解釈を展開した。キリストはコンゴ生まれであり、キリストの母、聖母マリアは奴隷を先祖としている。白人の宣教師たちは勝手に自分たちの利益のために、キリストが白人であったかのように騙っているだけの存在にすぎない。奴らが神に仕える宣教師と言いながら、奴隷船を祝福し、侵略と破壊を助け、讃え、王をさらってコンゴの再建を妨げるような真似をするのは、そういうことである。そのように唱え、彼女は既存のキリスト教会を攻撃、コンゴの通りに立てられた十字架を破壊させた。

二年の月日をかけて、キンパ・ヴィタはコンゴ中で説法を行った。彼女の教えは戦乱で困窮する民衆や、王国の衰退により権力を喪失しつつあった貴族達、双方の支持を集めた。彼女の勢力はポルトガルとキリスト教宣教師達の支配を脅かすようになっていった。そして 1705 年には彼女はキバング山を訪れ、ポルトガル支配下にある王と面会、王と、王とともにポルトガル支配下に暮らす高位貴族達を説得して、打ち捨てられた首都ムバンザ・コンゴに移住し、そこを中心として王権を復興して国土を再統合することを承知させたのである。

こうしてコンゴ王国の再統合も間近かと思われる情勢を創り出し、キンパ・ヴィタの勢威は絶大なものとなった。彼女の住む小屋へ続く道を貴族の女達が掃き清め、彼女が食事をしようと地面に腰を下ろせば、大貴族が金糸の紋様入りのケープを彼女の食事の下敷きに差し出すほどであった。

ところが勢威の絶頂にあって、キンパ・ヴィタは姿を消す。彼女は彼女の布教開始の頃より忠実に従ってきたバロ、教団内で彼女の「守護天使」と目される男と恋に落ちており、妊娠してバロとともに失踪してしまったのである。残された信者達は彼女は神に会いに行っており、必ず帰ってくると信じていた。

それが 1706 年、キンパ・ヴィタは恋人と幼子とともにポルトガル王の手の者に発見、捕獲され、まもなく反逆と異端の罪で死刑宣告された。彼女と恋人は火刑に処せられた。彼女は火をかけられる直前、最後に質問した神父に対し、「自分が今から死ぬとしてもどうということもありません。それはいつか通過する当然の道。私の身体は地面から生じた塵に過ぎないのです。そんなもの大した価値はありません。遅かれ早かれ、塵に帰るはずだったのですから」と語り、静かに火刑の時を待ち、静かに死んでいった。キンパ・ヴィタの子供については殺されたとも、助命されたとも言われている。

サントメ・プリンシペ

マリア・ダス・ネヴェス

Maria das Neves
1958〜

マリア・ダス・ネヴェスはサントメ・プリンシペの政治家である。

マリア・ダス・ネヴェスは 1999 〜 2001 年にかけてサントメ・プリンシペの大臣として、経済、農業、漁業、通商、観光問題を担当した。彼女は 2001 〜 02 年にかけては大臣として財政問題を担当した。さらに 2002 年に彼女は工業、通商、観光を担当する大臣を務めた。

そしてこの年、マリア・ダス・ネヴェスはサントメ・プリンシペの首相の地位に昇った。女性が首相となるのは同国初のことであった。

2003 年、サントメ・プリンシペではクーデターが発生し、彼女の率いる政府は転覆した。しかし国際社会の圧力と、サントメ・プリンシペ国民の不服従により、クーデター勢力は追い詰められ、ナイジェリアに逃れていたメネゼス大統領が復帰に成功した。クーデター勢力は大統領との交渉で、新たな選挙を求めていたが、大統領はマリア・ダス・ネヴェスの政府を支持する旨を表明した。マリア・ダス・ネヴェスは政治危機の責任を取って辞任することを望んだが結局、その後も首相の地位に留まった。

マリア・ダス・ネヴェスは大統領と諸政党の対立の調整に能力を発揮した。また彼女は女性の権利の擁護者としても知られる。

2004年、汚職事件に巻き込まれてマリア・ダス・ネヴェスは首相を辞任した。

ザンビア

アリス・ムレンガ

Alice Mulenga
1924〜78

アリス・ムレンガはザンビアの予言者、宗教指導者で、レンシナ（女王）の称号を付けて、アリス・レンシナとも呼ばれる。

アリス・ムレンガは1924年、イギリス領時代のザンビアでルブワという小村に生まれた。ザンビアの最大部族ベンバ人の生まれであった。彼女はキリスト教学校で学び、キリスト教徒として育った。もっとも、彼女は学校教育を十分に受けることはできず、読み書きを身に付けることもなかった。なお彼女は子供時代、後にザンビアの独立運動指導者、大統領となるケネス・カウンダの学友であった。

やがてアリス・ムレンガは大工ペトロ・チャンタンクワと結婚し、自身は教会で召使いをするなどしながら暮らした。いつしか彼女は五児の母となった。彼女は太ってよく笑う良き母で、自分の子供達と近所の子供達に愛情を注ぎながら過ごしていた。

ところが1953年、アリス・ムレンガはキノコ摘みに出かけて、行方不明となる。彼女は村人の捜索によっても見つからず、それが三日後に村に姿を現したのだが、彼女はこの間の臨死経験、本人の主張では本当の死と再生を経て、予言者、新たな宗教の教祖へと変貌することになった。

アリス・ムレンガは行方不明の間、キノコを採ろうと身をかがめた際に意識を失い、異世界の大きな川岸に立つキリストに出会ったという。そのキリストは宣教師達が語るのとは異なり、黒人であった。そして「黒いキリスト」は彼女の頭の中に「生命の書」の言葉を送り込み、いくつかの歌を授け、新たな宗教を開き、人々を救うよう啓示して、彼女を再生させた。

アリス・ムレンガの周りに集まって話を聞いた村人達は、さらに彼女がその場にいる悪人が天の火に撃たれると予言して、その通り、悪人が雷に打たれるという奇跡を目撃し、彼女に心服することになったという。こうして彼女はレンシナ（女王）の名を奉られるようになった。

アリス・ムレンガは飲酒や喫煙、世俗の権力を否定し、魂の救済に専念する教えを説いた。ベンバの伝統的なリズムに乗せた歌によって、彼女の教えは急速に広まっていった。彼女はこの年、新たな教会、ルムパ教会（最高の教会）を立ち上げたが、その信者はやがて5〜10万人にも上った。そして彼女の教えは国民を統合して植民地政府に対し、抵抗させるものとして、ザンビアの独立運動家にも歓迎されていた。

やがて1960年、独立運動指導者カウンダとイギリス政府の間でザンビア独立の交渉が行われ、独立へ向けて全ザンビアが動き出したが、このような流れにルムパ教会だけが取り残され、同教会は次第に危機に陥っていった。独立が達成されつつある今、世俗の権力を拒絶するルムパ教会は、もはや独立運動家たちにとって無用の存在であったし、西洋式の近代化を望む独立運動家と、伝統的な音楽に乗せた神の言葉のみを有り難がるルムパ教会とでは、所詮は相容れることはできなかった。1962〜63年には両派は互いのやり方で、攻撃を繰り返すようになり、ザンビア政府は各地でルムパ教会に対する放火を行い、ルムパ教徒は政府関係者に対して魔術師であるとの告発を

行った。

　政府とルムパ教会の対立の深まる中、かつての学友である双方の指導者カウンダとアリス・ムレンガは平和的に和解するため会談を行った。しかしカウンダにとってアリス・ムレンガは世迷い言をほざく太った女に過ぎず、アリス・ムレンガにとってはカウンダはイギリスと白人教会の後継者たらんとする悪人に過ぎなかった。会談は和解をもたらすことなく終わった。

　そして1964年、独立を目前に控えて、ザンビア政府とルムパ教会は軍事的に衝突、イギリス軍の支援を受けるザンビア政府側の機関銃に対し、ルムパ教徒は村の石壁と槍で立ち向かった。ルムパ教徒はアリス・ムレンガの天国行きの約束を支えに、自殺的な戦いぶりを見せた。妻子とともに家に籠もり、自ら火を放ったルムパ教徒もいたという。とはいえ、力の差は歴然であり、多くのルムパ教徒が隣国のコンゴ民主共和国に逃亡を余儀なくされたという。

　結局、アリス・ムレンガは政府に降伏して投獄された。降伏に際して、彼女は信徒たちに平和的に帰郷するよう説得した。その後、1968年にはルムパ教徒に対する恩赦が行われたが、アリス・ムレンガ自身は拘禁12年目の1975年になって、ようやく宗教指導を行わないことを条件に解放された。

　1978年、アリス・ムレンガは死亡した。

シエラレオネ

マダム・ヨコ

Madam Yoko（Madame Yoko）
1849～1906

　マダム・ヨコはシエラレオネ内陸部のクパ・メンデ人の指導者である。

　マダム・ヨコは1849年、クパ・メンデ人のグボ族の支配地で、グボグラマの村に生まれた。父は優れた戦士ンジアクンドフンであった。

　マダム・ヨコは慣習に従って踊りと歌を学び、美しく上品な女性に育っていった。彼女はまたクパ・メンデ人の家と家を取り持ち、結婚や同盟を左右していた女性秘密結社サンデに加入して、優れた交渉者として頭角を現し、多くの妹分を従える立場で活躍した。

　やがてマダム・ヨコは成人するための通過儀礼を迎えるが、儀式の場で彼女の美しさと上品な舞いは、大いに人目を惹いた。成人した彼女は初め戦士ゴンゴイマと結婚したが、この結婚は失敗であり、まもなく彼女は婚資を返却して夫を離婚

した。次いで彼女はタイアマの町を支配する有力部族長のグベンジェイと結婚する。グベンジェイは彼女のことを熱愛し、慣習に背いて、子供を産んでいない彼女を正妻の地位に就けた。しかしこの第二の夫は結婚後一週間で死亡した。そして彼女はグベンジェイの葬儀が終わるや、たちまちグベンジェイの甥で後継者のグバンヤ・ロンゴと結婚した。グバンヤ・ロンゴは優れた戦士にして、セネフンの町の支配者であった。

ところでこの頃、シエラレオネ沿海部に植民地を持つイギリスの影響力は内陸部にも及びつつあり、1875年、マダム・ヨコの夫グバンヤ・ロンゴはイギリスによって捕虜とされる。この時、マダム・ヨコはイギリス総督の元へ赴き、その美貌と人格で総督を魅了し、夫を救い出すことに成功した。そしてこれによって彼女の交渉能力を認識したグバンヤ・ロンゴは以後、彼女をイギリスやシエラレオネの他の首長たちとの外交使節に使うことになった。彼女は秘密結社サンデの力を活用して数多の策謀を練り、大いに活躍を示した。

1878年、グバンヤ・ロンゴが死亡、マダム・ヨコが部族長の地位を継承した。部族長となった彼女は、その外交能力を近隣部族との同盟の形成に向け、同盟をしだいに巨大化、シエラレオネ内陸部最大の同盟へと成長させていった。さらに彼女はイギリスと交渉してその保護下に入り、イギリスの助力を得て、政敵のカマンダを打倒した。こうして1880年代後半に、彼女は正式に「セネフンの女王」を名乗るに到る。

マダム・ヨコは独自のサンデを創設して高い名声を獲得し、そこにはクパ・メンデ中から少女が集まった。彼女はそこで育成した優秀な少女をシエラレオネの有力者たちと政略結婚させ、あるいはイギリス人に愛人として提供、強力な政治力を維持していった。

やがて1896年、イギリスはシエラレオネ内陸部全域を保護領とし、その二年後の1898年、家屋税を創設する。これにはシエラレオネ人の多くが反乱したが、これまでイギリスに忠実・友好的であったマダム・ヨコはここでもイギリスへの忠誠を保った。反乱はイギリスに与する彼女をも脅かしたので、彼女はイギリスの警備隊の要塞へ避難し、数度に及ぶ反乱軍の攻撃を凌いだ。反乱鎮圧後、イギリスは彼女の忠誠を賞賛し、彼女は一層その支配領域を広げ、他の首長たちへの支配力を強めた。彼女はその後、他部族を攻撃し、益々その力を強めていった。

ところでマダム・ヨコはイギリス支配を積極的に受容したが、そのことによってイギリス植民地化による衝撃を緩和し、シエラレオネを守る役割も果たしている。すなわち彼女はイギリスとの友好的な関係を築くことで、自分の統治権を守り、イギリス支配を間接統治に止めることとなったと言える。さらに彼女はキリスト教宣教団を敵視し、キリスト教への改宗を拒絶している。

1906年、マダム・ヨコは毒をあおって自殺した。老いによる容姿と体力の衰えを嫌ってのことであるという。なお余りに巨大過ぎる彼女の支配領域は、彼女の死後分割され、十五人の首長の領土へと再編されることになった。

現在、マダム・ヨコはシエラレオネの国民的英雄とされている。

ジブチ

ハワ・アフメド・ユースフ

Hawa Afmed Youssouf
20〜21世紀

　ハワ・アフメド・ユースフはジブチの先駆的な女性政治家である。

　ハワ・アフメド・ユースフは 1999 年に、グエレー大統領が新設した女性問題、家族問題、社会問題担当大臣に任命され、ジブチ初の女性大臣となった。彼女は国民の識字率、とりわけ女性の識字率の低さが悩みの種となっている社会状況下、女性や子供の教育の改善に力を注いだ。彼女が大臣を務めたことは国際的にも好評をもって迎えられており、ロシアの新聞『プラウダ』は、彼女のモスクワ訪問の際に彼女のことを「ヒロイン」と呼んで讃えた。

　ところでジブチでは女性の選挙権は、投票権については実現が早く、他のアフリカ諸国に先駆けて 1947 年に既に認められていた。ところがジブチ女性に被選挙権が認められたのは遅く、ようやく 1986 年になってからであった。そしてその後ジブチでは長らく女性議員は誕生せずにいたのだが、2003 年ついにその状況が変わった。同年の選挙には、大臣であったハワ・アフメド・ユースフも出馬し、彼女はジブチ初の女性国会議員となる栄誉をも得た。なおこの時、彼女を含めて、7 人の女性が当選を果たしている。

　ハワ・アフメド・ユースフは、国際的には、女性器切断への反対運動の有力な指導者として著名である。

女子割礼

　本書で女性器切断と呼んだものは、いわゆる女子割礼の習慣である。女子割礼とは、古代より中東やアフリカ、その他の地域で広く行われてきた、女子に対する儀礼的な身体加工のことで、その加工の内容としては陰核や小陰唇、場合によっては大陰唇の 3 分の 2 までを切除し、さらに術後の傷口を小さな孔を残して結合してしまうことさえある。出血や苦痛が酷く、破傷風等の感染症を引き起こすこともあり、時として死さえもたらし、無事回復しても排尿や性交に苦痛を残す行為である。苦痛の大きさや、幼女や少女が無理矢理施術されることから、女性への虐待として、現代社会では国際的に厳しく批判されている

　ところで、この何とも恐ろしい慣習であるが、過去には現代といえる時代に入っているにもかかわらず、女子割礼を少女達自らが率先して行ったという事例をも見ることができる。それについて少し見ておこう。

　それは 1956 年のケニアにおいて。この年、ケニア山の北東山麓のメル地域では、男性権力者や植民地官僚らによって、大人への通過儀礼として行われていた、陰核の切除の禁止が強制されることになった。ところが同地域の何千人もの少女達は、この開明的とも言える措置に反抗、お互いに切除し合って、通過儀礼を済ませた。少女達はこれに加わらない他の少女にも圧力をかけたという。少女達は時には母や祖母とも共謀していた。

　開明的な施策といえども、その提唱者が誰であるかによっては抑圧としか受け取られないということは理解できるし、性急な進歩を受け入れられない保守的な人間が社会の大半であることも理解できる。しかしそうだとしても、20 世紀後半の事件としては、驚くべきものである。

ジンバブエ

チャルウェ

Charwe
1862頃～1898

　チャルウェはイギリスの植民地化を受けたジンバブエで抵抗運動の指導者となった女性である。
　チャルウェは1862年頃、ジンバブエのマゾウェ渓谷で、ショナ人の貴族家庭の娘に生まれた。彼女は結婚し、娘二人、息子一人を産んだ。
　やがてチャルウェはおそらく1884年、ライオンの精ネハンダに憑依され、ネハンダの巫女となって宗教的なカリスマを得た。そして1896年、ジンバブエの植民地化を開始し、過酷な支配を展開しつつあったイギリスに対して、各地で宗教指導者率いる抵抗運動が発生、チャルウェもそのカリスマで人々を統率下に置き、そのような抵抗運動指導者の一人となった。宗教指導者達はこの時、神の力が銃弾を水に変えるなどと告げて、人々に勇気を与えた。チャルウェはンデベレ人やショナ人を指揮下に置いていた。
　チャルウェは険阻な山岳内の要塞に本部を定め、支配下の戦士達を白人植民者の営む農園、鉱山、商店の攻撃に差し向けた。彼女は他の抵抗指導者達と連携して戦いを進めた。彼女は白人達の持ち込んだ物品を拒絶し、伝統的な武器を用いて抵抗運動を戦ったという。彼女はショナ人の居住地であるマショナランドで大きな勢力を誇り、遅れて挙兵した勢力をも取り込んでいったと言われ、彼女のことをネハンダと呼ぶある白人は、「現在、ネハンダはマショナランドにおける最有力の魔術師で、その権力は最近になって挙兵した全ての者達をも命令下に置くほどであり、彼女の命令はいかなる場合でも実行された」と書き留めている。
　チャルウェは1897年、兵力を増大させたイギリス軍に捕獲された。彼女は捕らえられた後も白人に対する抵抗を貫き、キリスト教への改宗を拒絶して、アフリカの信仰を守り通した。1898年、彼女は絞首刑となった。
　チャルウェの名声は死後膨れ上がり、彼女はジンバブエの伝説的な抵抗運動指導者とみなされるようになり、彼女の精霊ネハンダは反植民地闘争の象徴として高い尊崇を受けるようになった。もっとも、近年の研究では彼女は他の抵抗運動指導者と同程度の重要性しか持っていなかったとされている。

スーダン

アマニレナス

Amanirenas
統治　紀元前41年頃～12年頃

　アマニレナスは古代スーダンに栄えたクシュ王国を支配した女王である。
　アマニレナスは紀元前1世紀後半のクシュ王国を統治した。彼女はカンダケ（王母）の尊称を持っており、クシュ王国はカンダケを通じて王位を次世代へと継承していく母系制社会であったと考えられている。とはいえ彼女は母系制の社会構造に支えられて尊重を受けただけの存在では決して無く、非常に強力な統治者であったことが分かっている。彼女はクシュ王国と接触したローマ帝国の歴史家の筆により、非常に雄々しい女性で戦闘で片目を失っていたと記録されており、勇敢な指揮官でもあったことが知られている。そして彼女を描いた壁画では彼女は弓矢と剣を持ち、七人の捕虜の縄を引く姿に表現されているという。

アマニレナスは北のエジプトにしばしば襲撃をかけていたが、紀元前30年、地中海の超大国ローマがエジプトを併合、彼女の前にはかつてなく強大な敵が立ち塞がることになった。ローマとクシュ王国の接触は紀元前29年に始まり、この年ローマのエジプト長官ガルスがスーダン方面まで遠征を行い、この際にクシュ王国と外交的接触を試みたものと見られている。そして紀元前26年から25年にガルスがアラビアへと遠征している隙に、アマニレナスはエジプトを襲撃、南エジプトを荒らした。この時の略奪品の中にはローマ皇帝アウグストゥス像もあったが、考古学者によってこの像はクシュ王国の首都メロエから発掘されている。

やがて紀元前23年、ガルスの後任のペトロニウスが大兵力を率いてクシュ王国に対する懲罰遠征を敢行、クシュ王国の古都ナパタを破壊するなどした。これに対してアマニレナスは自ら軍を率い、ペトロニウスの軍に妨害攻撃を行い、気候の熱さも加わって、ペトロニウス軍は大いに疲労、意気阻喪していった。こうしてペトロニウスの軍による征服を阻止しつつも、アマニレナスは自国の力を過信せず、目の当たりにした超大国の脅威の前に恒久的な平和的関係を確立する必要性を痛感、ローマ皇帝との間で和平の交渉を行った。紀元前21年クシュ王国とローマの間には和平が成立、以後両国間には友好関係が発展したが、この友好関係はアマニレナスの死後にも受け継がれていくことになった。

スワジランド

ラボツィベニ・ムドルリ

Labotsibeni Mdluli
(Labotsibeni laMdluli)
1858頃〜1925

ラボツィベニ・ムドルリはスワジランドの王妃である。彼女は生前、植民地化によく抵抗した功績により、国民からグワミレ（不屈）というミドルネームを奉られている。

ラボツィベニ・ムドルリは1858年、スワジランド北部に生まれた。王墓の守護者であり、また優れた戦士を生み出してきたムドルリ族の、弱小家系の生まれであった。1870年、彼女の父マツァンジャナ・ムドルリが死に、おじムヴェラシ・ムドルリが彼女の保護者となったが、このおじは王宮に宿舎を持っていたため、彼女は以後、王宮で成長していくことになった。彼女はそこで政治力に長けた先王の母ツァンドジレの付き人となり、宮廷作法や政治的識見を身に付けていった。

またそれとともに彼女は野心と自信も育んでおり、彼女はツァンドジレの孫ムバンドゼニの求愛すら、「ただの人と結婚するなんて、あり得ませんわ」といってはねつけている。

1875年、ラボツィベニ・ムドルリは前年に国王となっていたムバンドゼニの改めての求愛を受け入れ、王妃となった。なおムバンドゼニとの間に彼女は、三男一女を産むことになった。

1889年、ムバンドゼニが32歳の若さで死亡した。ここで、この頃のスワジランドの慣習に従えば、王に兄弟がいれば、息子は跡を継げないはずであったのだが、1890年、ラボツィベニ・ムドルリの生んだ15歳の王子ブヌが、若年故一時即位を控えつつも、将来の王となることが決まる。これは母であるラボツィベニ・ムドルリの政治的力量と、敵さえ魅了して崇拝者を創り出す優れた器量が古い慣習を打ち破り、父から子という新しい王位継承方法を生み出しつつあった結果であった。そして彼女自身は、インドゥロブカティ（雌象、王太后）として、スワジランドの慣習上、大きな政治的影響力を行使できるようになり、以後、スワジランド政治の中心として統治を担うことになる。そして息子ブヌの即位後も、彼女がスワジランドを統治するという政治の実態は変わらず、1899年のブヌの死後も、その実態は維持された。ブヌが死ぬと、彼女は生後3ヶ月の孫モナを将来の王と定め、その摂政となって1921年まで統治を担い続けたのである。

ところでムバンドゼニの死によって統治権者となったラボツィベニ・ムドルリの前には重大な問題が控えていた。19世紀半ばより、スワジランドには白人が進出を初めたが、ムバンドゼニの代において、南アフリカの白人国家トランスバール共和国やイギリスの力の前に、スワジランドは領土や様々な特権を奪取されて一挙に植民地化が進みつつあり、もはやその勢いが止められなっていたのである。この危機的状況に、ラボツィベニ・ムドルリは優れた指導力で対応していく。

ラボツィベニ・ムドルリはまず白人諸国に対して、抵抗と協調を織り交ぜた外交を展開、巧みな立ち回りで、白人勢力の支配拡大を抑止し、また白人勢力の好意的評価を確保していった。イギリスとスワジランドの領土に特に強い野心を持っていたトランスバール共和国間に1899年ボーア戦争が勃発すると、彼女はイギリスに味方して軍事力を展開、トランスバールの物資を奪い、イギリスに情報提供し、イギリスの戦術を助けた。1914年に勃発した第一次世界大戦においては、彼女はイギリスのためにスワジランド人を徴用海外派遣することは拒みつつ、戦争への資金協力は行っている。

またラボツィベニ・ムドルリは国家の西洋化近代化の必要をよく認識しており、周囲の反対を押し切って、国内に学校を設置し、孫モナにも西洋的な教育を施した。さらにモナは西洋式の高等教育を受けるため、国外へと送り出されている。

こうした内外の施策によってラボツィベニ・ムドルリはスワジランドの立場を強化し、スワジランドを白人勢力から守った。1902年にイギリスの保護領となって独立を失いはしたものの、イギリスにスワジランド固有の政治体制を温存尊重させることに成功したのである。しかもその政治体制は、彼女の統治の結果、相当に強化改善を遂げていた。

ラボツィベニ・ムドルリは孫モナがソブーザ2世として即位した1921年に引退した。その後1925年、彼女は首都エムベケルウェニで死亡した。

ラボツィベニ・ムドルリは生前も死後もその業績を高く評価され、現在、スワジランド史上最大の偉人の一人に数えられている。

セーシェル

ダニエル・デ・セント・ジョレ

Danielle de St. Jorre
1941～1997

　ダニエル・デ・セント・ジョレはセーシェルの学者、政治家である。
　ダニエル・デ・セント・ジョレは1941年に生まれた。彼女の誕生時にはセーシェルはイギリスの植民地であり、やがて76年にイギリス連邦内の共和国として独立を達成することになる。彼女はセーシェル及びイギリスで教育を受けた。彼女はイギリスのヨーク大学文学部において、セーシェルで最も普及したクレオール語を専攻、哲学の学士号を取得した。彼女はクレオール語専門家として、クレオール語に関する三本の論文を発表し、さらにクレオール語話者の交流促進のための国際組織、バン・ジルを結成している。
　ダニエル・デ・セント・ジョレは、政界に要人を多く輩出しているイスラエルの農業共同体キブツに一時、研究者として滞在したことがある。そして彼女自ら語るところでは、その経験によって、彼女は政治にも興味を持つようになったとのことである。
　ダニエル・デ・セント・ジョレは1989年からセーシェルの外務、環境、観光大臣を務め、後に外務、計画、環境大臣となった。彼女は外務大臣として、しばしば世界銀行のような国際組織において、セーシェルを代表した。
　ダニエル・デ・セント・ジョレは1997年に死亡するまで大臣の地位にあった。

赤道ギニア

プリフィカシオン・アングエ・オンド

Purificacion Angue Ondo
1943～

　プリフィカシオン・アングエ・オンドは赤道ギニアの政治家である。
　プリフィカシオン・アングエ・オンドはスペイン領時代の赤道ギニアにおいて1943年、大陸部の西部地方モンゴモ地方、アンゴング・オブグの村に生まれた。フェルナンド・ポー島（現ビオコ島）の街サンタ・イサベル（現在の首都マラボ）で訓練を受け、教師となった。親スペイン派であった。彼女は非常に多くの子を産んだことで、「ラ・ウエバラ（多産者）」とあだ名された。
　赤道ギニアでは1968年の独立後、マシアス・ンゲマが初代大統領となったが、マシアス・ンゲマはしだいに独裁的権力を固め、ついには恐怖政治を展開していく。マシアス・ンゲマの恐怖政治下で、赤道ギニアは国内人口の10分の1が虐殺され、3分の1が国外脱出するという異常事態に陥った。そしてこのマシアス・ンゲマ体制の間、プリフィカシオン・アングエ・オンドも赤道ギニアを離れており、彼女は隣国であるガボンで生活していた。
　やがて1978年、マシアス・ンゲマの甥でプリフィカシオン・アングエ・オンドの義兄弟であるオビアン・ンゲマ大佐がクーデターを敢行、マシアス・ンゲマの狂気の恐怖政治は終わりを迎え、プリフィカシオン・アングエ・オンドも赤道ギニアへと帰国することになった。
　1982年からプリフィカシオン・アングエ・オンドは女性の権利問題担当の国務長官となった。オビアン・ンゲマは第

二代大統領として、強権的な政治を行い、1987年には赤道ギニア民主党（PDGE）を組織して一党体制を確立したが、この一党体制樹立にプリフィカシオン・アングエ・オンドも荷担している。1989～92年にかけて彼女は女性の権利問題担当の副大臣を務めた。

1995年、プリフィカシオン・アングエ・オンドは社会問題担当大臣となり、また赤道ギニア民主党婦人部国際代表を務めた。

オビアン・ンゲマ大統領は、石油資源の生む利益の個人的独占という腐敗、1991年に一応複数政党制を導入したとはいえ、野党を徹底して弾圧し続けてきた強権政治といった、現代社会の価値観から見て好ましからざる諸要素のために、抑圧的、非民主的な悪の独裁者として国際的に非常に悪名高いのであるが、その義姉妹で協力者であるプリフィカシオン・アングエ・オンドも、それに相応しくと言うべきか、かなりの悪名を身に纏っている。彼女は元マシアス・ンゲマ支持者であり、その後亡命等の紆余曲折を経て野党に所属することなっていた政治家、エソノ・ミカを1995年に拷問にかけた黒幕であると、野党機関誌によって断言されている。

セネガル

アリンシトウェ

Alinsitowe（Aline Sitoe）
1920頃～44

アリンシトウェはセネガル南部、カザマンス地方に住むディオラ人の植民地化に対する抵抗運動の指導者である。

アリンシトウェはカザマンス地方のカブルース村に生まれた。彼女は父がフランスに抵抗して死に、孤児となったため、おじのエルバリイン・ディアテの養子となった。しかしその数年後、このおじもフランスに刃向かって、カザマンスにおけるフランスの支配拠点ジガンショールにある監獄で死亡することになった。

その後アリンシトウェは、より広い世界と植民地支配の現状をよく知りたいという思いに駆られて、村から旅立ち、ジガンショールで働くようになった。ここで彼女はジガンショールがフランスの拠点として末端に過ぎないことを知り、北

方にあるフランスのセネガル支配の中枢ダカールへと移り住んだ。

　白人の都市ダカールの外側には、セネガル中から集まった黒人の町メディナが形成されていたが、彼女はそこに居所を定めた。そしてそこで彼女はセネガル中から移り住んだ様々な人々から多くの物事を吸収していった。彼女は読み書きはできなかったが、それらの人々から話を聞き、様々な技術、各地の歴史、各地における侵略者への抵抗の有り様、魔術といった多くの知識を習得していった。さらに彼女はフランス文化がセネガル人の文化と精神を破壊しつつあるという認識を得るに到った。

　やがて1939年に第二次世界大戦が始まったが、フランスはこの戦争のために、兵員の徴集や新規の課税を行い、その負担はセネガル人を大いに苦しめた。アリンシトウェの故郷カザマンスでも、フランスに対する抗議のデモがそこかしこで実施され、フランス側はこのデモを反乱と呼んだ。そして反白人の気運の盛り上がる情勢を見たアリンシトウェは故郷への帰還を決めた。

　カブルースに戻ったアリンシトウェは人々を反白人の方向へと煽り立てた。彼女は白人の力と術策によって、将来への道が閉ざされていると主張し、人々にフランスへの税の支払い、フランス製品の使用、フランス文化やフランス語の受容を止め、古き良き祖先の文化に立ち戻ることを説いた。もっとも彼女はただ過去を無批判に賛美するだけではなく、おそらくは西洋文化の影響を受けた、進歩的な改革の教えをも授けた。彼女は人が他人を支配することは許されないとし、肌の色、国籍、信仰にかかわらず人類は一家を成していると説き、伝統的な男性による女性支配を批判することまでした。

　ちなみにカブルースでアリンシトウェが人々に語りかけたとき、彼女を通して祖先の霊が言葉を発しているのだとされた。そしてその言葉は社会に潜む真実と将来への導きを示し、悪しき精霊に取り付かれた人々の病を癒したのだと伝説されている。おそらく様々な地方出身の人々から得たアリンシトウェの知見が、カブルースの人々に、外部世界に関してかつて無い程深い知識を与え、あるいは彼女の得た技術がカブルースの人々の病気治癒に貢献し、そのことが驚きのあまり奇跡として受容されたのであろう。そしてこの予言者の言葉を聞くため、カザマンスのみならず他の地方、そしてセネガル以外の他の国からも人々がカブルースに集まってきたという。こうして彼女は女王アリンシトウェと呼ばれるようになっていった。

　その後1942年、フランスがディオラ人に備蓄の米を供出して戦争協力するよう命じたとき、アリンシトウェは村の広場で、人々に挙兵を促す歌を歌いかけた。

フランスだ
気を付けろ、準備を整え、気を付けろ
ディオラの民よ銃を取れ
白人どもがしたように
我等が奴らに何をした
こんな仕打ちをなぜ受ける

　こうしてアリンシトウェはフランスに対して反乱を起こした。彼女は「白人は無敵ではない」との鬨（とき）の声で戦士達を煽り立てたが、この言葉は多くの人々の心を捉え、近隣諸国における彼女の名声を大いに高めることになる。彼女は部隊を派遣してフランスのトラックを待ち伏せ攻撃させ、フランス兵3名を殺害したが、フランスは報復の軍勢を送り込み、1943年、カブルースは攻囲下に置かれる。そして16日間の攻囲戦の末、彼女は村を焼き尽くすとの脅しの前に、降伏を決めた。

アリンシトウェは裁判にかけられ、10年間の投獄が決まった。フランスは彼女の声がディオラの人々に届かぬよう、彼女を遠くセネガルを離れマリ中部のトンブクトゥまで移送した。1944年、彼女はトンブクトゥで壊血病で死亡した。

アリンシトウェの死後も、彼女の死が1983年に公式に宣言されるまでは、ディオラの人々はこの予言者の帰還を待ち続けていたという。トンブクトゥに埋葬されていた彼女の遺骨は、同年、セネガルに帰還した。

ソマリア

ハウォ・タコ

Hawo Tako
（Hawa Tako/Xawo Tacco）
〜1948

ハウォ・タコはイタリアおよびイギリスの植民地となっていたソマリアで、独立運動に参加、若くして闘争中に死亡し、英雄となった女性である。

ハウォ・タコはソマリア初の政党ソマリ青年同盟（SYL）に加入して、ソマリアの反植民地運動、独立運動に参加した。ソマリ青年同盟はソマリア北部におけるイギリス支配、南部におけるイタリア支配に抵抗したが、1948年、ソマリア南部のインド洋に面する港湾都市、首都モガディシオでイタリア支配に反対する政治デモを行った。このデモは大暴動となったが、ここに参加していたハウォ・タコはイタリア軍兵士に対する投石を開始して、暴動を先導して戦った。彼女は敵の放った毒矢に身体を貫かれながら、なおも戦い続けて、そのまま命を落とした。

ソマリア独立のために倒れたハウォ・タコは愛国心と反植民地主義の象徴となり、ソマリアの国民的英雄と見なされるようになった。彼女の功績を讃えて、モガディシオにおいては、彼女が傷ついた地点に記念碑が作られ、片手に石を持ち、もう片手に剣を携えた彼女の像が立てられている。なお彼女は子供を背負い、心臓を貫かれながら、投石する姿で表現されることもある。

タンザニア

ファトゥマ

Fatuma（Fatima）
17〜18世紀

ファトゥマは現在タンザニアに属するインド洋上の島、ザンジバルの女王である。

ファトゥマはザンジバル島の女王であったが、ザンジバル島の対岸、アフリカ本土にある町ウトンドゥウェの王アブドゥラーと結婚し、息子ハサンを生んだ。

17世紀、インド洋ではアラビア半島のオマーンの勢力が強大化、アフリカ東部の沿海地方まで支配を及ぼすようになり、それまでインド洋上に覇権を誇ったポルトガルの勢力を脅かすようになった。そして周囲の国々がことごとくオマーンに靡き、ポルトガルの追い落としを図る中、ファトゥマのザンジバルのみはポルトガルに対する忠誠を保ち続けた。

1696年にオマーンがアフリカ東部、ケニア南東にあるモンバサ島にポルトガル人が築いた砦、フォート・ジーザスを攻撃した際には、ファトゥマは攻囲下にある同砦に食糧支援を行った。これに対してオマーンは報復攻撃を行い、ファトゥマと彼女の支持者達はザンジバル島奥地へと逃亡を余儀なくされた。そして

1698年、ポルトガルは彼女を残してザンジバルから撤退、彼女はオマーン側に捕獲されてしまった。彼女は捕虜として、オマーンの首都マスカット移送された。

その後1709年、ファトゥマはザンジバルへの帰還を許され、女王として1711年まで君臨した。もっともこの間ザンジバルの支配権を握っていたのはオマーンであった。

ファトゥマは1711〜18年の間にザンジバル島で死亡した。

チャド

アイサ・コリ

Aissa Koli（Aisa Kili）
統治　1563〜1570

アイサ・コリはチャド湖周辺に栄えたカネム・ボルヌ王国の女王である。

1547年、カネム・ボルヌの王（マイ）であるアリ・ガジ・ザナニが死亡した。ここで王の親族であったドゥナマが王位を継ぎ、先王の息子を全て殺し尽くすと宣言した。その後1563年にドゥナマが死亡した際に、王家にその後を継ぐべき男子が一人も残っていなかったので、王子皆殺しの計画はおそらく実行されたのであろう。そしてドゥナマの死後は王家に男子不在という状況下、ドゥナマの娘アイサ・コリが王位に就いて、女王としてカネム・ボルヌ王国を統治することになった。

ところが実はアリ・ガジ・ザナニ王の息子はこの時、秘かに一人生き残っていた。王子イドリスは父の死の時、わずか5歳の少年であったが、秘かに母の出身国であるブラ王国へと亡命させられており、母方の親族の元で成長していたのである。そして1570年、イドリスは祖国の母と女王アイサ・コリの元へ手紙を送り、自分の生存を宣言した。

ここでアイサ・コリはイドリスの帰国を要請、彼を王位に就け、自らは王位を退いた。そしてこのイドリスはカネム・ボルヌの絶頂期を築いた同国史上最も高名な王へと成長していくこととなった。アイサ・コリは退位後も政治的影響力を持ち続け、王の良き助言者であり続けた。

なおアイサ・コリはアリ・ガジ・ザナニ王の娘、すなわちイドリスの姉であったともされる。

中央アフリカ

ジャンヌ・マリー・ルース＝ロラン

Jeanne Marie Ruth-Rolland
1937〜1995

ジャンヌ・マリー・ルース＝ロランは中央アフリカの政治家である。

ジャンヌ・マリー・ルース＝ロランは1937年、フランス人を父として生まれた。彼女は1956年、国家教育制度の監督官となり、その後、1964年まで教師を務めた。彼女はフランス人武器商人と結婚し、子供を5人産んだ。

やがてジャンヌ・マリー・ルース＝ロランは中央アフリカ軍に福祉担当者として参加、やがて軍の福祉部門の長官となった。彼女は大隊長の階級で軍を去った。

1979年、ジャンヌ・マリー・ルース＝ロランは女性問題に関する首相の助言者となり、その後、女性の地位向上を担当する大臣となった。また彼女は中央アフリカ共和国首都であるバンギの浮浪児の支援に力を尽くし、「ルースおばさん」とあだ名された。彼女は中央アフリカ赤

十字の長も務めた。

　1981年に無血クーデターで政権を掌握したコリンバ将軍に対し、ジャンヌ・マリー・ルース＝ロランは公正無私な態度で率直な批判を行っていたが、これに我慢できなくなったコリンバは1986年、彼女を投獄、以後1991年までの5年間を彼女は獄中で過ごした。

　1992年、中央アフリカ史上初の多党制選挙が行われた。ここでジャンヌ・マリー・ルース＝ロランも立候補し、見事当選を果たしたのだが、この選挙は結局、コリンバ将軍によって無効とされてしまった。ところが同年、彼女は社会問題担当大臣に任命され、翌1993年まで政府に留まった。1993年の大統領選挙に彼女は出馬、アフリカ大陸初の女性大統領候補となった。

　その後、ジャンヌ・マリー・ルース＝ロランは再度議員となった。また彼女は中央アフリカ東部の金採掘者協会の運営を行った。さらに彼女は趣味のダイヤモンド収集に熱中を見せた。

　1995年、ジャンヌ・マリー・ルース＝ロランは病を得てフランスへ赴き、パリの病院で死亡した。

チュニジア

カーヒナ

Kahina（Kahinah/Cahina）
統治　695〜703頃

　カーヒナは、北アフリカに広がるベルベル人の一派、現在のアルジェリア東部からチュニジア西部にかけてそびえるアウレス山脈の住人、ジャラワ族の女王であり、西はモロッコから東はチュニジア、リビアにかけての広大な地域にその支配を伸ばした。

　イスラム教を掲げてアラビア半島から中東やアフリカに大征服活動を行ったアラブ人は7世紀終わり頃、エジプトを拠点に北西アフリカの制圧に乗り出した。アラブの武将ハサン・イブン・アル・ヌマンは698年には現在のチュニジアに繁栄する都市カルタゴを攻略した。ところがその直後、この征服軍は強大な敵に直面する。この侵入軍を見たベルベル人の諸部族やユダヤ教徒、キリスト教徒はユダヤ教徒であった女王カーヒナの周りに大結集、預言者として名高い彼女のカリスマの元でアラブ人に対し勇敢強固な抵抗を行ったのである。なおカーヒナとはアラビア語で預言者という意味である。アラブ人はこのベルベル人の大々的な抵抗の前に敗北し、征服地を放棄して、エジプトまで後退させざるを得なかった。カーヒナは現在で言えば、モロッコ西部のタンジールからアルジェリア、チュニジアさらにはリビア西部のトリポリに到る広大な領域に支配を広げた。

　敗北したハサンは援軍を待って5年もの間エジプトで足踏みすることとなったが、ようやく703年、北西アフリカ再侵攻を行った。この時、カーヒナは焦土作戦を計画、支配下にある町々を壊し、果樹を切り、金銀財宝を埋め、アラブ人の征服の意図を挫こうとした。しかしこの措置は、一旦彼女の支配下に入った地域の住民の離反を招いたのみで、かえって彼女の勢力を弱め、ハサンの侵略を押し留める効果は無かった。彼女はハサンとの戦いで戦死した。アルジェリア東部、彼女の戦死した地に近い泉は、彼女の名を取ってビル・アル・カーヒナ（カーヒナの井戸）と呼ばれるようになった。

　カーヒナはマグリブ地方すなわち現在のモロッコ、アルジェリア、チュニジアの叙事詩にその偉功を讃えられた。

トーゴ

マリー・シヴォメー

Marie Sivomey
1923〜

　マリー・シヴォメーはトーゴの行政官である。

　マリー・シヴォメーはフランス領時代のトーゴの南部の町アネショで、1923年に生まれた。マリー・シヴォメーは地元およびベナンの中心都市ポルト・ノヴォで教育を受けた。

　その後マリー・シヴォメーは公務員となって行政分野で働いた。植民地時代のトーゴは、教師や事務職の供給地域として知られていたが、トーゴ女性が公務員となったのは彼女が初めてであった。彼女は最初はトーゴ、次いでブルキナファソで勤務したが、1959年、トーゴ独立の前年にトーゴに帰還した。

　マリー・シヴォメーは 1959〜1964 年にかけてトーゴの高級官吏として勤務を続けたが、1964年政治的理由で財政部主席事務次官の職を追われることになった。しかし1967年、エヤデマ中佐がクーデターを起こして権力を掌握すると、彼女はエヤデマに首都ロメの市長に任命され、行政分野に復帰を果たした。彼女はトーゴ初の女性市長であった。

　マリー・シヴォメーは有能な行政官であったが、他に外交分野でも活躍しており、第16回および第17回国連総会において、二回に亘ってトーゴ代表を務めている。

　1974年マリー・シヴォメーはロメの市長を解任され、内務省の管理職に任命された。

ナイジェリア

アミナ

Amina（Aminatu）
1533頃〜1610

　アミナはナイジェリア北中内陸部にあったハウサ人の国ザザウ（ザリア）の女王である。

　アミナは1533年頃、ザザウ王ノヒルの孫娘として生まれた。彼女は二歳の頃には既に、祖父に膝の上に乗せられて、宮廷の会議の場に連れ出されていたという。そして早熟な彼女はそれ以降、ザザウ宮廷の貴族達との対話を通じて、政治的知識を吸収し、識見を大いに高めていくことになる。なお祖父ノヒルはその後まもなく1535年に死亡し、その弟が後を継いでいる。

　アミナの母トゥルンク・バクワは1536年に都市ザリアを新設するなど新王の下で活躍していたが、アミナが16歳の時、ザザウ王位に就き、大いに治績を挙げる。この頃、ザザウを含むハウサ人諸国は西方のソンガイ帝国の侵略を受けるなど、対外的に窮地に立たされていたのだが、トゥルンク・バクワの治世はこの流れを変え、ザザウの対外攻勢の時代を切り開くものとなった。

　アミナは母の治世において、未だ少女のうちより政治家として、軍人として存在感を示し、全ての求婚者を拒んで働いた。すなわち、宮廷で貴族達と交わり政治的識見を磨いていたアミナは母が王位に就いた時、16歳にして、王族女性の中心として王権の監督者・後援者を務める王母（マガジヤ）の地位に選ばれた。そして戦士としての彼女は薄紅色の装束で身を固めて侵略者と戦い、優れた弓術と馬術を駆使して活躍、その軍事的力量を発揮した。さらに彼女はその後の被征

服地奪回の戦いでも見事な働きを見せた。やがて1566年、アミナの弟のカラマが王となるが、アミナはこのカラマ王の時代にも活躍、カラマの起こした戦争の全てに随行した。そして1576年、カラマが死ぬと、アミナはカラマの後を継いで、王位に就いた。

アミナの治世は対外攻勢に転じたザザウの勢威を絶頂へと押し上げる大拡張の時代となった。彼女は即位直後に臣民に向かって、武器を研ぎ直すよう要求、即位の三ヶ月後には戦争を開始、以後ひたすら対外積極策を採り続けた。彼女は戦争に次ぐ戦争に勝利を重ね、各地に壁を廻らせた堅固な町や駐屯地を設置し、ザザウの支配領域を広げた。ザザウの支配は西はニジェール川、南は大西洋岸、北は現在のナイジェリアの極北カツィナの町を越えて広がり、ザザウはハウサ諸国の中心的地位を獲得した。彼女は二万の精鋭を率いる恐るべき支配者として、西アフリカ中にその名を轟かせた。伝説によれば、彼女は都市を征服すると愛人を作り、次の征服のためにその都市を去る際にはその愛人を棄てたといわれる。こうして征服地ごとに大勢の愛人を作った彼女について、伝説は「全ての都市で恋人を持ち、全ての恋人で都市ができる。ザリアのアミナ女王とはそういう方であった」と語る。

なお女王アミナは征服にのみ心を向けた粗雑な支配者などでは決してなかった。彼女は経済開発にも力を注いでおり、彼女の治下では従来のサハラ砂漠越えの南北交易路に加え、東西交易路が切り開かれた。また彼女の治下で味、渇きを癒す効能、催淫性によって贅沢品として珍重される植物コーラがザザウに導入され、その栽培が促進された。また彼女はザザウに宦官を導入したことでも知られる

アミナは征服に次ぐ征服の34年の治世の後、1610年に死亡した。

アミナは現在、ナイジェリア、さらには西アフリカ各地で偉人として尊敬されており、ナイジェリアの旧首都ラゴスの国立劇場には剣を手にした姿の彼女の騎馬像が建てられ、西アフリカ各地では教育機関に彼女の名前が付けられている。

現在ザリアやカツィナの街にアミナが築いた城壁が残されている。

ナミビア

オティリー・グレテ・エイブラハムズ

Ottilie Grete Abrahams
1937〜

オティリー・グレテ・エイブラハムズはナミビアの独立運動家である。

オティリー・グレテ・エイブラハムズは、南西アフリカと呼ばれ南アフリカの支配を受けていた時代のナミビアの中心都市ウィントフックで、レホボス・バスターと呼ばれる混血人の家庭に生まれた。

オティリー・グレテ・エイブラハムズはウィントフックと南アフリカのケープ・タウンで教育を受けたが、既に中等学校時代に政治活動に関与しており、1952年に彼女は南西アフリカ学生団体（SWASB）の設立者の一人となっている。この団体は様々な愛国主義政党の前身となる存在であった。ナミビア帰還後、育ち行くナミビア国民意識の受け皿として、南西アフリカ進歩協会を設立した。

1961年、オティリー・グレテ・エイブラハムズは南アフリカのケープ・タウン大学医学部を卒業、同年、自分より一歳年上の南アフリカの混血人で同じくケープタウン大学医学部卒業生であるケネス・ゴドフリー・エイブラハムズと結婚した。二人はその後ナミビアに移り、

医者として働く傍ら、危険な政治活動に従事した。1960年代前半、夫妻は南西アフリカ人民機構（SWAPO）に深く関与し、まもなく南アフリカ秘密警察と戦う秘密ゲリラ部隊、ヨ・チ・チャンにも参加するようになった。この活動が南アフリカ政府に目を付けられたため、1963年、夫ケネスはイギリス領であるボツワナへと逃亡せざるを得なくなり、同地で南アフリカ警察によって逮捕・投獄され、最終的にケープ・タウンに移送された。オティリー・グレテ・エイブラハムズは、夫の釈放を求めて運動を展開し、夫は南アフリカ警察にボツワナの管轄権は無いとのイギリスの圧力によって、釈放されることになった。

夫妻はこの後タンザニアに移り、その地の南西アフリカ人民機構事務所で働いた。ここで彼女たちは後の初代ナミビア大統領サム・ヌジョマが党の資金を用いて贅沢な生活をしていることを非難、結果、同志シパンガとともに同地を追放された。彼女たちはスウェーデンのストックホルムに移ったが、彼女はこの地で文学修士号を取得している。1978年、彼女たちは同地でシパンガを中心に反体制組織、南西アフリカ人民機構民主派を結成した。

同年、オティリー・グレテ・エイブラハムズは夫とともにナミビアに帰還、南西アフリカ人民機構民主派の支部を設置した後、同派を脱退、ナミビア独立党に加入した。夫妻はそこで傑出した指導者として活躍、ナミビアの独立に向けて大きな貢献をした。この間彼女は事務総長の地位にあった。

1990年のナミビア独立以後は、夫妻は政治活動から退き、雑誌の出版を行って高い名声を得た。またオティリー・グレテ・エイブラハムズはウィントフックで成人教育等の教育活動に献身した。

ニジェール

サラオウニア

Sarraounia
1899年頃

サラオウニアはニジェール南西部ドゴンドウトチ地方のアズナ人の女王である。

サラオウニアはアズナ王の娘に生まれた。父王はアズナ人に対して奴隷狩りを繰り広げるサハラ砂漠の遊牧民トゥアレグ人や、アズナ人を呪物崇拝者と蔑みイスラムへの改宗を迫るナイジェリア北西部のイスラム国家ソコトと戦って勇名を轟かせた優秀な戦士であった。サラオウニアを産む際に母親は死に、彼女も死を免れないかと思われたが、どうにか彼女は生き残った。サラオウニアがまぶたを開くと、そこには金属的な光沢に輝く黄色の瞳があり、これを部族の人々は彼女がヒョウの力を持つ印だと受け取った。ヒョウはアズナ人の象徴であり、アズナ人は自分たちをヒョウの子孫と信じ、アズナ人の家屋や首長の衣裳にはヒョウの模様が飾られていた。

サラオウニアは強くたくましく成長していった。彼女は弓矢や投石器、吹き矢、槍、湾刀を使いこなし、木に登り、岩場を駆け、濁流に飛び込んで魚を捕った。そして彼女は18歳の時には既に戦闘で男達を指揮する力をも身につけていたという。また彼女はしばしば一人で何週間も姿を消し、毒や薬となる植物の知識を蓄積していった。これによって彼女はしだいに優れた魔術師としての名声を確立、人々は彼女が姿を消すと、影の精霊と語らって神秘を学び取っているのだと噂し、彼女のことを偉大な影の貴婦人と呼ぶようになっていった。

さらにサラオウニアはよく熟したマンゴーの様な滑らかな頬を持つ、非常に美

しい女へと育っていった。そして彼女も時には男に恋することもあったが、しかし彼女は決して子供を作ろうとはしなかった。

やがてサラオウニアが20歳の時、父が死亡、彼女は王位に登った。彼女は優れた戦士であった父の仕事をよく受け継ぎ、自ら軍の先頭に立って外敵との危険な戦いを勇敢に戦い抜き、トゥアレグ人の侵略を駆逐し、ソコトのイスラム教徒の攻撃も追い返した。髪を振り乱して戦う彼女の姿は、草原中で伝説となっていった。

やがて1899年、サラオウニアの元に西から白人の軍が村々を収奪し、あるいは灰燼と化しながら、進んできているとの噂が届く。マリにあるセゴウの町からフランス軍人ヴール大尉とシャノワーヌ中尉が黒人傭兵を引き連れ、東へと侵略を推し進めてきたのである。ここでサラオウニアは急遽各地に使者を派遣、敵であったトゥアレグ人やソコトにも、共通の脅威に対する同盟を呼びかける。「隣人が火に包まれていれば、急いで自分の持つ水をかけてやりなさい」と。しかしアズナ人を奴隷種族と侮るトゥアレグ人はこの申し出に応じようとはしなかった。そしてアズナを反抗的な不信仰者と憎むソコトは、使者の首を切って送り返してきた。

サラオウニアは戦いに備えた。老若女を森へと避難させ、首都ロウゴウの防備を固め、戦士達に銃弾を防ぐと信じられている軟膏を塗り、兵士達を鼓舞した。

戦いは過酷なものとなるでしょうが、我々は最後の一人まで戦い抜きましょう、誰にもアズナが戦わずに降ったなどと言わせぬように。我等が故郷と自由のために戦うとき、我等は全アズナ人の栄光のために、アズナの名のために戦っていることを忘れてはなりません。我等が砂の中で白骨となり果てても、我等の楽人が、楽人の子たちが、そして楽人の孫達が、アズナの勇気と栄光を歌い伝えてくれるでしょう。私はアズナに子供を残してはいませんが、代わりに子供以上のものを残します、命以上のもの、全世界の富に勝るものを。私はアズナ人に名を残します。私はアズナの人々に生きることの誇りを与えるのです。何の名をも残さぬ者は恥をうけるでしょう。つまり、我等の後に生まれる全ての者たちは、アズナの名を聞き、我等を支配し辱めんとする奴原に抗した、我等の勇気といさおしに感謝することになりましょう。我等は名を残すために死なねばなりません。名を残さぬ死こそ、永遠の死なのです。

サラオウニアの言葉にアズナの戦士達は決死の覚悟を固めた。そして彼女は自ら選抜した弓兵たちとともに草原の背の高い草の中へと身を潜め、まずは夜襲によってフランス軍に打撃を与えることに成功した。

結局、強力な砲撃の前に、サラオウニアはロウゴウを放棄することになった。彼女はそれでも戦意を失わず、「飢えの中で。たとえ穀物もなく、草のツルや根を食べることになっても、我々は抵抗を続けましょう……」と言い、戦力を再編して抵抗を続けた。彼女は連日の夜襲によってフランス軍を大いに苦しめ、フランス軍の黒人傭兵達は、恐るべき魔術師、破滅をもたらす魔女、悪魔の女と戦うことに恐れをなして脱走、フランス軍は弱体化した。彼女は一旦はロウゴウを奪回することにさえ成功する。しかし結局、彼女は敗北した。フランス軍は戦力を増強し、さらに彼女を反抗的で不浄な不信心者、ロウゴウを呪われた町と見なすソコトが、フランス軍に与することを選んだためである。

サラオウニアはフランス軍の旗の翻る

ロウゴウを脱出し、森へと消え、それ以後誰も彼女の姿を見ることはなかった。

サラオウニアは現在、ニジェールの国民的英雄となっている。

ブルキナファソ

イェネンガ

Yennenga（Nyennega/Yennega）
1100年頃

イェネンガはブルキナファソに栄えたモシ人の北方諸王国の開祖オウエドラオゴの母親である。

イェネンガはガーナ北部のガンバガ地方のモシ人の王ネデガの娘に生まれた。彼女は開いた傘や天まで幹を伸ばすヤシに例えられる美貌の持ち主であり、また雌獅子に例えられる優れた戦士であった。父のネデガは彼女のことを溺愛していた。

イェネンガは14歳で王国の遠征に参加するようになり、馬上に髪を靡かせながら軍の前に立った。彼女は自分の部隊を持つとともに、王の親衛隊を預けられており、彼女が遠征から持ち帰る戦利品で王家の蔵は大いに潤ったという。

やがて女としての成熟を迎えたイェネンガは、髪を編んで父の元へ顔を出し、慣習的な言い回しで結婚が可能となったことを告げた。「私は子供の笑い声が聞きたい」。とはいえ、王は溺愛する娘に相応しい相手を見出すことができず、あれこれ難癖を付けては、多くの求婚者を追い払い続けた。そしてイェネンガの方はというと、ついにこの王の態度にしびれを切らし、このまま自分を夫を持たぬまま年を取らせて萎びさせる気かと王に訴えることまでしている。そしてそれでも埒が明かぬと見た彼女は、怒りの赴くまま、側近団を引き連れ、父の元を立ち去ってしまった。

イェネンガの一行は王の軍の追跡を恐れつつ、三週間に亘って旅を続け、未知の土地へと脱出を果たした。そして彼女はその土地で、故国での王位争いを避けるため狩人として隠遁していた、マリンケ人あるいはブサンシ人の元王子リアレと出会った。長駆し、疲労を蓄積していた彼女はリアレの小屋で休息を取ったが、そもそも結婚と子供を望んで国を飛び出てきた彼女は、結局この男と結ばれることになった。最初リアレは帽子に髪を押し込むなどして女であることを隠していたイェネンガに、狩人同志の男の付き合いであるかのような態度で応対していたのだが、三日目にして帽子が脱げ、彼女の髪が露わになってしまった。こうして女とばれたことが、二人の結ばれる切っ掛けであったという。ほどなくして二人の間には息子オウエドラオゴが産まれた。

やがて息子が17歳になったとき、イェネンガは息子が先祖が知れないと後ろ指を指されないようにと考え、息子を連れて、父ネデガの元を訪れた。娘が出奔して以降、反省と失意の中に居たネデガは彼女たちを歓迎した。そして息子をネデガと引き合わせた彼女は、息子をネデガの宮廷に止め、リアレの元へと帰宅していった。

その後、ネデガの宮廷で知識を身に付け、能力を磨いたオウエドラオゴは、王位を譲ろうとする祖父ネデガの申し出を断って、ネデガの付けた200の武装兵とともに、自らの王国建設に旅立った。オウエドラオゴは現在のブルキナファソの地に自分の王国を作った。そしてこの王国から多くのモシ人国家が派生し、ブルキナファソの地は南方のガーナと並んで、モシ王国群の繁栄の地となった。

現在、イェネンガはブルキナファソの国民的英雄とされている。

なおイェネンガとその夫および息子について、実在を否定する論者も存在する。

ブルンジ

ンディリクムティマ

Ndirikumutima
20世紀初め頃

　ンディリクムティマはブルンジ王国の王妃、王太后である。
　ンディリクムティマが国王（ムワミ）ムウェジ・ギサボの妃であった頃、ブルンジはドイツの間接支配下に組み入れられていた。ムウェジ・ギサボ王は白人達との交渉に関心を払わなかったので、代わって彼女が不屈の意志を持って白人との応対に臨んでいたという。ちなみにドイツの間接統治下で、王家の権力は温存され、むしろ強化されていった。彼女は第一次大戦後にブルンジを統治することになったベルギーの総督たちに、鋭い知性を持ち、悪辣さに満ちた人物と評価されることになる人物であり、自分の息子達の利益のために、他の人々の相続財産を奪い取ることに血道をあげたという。
　1908年、ムウェジ・ギサボ王が死ぬと、ンディリクムティマの産んだ王子がムタガ2世として後を継いだ。ところがムタガ2世は15歳と若年で、極めて無力な王に過ぎなかった。そのため先王の敵たちは、各地で領土を奪い返し始めたのだが、この危機的状況にあってンディリクムティマは息子の為に懸命に戦った。彼女はムタガが成長しても、なお大きな影響力を持ち、ずっと国の実質的な支配者であり続けた。なおこの間、彼女の地位は常に絶対的なものであったわけではなく、彼女の政敵である王族の一員ンタルゲラもムタガにかなりの影響力を及ぼしており、ンディリクムティマとンタルゲラの間では激しい権力闘争が行われていた。
　その後1915年、ムタガ2世は若くして死んだ。ムタガ2世の妻が王の兄弟であったバングラ王子と密通し、不倫の恋人達が共に過ごしているのを見たムタガが槍を持ってバングラを攻撃、バングラは反撃し、二人は共倒れになったのであった。そしてムタガの幼い息子ムワムブツァ4世が後を継いだ。ンディリクムティマは摂政として、ムワムブツァが成人するまで統治を行った。

ベナン

タタ・アジャチェ

Tata Ajache
1848〜

　タタ・アジャチェはベナンに栄えたダオメー王国の女王である。
　タタ・アジャチェは2世紀に亘ってダオメー王国の収奪を受けていたホリ人の生まれであった。彼女の生まれた地点はエクボ村であった。
　1858年、ダオメー王ゲゾは征服したホリ人の土地を興に乗って進んでいたが、この時何者かがゲゾ王に毒の吹き矢を命中させ、これに対する報復としてタタ・アジャチェの住むエクボ村は略奪と虐殺を受けた。死体の散乱する村で、タタ・アジャチェは、小屋の戸口に口を結び沈黙を保って立っていたが、彼女は槍を持った敵兵が迫り、死が間近に近づいても、沈黙を破ることはなかった。この彼女の度胸を見て、彼女が優れた兵士になると見たダオメー軍は彼女を略奪品に加えて連れ去った。ダオメー軍は兵力数千人ほどに上る女性部隊を保有していたからである。彼女の素質を見抜いたのもダオメーの女性戦士の一人であった。

ダオメーの女性部隊は精強であった。その精強さは女性部隊の軍歌によく現れている。

雌獅子は獅子より恐ろしい
守るべき子を持つ故に
我等女軍も守り抜く
我等が神と良き王を

そしてその精強さを支えるため女戦士達には厳しい訓練が課された。ダオメーの女戦士となるべく連れ去られたタタ・アジャチェにも厳しい教育が施され、その過酷な日々の中で、しだいに彼女の故郷の記憶も薄れていった。最初、兵士の奴隷とされたタタ・アジャチェはやがて象狩りの最中に沈黙を貫いた度胸によって、兵士となることを認められ、兵士の装備を与えられ、ライフル兵となった。兵士となった彼女は弓術、格闘、剣術を身につけ、茨の上を裸足で駆け抜け苦痛への耐性を養う訓練や、森の中に放置されて飢えや渇き、猛獣と言った身体的脅威に打ち克つ訓練を乗り越えた。それらの訓練を終えた彼女は、最後に諸王の墓へと導き入れられ、そこで髑髏に注いだ自分と仲間の血を飲み、ゲゾの後を継いでいたグレレ王の護衛隊の一員となった。

ダオメーの女戦士は純潔を守ることを義務付けられており、もしこの法を侵犯すれば、その罪は死をもって処罰された。ところがやがてタタ・アジャチェは、男と密通したと告発されてしまう。彼女は容疑を否認し、陰謀であることを主張、拷問にも屈せず無実を訴え続けた。ついには王自ら尋問に加わったが、彼女はそれでも屈しなかった。彼女は尋問事項に答える以外は固く沈黙を保ち、答えても罪を認めることは決してなかった。王自らが、彼女はいつまで否認を続けるのかと問うと、彼女は「無罪が認められるまで」と答えた。王に密通の噂について問われると、彼女は「この私が男ごときに何の用があるというのでしょうか、王様」と言った。そして彼女はその場の人々の沈黙する中で、古くから伝わる女戦士の歌を口ずさんだ。戦うのは自分たちだ、男など農作業でもさせて、キャッサバを世話させておけばいい、と。

とうとう王は心動かされた。王はタタ・アジャチェの縄を解き、血で汚れた顔と身体を拭い、宮殿で9週間に亘って介抱させた。身体が癒えると、彼女は兵士の服装を整えた。青の上着と白に青の縦縞のズボンを着用し、直刀を肩から下げ、青いワニ模様をあしらった帽子を被った彼女は、王の御前へと連れていかれた。そこで王は彼女に言った。先王も先々王も戦争で勲功を立てた勇敢な戦士を妻としたが、タタ・アジャチェは未だ武器を使った功績を挙げてはいないものの、武器無しで見事な戦いを終えた。自分は貴女の目にはただの農夫にしか見えないのだろうが、そんな自分の妃になってはもらえないかと。

こうしてタタ・アジャチェはダオメーの王妃となった。王妃でありながら、彼女は王国の行う戦争の全てに参加した。彼女はダオメー王国史上で最も偉大な女王となり、その後ダオメー人の心に残り続けた。

やがて1889年にグレレ王が死ぬとタタ・アジャチェは引退し、人前に姿を見せなくなった。伝説によると彼女は非常に高齢になってから、エクボ村を訪れ、小さな小屋の前に何の想いも漏らすことなく、黙って長時間立ち止まっていたという。

ダオメー王国の女性部隊

　17世紀から19世紀にかけて西アフリカ地方の現在のベナン南部地域に栄えたダオメー王国。この国は女性部隊を持っていたことで有名である。

　ダオメーの女性部隊の存在が初めて確認されるのは18世紀の前半のアガジャ王（在位1708～32）の時代のことで、もともと王は女護衛官に身を守らせていたが、遠征で多くの男を失った際に、応急措置として多くの女性に武器を取らせたと言う。この時、女性部隊の担った機能は軍勢の規模を大きく見せかけることであった。その後、ゲゾ王（在位1818～58）の時代の1818年、女性部隊は軍の常備組織となる。簒奪王であったゲゾは自分の身を守るため大勢いた妻達を中核に、自らに厚い忠誠を誓う女性部隊を作ったのである。

　ダオメー王国はゲゾ王の下で周囲を切り従えて最盛期を迎え、常備軍2万という西アフリカ第一の軍事力を誇ったが、この発展する軍事大国の中にあって、女性部隊も多くの戦いに参加、勇戦して王国の重要な精鋭部隊となっていった。女性部隊の兵力については1851年、エグバ国のアベオクタ要塞攻撃に出撃した女性部隊の兵力が約6千であったとされている。ちなみにこの時、要塞側にヨーロッパ製の大砲があったため、大損害を出し、生きて帰国した者は1200人しかいなかったという。これほどの損害を出してまで戦ったことは、女性部隊の勇猛さの表れと見ることもできるだろう。ちなみに1880年頃、王国の総兵力は4千ほどであったが、そのうち約半数は女性部隊であったという。なお兵力の供給は初期においては非ダオメー人の捕虜を隊員とすることで賄っていたが、ゲゾ王の死後には王国中から女性を集め、有力者の家の女性も戦士として徴用された。

ダオメー王国の女戦士

　西アフリカのベナン南部地域に栄えたダオメー王国には忠実・勇敢な女性部隊が存在したが、その女兵士達は大きな特典を与えられていた。彼女達は宮殿内で住居と食事を支給され、宦官や会計官の世話を受けた。行き交う滞在客は彼女たちに道を譲らねばならなかった。

　その代わり女兵士の王への忠誠は絶対的なものが要求され、もし隊員が王以外の男と密通すれば、隊員も間男も死罪であった。ベナンの古い冗談では、この厳格な掟を評して、女兵士の居住区への壁を乗り越えようとして、戦闘においてよりも多くの戦士が命を落としたと語っていた。したがって彼女たちが女としての生を享受できるかどうかは王の熱情・精力に依存しており、結果として一生を純潔で過ごさねばならない者が少なくなかった。この環境のせいか女兵士達は自分たちを男であると言明し、男の生活をまね、任務でも男達と競い合った。

　女戦士達の使った武器はマスケット銃やラッパ銃、鴨撃ち銃、弓矢、短剣などである。女戦士達は両腕の動きを阻害しないため、袖の無い外套を着用していた。

　女戦士たちで個人名や個人的行動が後世に伝わっている者は少ないが、以下、名の残る女戦士のうち数人について、簡潔に触れておこう。

アダディモ：1850年代の女性部隊の士官で、男の捕虜を得て王に賞賛された。

セー・ドン・ホン・ベー：高名な女戦士で、1851年にアベオクタ要塞を攻撃する6千の女部隊を率いた。

ナウシカ：王に寵愛された女戦士で1889年にフランス大使の前で踊りを披露、翌年のフランスとの戦いで戦死。

マコウダ：女性部隊の高級士官で多くの夫を持った。死刑とされたが、平然と死を迎えた。

ボツワナ

ガオシトウェ・ケアガクワ・ティベ・チエペ

Gaositwe Keagakwa Tibe Chiepe
（Gaositswe Keagakwa Tibe Chiepe）
1920〜

　ガオシトウェ・ケアガクワ・ティベ・チエペはボツワナの外交官、政治家である。先駆的な女性政治家であり、大臣を歴任した有力政治家であった。

　ガオシトウェ・ケアガクワ・ティベ・チエペは1920年、イギリス領時代のボツワナ西部の町セロウェの教師の娘に生まれた。彼女は地元で教育を受けた後、南アフリカにあるタイガー・クルーフ教育学校に入り、優秀な成績を収めた。さらに1944年、彼女は南アフリカのフォート・ヘア大学に入学、1947年に学位を取得した。ボツワナ女性が学位を取得するのは史上初めてのことであった。

　1948〜70年にかけてガオシトウェ・ケアガクワ・ティベ・チエペは教育行政の分野で活躍した。この間彼女は1959年に文学修士号を取得しているが、これもボツワナ女性として史上初のことであった。

　ボツワナは1966年に独立を果たし、イギリス連邦内の独立国となったが、ガオシトウェ・ケアガクワ・ティベ・チエペは独立後のボツワナで外交官として活躍、1970年に彼女はイギリスの高等弁務官（イギリス連邦内で交換される大使相当の代表）、ナイジェリアの大使に任命された。また彼女はヨーロッパ諸国においても大使級の役職に就任した。

　ガオシトウェ・ケアガクワ・ティベ・チエペは1974年に議員に選出され、ボツワナ最初の女性議員となったが、これ以降大臣を歴任する。彼女は1974〜77年に通商大臣、1977〜84年に鉱物資源・水源対策大臣、1984〜94年に外務大臣を務め、1994〜99年には教育大臣を務めた。1999年、彼女は政界を引退した。

マダガスカル

ラナヴァロナ1世

Ranavalona I
1792〜1861

　ラナヴァロナ1世はマダガスカルの中央高地に大勢力を誇ったメリナ王国の女王である。

　ラナヴァロナ1世は1792年、メリナ王国の貴族階級（ホバ）の娘に生まれた。彼女の幼少時や青年期についてはほとんど何も知られていない。彼女はメリナ国

王ラダマ1世の妃であった。ラダマ1世は、従来国王を人民の父母たる生き神として崇め、神権政治を行っていたメリナ王国を近代化しようと務めた王で、彼の統治下でメリナ王国は、ヨーロッパ諸国に対して開国し、西洋文化を吸収した。すなわちラダマ1世は宣教師を受け入れ、奴隷制を廃止し、ヨーロッパ人の顧問を雇い、教育改革や軍制改革、産業育成を行った。そしてラダマ1世は近代化のもたらす強大な国力、軍事力によって島の覇権を握ることを夢みていた。

ラナヴァロナ1世が後継ぎを産まなかったため、ラダマ1世は甥のラコトベを後継者に定めたが、権力欲の強い女性であったラナヴァロナ1世は、ラダマ1世が病臥すると、自分の周りに支持者を集めていった。そして1828年、ラダマ1世が死亡する。マラリアか黒水病、過度の飲酒が原因で病死した、あるいは王の西洋化政策に反対する守旧派貴族、王の呼ぶところの「過去の人」による毒殺であったとなどと言われている。

これまでに支持者を集めていたラナヴァロナ1世は、ここでクーデターを敢行、王の死の六日後に、王の近親者や王の顧問を皆殺しにして権力を掌握した。王族達は、王族の血を流すことを禁じる慣習のために絞殺され、あるいは餓死させられた。なおこのクーデターの指揮に当たったのはやがてラナヴァロナ1世の宰相および秘密の夫となる貴族、ライニハロであった。

王位に就いたラナヴァロナ1世は、先王の葬儀よりも早く、先王の西洋化近代化政策の廃止、神権政治の旧制への復帰を宣言する。「さあ、メリナの子らよ、今から知ることを憶えておきなさい、私は先祖の行いを何一つ改めません。そしてまた今から知ることを憶えておきなさい、私はもはや長衣に身を包んだ女ではなく、今この瞬間より、長老、天にいるお前達の父母であるということを」。なお自分は女ではないと宣言した彼女は、再婚するわけにはいかなくなったのだが、彼女は自分が愛人を持ち、その愛人との子を先王の子扱いすることに決定した。先王の霊が島民を見守っているとするマダガスカル人の信仰の結果、彼女の子は霊の寝室への訪れによって生まれたと信じさせることができたからである。なお女でなくなった彼女は、多くの愛人を持ったものの、彼女に度を超えて恋を感じさせ、彼女に自分が王であることを忘れさせるような男は、王宮のテラスからマハマシナ渓谷へと投げ捨ててしまっている。結果、この谷は赤い谷という異名を現代に至るまで残している。ちなみに1829年、彼女の将軍の一人を父親として彼女の唯一の息子ラコトが誕生しているが、この父親はその一年後、ライニハロによって暗殺されている。

復古政治を掲げたラナヴァロナ1世は、先王の結んだイギリスとの友好条約を否認し、奴隷制を復活させるなど、先王の西洋化政策の多くを撤廃していった。もっとも先王が近代化の果てに手に入れようとしていたマダガスカル島内の覇権は、彼女も欲するところであった。そのため彼女は先王の対外政策であるサカラヴァ族への攻撃を継承、ところが攻撃を受けたサカラヴァ族はフランスの保護を求め、フランスはラナヴァロナ1世懲罰の軍を起こすことになった。1829年フランス軍がマダガスカルに上陸し、これに対してラナヴァロナ1世は1万4千の軍を迎撃に派遣、この軍は敗北した。そしてこの敗戦の結果、フランスは小島を二つ占領し、ラナヴァロナは反ヨーロッパ政策への決意を強めていった。ラナヴァロナ1世は、ヨーロッパ人の侵略を防ごうと、進攻の助けとなる島内の道路建設を禁止するという策を採り、唯一の例外として彼女が旅行する時のみ奴隷軍

が彼女の前に道を切り開くこととしていた。

　もっとも復古・反ヨーロッパ政策の下でも、ヨーロッパ人がマダガスカルから完全に排除されていたわけではなかった。例えば1831年にマダガスカルに漂着したフランス人、ラボルドはヨーロッパ人の島内探索を嫌うラナヴァロナ1世によって宮廷に滞在させられたが、やがて利権を与えられ武器工場を建設、マダガスカルの経済発展に貢献し、王子ラコトと友好関係を持つことにさえ成功している。

　1834年、ラナヴァロナ1世は重病で倒れ、死線をさまよった。結局彼女は回復したが、これを彼女は伝統に則った祖先崇拝を熱心に行ったお陰であると解した。結果、彼女は外来のキリスト教への敵意を強め、1835年、キリスト教宣教師にマダガスカルの伝統の尊重とマダガスカル人の洗礼の禁止を命令する。そしてこれが守られないことを知ると、彼女はキリスト教の礼拝を禁止し、キリスト教宣教師をマダガスカルから追放、キリスト教学校の閉鎖を行った。そしてこのマダガスカル文化保護のための政策は間もなく、マダガスカル人キリスト教徒と女王の政敵に対する弾圧に変質していった。多くのキリスト教徒が有力者を含めて、焼かれ、煮られ、切り刻まれ、餓死させられ、あるいは谷へと投げ落とされた。さらに全国民が毒を服用して神判にかかることを義務付けられ、多くの者が命を落とした。この恐怖政治でマダガスカル島民の半数が死んだとの推測さえある。そして島内にいたヨーロッパ人はというと、1845年に全ての特権を奪われ、強制労働か、追放かを選択させられた。なおヨーロッパ人への弾圧は、マダガスカル周辺で対立していたイギリスとフランスを一時連合させ、この年、英仏連合軍の艦隊がマダガスカル東部の港町タマタヴェに対する砲撃を敢行したが、最終的にはこの艦隊はマダガスカルから撃退されてしまった。

　その後、マダガスカル島内ではヨーロッパ人の教唆を受けたキリスト教徒達が秘密組織網を広げ、ついにはラナヴァロナ1世打倒の計画を立ち上げるに到った。しかもこの陰謀の中心にはラナヴァロナ1世の愛と信頼を受ける息子ラコトがおり、陰謀は長らく発覚を免れていたのだが、1857年遂に陰謀がばれ、関係者は処刑された。島内に残っていた全ヨーロッパ人は追放されることとなった。しかし息子を愛するラナヴァロナ1世はラコトを処刑することはできず、ラコトの行動は悪しき助言者に惑わされた若さ故の過ちとして許された。この陰謀発覚の後、ラナヴァロナ1世は密偵を駆使して、敵対者の徴候を発見しては容赦なく粉砕、あらゆる陰謀を阻止して、その支配権を守り通した。

　1861年、ラナヴァロナ1世は愛する息子ラコトを後継者に選んで死んだ。彼女の死後、マダガスカルはヨーロッパ諸国の影響に屈していくことになる。

　ラナヴァロナ1世は死後、無慈悲なラナヴァロナと呼ばれ、暴君と見なされた。しかしその一方で、彼女は、反帝国主義の英雄、民族独立の象徴として尊敬されるようにもなっていった。思うに、とかく強大な権力を振るった女性権力者は残虐との評価を与えられがちであり、また悲劇や悪行とその被害者の量は感傷や政治的意図によって誇張して過大に語られがちである。そして世界中に押しかけ、反撃に倒れる者が出れば殉教者と呼んで声高に世界的に騒ぎ立てるキリスト教徒を攻撃したことは、おそらく彼女の悪評を高める原因となったであろう。とすれば彼女の悪評は割り引いて考えるべきで、彼女は暴君であるにせよ、それだけの人物と評価するわけにもいくまい。近代化

への反対は国の将来を考えれば誉められたものではないが、その一方で彼女は、マダガスカルとその文化を危うくしない範囲なら、西洋人に工場を運営させるという柔軟性も持ち合わせていたのである。とすれば、彼女をヨーロッパの侵略に抗した民族独立の英雄とするのも、間違いではないと思われる。

マラウイ

ヴェラ・チルワ

Vera Chirwa
1933〜

　ヴェラ・チルワはマラウイの政治家である。
　ヴェラ・チルワは1933年、マラウイ北西部のムジムバ地方のチバムボ村に生まれた。彼女は弁護士となり、同じく弁護士であったオルトン・チルワと結婚した。
　ヴェラ・チルワは夫オルトン・チルワとともにマラウイのイギリスからの独立を目指し、政治運動家として活躍した。彼女は1959年、マラウイ会議党（MCP）の設立者の一人となり、またマラウイ女性連盟の指導者となった。
　マラウイは1964年に独立を達成したものの、同年に生じた政治的混乱の中で、ヴェラ・チルワと夫オルトン・チルワは国外亡命を余儀なくされる。彼女たちは初めはタンザニア、次いでザンビアに居住した。彼女はザンビアの首都ルサカにあるザンビア大学で法律を教えて過ごした。
　ところが1982年、ヴェラ・チルワと夫オルトン・チルワおよび息子フムバニは、マラウイ政府の諜報員によってザンビアから拉致され、ゾムバ刑務所に投獄されてしまう。やがて息子は釈放されたが、夫妻は裁判にかけられ、一度は死刑の宣告を受ける。結局、夫妻の刑は、終身刑に減刑され、それぞれ独房に監禁されることになったが、11年間の監禁の末、1992年、夫オルトン・チルワは獄死した。
　1993年ヴェラ・チルワは釈放された。釈放後、彼女は政治改革を求める運動家として、人権活動家として活躍した。1999年のアフリカ統一機構（OAU）の首脳会議の際に、彼女はアフリカ人人権委員会の一員に選ばれた。

マリ

カシ

Kassi
14世紀半ば

　カシは西アフリカに繁栄したマリ王国の王妃である。
　カシはマリ王国の王（スルタン）、スレイマン（在位1341〜60）の父方の従姉妹にして第一王妃であった。彼女は第一王妃として、マリ王国の慣習に従って、共同統治を行っていた。モスク（寺院）での礼拝において彼女の名はスレイマンの名と共に唱えられ、彼女は人々に広く為政者として認知されていた。ちなみに彼女たちの統治期間に、アラブ人の大旅行者イブン・バットゥータがマリ帝国を訪問している。
　宮廷の貴族達の多くが親類であったこともあり、カシは宮廷で非常な人気を誇っていた。一方、スレイマンは吝嗇（りんしょく）のせいで不人気な王であった。
　やがてスレイマンは1352年、カシを幽閉して降格し、庶民の出であったベンジョウを第一王妃とした。これには貴族

たちの不満が強く、貴族達は王家の血を引くカシこそ第一王妃と見なし続け、宮廷の貴族女性は灰を頭に浴びて相手への敬意を表す仕草をベンジョウの前では行わなかった。カシが釈放されると貴族女性たちはそのことを祝って灰を浴び、カシに対する敬意を表した。ベンジョウはこのことに不満を抱き、スレイマンにその旨訴えたが、するとスレイマンはカシを初めとする父方の親族達に大いに怒りを燃やした。カシたちはスレイマンの仕打ちを恐れてモスクへと逃れ、スレイマンの門の前に七日に亘って早朝と夜の初めの二回ずつ通いつめ、スレイマンの温情を得ることに成功した。

カシは権勢を回復し、謁見の間に立ってスレイマンとの共同統治を続けたが、その一方でスレイマンを追い落とすべく、貴族達を煽動した。彼女は国外に亡命中の従兄弟ジャータルとも連絡を取り、大規模な反乱計画を練っていた。ところがスレイマンはこの計画を事前に察知、謁見の間で手を縛り、足枷を付けたカシの奴隷に証言させ、カシの反逆の罪を追求した。これによって追い詰められたカシは逃亡して説教師の家に保護を求めた。残る反乱勢力は、王の軍事力の前に鎮圧されていった。

スレイマンは1360年に死んだが、その後はカシの息子カサが王となった、あるいはカシが女王となったと言われている。もっともカサ、あるいはカシの統治は9ヶ月しか続かず、カサの従兄弟に当たるマリ・ディアタによって退位させられた。

南アフリカ

ナンディ

Nandi
1760頃～1827

　ナンディは南アフリカのズールー人の王母である。

　1760年頃、ナンディは南アフリカの弱小部族ランゲニ人の王女に生まれたが、早くに親を亡くした。彼女は恋と子供を持つことを夢みる普通の少女に育っていった。容姿は丸々と太っており、性格は怒りっぽかったという。

　やがてランゲニの隣接部族のズールー王センザンガコナが、後継ぎの男子が産まれないことに悩み、男子を産んでくれる四人目の妻を求めて踊りを伴う宴を開いた際、ナンディも恋を求めてこの宴に参加した。彼女は丸々太ってはいたが、この宴であまりに見事に踊りを披露し、その見事さは妻たるべき女性を見つけるために、多くの女性を吟味せねばならないはずのセンザンガコナが、目的を忘れて、この太った少女ばかりを見つめ続けたほどであった。そしてセンザンガコナはこの太った少女ナンディに賛辞を浴びせかけて口説き落とし、宴の翌日、彼女と交わりを持った。彼女はこの交わりの結果、子供を身籠もることになった。

　しかしナンディとセンザンガコナは当時の慣習上婚姻が禁じられる近親関係にあり、さらに結婚の無い不義の交わりは当時の慣習では部族全体の不名誉で、死に相当する重罪であった。そのためセンザンガコナが結婚の意思を押し通してナンディを妻としても、彼女がそれに相応しい敬意を持って遇されることはなかった。そして1787年に生まれた彼女の息子シャカもまたそうであった。

　ナンディ母子はズールー人から軽侮冷

遇され、1793年にはシャカの王位継承権が他の女の生んだ子に奪われるとともに、ナンディの追放が決定される。こうして母子は彼女の出身部族ランゲニへと逃げ戻ることになったが、ここでも当然、彼女たちが歓迎されるはずはなかった。ランゲニ人の間でも彼女たちは軽侮冷遇され、とりわけシャカは少年達の容赦ない虐待の対象とされた。シャカは他の少年達から出血し、気絶するまで理由もなく殴られる日々を過ごし、それでも母の助けを求めようともせず、母は毎夜苦悩し、涙した。そしてそんなある日、ナンディは遂に泣き暮れることを止め、息子に節くれ立った棒を渡しながらこう告げた「息子よ、お前を殴るヤツを全て殴り返しなさい、眺め回してくるようなヤツも殴り倒しなさい」。そしてこれ以後、シャカは憑かれたかのように闘いを求め、敵を倒し、苦痛に満ちた悲鳴を聞くことを何より喜ぶ恐るべき戦士に変貌した。人々はシャカを恐れはばかるようになった。

1802年、飢饉の年にランゲニ人はナンディとシャカを追放した。彼女たちはこの時、強大な軍事国家を建設中であったムテトワ人の元に身を寄せたが、ここでシャカは戦士としての恐るべき力量で、軍人として高位を極めていった。そして1815年、ズールーのセンザンガコナが死亡すると、シャカはナンディの励ましを受けて、ズールー人の元へと乗り込み、ズールーの王位を手中に収めた。

シャカが王位に就くと、ナンディは王太后として絶大な権勢を誇り、ンドロルカジ（偉大なる雌象）の異名で恐れられた。王位に就いたシャカは軍事的天才を発揮してズールーを一大軍事国家へと改造、周辺諸部族を征服して覇道を突き進んだ。そしてそのためにシャカはしばしば出征で国を空けることとなったのだが、その際にはナンディが留守を守って統治権を行使した。

逆境に陥る前から怒りっぽいとされており、逆境の中で恐怖の戦士シャカを育てたナンディは、権力者となった後は苛烈な性格を発揮して、かつて自分たちを冷遇した敵に報復を行った。しかしその一方で彼女は、彼女以上に苛烈に過ぎるシャカをなだめて、制御する役割をも果たしていた。例えばシャカが接近戦用の槍を初めて導入した際に、それを遠距離から投げ槍として使った部隊があり、シャカはこれを敵から逃げるに等しいと激怒、部隊の兵士達を逃亡者として死罪にしようとした。ところがここで、ナンディはこの処刑を押し留めて兵士達の命を救っているのである。

ナンディは1827年に死んだ。シャカは母の死を痛く悲しみ、凄まじい弔いを行った。シャカは母の若い侍女達を墓に生き埋めにした他、7千人もの虐殺を行い、弔いの生け贄とした。また一年間の服喪期間には、作物の植えつけや、ズールーの主食である家畜の乳の使用、男女の同衾も禁止された。妊婦は服喪命令を無視したとして、死刑とされた。子牛さえも母を失う悲しみを知らねばならぬとして、何千もの乳牛が殺された。

母ナンディの死によって陥った狂気の暴政は1828年、シャカの暗殺という結果を招いた。

> 📖 **ジャンヌダルクと呼ばれた女達**
> 【アジア・アフリカ・新大陸編】
>
> 戦いで活躍した女性が同時代人、あるいは民族的英雄に祭り上げようとする後世の人々に「〜のジャンヌ・ダルク」という異名を奉られることは多い。以下では、ヨーロッパ以外の諸国の「ジャンヌ・ダルク」達を挙げておこう。
> **マドレーヌ・ド・ヴェルシェール**：カナダのジャンヌ・ダルク。17世紀末にヴェルシェールの砦が、兵士不在の状況で先住民イロコイ族の襲撃を受けたがその時、老幼傷病者の中にあって戦闘可能なのは彼女のみであった。彼女は無数のマスケット銃を装填して、男性の帽子と衣服とともに砦の各所に設置、不規則な銃撃を行って、多くの兵士が防戦しているように見せかけ、独力で砦を守り通した。この時彼女は14歳であった。
> **川島芳子（よしこ）**：満州のジャンヌ・ダルク。中国清王朝の皇族で親日家として知られた粛親王善耆（しゅくしんのうぜんき）の娘。日本人の養女として育ち、日本軍の諜報員となって満州事変等に活躍した。好んで男装した。
> **ガブリエラ・シラング**：イロカンディア（イロカノ人の土地を指す名称）のジャンヌ・ダルク。（詳しくは本文参照）
> **サラ・テイラー**：テネシーのジャンヌ・ダルク。アメリカ南北戦争に参加した女性で、18歳の時テネシー連隊で戦った。
> **チュウ夫人（趙嫗）**：ベトナムのジャンヌ・ダルク。3世紀に中国のベトナム支配に対し反乱、23歳で敗死した。
> **エラ・ヤコブス**：ボーアのジャンヌ・ダルク。少女時代に起きたボーア戦争（19世紀末）でイギリスと戦ったボーア人（南アフリカのオランダ系白人）女性。捕虜になるまでの六ヶ月間戦いに参加。
> **ラクシュミー・バーイー**：インドのジャンヌ・ダルク。（詳しくは本文参照）

南スーダン

エイガー・ガム

Ager Gum
20世紀

　エイガー・ガムはスーダン共和国からの南スーダン共和国の解放を求めて戦った女性戦士である。ディンカ人の生まれであった。

　非イスラム地域である南スーダンは、スーダン独立前年の1955年から1972年および1983年から2005年の二度に亘って、イスラム地域である北部からの分離独立を求める内戦を戦った。これらの戦いでは一部には女性ながら武器を取り、男性と共に前線で戦闘に参加した者もおり、とりわけ第二次内戦では多くの女性が独立を求めるスーダン人民解放軍の戦いに参加した。エイガー・ガムは、それらの戦闘に参加した女性の中で最も高名な人物であり、内戦には二度とも参加している。彼女は指揮官の一人として勇敢に戦い、南部スーダンの独立運動に大きな功績を残した。

　エイガー・ガムは1960年代前半までは、ごく普通の女性として生活していた。彼女は最初の結婚に失敗し、セックスのみしか求められない悪しき男女関係を批判する歌を作って悪しき結婚に抵抗、レイク州の州都ルンベクの街へと逃走した。そしてその後も、結婚の失敗を繰り返したが、三度目の結婚失敗後の1968年、彼女はスーダンからの南部の分離独立を求めてゲリラ闘争を行い、第一次内戦の最中にあった反乱軍アニャ・ニャに参加、士官となった。彼女の身長は186センチメートルに達し、体格的には男性と互角であった。彼女はしばしば、頭に弾薬箱を載せ、背中に銃を背負った姿で活動している。なおこの第一次内戦での彼女の

任務のうち、特に功績の大きかったものとしては、物資調達や軍事諜報を指導したことがあり、彼女の指揮下で多くの女性が南スーダンの主要都市に忍び込み、赤ん坊を籠に入れて運ぶフリをして物資を運搬し、あるいは敵士官と同衾して情報を取得し、ゲリラ部隊に必要な物資と情報をもたらした。

やがて第一次内戦は南スーダンに自治を認めて1972年に終結するが、内戦後の平和の時期には、エイガー・ガムはルンベクの監獄長を務めた。

その後、1983年に開始した第二次内戦では、エイガー・ガムは新たに結成されたスーダン人民解放軍に参加、ルムベクで男女の諸部隊を率いる指揮官となった。またこの頃からエイガー・ガムは軍歌の作曲を行うようになった。ディンカ人の歴史上、女性は結婚等の平和な活動の歌を作り、軍歌は男性が作るものとされていたが、彼女は指揮官としての自分の経験を歌に注ぎ込み、この歴史的区分を乗り越えたのである。そして彼女の作った歌は彼女の部隊を鼓舞し、それを超えて南スーダンで広く親しまれた。また彼女が作った北部のイスラム商人と結婚させられる不幸な女性の運命に対して抗議する歌も、よく親しまれた。

エイガー・ガムは南部スーダンの独立戦争を戦った女性の中で最も尊敬を受けており、死後、ルンベクに盛大な葬儀をもって、埋葬された。彼女は解放戦争の英雄、南部スーダン女性の力の象徴として南部スーダン全土から高い尊崇を受けており、解放戦争の英雄を讃える2010年の式典においては、ジョン・ガランやユースフ・クワ、マクル・アレヨウといった男性の解放運動指導者と並んで、女性で唯一、特別の賛辞を捧げられた。レイク州においては、彼女は同州の人々の母と見なされている。

エイガー・ガムは南部スーダンにおいて女性の地位が尊重されるようになることを望んでいたが、現在、レイク州の女性団体では、母なるエイガー・ガムの遺志として、女性の尊重を住民に訴えかけている。

モーリシャス

シェイラバイ・バプー

Sheilabai Bappoo
1947～

シェイラバイ・バプーは1947年生まれ。ヘンリー・バスウェル学校およびエリザベス女王大学で学んだ後、モーリシャス教育大学で家庭科の免状を取得した。彼女は1969～83年に中等学校の教師を務めたが、1982～83年にはモーリシャス教育大学の非常勤講師も務めた。

教師を務める傍らシェイラバイ・バプーは政党活動にも精を出し、1970年代、モーリシャス闘争運動（MMM）の運動家として活発な活動を行った。1973年には、彼女は同政党の党首となっている。1977～79年には彼女はモーリシャス島西部にあるモーリシャス第二の都市ビュー・バシン＝ローズ・ヒルにおける同党の顧問を務め、その間の1977～78年には同市の副市長の地位に就いていた。

その後シェイラバイ・バプーは一時政治から引退したものの1983年、政界に復帰した。彼女はモーリシャス闘争運動を脱退したジュグノート首相が同年に結成した新政党、モーリシャス社会主義運動（MSM）に加入、同年の選挙で国会議員に当選した。彼女は同年、女性の権利および家庭福祉担当大臣となったが、1986年にはさらに労働および労使関係をもその担当に加えられた。彼女はモー

モーリタニア

アイザタ・コヌ

Aissata Kane（Aissatou Kane）
1938〜

　アイザタ・コヌはモーリタニアの先駆的な女性政治家である。
　アイザタ・コヌはモーリタニア女性として初めて中等学校入学を認められた三人の少女の一人であった。
　アイザタ・コヌはたちまち政治活動、社会活動に熱中するようになった。彼女は女性の権利や子供の権利の問題について特に力を注ぎ、やがて1970年にはモーリタニア女性委員会委員長となった。
　1971年、モーリタニアでは女性2名が史上初めて女性として国会議員に当選したが、そのうちの一人がアイザタ・コヌであった。アイザタ・コヌはこれに加えて保健大臣にも任命されたが、女性が大臣となるのもモーリタニア初の出来事であった。1975年からは彼女は家族保健社会問題担当大臣となったが、1978年、国家再建委員会（CMRN。後の救国軍事委員会［CMSN］）がクーデターで権力を掌握すると、彼女はその地位を失った。
　その後はアイザタ・コヌは女性問題や開発についての専門家として研究に励み、アフリカ女性会議と協力して、地域社会の生活問題に力を注ぐなど、精力的な社会活動を続けた。
　アイザタ・コヌは、国内外の女性の尊崇を集め、モーリタニア女性の母と見なされるようになった。

モザンビーク

グラサ・マシェル

Graca Machel
1945〜

　グラサ・マシェルはモザンビークの独立運動家、政治家である。
　グラサ・マシェルは1945年、ポルトガル領時代のモザンビークの中心都市ロレンソ・マルケス（現マプート）の北方にある村で生まれた。牧師である父は南アフリカの金鉱に働きに出て、彼女の誕生の直前に死んでいた。
　グラサ・マシェルはポルトガルのリスボン大学で教育を受けたが、1968年、他のアフリカ人学生と共にポルトガルからのアフリカ諸国独立を目指す団体への関与を活発に行うようになり、やがて秘密警察の脅迫を受け、ポルトガルからの出国を余儀なくされた。1973年、彼女は独立闘争が絶頂を迎えていたモザンビークに帰国、独立を目指す民族組織、モザンビーク解放戦線（FRELIMO）に参加して、ゲリラ戦闘員としての訓練を受けた。彼女はそこで未来の夫、12歳年上の独立指導者、サモラ・マシェルと出会った。彼女は独立闘争の中、サモラ・マシェルと行動をともにした。
　モザンビークは1975年に独立を達成し、サモラ・マシェルが初代大統領となったが、グラサ・マシェルはこの時、独立政府の教育文化大臣に任命された。なおこの年には、彼女はサモラ・マシェルと結婚しており、二人の間には子供が二人誕生することになる。
　1986年、サモラ・マシェルは飛行機事故で死亡した。これはモザンビーク解放戦線とモザンビーク民族抵抗運動（RENAMO）の間で行われた内戦との関係が疑われている。この後、グラサ・

マシェルは大臣を辞職した。

グラサ・マシェルは1988年以降、国連教育科学文化機関（UNESCO）で働き、あるいは共同体開発財団（FDC）を設立してモザンビークの貧困支援を行い、教育や社会福祉分野で活躍を続けた。

グラサ・マシェルは1990年に人種差別と戦う南アフリカの黒人指導者ネルソン・マンデラと出会い、1996年には南アフリカ大統領となっていたマンデラと結婚するつもりであることを発表、国際的に話題となった。そして1998年のマンデラの80歳の誕生日に、二人は結婚した。その後、マンデラはモザンビークの首都マプートにあるグラサ・マシェルの邸宅への訪問を続けた。

モロッコ

ザイナブ・アル＝ナフザウィヤ

Zaynab al-Nafzawiya
（Zainab al-Nafzawiyya）
統治1061～1106

ザイナブ・アル＝ナフザウィヤは北アフリカに栄えたムラービト朝の王妃であり、夫と統治権を共有していた。

1054年よりモロッコは西サハラのベルベル系遊牧民サンハージャ人の王朝、ムラービト朝の征服を受けたが、この時、ザイナブ・アル＝ナフザウィヤは、モロッコ南西部のアグマート王国の王妃であった。彼女はそこで美貌と知性、占い師および魔女としての力量によってその名を轟かせていた。アグマート王国はムラービト朝の王アブー・バクルに国王を殺され征服されたが、未亡人となったザイナブ・アル＝ナフザウィヤはこの征服者アブー・バクルと結婚することになった。

やがて1061年、アブー・バクルはサハラ砂漠における反乱の鎮圧に赴くことになった。これに際してザイナブ・アル＝ナフザウィヤは離婚され、モロッコ駐屯軍の司令官として残されたアブー・バクルの従兄弟ユースフ・イブン・ターシュフィーンと結婚することになった。そしてザイナブ・アル＝ナフザウィヤは、新たな夫をよく助け、賢明な助言によって夫をアブー・バクルに代わる新たなモロッコの支配者、さらにはムラービト朝の王へと押し上げていくことになる。

1062年、反乱を鎮圧したアブー・バクルが統治権を返還させようと戻ってきた時、ユースフ・イブン・ターシュフィーンは非常に人気の高い支配者となっていたが、ここでザイナブ・アル＝ナフザウィヤは夫に、アブー・バクルに贈り物を与えて退去させるよう進言した。ユースフ・イブン・ターシュフィーンがこの進言に従ったところ、アブー・バクルはユースフ・イブン・ターシュフィーンの人気が高くその立場が強固である事実と、彼からの贈り物を見て、統治権の放棄を決断、故郷のサハラ砂漠へと帰っていった。

モロッコの支配者となったユースフ・イブン・ターシュフィーンは、その後モロッコ全土とアルジェリア西半、スペイン南部を征服、大帝国を築き上げるが、ザイナブ・アル＝ナフザウィヤは、この大帝国の統治権を夫と共有していた。彼女はモスクで自分の名において説経するという、統治権の象徴行為を行う権利は有していなかったが、彼女が国を共同統治していることは広く知られていた。

1106年に夫ユースフ・イブン・ターシュフィーンが死に、ザイナブ・アル＝ナフザウィヤと彼の息子アリが後を継ぐが、ここでザイナブ・アル＝ナフザウィヤの統治は終わりを迎えた。

リビア

ファリダ・アラギー

Farida Allaghi
1947〜

　ファリダ・アラギーは 1947 年、リビアの中心都市トリポリで生まれた。ファリダ・アラギーの父は敬虔で伝統的なイスラム教徒であったが、彼女に初等教育を受けさせるため、彼女を教会の運営する学校に通わせ、彼女のその後の人生における勉学をも支援し続けた。また彼女の母は自らは読み書きを身につけていなかったが、娘の学業を励まし、常に娘がクラスで一番となるよう後押しを続けた。
　ファリダ・アラギーは 1970 年、リビア第二の都市ベンガジにあるガリュネス大学で哲学・社会学の学士号を取得した。その後彼女はアメリカのコロラド州立大学で教育を受け、1973 年に修士号、1980 年に社会学博士号を取得した。
　ファリダ・アラギーは 1975 年以来、人権や子供の権利、貧民の救済、女性の地位といった問題について熱心に取り組み、挑発的な態度も辞さなかったが、そのためついにはリビアからの亡命を余儀なくされ、レバノンやエジプト、サウジアラビアで生活を送った。彼女は国連機関や、アラブ諸国の政府機関および民間諸機関と密接な関係を持って活動した。例えば 1983 〜 2001 年には彼女は国連開発機構アラブ湾岸計画の女性問題・子供問題担当部局の局長を務めている。
　ファリダ・アラギーは結婚して、子供を二人もうけている。

リベリア

マティルダ・ニューポート

Matilda Newport
1795頃〜1837

　マティルダ・ニューポートはリベリアの元国民的英雄である。
　マティルダ・ニューポートはアメリカ生まれの黒人女性で、おそらく、1795 年頃にフィラデルフィアで生まれた。
　19 世紀の西洋白人社会では、奴隷制の廃止が問題になり始め、それとともに、元黒人奴隷を故郷アフリカに再植民させようという運動が盛り上がっていった。アメリカでもこの運動は盛り上がりを見せ、キリスト教団体がアメリカ植民協会（ACS）を設置して再植民を支援するなどしたが、この運動の背後には、再植民することこそ奴隷制によって傷つけられた黒人の尊厳を回復する人道的措置であると称する奴隷制廃止論者と、解放黒人奴隷の存在を黒人奴隷制を脅かす異物と見て解放奴隷のアメリカ国内からの排斥を願う奴隷制支持者、相異なる二つの政治勢力が存在していた。こうして 1820 年、アフリカ西部にアメリカの解放黒人奴隷の植民が始まり、やがてこの解放奴隷は 1847 年にリベリアを建国することになる。そしてマティルダ・ニューポートは、このようにして 1820 年にエリザベス号に乗って、アフリカに再入植した黒人女性の一人であった。
　エリザベス号の再入植黒人達はシエラレオネに上陸し、そこで心身を回復させた後、後にリベリアとなる地に移動した。ところがそこでの再入植黒人達の状況は厳しかった。再入植者達は現地住民に占拠した土地の恒久的な支配権を要求したが、これは現地の住民にとっては自分たちの土地を奪おうとする侵略以外の何も

のでもなかった。当然、再入植者と現地住民は敵対し、両者は戦争状態に陥った。そして1822年、入植者達の町モンロヴィアは現地住民の激しい襲撃を受け、全滅も危惧される状態に陥った。

ところがこの危機を入植者達は乗り越える。戦闘の絶望的な状況の中、大砲の傍でパイプをくゆらせていたマティルダ・ニューポートは、そのパイプから燃えさしを大砲へと落とし入れ、大砲を発射して敵勢を混乱させた。そしてこの瞬間、戦闘の流れは、入植者側の優勢に転じた。入植黒人は全滅を免れたのである。

そしてマティルダ・ニューポートは戦争を生き残り、1825年、ラルフ・ニューポートと結婚した。再婚であった。ラルフ・ニューポートも例の戦闘の生き残りであった。1836年夫はカヌーを帆船に漕ぎ着けようとしていたときに、転覆によって死亡した。その翌年の1837年、マティルダ・ニューポートはモンロヴィアで胸膜炎により死亡した。

当初、それほど重要視されていなかったマティルダ・ニューポートの功績であるが、リベリア独立後の国家と国民を守るための苦闘の歴史の中で、しだいに同朋を守った英雄的な行為として、神話的な名声を博するようになっていった。口伝えで、国民文学で、あるいは歴史叙述によって彼女の功績は語りつがれ、1916年にはリベリア議会がマティルダが先住民を打ち倒した12月1日を「マティルダ・ニューポートの日」として国民の祝日に定めた。とはいえアメリカ系住民はリベリアでは絶対的少数派であり、多数派である先住諸部族を含めた国民統合の必要性が説かれるようになるにつれ、1960年代までに、先住民を倒したアメリカ系住民の英雄を国家的に祭り上げることの不当性が問題となり出した。「マティルダ・ニューポートの日」には、私的な議論のみならず公的な議論の場でも、疑問が呈されるようになっていった。そして1980年、クーデターによりアメリカ系住民の支配が転覆されると、マティルダ・ニューポートの日は祝日ではなくなった。

ルワンダ

ムフムザ

Muhumuza
19〜20世紀

ムフムザはルワンダの王妃である。

ムフムザはルワンダのムワミ（王）の妻であったが、1895年頃、ムワミの死による王位継承戦争に息子が敗れたので、現在のウガンダ南端部にあるンドルワ地方に逃れた。

当時ルワンダ社会は、侵略者ドイツの後援を受けたムワミと牧畜民ツチ人が人口の大半を占める農耕民フツ人を支配するという政治体制が構築されていた。ところがンドルワ地方の大部分には、この支配体制への服従を拒む農耕民が居住しており、ムフムザはこの地を新たな勢力基盤にしようと考えたのである。彼女は女神ニャビンギに憑依されたと宣言し、そのカリスマによって新たなムワミに対する抵抗運動の中心となっていった。しかし1908年、ムフムザはドイツ人に捕獲され、タンザニアのブコバで二年間投獄されることになった。

釈放されたムフムザは息子をルワンダ王位に据えようと努力を続けたが、これは現職のムワミを支持するドイツの警戒を招き、結局、彼女は失敗した。

そこで以後ムフムザはンドルワ地方を基盤に、息子のための王国を切り取ろうとするようになった。彼女は人々に多くの家畜を手に入れることを約束して支持

レソト

マンタティシ

Mmanthatisi（Manthatisi/Mantantisi/
Matatisi/Manta Tisi）
1781頃～1836頃

　マンタティシは現在レソト等に住むソト人の一派バトロクワ人の王妃である。
　マンタティシは1781年頃、現在の南アフリカ共和国中部、オレンジ自由国州の領域で生まれた。ソト人の一派シア人の生まれであった。背が高く、細身の優しく人好きのする顔をした女性であったという。やがて彼女は、彼女の従兄弟で隣接部族バトロクワ人の王であったモコトジョと結婚した。彼女は夫との間に娘一人と息子二人を産んだ。
　やがて1813年頃、モコトジョ王が死亡したが、この時後継ぎである彼女の息子セコニェラは未だ13歳に過ぎなかった。そしてモコトジョの両親は、彼女を殺し、セコニェラの即位を妨げることを望んでいた。彼女は息子セコニェラを自分の出身部族シア人の元へと逃がしておいて、自らは摂政としてバトロクワの統治権を確保するため闘争し、数年のうちに、政敵の全てに勝利して部族全体を支配下に置いた。その時には彼女の死を願っていた者達も、彼女の崇拝者へと変わっていた。

　ところでこの頃、南アフリカは激動の時代を迎えた。1815年に即位したズールー人の王シャカは、軍事的天才を発揮して大征服を行い、これに圧迫された諸部族が移住、移住先で紛争とさらなる移民が発生するという状況が発生した。そしてその結果、諸部族が生存を懸けて血で血を洗う争いを繰り返す、ムフェカネ（衝突）と呼ばれる大混乱時代が到来したのである。この戦乱の時代にあってバトロクワ人もムパンガジタ王の率いるフルビ人に追われて故郷を棄てることとなり、マンタティシは4万人のバトロクワ人を引き連れ、安住の地を探すこととなる。そしてそのうちに、マンタティシは優れた軍事指導者としてその名を轟かしていく。
　マンタティシはバコフェング人を征服し、シャカの強敵であった皇帝マティワネと戦い、シャカの同盟者であったバト人の王、バソト人の王ムシュウェシュウェ、クウェナ人の軍を打ち破った。ムパンガジタ王率いるフルビ人のみが彼女の軍の攻撃に持ち堪えることができたとされる。彼女は殺し、奪い、彼女の通った跡には荒廃だけしか残らなかった。覇王シャカも彼女のことを大いに警戒し、臣民がマンタティシに呪いの言葉を浴びせるのを喜び、マンタティシについて「これほどまでに男が女に脅かされることがあるとは、常々驚かされる」と述べた。恐るべき戦争指導者である彼女について、イナゴの群れのような数を誇る精霊の軍団を従えている、同時に八本の槍を投げそれぞれが異なる敵を刺すなどの噂が駆けめぐった。なお彼女の才幹を具体的に物語る逸話としては、戦士達が出払っている隙にフルビ人の襲撃を受けたが、彼女は敷物と鍬を手にした女達を山の尾根に並べ、盾と投げ槍を持った兵士のように見せかけて敵の攻撃を断念させた、というものがある。

とはいえマンタティシは、戦争に長けてはいたものの、戦争を好んではいなかった。彼女のことを人の手では傷つかないと言って讃える人々に対しては、彼女はいつも「戦争とは七つの悲しみに満ちた大釜であり、だれもそこから無傷で出てくることはできない」と答えている。そして戦乱の中で、優しげであった彼女の容姿はすっかり変わってしまい、目は冷たく瞼が無いかのように常に見開かれ、頬は金属板のように平らになり、口の周りには深い皺が刻まれていった。

なおマンタティシは移住の旅の終盤に、白人とアフリカ南部の遊牧民コイ人の混血であるグリカ人とも衝突した。この敵は、銃や馬と言ったバトロクワ人の見たことのない兵器を持ち、騎馬の機動力を活かして距離を取りバトロクワ人の弓や投げ槍の攻撃射程外から銃撃するという戦法を採り、これにはマンタティシも対処のしようがなく敗北を喫した。

やがて1824年、マンタティシとバトロクワ人は現在のレソト北部に定住した。こうして部族を安住の地に導いた彼女は、息子に部族の支配権を明け渡した。彼女はその後も、隣人となったバソト人に行き当たりばったりに略奪を仕掛ける息子を諌めるなどして賢明さを示し、人々の尊敬を集めた。

1836年頃、マンタティシは死亡した。

📖 宗教反乱の女性頭目

歴史上多くの女性が特にアフリカの地において、宗教的な予言者として教祖として、信徒達を率いて反乱を起こしている。本書で大きく取り上げたアフリカ女性では、キムパ・ヴィタ、アリス・ムレンガ、チャルウェ等がこれに該当すると言えるだろう。カーヒナやララ・ファティマ、サラオウニアといった侵略に抵抗した女性英雄も、宗教的カリスマによって人々を統率しており、類似の存在と言える。このように女性の宗教的指導者が史上に頻出するのは、おそらくは母性・女性性に対して人々の感じる神秘的な畏敬の念と宗教の相性が良く、女性が宗教的カリスマを帯びやすいといった事情があるのであろう。ところでこの種の人物は本文では取り上げられなかったが、アフリカと並び中国で頻出している。そのうちの著名な者を紹介しておこう。

陳碩真（ちんけんしん）：神道を唱え、天に昇り鬼を使役する仙人であると自称し、民衆を組織して653年に反乱、県を攻め落とした。文佳皇帝を名乗って新王朝の樹立を宣言した。一時は一万人以上の民衆を集めたが、敗死した。

唐賽児（とうさいじ）：妖術の使い手とされ、仏母を称して白蓮教（びゃくれんきょう）の信徒を組織し1420年に蜂起、一時勢力は数万人に達した。二ヶ月で敗北したが、僧院や寺院に対するしらみつぶしの捜索にもかかわらず、ついに捕らえられることはなかった。

王聡児（おうそうじ）：武芸、馬術に長けた旅芸人だったが、襄陽（じょうよう）の白蓮教指導者斉林（せいりん）の妻となり、夫の刑死後1796年に反乱。猪や狼と戯れ山に眠る妖しく精悍な美女。2万もの軍を率い、2年の間、五省を転戦、22歳の若さで戦死した。黒女子という勇猛な女召使いを連れていた。

洋語文献

Othman Puteh, and Aripin Said, 366： *a collection of Malaysian folk tales*, Utusan Publications

Francissa de Haan, and Kassimira Daskalova, and Anna Loutfi, eds. , *A biographical dictionary of woman's movements and feminism : Central, Eastern, and South Eastern Europe, 19th and 20th centuries*, CEU PRESS

"A date 'to remember with pride" (http://gulfnews.com/news/gulf/bahrain/a-date-to-remember-with-pride-1.240006)

Susie Saitala Kofe, and Fakavae Taomia, "Advancing Women's Political Participation in Tuvalu A Research Project Commissioned by the Pacific Islands Forum Secretariat (PIFS)" (http://www.forumsec.org.fj/resources/uploads/attachments/documents/Report_5_-_Advancing_Women_s_Representation_in_Tuvalu_209_-_255.pdf)

Bethwell A. Ogot, ed. , *Africa from the sixteenth to the eighteenth century*, UNESCO

Pamela Youngdahl Dees, *A Guide to Piano Music by Women Composers: Women born after 1900* Praeger Publishers

Stephen Neil, *A History of Christianity in India: 1707-1858*, CAMBRIDGE UNIVERSITY PRESS

Sir Charles Oman, *A History of The Art of War in the Middle Ages Volume Two: 1278-1485AD*, Greenhill Books

"Ambassador CHAN Heng Chee" (http://app.mfa.gov.sg/generator/asppages/washington/ambassador.asp)

Farideh Heyat, *Azeri Women in Transition: Women in Soviet and Post-Soviet Azerbaijan*, Curzon Pr

"Catalysts for Change: Biographies" (http://cfcportal.net/artman/publish/article_49.shtml)

"Belizean Biographies" (http://www.nlsbze.bz/bios.html)

"Biography Farida Allaghi" (http://webcast.bibalex.org/Home/Biography.aspx?ID=29RNF6EA+qzx6u8HjJRSew==)

Jully Sipolo, Civilized girl: poems, The South Pacifc Creative Arts Society

"Civil war wrecks chaos in the country | The Brunei Times" (www.bt.com.bn/node/49325/print)

Elizabeth Schmidt, *Cold War and decolonization in Guinea*, 1946-1958, Ohio University Press

"Country Insights | Centre for Intercultural Learning" (http://www.intercultures.ca/cil-cai/countryinsights-apercuspays-eng.asp)

Ali A. Mazru, Cultural forces in world politics, James Currey Publishers

"Dame Hilda Bynoe" (http://www.caricom.org/jsp/projects/personalities/dame_hilda_bynoe.jsp?menu=projects)

Ali Jimale Ahmed, *Daybreak is near: literature, clans, and the nation-state in Somalia*, The Red Sea Press

"Developing a More Facilitating Environment for Women's Political Participation in Nauru A Report on a study commissioned by the Pacific Islands Forum Secretariat By Alamanda Roland Lauti & Jon Fraenkel" (http://www.forumsec.org/UserFiles/File/Report_3_-_Developing_a_More_Facilitating_Environment_107_-_142.pdf)

"DICTIONARY OF NEW ZEALAND BIOGRAPHY" (http://www.dnzb.govt.nz/dnzb/)

DDR Leaflet South Sudan - -Women and DDR (http://sudanddr.org/en/Publications/DDR%20Leaflet%20South%20Sudan%20-Women%20and%20DDR%20.pdf)

Encyclopaedia Britannica

Michael Frassetto, *Encyclopedia of barbarian Europe: society in transformation,* ABC-Clio

Carole Boyce Davies, *Encyclopedia of the African diaspora*：origins, experiences, and culture, ABC-Clio

Sangh Mittra, and Bachchan Kumar, *Encyclopaedia of Women in South Asia (Maldives),* Kalpaz Publications

George E. Brooks, *Eurafricans in Western Africa: Commerce, Social Status, Gender and Religious Observance from the Sixteenth to Eighteenth Century (Western African Studies)*, James Currey Publishers

Ruth Wairimu Karani, *FIELD MARSHALL MUTHONI MAU MAU HEROINE,* Sasa Sema Publications

"GETTING TO KNOW THE NEW VENEZUELAN CURRENCY "BOLÍVAR FUERTE" (STRONG BOLÍVAR)" BANCO CENTRAL DE VENEZUELA（http://www.embavenez-us.org/kids.venezuela/strongbolivar.pdf）

"Governor General - Biography of Her Excellency Dame Pearlette Louisy"（http://www.governorgeneral.gov.lc/home/her-excellency-dame-pearlette-louisy）

"Governor General Ivy Dumont"http://www.bahamas.gov.bs/bahamasweb2/home.nsf/vContentW/GOV--About+the+Government--Governor+General+Ivy+Dumont!Opendocument）

Gurtong Trust（http://www.gurtong.net/）

Richard Price, *FIRST-TIME The Historical Vision of an African American People,* THE UNIVERSITY OF CHICAGO PRESS

"Haya Rashed Al Khalifa, Attorneys at Law & Legal Consultants"（http://www.hraklf.com/shaikha_haya.html）

"HEROES OF VENEZUELA'S HISTORY « Embassy of the Bolivarian Republic of Venezuela in the U.S."（http://venezuela-us.org/heroes-de-la-historia/）

Henry Sakaida, *Heroines of the Soviet Union 1941-45,* OSPREY

Heroines: remarkable and inspiring women ; an illustrated anthology of essays by women writers, Crescent Books

"Hilda Lini - BetterWorldHeroes.com - Biography"（http://www.betterworldheroes.com/pages-l/lini-bio.htm）

"HISTORICAL BACKGROUND TO SOMALI CONFLICT"（http://www.hananews.org/WholeArticle.asp?artId=979）

Phillip Chiviges Naylor, and Alf Andrew Heggoy, *HISTORICAL DICTIONARY OF ALGERIA Second Edition,* The Scarecrow Press

Robert Elisie, *Historical Dictionary of Albania New Edition,* The Scarecrow Press

W.Martin James, Historical Dictionary of ANGOLA New Edition, The Scarecrow Press

Susan H. Broadhead, *Historical Dictionary of ANGOLA second edition,* The Scarecrow Press

Paula Sutter Dichtner, *Historical Dictionary of Austria,* The Scarecrow Press

Robert Stallaerts, *Historical Dictionary of Belgium,* The Scarecrow Press

Jeff Ramsay, and Barry Morton, and Fred Morton, *Historical Dictionary of Botswana Third Edition,* The Scarecrow Press

Daniel Miles McFarland, and Lawrence A. Rupley, *Historical Dictionary of Burkina Faso Second Edition,* The Scarecrow Press

Ellen K. Eggers, *Historical Dictionary of Burundi,* The Scarecrow Press

Barry M.Gough, *Historical Dictionary of Canada,* The Scarecrow Press

Robert H. Davis, *HISTORICAL DICTIONARY OF COLOMBIA Second Edition,* The Scarecrow Press

Theodore S.Creedman, *Historical Dictionary of COSTA RICA second edition,* The Scarecrow Press

Robert J. Mundt, *HISTORICAL DICTIONARY OF COTE D'IVOIRE(THE IVORY COAST) Second Edition,* The Scarecrow Press

Alastair H. Thomas, and Stewart P. Oakley, *Historical Dictionary of Denmark,* The Scarecrow Press

Max Liniger-Goumaz, *Historical Dictionary of Equatorial Guinea Third Edition,* The Scarecrow Press

Tom Killion, *Historical Dictionary of Eritorea,* The Scarecrow Press

David H. Shinn, and Thomas P. Ofcansky, *Historical Dictionary of ETHIOPIA New Edition,* The Scarecrow Press

Chris Prouty, and Eugene Rosenfeld, *Historical Dictionary of ETHIOPIA and ERITREA Second Edition,* The Scarecrow Press

Janet K. Boles, and Diane Long Hoeveler, *Historical Dictionary of Feminism (Historical Dictionaries of Religions, Philosophies and Movements),* Scarecrow Pr

David E. Gardinier, *Historical Dictionary of GABON Second edition,* The Scarecrow Press

David Owusu-Ansah, *Historical Dictionary of Ghana Third Edition,* The Scarecrow Press

Thomas O'Toole, and Janice E. Baker, *Historical dictionary of Guinea,* The Scarecrow Press

Harvey K. Meyer, and Jessie H. Meyer, *Historical Dictionary of HONDURAS Second Edition revised, enlarged, and updated,* The Scarecrow Press

Steven Bela Vardy, *Historical Dictionary of Hungary,* The Scarecrow Press

Surjit Mansingh, *HISTORICAL DICTIONARY OF INDIA,* The Scarecrow Press

Robert Elsie, *Historical Dictionary of Kosova,* The Scarecrow Press

Rafis Abazov, *Historical Dictionary of Kyrgyzstan,* The Scarecrow Press

Martin Stuart-Fox, *Historical Dictionary of Laos 2ndEdition,* The Scarecrow Press

Scott Rosenberg, and Richard F. Weisfelder, and Michelle Frisbie-Fulton, *Historical Dictionary of Lesotho New Edition,* The Scarecrow Press

Harry C. Barteau, *Historical Dictionary of Luxembourg,* The Scarecrow Press

Philip M. Allen, and Maureen Covell, *Historical Dictionary of Madagascar Second Edition,* The Scarecrow Press

Warren G. Berg, *HISTORICAL DICTIONARY OF MALTA,* The Scarecrow Press

Anthony G. Pazzanita, *Historical Dictionary of Mauritania Second Edition,* The Scarecrow Press

Sydney Selvon, *Historical Dictionary of MAURITIUS second edition,* The Scarecrow Press

Mark F. Gilbert, and K. Robert Nilsson, *Historical Dictionary of Modern Italy,* The Scarecrow Press

Andrei Brezianu, *Historical Dictionary of Moldova,* The Scarecrow Press

Thomas K. Park, and Aomar Boum, *Historical Dictionary of Morocco Second Edition,* The Scarecrow Press

Mario Azevedo, and Emmanuel Nnadozie, and Tome Mbuia Joao, *Historical Dictionary of Mozambique Second Edition,* The Scarecrow Press

Jan Becka, *HISTORICAL DICTIONARY OF MYANMAR,* The Scarecrow Press

John J. Grotpeter, *Historical Dictionary of NAMIBIA,* The Scarecrow Press

Arend H. Huussem Jr. , *Historical Dictionary of Netherlands,* The Scarecrow Press

Keith Jackson, and Alan McRobie, *Historical Dictionary of New Zealand Second Edition,* The Scarecrow Press

Anthony Oyewole, and John Lucas, *Historical Dictionary of Nigeria Second Edition,* The Scarecrow Press

Shahid Javed Burki, *HISTORICAL DICTIONARY OF PAKISTAN Second Edition,* The Scarecrow Press

R. Andrew Nickson, *Historical Dictionary of PARAGUAY Second Editon revised, enlarged, and updated,* The Scarecrow Press

Rbert.D.Craig, *Historical Dictionary of Polynesia Second Edition,* The Scarecrow Press

Kurt W. Treptow, and Marcel Popa, *Historical Dictionary of Romania,* The Scarecrow Press

C. Magbaily Fyle, *Historical Dictionary of Siera Leone New Edition,* The Scarecrow Press

K. Mulliner, and Lian The-Mulliner, *Historical Dictionary of SINGAPORE,* The Scarecrow Press

Leopoldina Plut-Pregelj, and Carole Rogel, *Historical Dictionary of Slovenia,* The Scarecrow Press

S.W.R.de A.Smarasinghe, and Vidyamali Samarasinghe, *Historical Dictionary of Sri Lanka,* The Scarecrow Press

Alan R. Booth, *Historical Dictionary of Swaziland Second Edition,* The Scarecrow Press

Thomas P. Ofcansky, and Rodger Yeager, *Historical Dictionary of Tanzania Second Edition,* The Scarecrow Press

Pierre Kalck, Xavier-Samuel Kalck, tans.. *Historical Dictionary of the Central African Republic,* The Scarecrow Press

Martin Ottenheimer, and Harriet Ottenheimer, *HISTORICAL DICTIONARY OF THE COMORO ISLANDS,* The Scarecrow Press

Artemio R.Guillermo, and May Kyi Win, *Historical Dictionary of the Philippines Second Edition,* The Scarecrow Press

Mark W.DeLancey, and Mark Dike DeLancey, *Historical Dictionary of the Republic of Cameroon Third Edition,* The Scarecrow Press

Richard Lobban, and Marlene Lopes, *HISTORICAL DICTIONARY OF THE REPUBLIC OF CAPE VERDE third edition,* The Scarecrow Press

Richard Andrew Lobban, Jr. , and Peter Karibe Mendy, *Historical Dictionary of the Republic of Guinea-Bissau Third Edition,* The Scarecrow Press

Kenneth J. Panton, and Keith A. Cowlard, *Historical Dictionary of the United Kingdom,* The Scarecrow Press

Samuel Decalo, *Historical Dictionary of Togo Third Edition,* The Scarecrow Press

Kenneth J. Perkins, *Historical Dictionary of Tunisia Second Edition,* The Scarecrow Press

Rafis Abazov, *Historical Dictionary of Turkmenistan,* The Scarecrow Press

M. Louise Pirouet, *HISTORICAL DICTIONARY OF UGANDA,* The Scarecrow Press

Bruce M. Lockhart, and William J. Duiker, *Historical Dictionary of Vietnam Third Edition,* The Scarecrow Press

Kathleen E. Sheldon, *Historical dictionary of women in Sub-Saharan Africa,* The Scarecrow Press

Robert D. Burrowes, *HISTORICAL DICTIONARY of YEMEN,* The Scarecrow Press

John J. Grotpeter, and Brian V. Siegel, and James R. Pletcher, *Historical dictionary of Zambia Second Edition,* The Scarecrow Press

Steven C. Rubert, and R. Kent Rasmussen, *Historical dictionary of Zimbabwe Third Edition,* The Scarecrow Press

Leta McGaffey , and L. McGaffrey, *Honduras (Cultures of the World),* Benchmark Books

"IAEA Board Chairperson for 2002-2003: Ms. Nabeela Al-Mulla" (http://www.iaea.org/About/Policy/Board/al-mulla_bio1.html)

Simone Schwarz-Bart, and Andre Schwarz-Bart, Rose-Myriam Rejouis, and Stephanie Daval, and Val Vinokurov, and Stephanie K. Turner, trans., *IN PRAISE OF BLACK WOMEN,* The University of Wisconsin

Press

"International Women's Day" (http://www.stkittstourism.kn/DiscoverStKitts/This_Months_Kittitian_march.asp)

International WHO'S WHO of Women 2004 Fourth Editon, Europa Publications

"Jamaica Gleaner News - Antigua's first female G-G sworn in" (http://www.jamaica-gleaner.com/gleaner/20070719/carib/carib3.html)

"Janet Jagan, Chicago Native Who Led Guyana, Dies at 88 - Obituary (Obit) - NYTimes.com" (http://www.nytimes.com/2009/03/30/world/americas/30jagan.html?ref=obituaries)

"LATIN AMERICA: Women in History - More than Just Heroines - IPS ipsnews.net" (http://ipsnews.net/news.asp?idnews=48369)

Paige Penland , and Gary Prado Chandler, *Lonely Planet Nicaragua & El Salvador,* Lonely Planet

"Louise Lake-Tack" (http://www.cananews.net/news/124/ARTICLE/13438/2007-07-20.html)

John Douglas Ruedy, *Modern Algeria: the origins and development of a nation,* Indiana University Press

"Monica Jessie Dacon " (http://www.gov.vc/pages/contents/governor/monica_jessie.html)

"– Motarilavoa Hilda Lini « Pacific Life Community" (http://pacificlifecommunity.wordpress.com/2009-retreat-information/motarilavoa-hilda-lini/)

"OEK expresses condolences to family of late Miriar Gabriela Ngirmang" (http://mvariety.com/calendar/October/29/localpage/lnews23.htm)

"Pacific Island History Poster Profiles" (eprints.qut.edu.au/21118/1/poster_profiles_set_TTPF.pdf)

"PANCHA JOINS THE ARMY" (http://www.jacosun.com/index.php?option=com_content&task=view&id=402&Itemid=41)

C. Accilien, and J. Adams, and E. Meleance, *Revolutionary freedoms： a history of survival, strength and imagination in Haiti,* Carribean Studies Press

"Sao Tomean PM steps down after coup" (http://www.afrol.com/articles/10333)

"Sheikha Lubna Al Qasimi" (http://www.wf360.com/bev/bev08-04-alqasimi.htm)

"Sheikha Lubna bint Khalid Al Qasimi (AE)*" (http://www.stgallen-symposium.org/en/Symposium/Faculty-CVs-2/Qasimi.aspx)

"Singapore Her Excellency Chan Heng Chee" (http://www.washdiplomat.com/ambprof/Singapore.html)

Robin Morgan, Sisterhood is global: the international women's movement anthology, Feminist Press

Hugh Mulleneux Walmsley, *SKETCHES OF ALGERIA DURING THE KABYLE WAR, CHAMPAM AND HALL*

"Somaliland.Org » Opinion"http://www.somaliland.org/archives/opinion/?ID=07011704

"Somalis Fight Imperialist Plot & Foreign Occupation"http://www.firethistime.net/fft41_somalia.html

"STAKERHOLDERS' WORKSHOP ON THE STATUS OF WOMEN IN THE NEW SUDAN" (http://www.usaid.gov/locations/sub-saharan_africa/sudan/womenworkshop.doc)

Colin R. Bruce, and Thomas Michael, *Standard Catalog of World Coins 1901-2000,* Krause Publications

"Te Ara Encyclopedia of New Zealand" (http://www.teara.govt.nz/en)

"The 100 Most Powerful Women #95 Sheikha Lubna Al Qasimi" (http://www.forbes.com/lists/2009/11/power-women-09_Sheikha-Lubna-Al-Qasimi_MV6R.html)

"The 100 Most Powerful Women #99 Sheikha Lubna Al Qasimi" (http://www.forbes.com/lists/2007/11/biz-07women_Sheikha-Lubna-Al-Qasimi_MV6R.html)

Yigael Yadin, *THE ART OF WARFARE IN BIBLICAL LANDS In the Light of Archaeological study,* McCRAW-

HILL BOOK COMPANY

Jessica Amanda Salmonson, *THE ENCYCLOPEDIA OF AMAZONS Woman Warriors from Antiquity to the Modern Era,* PARACON HOUSE

Ely Jacques Kahn, *The first decade: a report on independent Black Africa,* W.W. Norton & Company

R. Ernest Dupuy, and Trevor N. Dupuy, *The HARPER ENCYCLOPEDIA of MILITARY HISTORY From 3500 B.C. to the Present Fourth Edition,* Harper Collin Publishers

The International WHO'S WHO 2010, Routledge

The International Who's Who of Women 2002 3rd Edition, Europa Publications

Richard Holmes, ed. , *THE OXFORD COMPANION TO MILITARY HISTORY,* OXFORD UNIVERSITY PRESS

Gharles Townshend, ed. , *THE OXFORD HISTORY OF MODERN WAR,* OXFORD

Joseph L. Wieczynski, ed. , *The Modern Encyclopedia of Russian and Soviet History,* Academic International Press

Mohamed Ariff, ed. , *The Muslim private sector in Southeast Asia : Islam and the economic Development of Southeast Asia,* Institute of Southeast Asian Studies

Stewarton, and Lewis Goldsmith, *THE SECRET HISTORY OF THE COURT AND CABINET OF ST. CLOUD:IN A SERIES OF LETTERS FROM A RESIDENT IN PARIS TO A NOBLEMAN IN LONDON WRITTEN DUARING THE MONTHS OF AUGUST, SEPTEMBER SNF OCTOBER 1805,* BRISBAN AND BRANNAN

Antonia Fraser, *THE WARRIOR QUEENS:BOADICEA'S CHARIOT,* Arrow Books

"Tjoet Njak Dien (Cut Nyak Dhien) 1848 – 1908"(http://www.asnlf.com/asnlf_int/acheh/history/tjutnyakdhien/tjoet_njak_dien.htm)

Khalida Messaoudi, and Elisabeth Schemla, *Unbowed: an Algerian woman confronts Islamic fundamentalism,* University of Pennsylvania Press

"UN General Assembly to be headed by its third-ever woman president" (http://www.un.org/apps/news/story.asp?NewsID=18797&Cr=general&Cr1=assembly)

Jeannie Davis-Kimball, *WARRIOR WOMEN An Archaeologist's Search for History's Hidden Heroines,* WARNER BOOKS

West Africa, 2613-2639, West Africa Pub.

Jay Spaulding, and Stephanie Beswick, eds. , *WHITE NILE, BLACK BLOOD: War, Leadership, and Ethnicity from Khartoum to Kampala,* The Red Sea Press

"Women and ruling party win Djibouti elections" (http://www.afrol.com/News2003/dji002_poll_women.htm)

Bernard A. Cook, ed. , *WOMAN AND WAR A Historical Encyclopedia from Antiquity to the present* ABC-CLIO

Kazimiera J. Cotton, *Women in War and Resistance Selected Biographies of Soviet Women Soldiers,* Focus

Anne Cimmire, and Deborah Klezmer, ed., *WOMEN IN WORLD HISTORY A Biographical Encyclopedia* YORKIN PUBLICATIONS

Guida M. Jackson, *Women Rulers throughout the Ages An Illustrated Guide,* ABC-CLIO

Samantha Rose, "Women's Whispers: Indigenous women's participation in decolonising Oceania" (http://eprints.qut.edu.au/6907/1/6907.pdf)

Tim Newark, *WOMEN WARLOARDS   AN ILLUSTRATED   MILITARY HISTORY OF FEMALE WARRIORS,*

BLANFORD

David E. Jones, Women Warriors A History, POTOMAC BOOKS

Amandina Lihamba, *Woman writing Africa, the eastern region,* Feminist Press

和漢語文献

山室静『アイスランド』紀伊国屋新書
レ・ティ・ニャム・トゥエット、藤目ゆき監修、片山須美子編訳『アジア現代女性史8　ベトナム女性史　フランス植民地時代からベトナム戦争まで』明石書店
松野明久『〔アジア太平洋研究叢書3〕　東ティモール独立史』早稲田大学出版部
マーティン・ユアンズ、金子民雄監修、柳沢圭子・海輪由香子・長尾絵衣子・家本清美訳『アフガニスタンの歴史——旧石器時代から現在まで』明石書店
ヴィレム・フォーヘルサング、前田耕作・山内和也訳『アフガニスタンの歴史と文化』明石書店
アイリス・バーガー・E．フランシス・ホワイト著、富永智津子訳『アフリカ史再考——女性・ジェンダーの視点から』未來社
大井浩二『アメリカのジャンヌ・ダルクたち——南北戦争とジェンダー』英宝社
フィリップ・K・ヒッティ著、岩永博訳『アラブの歴史』講談社学術文庫
亀井俊介『アメリカン・ヒーローの系譜』研究社
「アルゼンチン一口メモ」(http://www.ar.emb-japan.go.jp/ContenidoJP/07.TurismoDetallesJP.htm)
アッサー、小田卓爾訳『アルフレッド大王伝』中公文庫
中島偉晴『アルメニア人ジェノサイド——民族4000年の歴史と文化』明石書店
石澤良昭『アンコール・王たちの物語　碑文・発掘成果から読み解く』日本放送出版会
笹川秀夫『アンコールの近代——植民地カンボジアにおける文化と政治』中央公論新社
伊藤照司『アンコール・ワット』山川出版社
石澤良昭『アンコール・ワットを読む』連合出版
「アンドラからのメッセージ」(http://www.fr.emb-japan.go.jp/jp/andorra/bonjour/index.html)
岩村成允『安南通史』冨山房
ナワル・エル・サーダウィ著、村上眞弓訳『イブの隠れた顔——アラブ世界の女性たち』未來社
ライラ・アハメド著、林正雄・本合陽・森野和弥・岡真理・熊谷滋子訳　『イスラームにおける女性とジェンダー——近代論争の歴史的根源』法政大学出版局
大塚和夫・小杉泰・小松久男・東長靖・羽田正・山内昌之編『岩波　イスラーム辞典』岩波書店
荒松雄著『インドの奴隷王朝——中世イスラム王権の確立』未來社
ロミラ・ターパル、辛島昇・小西正捷・山崎元一訳『インド史』みすず書房
森護『英国王室史話』大修館書店
森護『英国王妃物語』河出文庫
松村赳・富田虎男編著『英米史辞典』研究社
岡倉登志『エチオピアの歴史——"シェバの女王の国"から"赤い帝国"崩壊まで』明石書店
新木秀和編著『エリア・スタディーズ　エクアドルを知るための60章』明石書店
田中高編著『エリア・スタディーズ　エルサルバドル、ホンジュラス、ニカラグアを知るための45章』明石書店
北川誠一・前田弘毅・廣瀬陽子・吉村貴之編著『エリア・スタディーズ　コーカサスを知るための60章』明石書店
綾部恒雄・林行夫編『エリア・スタディーズ　タイを知るための60章』明石書店
小川秀樹編著『エリア・スタディーズ　71　ベルギーを知るための52章』明石書店
私市正年編著『エリア・スタディーズ　73　アルジェリアを知るための62章』明石書店
中島偉晴、メラニア・バグダサリヤン編著『エリア・スタディーズ　74　アルメニアを知るための

65章』明石書店
村井誠人編著『エリア・スタディーズ 76 デンマークを知るための68章』明石書店
国本伊代・小林志郎・小澤卓也著『エリア・スタディーズ パナマを知るための55章』明石書店
山田満編著『エリア・スタディーズ 60 東ティモールを知るための50章』明石書店
青木道彦著『エリザベス1世 大英帝国の幕あけ』講談社現代新書
J．E．ニール、大野眞弓・大野美樹訳『エリザベス女王』みすず書房
森谷公俊『王妃オリュンピアス──アレクサンドロス大王の母』ちくま新書
ジョイス・チャップマン・リーブラ、薮根正巳訳『王妃ラクシュミー 大英帝国と戦ったインドのジャンヌ・ダルク』彩流社
鈴木董『オスマン帝国 イスラム世界の「柔らかい専制」』講談社現代新書
ジョー・スタンリー編著、竹内和世訳『女海賊大全』東洋書林
バート・S・ホール、市場泰男訳『火器の誕生とヨーロッパの戦争』平凡社
班固著、小竹武夫訳『漢書』ちくま学芸文庫
一然、金思燁訳『完訳 三国遺事（全）』六興出版
ジェームズ・スパダ、仙名紀訳『グレース・ケリー プリンセスの素顔』朝日新聞社
野口鐵郎編『結社の世界史2 結社が描く中国近現代』山川出版社
ムトニ・リキマニ、丹埜靖子訳『ケニアの女の物語 パスブック・1950年代アフリカ独立の闘いに生きる』明石書店
タキトゥス、國原吉之助訳『ゲルマニア アグリコラ』ちくま学芸文庫
シャグダルシャブィン・ナツァグドルジ、鯉渕信一訳『賢妃マンドハイ』読売新聞社
白川静『甲骨文の世界』平凡社東洋文庫
石澤良昭『興亡の世界史 第11巻 東南アジア 多文明世界の発見』講談社
岩代秀夫訳『五雑組』平凡社東洋文庫
井筒俊彦訳『コーラン』岩波文庫
日本アイルランド学会編訳『サガ選集』東海大学出版会
井上秀雄訳注『三国史記』平凡社東洋文庫
「サンマリノ共和国の歴史：19世紀：ナポレオン3世、カヴールへサンマリノを剥奪せぬよう命ずる」(http://www.libertas.sm/Storia_generale/Jp/Japan_San_Marino_10.htm)
吉田ルイ子『サンディーノのこどもたち 私の見たニカラグア』大月書店
加藤千香子・細谷実『ジェンダー史叢書 第5巻 暴力と戦争』明石書店
司馬遷、野口定男・近藤光男・頼惟勤・吉田光邦訳『史記』平凡社
前田高行「GCC諸国の王家・首長家（第5回） バーレーン・ハリーファ家」(http://www.jccme.or.jp/japanese/11/pdf/11-19/11-01-78.pdf)
村松剛『ジャンヌ・ダルク 愛国心と信仰』中公新書
竹下節子『ジャンヌ・ダルク 超異端の聖女』講談社現代新書
高山一彦『ジャンヌ・ダルク──歴史を生き続ける「聖女」』岩波新書
ブルース・マイルズ、手島尚訳『出撃！魔女飛行隊』学研M文庫
ジーン・ベスキー・エルシュテイン、小林史子・廣川紀子訳『女性と戦争』法政大学出版会
アンリ・トロワイヤ、工藤庸子訳『女帝エカテリーナ』中公文庫
アン・ティツィア・ライティヒ、江村洋訳『女帝マリア・テレジア』谷沢書房
楠戸義昭『城と女たち』講談社＋α文庫
宮本正興・松田素二編『新書アフリカ史』講談社現代新書
円地文子『人物日本の女性史 第三巻 源平争乱期の女性』集英社
アリス・シュツキンス、中山庸子訳『スウェーデン女性史1 女、仲間を見つける──古代から十八世紀まで』學藝書林
ザヒ・ハワヌ、吉村作治・西村厚訳『図説 古代エジプトの女性たち』原書房

トマス・クローウェル、蔵持不三也監訳、伊藤綺訳『図説　蛮族の歴史　世界史を変えた侵略者たち』原書房
『スーパー・ニッポニカ Professional』小学館
小西章子『スペイン女王イサベル　その栄光と悲劇』朝日文庫
高橋博幸・加藤隆浩編　『スペインの女性群像　その生の軌跡』行路社
『聖書　新共同訳』日本聖書協会
E・エンネン、阿部謹也・泉眞樹子訳『西洋中世の女たち』人文書院
在スイス日本国大使館・在オーストリア日本国大使館編『世界各国便覧叢書〔西欧編〕　スイス連邦　オーストリア共和国　リヒテンシュタイン公国』日本国際問題研究所
カレン・グリーンスパン、進藤久美子・谷中寿子訳『世界女性史年表』明石書店
世界女性人名事典編集委員会編『世界女性人名事典　歴史の中の女性たち』日外アソシエーツ
ジョージ・C・コーン、鈴木主税訳『世界戦争事典』河出書房新社
『世界大百科事典　第 2 版』平凡社
ブータン王国教育省教育部編、大久保ひとみ訳『世界の教科書シリーズ 18　ブータンの歴史――ブータン小・中学校歴史教科書』明石書店
『世界の戦史』人物往来社
『世界の戦争』講談社
『世界の歴史』中央公論社
ジェイ・ロバート・ナッシュ、小鷹信光編訳『世界変人型録』草思社
佐伯和彦『世界歴史叢書　ネパール全史』明石書店
『世界歴史大系　中国史 1 ――先史～後漢』山川出版社
『戦略戦術兵器事典 7　中国中世・近代編』学研
ポリュアイノス、戸部順一訳『叢書アレクサンドリア図書館　第六巻　戦術書』国文社
佐々木陽子『総力戦と女性兵士』青弓社
イアン・ショー、ポール・ニコルソン、内田杉彦訳『大英博物館　古代エジプト百科事典』原書房
アンソニー・リード、平野秀秋・田中優子訳『大航海時代の東南アジア　1450-1680 年　Ⅰ』法政大学出版局
W・A・R・ウッド、郡司喜一訳『タイ國史』冨山房
日本タイ協會編著『タイ國通史』興亞日本社
日本タイ学会編『タイ事典』めこん
高世瑜著『大唐帝国の女性たち』岩波書店
イブン・バットゥータ、家島彦一訳『大旅行記』平凡社東洋文庫
アハメド・ラシッド、坂井定雄・伊藤力司訳『タリバン　イスラム原理主義の戦士たち』講談社
アムネスティ・インターナショナル日本支部編『小さな島の大きな戦争』第三書館
小松久男・梅村旦・宇山智彦・帯谷知可・堀川徹編集『中央ユーラシアを知る事典』平凡社
小野和子『中国女性史――太平天国から現代まで』平凡社
関西中国女性史研究会編『中国女性史入門――女達の今と昔』人文書院
陳舜臣『中国の歴史』平凡社
田中芳樹『中国武将列伝』中公文庫
谷川道夫・森正夫編『中国民衆叛乱史』平凡社東洋文庫
『中国歴代人名辞典』上海古籍出版社
村松暎『中国列女伝　三千年の歴史のなかで』中公新書
サティーシュ・チャンドラ、小名康之・長島弘訳『中世インドの歴史』山川出版社
R・ペルヌー、福本秀子訳『中世を生きぬく女たち』白水社
成律子『朝鮮史の女たち』筑摩書房
伊藤亜人・大村益夫・梶村秀樹・武田幸男・高崎宗司監修『朝鮮史を知る事典』【新訂増補版】平

凡社
「追悼　レナータ・テバルディ」（http://www.hmv.co.jp/news/article/412200112/）
サクソ・グラマティクス、谷口幸男訳『デンマーク人の事績』海大学出版会
伊東孝之・直野敦・荻原直・南塚信吾・柴宜弘監修『東欧を知る事典』［新版増補］平凡社
桃井至朗ほか編『東南アジアを知る事典』［新版］平凡社
石井米雄・吉川利治編『東南アジアを知るシリーズ　タイの事典』同朋舎出版
石井米雄監修、桜井由躬雄・桃木至朗編『東南アジアを知るシリーズ　ベトナムの事典』角川書店
陳荊和編校『東洋学文献センター叢刊　第42輯　校合本　大越史記全書』東京大学東洋文化研究所附属東洋学文献センター刊行委員会
海野弘『ドラゴンの系譜』福武書店
三橋冨治男『トルコの歴史』近藤出版社
『日本の歴史』中央公論社
田端泰子『女人政治の中世　北条政子と日野富子』講談社現代新書
タキトゥス、国原吉之助訳『年代記』岩波文庫
江村洋『ハプスブルク家史話』東洋書林
アンドリュー・ウィートクロフツ、瀬原義生訳『ハプスブルク家の皇帝たち――帝国の体現者』文理閣
江村洋『ハプスブルク家の女たち』講談社現代新書
G・E・ハーヴィ、五十嵐智昭訳『ビルマ史』北海出版社
アーサー・フェーヤー、岡村武雄訳『ビルマ史』博文館
今枝由郎『ブータン中世史――ドゥク派政権の成立と変遷』大東出版社
河野与一『プルターク英雄伝』岩波文庫
ムハンマド・ジャミル・アル・スフリ、鷲見正訳『ブルネイの古代史』日本ブルネイ友好協会
三笠宮崇仁『文明のあけぼの　古代オリエントの世界』集英社
岡崎由美『漂泊のヒーロー――中国武侠小説への道』大修館書店
笹間良彦『武装する女達』暁書房
高橋貞一校注『平家物語』講談社文庫
R. M. デッカー、L. C. ファン・ドゥ・ポル、P. バーク、大木昌訳『兵士になった女性たち――近世ヨーロッパにおける異性装の伝統』法政大学出版局
松平千秋訳『ヘロドトス　歴史』岩波文庫
渡辺保『北条政子』吉川弘文館
野村育世『北条政子　尼将軍の時代』吉川弘文館
城江良和訳『ポリュビオス　歴史I』京都大学学術出版会
辛島昇・前田専学・江島恵教・応地利明・小西正捷・坂田貞二・重松伸司・清水学・成沢光・山崎元一監修『南アジアを知る事典』【新訂増補版】平凡社
ジェニファー・アグロウ編『マクミラン版　世界女性人名大辞典』国書刊行会
『明史』
『もうひとつのノーベル賞　平和を紡ぐ1000人の女性たち』金曜日
柿崎一郎『物語　タイの歴史　微笑みの国の真実』中公新書
小倉貞男『物語　ヴェトナムの歴史　一億人国家のダイナミズム』中公新書
宮脇淳子『モンゴルの歴史　遊牧民の誕生からモンゴル国まで』刀水書房
福本秀子『ヨーロッパ中世を変えた女たち』NHKライブラリー
国本伊代編『ラテンアメリカ　新しい社会と女性』新評社
加藤隆浩・高橋博幸編『ラテンアメリカの女性群像　その生の軌跡』行路社
大貫良夫・落合一泰・国本伊代・恒川恵市・福嶋正徳・松下洋監修『ラテン・アメリカを知る事典』【新訂増補版】平凡社

塩野七生『ルネサンスの女たち』中公文庫
伊藤滋子「歴史の中の女たち」ラテン・アメリカ協会（http://www.latin-america.jp/archives/ より）
永井路子『歴史をさわがせた女たち』文藝春秋
川端香男里・佐藤経明・中村喜和・和田春樹・塩川伸明・栖原学・沼野充義監修『ロシアを知る事典』
　［新版］平凡社
塩野七生『ローマ人の物語』新潮社
ギボン、中野好之訳『ローマ帝国衰亡史　第 IX 巻』筑摩書房

『王妃ラクシュミー　大英帝国と戦ったインドのジャンヌ・ダルク』『ケニアの女の物語　パスブック・1950 年代アフリカ独立の闘いに生きる』『賢妃マンドハイ』は小説であるが、後書きや解説などから多少の歴史知識を得ることができる。

あとがき

　さて、これで書かねばならないことは全て書き終えました。後は何をやろうが全く自由、残りの紙面を使ってやりたい放題。……とはいうものの、正直なところ、スペースをもてあまし気味で、どう空白を埋めたら良いものか本当に頭が痛いです。仕方ないので、番外編的な知識提供を行ってスペースを埋めていきたいと思います。

　何をするのかと言いますと、本書で取り上げる人物の候補に上がりながら、結局採用を断念した人物、そういった人物が多数いる訳なんですが、そのうちから興味深い人物を何人か紹介しておこうと思います。有名な人から、これまでも今後もあまり知られることのなさそうなマニアックな人物まで色々です。

マラライ

　1880年のマイワンドの戦いでアフガニスタン軍がイギリスに勝利するのに貢献した少女。自分の顔を覆うベールを旗に使ってアフガン人の戦意をかき立てたという伝説が残っています。

　手に入った情報が少なかったこと、ベールを旗にして兵士達を鼓舞するというシチュエーションが日本人の感覚として、いまいち意味がわかりにくいことなどから、採用を断念。

則天武后

　中国史上唯一の女帝で、唐の最盛期を築いた非常に優秀な君主。巨根大好きとかいういかがわしいネタもあり。

　本書で取り上げた呂后に匹敵する人物ですが、建国期の国家の基礎固めに貢献した呂后の方を個人的には上に置きたいので、こちらは落選です。あと前著『ダメ人間の世界史』で取り上げた人物なので、重ねて取り上げたくなかった、という事情も無くはないです。

アルテミシア

　古代にトルコ南西部の島々のギリシア人諸都市を支配した女性。五隻の軍船を率いてペルシア戦争のペルシア海軍に参加した人物です。女傑として名高い人ですが、混戦の中で敵船に追われた際に、前方にいる友軍の船を撃沈して逃げ道を確保したことで有名。この逸話のおかげでなんか微妙に女傑と呼びたくなくなって来た上に、どの国に分類すれば良いのか悩ましいという事情もあり落選。

バルトリーナ・シサ

　18世紀末のボリビアで植民地支配に対して起こった反乱トゥパク・カタリの乱の指導者トゥパク・カタリ（フリアン・アパサ）の妻。反乱で重要な役割を果たしたらしいです。本書で取り上げたペルーのミカエラ・バスティダスと似たような立場の人ですね。とはいえ彼女たちを取り上げた本の記述を読んだところでは、能力では圧倒的にミカエラ・バスティダスが上らしいです。そのため取り上げなくて良いかって気分になり、しかもボリビアには他に取り上げたい人物がいたため落選。

マザー・テレサ
　マケドニアの首都スコピエ出身のアルバニア人女性で、アルバニア人は彼女のことを英雄視しているそうです（井浦伊知郎『アルバニアインターナショナル』社会評論社、参照）。アルバニアの女傑として取り上げようかとも思いました。しかしガンジーを押さえて最も偉大なインド人に選出された人で、日本人から見てもインドの人のイメージが強すぎますから、取りやめにしました。

シャジャル・アッドゥル
　エジプトのマムルーク朝でスルタンとなった人です。元奴隷でマムルーク朝の後宮で成り上がりました。夫のスルタンが十字軍との戦争中に病没すると、軍を動揺させぬため、食事を平常通り運ばせるなどして夫の死を隠し通し、戦争を勝利に導きました。その実績で信望を得て、その後3ヶ月間スルタン位を占め、新たな夫に譲位しました。日本人にとってエジプトといえば、ピラミッドでファラオなあのイメージということで、それに合わないこの人は落選しました。ハトシェプストの方がすごい人物だと思いますし。なお女性スルタンという点でなかなか珍しい人物ではありますが、女性スルタンなら、コラムで取り上げたインドのラズィーヤという人物のほうがずっと興味深いと個人的には思います。

メカティリリ
　20世紀初め頃のケニアのギリヤマ族の反乱指導者で、植民地支配と戦い伝説的な名声を得た人物です。
　ムトニ元帥とどちらにしようか迷ったのですが、結局ムトニ元帥の方を採用。同じ出版社から出ている二人の伝記のうち手に入ったのがムトニ元帥の方だったこと、「元帥」という響きに惹かれたことがその理由。

　他にも色々あった気はしますが、とりあえずすぐに思い出せた以上の範囲にとどめておきます。こういうことはコラムでやれというお叱りのご意見もあるかとは思いますが、どうコラムにしたものか良い捌き方が見つからず諦めたとか、そういった事情がありますので、ご容赦下さい。それでは機会があればまたお会いしましょう。

謝辞
　本書は多くの方の助力に支えられて完成したが、そのうち二人の方について特にお名前を明記し、感謝の意を示したい。
　まずは Margaret Clough 氏。氏は本書の表紙に使われたジャンヌ・ダルク像の写真の撮影者である。Clough 氏は写真を表紙に使いたいという我々の突然の申し出を、即座に快くご承諾下さった。厚くお礼申し上げる。
　次いで本書の出版の機会を与えてくださるとともに、本書の作成過程で大変なご尽力をいただいた、社会評論社の編集者濱崎誉史朗氏。とりわけ濱崎氏は本書を美しく魅力あるものとするために様々にご尽力下さった。本書のページのレイアウトや表紙も、氏がデザインして下さったものである。厚くお礼申し上げる。

世界各国女傑列伝

全独立国から代表的な女性を一人ずつ紹介

2011年10月1日初版第1刷発行

山田昌弘（やまだ・まさひろ）

大阪府出身。京都大学法学部卒。前近代軍事史マニア。前近代軍事史なら、西洋のみならず日本や中国、インドまで全時代を通じて扱う物好きな人間。『世界各国女傑列伝』の内容が妙に軍事寄りになり、世界中の女性戦士ネタ、女性武将ネタが投入されているのはそのせいである。著書に『ダメ人間の世界史』と『ダメ人間の日本史』がある。

http://trushnote.exblog.jp/
phephemol@hotmail.co.jp

カバー写真：Margaret Clough 提供

著者	山田昌弘
編集	濱崎誉史朗
装幀	濱崎誉史朗
発行人	松田健二
発行所	株式会社 **社会評論社** 東京都文京区本郷 2-3-10 Tel 03-3814-3861 Fax. 03-3818-2808 http://www.shahyo.com
印刷 & 製本	倉敷印刷株式会社